鸣沙

001

从计量、叙事到文本解读

社会史实证研究的方法转向

王 笛 著

社会科学文献出版社
SOCIAL SCIENCES ACADEMIC PRESS（CHINA）

目　录

第一编

早期研究：以计量史学为中心（1980～1990 年代）

第二编

中期研究：以日常生活为中心（1990～2000年代）

第三编

近期研究：以文本解读为中心（2000~2010 年代）

导　言

三十年的学术探索

本书共 11 章，由我不同时期的 11 篇文章构成。作为一个整体，展示了我自己学术研究方法的转变。不过，这些研究不是纯粹方法的探讨，而是在具体课题的实证研究中、历史的写作中所反映的方法上的自觉。虽然其中第七章和第八章主要是理论性的讨论，但是也是根据具体的研究对象来展开的。这些文章展示了我近三十年来学术探索的一个脉络。这并不是说我认为这些都是我的代表作，而是因为每一篇几乎在方法上都有一定的特点，所以把它们放到一起，作为方法上的一个总结。收入不同时期、不同课题、采用不同方法的专题研究论文在同一本书中，读者可以看到我在方法论上的探索和发展轨迹。

一　一切从数字出发

本书所列我研究的早期阶段（1980 ~ 1990 年代），是我写作《跨出封闭的世界》①的阶段，本书第一章和第二章就写作于这一阶段。

---

① 王笛：《跨出封闭的世界——长江上游区域社会研究（1644 ~ 1911）》，中华书局，1993 年初版，2006 年再版；北京大学出版社，2018 年第 3 版；台湾五南出版社，2002 年繁体字版。

在《跨出封闭的世界》一书中，我制作了三百多个统计表。那个时期，我十分钟情于数字，几乎对所有问题，都试图转换为数字来说话。我甚至还发表过论文，用博弈论（或者叫决策论）、建立数学模型的方法，来解释辛亥革命为什么反清不反帝的问题。[1]

本书的第一章主要是根据《跨出封闭的世界》一书中有关人口、耕地和粮食问题的章节，通过量化研究的手段和对数字的分析，揭示清代关于四川人口和耕地的统计存在的严重问题。1898 年川省册载人口高达 8475 万，而同期册载耕地仅 4706 万亩，即人均耕地仅 0.56 亩。难道这样少的耕地能容纳如此多人口的生存？而且这一人口数已达到 1970 年代的四川人口水平，实在令人难以置信。这种分省人口与耕地统计的不实，不仅影响全国人口与耕地的确数，而且给区域人口和社会史的研究造成极大困难。因此，考释和订正这些数字十分重要。研究表明，所谓川省八千余万人口纯系虚构，摊丁入亩之后，人丁不承担赋税，因而导致地方为粉饰政绩而滥报"滋生"人口，嘉庆之后浮夸风愈演愈烈。清末川省的实际人口应在 4500 万左右。同人口统计一样，川省耕地面积统计也不可信，清末川省在册耕地仅 4700 多万亩，但根据我的计算，实际数字应在 9000 万亩至 1 亿亩之间。在修正过的数字基础上，我计算了清代各个时期的粮食产量，讨论了生活水平，以及所面临的人口压力。

在我的早期社会史的研究中，另一个兴趣点是城市问题，而且我的城市史研究，深受美国人类学家施坚雅（G. William Skinner）的影响，第二章便是在这种影响下所完成的研究，也是根据《跨出封闭

---

[1] 见王笛《用决策论来看辛亥革命的决策效能》，《未定稿》1989 年第 8 期，第 23～28 页。《未定稿》是《中国社会科学》编辑部在 1980 年代改革开放初期编辑出版的杂志，之所以叫《未定稿》，是因为发表的论文虽然不一定成熟，但是在理论和方法上有突破和创新。该杂志后来停刊。

的世界》一书的有关章节改写的。长江上游既是中国地理上的封闭地带，亦为中国经济和文化上的独特区域。地理的封闭和特定的生存环境，使中国的这一腹心地区带有相对独立的区域性经济和文化的特征，并形成了独具特色的城市系统和市场结构。这篇文章力图把这一区域提取出来，作为研究中国近代区域市场发展的个案，从大到小、从宏观到微观地对长江上游区域市场进行分析。在传统的农业社会，耕地面积和人口密度决定了需求圈和销售域的大小；场均耕地和场均人口表明了市场所拥有的土地和劳动力资源，是市场发展的决定因素，它们制约了市场的商品流通和交易数额。我根据商品流通量，测算了基层市场的辐射范围，以及长江上游成都和重庆两个中心城市的交易圈。

1991 年我到美国之后，开始以跨国史的眼光来观察中国人，第三章研究美国的中国秘密社会组织，就是这个观察的一个成果。19 世纪中国人到达美国之后，把他们的秘密社会组织也带到了美国。虽然这些组织为华人在美国立足贡献了力量，但是也成为华人之间的暴力武器。在二战之前，来到美国的中国移民基本上被华人社区中的中国传统社会组织所控制。华人社区有四种基本的社会组织，即宗族、会馆、秘密社会和行会，这些组织的扩张是由于社区生活的需要和外部的压力。它们也强烈影响到华人社会的形成和发展，并在延缓中国移民的同化过程中扮演了一个重要角色。排华运动、组织的束缚和内部的争斗使中国移民与美国主流社会隔离了几十年，宗族的条规、方言的区别、利益的冲突等又破坏了中国移民的内部团结。这也导致了处于相对封闭状态的中国移民的同化过程非常缓慢。

二 研究方法的转型

当我的第一本专著《跨出封闭的世界》1993 年在中华书局出版

的时候，我已经在美国开始了我学术生涯的第二阶段，正在完成从中国学术训练到中西学兼具的磨难的过程。我是四川大学78级历史专业毕业生，1985年硕士研究生毕业后便留校任教。先是担任助教，1987年任讲师。没有想到的是，我竟然是当时中国大学中改革开放政策最早的受益者。在担任讲师两个月之后，我在四川大学第一次实施的"破格提拔"政策的"打擂台"竞争中，脱颖而出，成为被提拔为副教授的三位青年教师之一，那年我31岁。31岁当副教授，今天看来已经不足为奇，但是在当时，可以说是有点惊世骇俗。我至今仍然对当时那种梦幻般的感觉记忆犹新，一切来得如此之快，几乎难以置信。在相当长的一段时间里，我都怀疑那只是一场梦，担心当梦醒来时，其实我还是那个小讲师。当时有些我的老师还仍然是讲师，而且在全国大学历史系78级众多的毕业生中，在1987年晋升为副教授者，不敢说我是唯一的，但也一定是凤毛麟角。

这么早就"功成名就"，本来应该松一口气，好好享受生活了。但是，我在1989年完成那700多页的大部头《跨出封闭的世界》之后，感觉遇到了学术的瓶颈，虽然也写了几篇论文，甚至其中一篇在《历史研究》上，另一篇在《近代史研究》上发表（本书收入了后者，即第二章），但我还是感觉到一种焦虑，似乎我的全部智慧和能力都倾注进了那本书。未来的路在何方？我第一次出现了迷茫。因此，在这种情况下，1991年，可以说我把那些年在中国奋斗的成果一下子都放弃了，然后踏上了赴美求学之路。一切从头开始，放下副教授的身段，重新开始当学生。记得在讨论课上根本听不懂同学们争论的话题的焦虑，还有上日语课的时候，教室里同学都是20岁左右的本科生，我这个已经往40岁迈进，而且头上零零落落出现白发的中年人，混迹其中，对语言的敏感和记忆力开始退步，结结巴巴与老师和同学用日语对话，那种尴尬和心理压力可想而知。

不过，我能够在中年完成自己的学术转型，本身还是有不少有利条件的。包括我在国内时，便已经受过中国的历史学研究方法的训练，而且已经有了相当的研究经验，对西方中国史研究，一直也有所关注。但是要真正从中学向中西兼具转变，还是必须经过一番脱胎换骨一般的痛苦，毕竟中西在学术思维、语言、问题意识、研究方法等方面都有着巨大的不同。我曾经在一篇文章中提到过约翰斯·霍普金斯大学历史系的博士培养方法。① 我在约翰斯·霍普金斯大学的研究方向是东亚史，除中国史和日本史外，另随该系教授修美国社会史和文化史，还在政治学系修比较政治学（指导教授是日本和德国比较研究专家），在人类学系修社会人类学。每个方向都跟一个指导教授进行一年的学习，除大量阅读外，还参加讨论课，写书评和研究论文。除此之外，系里还鼓励参加跨学科的研究和学习。霍普金斯大学有一个很有名的"权力、文化及历史研究所"（Institute of Power, Culture & History），融政治学、文化学、人类学和历史学为一体，定期邀请学术"大腕"来校做专题报告，我曾参加其专题讲座一年之久，并得其资助回中国做研究。在全部课程结束后，每个教授还会列一个有三四十本专著的书目，要求在此基础上准备综合考试（comprehensive examinations，或者叫资格考试：qualifying examinations），包括口试和笔试。在综合考试通过后，方可进入博士论文写作阶段，此一阶段的博士研究生简称 ABD（All But Dissertation）。在经过几年苦读后，一个优秀的 ABD 对本领域的学术发展可以说是烂熟于心，具备了进行创造性学术研究的基本素质。

美国的文科博士培养与欧洲（例如牛津和剑桥大学）有着巨大

① 王笛：《学术环境与学术发展：再谈中国问题与西方经验——任教美国大学手记》，《开放时代》2002 年第 2 期，第 101 页。

的不同，欧洲的大学修课非常少而主要靠个人阅读和研究。所以有人讥讽道，美国是工匠式的训练法。我认为，欧式培养法适合于天才，给了他们充分的自由去阅读、思考和研究，让他们的思想尽可能地自由翱翔。我想这可能也是为什么欧洲有许多原创性的理论家，如我们熟悉的福柯（Michel Foucault）、葛兰西（Antonio Gramsci）、哈贝马斯（Jürgen Habermas）、本雅明（Walter Benjamin）等。而美国却提供了更多的杰出的实证研究，国内翻译出版的关于中国史的研究，绝大多数来自美国，就是一个非常好的证明。天才毕竟是少数，绝大多数的学者（不仅仅是历史研究者），都必须经过严格的学术训练。我认识不少在中国出生的美国华裔历史学家。他们在国内时，许多是学外语、文学或者其他学科的，但是到美国后，经过了严格的学术训练，写出了非常优秀的历史著作，这就是美国大学文科博士规训厉害的地方。

三　日常生活的叙事

中期阶段（1990～2000年代）主要是指我在约翰斯·霍普金斯大学攻读博士学位、撰写博士论文及以后的十余年，主要集中在对中国城市日常生活的研究。这是我在史学研究方法上的一个重要转型时期。当我把对中国社会的考察，从精英转向民众时，面临的主要问题是史料缺乏和怎样解读有限的史料。由于过去的中国历史学家不重视日常生活和民众，有关资料非常少，即使仅有的不多的有关资料，也是由精英记录的。因此，研究下层民众，必须要有方法上的突破，特别是怎样超越《跨出封闭的世界》的精英和宏观视野。在美国的学术训练使这种转变成为可能。我在《跨出封闭的世界》第二版前言中，对这个转变有具体的表述，也是我对自己过去的研究的反思。

我研究方法的最初转向，是从一篇论文开始的，即本书的第四章。这篇论文是 1995 年秋季至 1996 年春季学期完成的。根据约翰斯·霍普金斯大学历史系的规定，每一个研究生都必须在第一学年撰写一篇研究论文。所谓"研究论文"，就是使用原始资料撰写的专题论文。这篇论文必须第二年在系里的讨论会上宣读，参加者皆是本系的教授和研究生。论文要预先印发给参加者，作者需要在会上接受答辩。我起初准备写晚清的社会改良者傅崇矩——他编撰了一部八卷本的晚清成都的百科全书《成都通览》，但是后来我决定研究晚清成都街头的大众文化（popular culture on the street）。我在撰写研究计划的时候，为了表述简单，有时候也写成 street culture，我的导师罗威廉（William T. Rowe）教授对这个英文组合十分欣赏，于是这成为我论文的题目，即《街头文化》。

我在这个研究中指出，街头是城市下层民众从事诸如谋生、日常生活和娱乐等各种活动的重要舞台。在晚清，当改良运动深入地方社会之时，城市精英便不断对下层民众公共空间的使用进行限制，并以其正统的价值观对他们的公共行为施加影响。同时，改良者利用重新整合城市空间和引导社会舆论之机，竭力扩大其政治影响并最终把街头变为一个新的政治空间。在这个过程中，下层民众和社会改良者在街头的角色都得以重新定义。该文探索地处长江上游地区的内陆城市成都在晚清时期的街头文化、下层民众及其与地方政治的关系。十分令人鼓舞的是，我的第一篇英文论文，1998 年发表在西方中国研究最权威的期刊之一《近代中国》上。①

我的博士论文便是以这篇论文为基础发展起来的，1998 年夏天

---

① Di Wang, "Street Culture: Public Space and Urban Commoners in Late-Qing Chengdu," *Modern China*, Vol. 24, No. 1, 1998, pp. 34－72.

我通过了答辩，然后又经过近四年修改成专著，2003 年由斯坦福大学出版社出版。① 这是我的第一本英文专著，以街头文化为中心，展示街头出现的各种文化现象，包括城市的外观、民间艺人的表演、民众谋生的方法，以及对街头的争夺等。下层民众的日常生活与街头有着紧密联系，他们创造了这种文化并生活于其中。这个研究讨论晚清民国时期成都的日常生活和大众文化如何在现代化潮流下经历转型，揭示了底层民众的日常生活，从而呈现与一般意义上的现代化不同的另一种历史叙事。这一历史叙事赋予底层民众和由他们组成的公共空间以足够的主体性和能动性，强调底层民众日常生活的延续性，他们对国家和精英在治理公共空间时实施的现代化议程，有着不可忽视的抵制和讨价还价的能力。

本书第六章也是由"街头文化"这个课题发展起来的。这个研究以竹枝词为基本资料，对 19 世纪成都的城市生活特别是公共生活进行探讨。这个研究其实就是要探索那些缺乏传统历史资料的课题，对于怎样把文学作品作为历史资料来利用，竹枝词为我们提供了一个途径。当然，这在方法论上是一个挑战。中国传统的诗词一般是表现抽象意境和情感，但是竹枝词不同，在很大程度上是关于人们现实生活的记录。由于这一特点，其包含了丰富的日常生活信息，而这些在传统史料中往往缺失。通过竹枝词，我们可以看到地方精英是如何看待普通百姓和大众文化的。在竹枝词中，地方精英评判大众文化和普通人，有赞赏也有批评，这种复杂的态度反映了他们与大众文化和民众的复杂关系。用竹枝词作为主要资料，我试图达到两个目的：一是

---

① Di Wang, *Street Culture in Chengdu: Public Space, Urban Commoners, and Local Politics, 1870–1930*, Stanford: Stanford University Press, 2003. 该书 2005 年获得美国城市史学会最佳著作奖。中文本《街头文化：成都公共空间、下层民众与地方政治（1870~1930）》，中国人民大学出版社 2006 年初版，商务印书馆 2012 年再版。该书被《中华读书报》评选为 2006 年十佳图书。

揭示中国城市丰富多彩的公共生活，二是讨论精英对民众和大众文化的态度。把竹枝词比作"城市之韵"，其诗词的节奏确实反映了城市生活的韵律，描述了城市日常生活的氛围、感觉和意念。

四　进入微观世界

我对微观史的兴趣，要归功于导师罗威廉的引导。当我决定研究成都的街头文化时，他就推荐我读欧美社会文化史的著作，记得第一本就是金斯堡（Carlo Ginzburg）的《奶酪与蛆虫》[1]。就这样，我对问题的思考有了更广阔的视野，有了方法上的自觉。我在进行街头文化研究的同时，也开始了对茶馆资料的收集，2002 年将《街头文化》最后定稿交斯坦福大学出版社后，便开始了《茶馆》一书的写作。我把研究的焦点进一步缩小，从城市的街头到更微观的茶馆，探讨公共空间和公共生活的演变。[2] 我考察了茶馆如何服务于成都的城市日常生活，尤其是底层民众的生活。我所关注的不仅仅是茶馆作为公共空间的物理存在，更关注各种各样的人，包括茶客、伙计、店主、小贩、江湖艺人等是如何运用这个空间的。通过对茶馆这个微观世界的观察，对地方文化与国家文化之间的互动关系进行思考。

如果说《跨出封闭的世界》是从精英的眼光去看社会的变化的话，那么《街头文化》《茶馆》则是从下层民众的角度探索政治、经济和现代化对他们日常生活的影响，既注重传统的价值，又把重点集中到对社会生活和社会文化，特别是大众文化的探索。在分析社会演

---

[1] Carlo Ginzburg, *The Cheese and the Worms：The Cosmos of a Sixteenth-Century Miller*, trans. by John and Anne Tedeschi, New York：Penguin Books，1982.

[2] Di Wang, *The Teahouse：Small Business，Everyday Culture，and Public Politics in Chengdu，1900 – 1950*，Stanford：Stanford University Press，2008.

变时，我更加注意下层人民的反应，以及他们与精英和国家权力的关系，并考察民众怎样为现代化付出了代价，同时揭示他们怎样接受和怎样拒绝他们所面临的变迁。如果说《跨出封闭的世界》注重"变化"，那么《街头文化》和《茶馆》虽然也研究变化，然而更强调"持续性"，即不变的那些方面。

本书第五章是《茶馆》一书最早完成的一章。① 这个研究尝试把焦点放在茶馆里一个特殊的人群，即所谓的"茶博士"——茶馆里的堂倌。这是对城市下层民众研究的一个尝试，展现了抗战时期成都的日常生活、城市文化、社交网络和地方政治。职场文化是社会文化的一个缩影，民国时期成都茶馆工人和顾客的各种关系，男堂倌与女茶房之间的冲突，人们对茶馆工人的态度和看法，以及工会怎样保护其会员和解决内部纠纷，都映射出茶馆工人的社会形象与生存处境。对战时成都茶馆工人和茶馆职场文化的研究为我们提供了一个很好的机会，去审视当时在血腥战场背后的城市贫民的生活状况和处境，并了解在这个关键时期，这些小人物的命运是如何与整个中国的社会、经济、政治境况联系在一起的。

本书第七章是对我关于日常生活研究的一个理论总结。这篇论文最早提交给 2004 年加州大学伯克利校区的"历史思考与当代中国的人文学"（Historical Thinking and Contemporary Chinese Humanistic Studies）工作坊，2005 年发表在英文刊物《中国历史评论》（*Chinese Historical Review*）上。② 但是中文版直到 2018 年才在《清华大学学报》（哲学社会科学版）第 6 期上发表。这篇论文认为，公共空间是

---

① 我写专著的习惯是哪一章资料已经比较完备且思考比较成熟，就开始哪一章的写作，并不是一本书一定要从头写到尾。在用电脑写作的时代，书和论文的结构调整已经变得相对容易，所以不必拘泥于写作顺序。

② Di Wang, "Entering the Bottom of the City: Revisiting Chinese Urban History through Chengdu," *Chinese Historical Review*, Vol. 12, No. 1, 2005, pp. 35 – 69.

观察社会关系的极好场所，在这些地方，各阶层的人们，特别是生活在下层的人们，进行着日常的生活。但在中国，城市公共生活的研究长期为城市史学者所忽视，通过对中国城市空间的研究，可以更进一步地揭示出民众与公共空间和公共生活的关系。把研究焦点转移到一个更具体更小的公共空间，即20世纪成都的街头文化和茶馆，把这两个微观研究对象置入中国城市史研究这个更宏观的语境中，对都市大众文化的研究进行若干反思，可以加深我们对中国城市下层民众和精英的理解。要全面地了解一座城市，需要进入这座城市的底层，探索这些组成城市社会生活的最基本的单位，考察人们日常生活的细节，即使这些细节看起来是那么微不足道。城市民众与公共空间使用的相互影响，使成都街头文化和茶馆文化在20世纪经历了重大的变化。研究这些变化，可以进一步理解改良者和改革及其他政治运动，是如何影响普通民众、精英与国家之间关系这样的宏观问题的。

以微观视野研究历史的时候，我们经常面临"地方性知识"和普遍规律的问题。我认为自己的微观研究，只是提供了一些案例。从这些案例，我们或许能发现一些规律性的东西。那么个案研究能给我们带来什么样的普遍知识呢？以《街头文化》为例，我通过成都民众对街头公共空间的使用，来考察公共空间在城市日常生活中有何功能，城市民众与城市公共空间有何关系，谁是城市公共空间的主要占据者，普通民众是怎样使用公共空间的，国家和地方精英在多大程度上控制街头和社区，改革和革命是怎样改变人们的日常生活的，在这个社会转型时期大众文化和公共空间是怎样发生变化的，在公共空间中下层民众、地方精英与国家权力的关系是什么性质，以及大众文化与地方政治是怎样交互影响的，等等。

这些问题的提出和回答，其实已经远远超出了成都的街头文化和日常生活本身，而上升到研究中国城市史的一些普遍关注的问题，以及和一些宏观的城市史研究，包括西方的和中国的，进行学术对话。所以我想这也是这部关于成都街头文化的个案研究 2005 年获得美国城市史研究学会最佳著作奖的原因。因为这本书不仅对人们认识中国城市有帮助，而且为研究其他国家的城市提供了一个新的参照系。

再如茶馆的研究，虽然只是研究城市日常生活中的一个微观世界，但实际上是通过研究茶馆考察 20 世纪上半叶中国社会、经济和政治的变迁，有一个贯串始终的主要观点：在 20 世纪上半叶，坚韧的地方文化和习惯不断反抗西化的冲击，拒绝现代化所造成的文化同一模式，抵制国家权力的日益渗入，而这种国家权力渗入并日益加强的过程，显示在 20 世纪上半叶的民众公共生活之中，国家越来越直接干预人们的日常生活。我所展示的是，在这个时期城市改良和现代化过程中有两条线同时并进：一是国家角色加强的同时，现代化持续消弭地方文化的特点，导致地方文化独特性的削弱；二是在此过程中，以茶馆为代表的地方文化，既显示了其坚韧性，亦展现了其灵活性，以对抗国家权力和现代化所推行的国家文化的同一模式。这些思考其实有关中国现代化过程中必须面对的大问题，而我的研究则是从微观的角度进行回答。

因此，关于茶馆这个微小的公共空间的研究，不仅带给我们对日常文化、小商业、公共政治的进一步的理解，而且拓展了我们对地方文化与国家文化之间关系的知识，引导我们去思考中西方之间在公共生活上的异同，以及 20 世纪上半叶中国社会与文化的变化和延续。同时，在看到茶馆与西方的咖啡馆、餐厅、酒吧等在公共领域的相似之处外，我们还可以在公共生活的许多方面发现它们的共同点，无论是从小商业的经营还是从顾客在公共空间中的各种活动等。当然，随着空间（中国和西方）和时间（不同的时代）的改变，这种共同点也在发生转移。中西方的公共生活无疑也存在各种差异，考察各种异同可以帮助我们加深对中国公共生活和公共政治的认识。

虽然成都不能代表中国的城市，但我的个案研究可以在一定程度上反映全国的状态。比如我对茶馆的研究始终有个核心问题：地方文化和国家文化的关系问题。一方面是国家文化对地方文化的不断侵入，进行同质化的规训；另一方面则是地方文化对国家文化的抵制。在《茶馆》中文版的结尾中，我加了一个隐喻："任凭茶碗中波澜翻滚，茶桌上风云变幻，他们犹如冲锋陷阵的勇士，为茶馆和日常文化的最终胜利，立下了汗马功劳。"此处的"他们"，是指茶馆经营者、依靠茶馆谋生者和茶客们。茶馆里的这些普通老百姓，其实一直在日常生活中用斯科特（James Scott）所说的"日常抵抗"（daily resistance）来维系他们的文化和生活方式。

五　文本的解读

近期阶段（2000～2010年代）所选的四篇文章，几乎都与文本解读有关。第八章是关于图像资料的讨论。随着新文化史的兴起，城市史研究者越来越多地使用图像资料。图像的使用，使我们重新定义"史料"，扩展了我们对历史的认识，丰富了研究的方法，也充实了我们对过去都市的想象。图像给我们提供了视觉资料，但并不是说图像就一定是历史的真实反映，它在相当大的程度上是我们对都市的一种历史想象，也就是通过现存的文本的解读和我们对今天城市的体验，建构一个头脑中的逝去的城市。每个时代有每个时代的想象，因为我们的思维都是受时间和空间制约的。使用图像，哪怕是照片，我们也必须持怀疑的眼光。今天看过去的图像，是以我们今天的观念来理解和解读的，与历史的都市存在着相当大的距离。照片虽然是客观的，但是拍照片的人则是有主观意识的，镜头是有所取舍的。所以在用照片的时候也需要进行解读和分析，从而挖掘出图像资料的意义。

第九章是为 2014 年秋在四川大学召开的"地方的近代史：州县士庶的思想与生活"学术讨论会所撰写的论文，主要分析了关于袍哥叙事的各种文本。这篇文章依赖五种不同的文本，即档案、社会学调查、小说、回忆录和文史资料，试图在方法上进行新的探索，力图超出国家和精英的话语，从多方面考察基层袍哥的背景、活动和日常生活。这些资料都从特定的角度，分别描述了民国时期四川乡村不同袍哥的不同故事。从微观的角度，了解四川乡村袍哥与地方权力操作的细节，使我们进一步了解这个组织在社会基层的角色和作用。特别是通过一些袍哥成员的个人经历，从最基层来建构过去袍哥的历史和文化。这个文本分析的方法，后来也运用在《袍哥》一书的写作中。

第十章则是通过分析袍哥的语言来观察其历史。原文是英文，写于 2006 年至 2007 年间。当时我得到了美国国家人文基金会（NEH）的资助，在美国全国人文研究中心（NHC）担任驻院研究员，受《晚期帝制中国》（*Late Imperial China*）主编梅尔清（Tobie Meyer-Fong）教授的邀请，参加她组织编写的一个为庆祝罗威廉教授 60 岁生日的专辑，主题是"走进 19 世纪"（Entering the Nineteenth Century）。参加的学者包括孔飞力（Philip Kuhn）、曼素恩（Susan Mann）、魏丕信（Pierre-Etienne Will）、冉枚烁（Mary Rankin）、梁其姿（Angela Ki Che Leung）等。当时虽然我正在进行《茶馆》第二卷的写作，但是已经开始关于袍哥的研究。在这篇文章中，我试图利用秘密社会的文书，特别是袍哥的"圣经"——《海底》，考察他们的秘密语言，以揭示其政治思想、身份认同和行为。秘密语言成为帮助该组织及其成员生存的工具，也成为我们理解他们的思想、行为、组织、成员、内外关系以及政治文化的窗口。由此我们可以进一步理解 19 世纪四川的社会环境，追溯这个社会集团在民众中建构一个坚实的社会基础以及创造一个次文化之时，与国家权力成功的斗争经历。

第十一章原文也是英文，发表在 2017 年的《中国历史学前沿》（*Frontiers of History in China*）上。1945 年，燕京大学社会学系女学生沈宝媛到成都郊区一个叫"望镇"的地方进行关于秘密社会的调查，并在次年完成调查报告《一个农村社团家庭》，作为其燕京大学社会学系的毕业论文。此篇社会调查的完成是受到 20 世纪二三十年代社会学和人类学在中国发展的影响。那些受西方教育和影响的早期社会学家和人类学家，自称"农村工作者"，认为要了解中国，改变中国积贫积弱的现状，就必须了解中国农村和中国农民，因此，他们在全国范围内开展了农村社会调查，并成为当时中国乡村建设和乡村教育运动的一个重要组成部分。正是他们所开展的深入农村、深入农民的社会调查运动，为我们今天的研究留下了丰富的记录，并成为今天我们了解当时袍哥及其组织的珍贵文本和历史记忆。这篇文章的着眼点不在于讨论沈宝媛社会调查的具体内容，而是希望根据这个调查文本，去探索一个社会学调查在当时政治、社会、学术方面的来龙去脉，并讨论这样的调查报告，在今天如何被作为历史资料来使用，以及通过对其的探讨，我们究竟可以在多大程度上还原那段已经逝去的记忆，还原那些已经被摧毁的秘密社会组织的历史。

多年前我在《街头文化》中文版的前言中提到，历史作品的表达中有两种倾向。一种是"话语分析"，把一些看似简单的问题进行复杂的分析，显示出作者深厚的理论功底和分析能力，把读者引入一种意想不到的境界，发现如此简单问题的后面竟然埋藏着这么复杂的玄机。这个倾向可以从那些"后现代"的作品中清楚看到。另一种倾向是力图把复杂的问题分析得简单易懂，以比较明了、直接、清楚的方式来阐述自己的观点，尽量避免使用过多理论和术语，不仅使本领域的专家，而且使其他领域的学者甚至大众读者也都能读懂，喜欢看下去。因此持这个倾向的史家主要采用的是"叙事"的方法。① 从我个人的研究来讲，显然接近后一种方法，这当然与我在约翰斯·霍普金斯大学所受的学术训练有关。在我写作《街头文化》、《茶馆》以及后来的《袍哥》时，我想使这些书能吸引更多的读者。哪怕是学术著作的写作，我也竭力使其具有可读性，使读者通过书中所讲述的故事，去体会我试图表达的东西。

虽然我自己强调叙事，强调人文学科而非社会科学的方法，但是我认为，一部作品中，各种表达手段都需要加以使用，如描写、叙事、讨论、分析、概括等，任何一种方法都不是万能的。也有评论者认为我的研究方法有后现代的倾向，虽然我不是很认同，但是我理解他们为什么有这样的印象，因为我并不把一种资料看作对历史的真实记录，而只是把它作为一个分析文本，这就和传统历史学的研究取向有比较明显的区别。在我看来，每一种资料都提供了一个历史事件和人物的文本，它们从不同的角度，给我们提供了对历史的一种认识。它们都在不同程度上存在真实和虚构两方面的因素。

六　新文化史的取向

我研究公共空间、日常生活和微观世界，在相当程度上也是受西方新文化史、微观史的影响。新文化史把普通人作为研究的主要对象，同时也从过去现代化理论流行时代的社会科学和科学的方法，转向讲究叙事和细节的人文的历史学方法。虽然大事件仍然是许多历史学家研究的中心，但在此大背景下，一些新课题如日常生活、物质文

---

① 王笛：《街头文化：成都公共空间、下层民众与地方政治（1870～1930）》，第3～4页。

化、大众文化等得到明显发展。

新文化史"新"在哪里？从中国史研究的角度，概括来讲，我觉得有两点。一是研究对象的改变，即从英雄人物到普通人。二是研究方法的改变，特别是人类学的影响。其实这个问题在伯克（Peter Burke）的《什么是文化史》中说得很清楚。文化史研究大概有四个阶段。第一阶段是经典阶段，关注的是雅文化或经典，如19世纪布克哈特（Jacob Burckhardt）的《意大利文艺复兴时期的文化》和《希腊文化史》，赫伊津哈（Johan Huizinga）于1919年出版的《中世纪之秋》等。第二阶段始于1930年代，是艺术的社会史阶段，如韦伯（Max Weber）以及研究图像的帕诺夫斯基（Erwin Panovsky）等。第三阶段是1960年代的大众文化史阶段，如研究边缘人群的霍布斯鲍姆（Eric Hobsbawm）。第四阶段就是这里所讨论的新文化史阶段，主要是受到人类学影响。①

虽然这里强调人类学对历史学的影响，其实反过来，历史学也给人类学带来了启发。除了依赖田野调查，人类学家也在文本中挖掘故事。例如萨林斯（Marshall Sahlins）的《历史之岛》（*Islands of History*）就是通过对库克船长与欧洲航海者的传奇历史进行深描，讲述了一个全新的库克船长的故事。在中国历史的研究方面，哈佛大学人类学家华生（James L. Watson）、耶鲁大学的萧凤霞（Helen F. Siu）等，都走过类似的路子，即从人类学的角度，使用历史文本来对某个人群或社会进行考察。

另外，新文化史和西方新马克思主义的研究路径有紧密的联系。新马克思主义试图从文化层面，而不只是从经济层面研究资本主义，

① Peter Burke, *What is*, *Cultural History?*（Second edition）, Cambridge, UK: Polity, 2008, pp. 6 – 7.

这和新文化史不谋而合。新马克思主义的一些概念如文化霸权、精英文化、大众文化等，也成为新文化史的关键词。当然，经典马克思主义历史学和新马克思主义是有区别的。前者是从文化到社会，后者则是从社会到文化，即为社会的发展变化寻找文化根源。新文化史发展的内部原因是对此前社会史、经济史等宏大叙事的反思，强调它们忽视的问题；外部原因则是世界发生着改变，各种后现代运动的兴起，都要求历史学家对此做出回应和解释。

新文化史的研究使人们的目光从上层转移到下层，由中心转移到边缘，拓展了人们对历史的认识，使我们看到了英雄或者精英之外的小人物的历史。人类学方法的采用，则促进了微观史的发展。而且历史研究的"语言学转向"，导致了研究者更为重视文本自身的解构，如我在《袍哥》一书中对沈宝媛提供的文本的分析。在新文化史的学者看来，研究课题可以无所不包，研究方法也无固定的套路，每个课题和每个作者都可以有自己的研究路径，给研究者充分的想象力，这显示了新文化史的非凡活力。

新文化史的视角，也为传统的政治史研究开辟了新思路。过去研究政治运动，更多的是考察政治运动的领导者，从精英的角度，轰轰烈烈，看不到民众的角色，看不到日常政治，新文化史则把研究对象转向了民众，研究那些默默无闻的人，他们其实在政治运动中扮演了重要角色。因此新文化史、微观史完全不排斥政治史，应该说是为研究政治史开拓了新的路径。

做微观研究需要细节，但是不能仅仅停留在细节上，还要从细节中发现我们所关注的大问题；而讨论大问题，首先是要与学术界关注点进行对话。怎样开始对话？首先是认真研读有关的学术研究成果。国内一些导师指导研究生，让那些还没有经过多少正规学术训练的学生先去档案馆或图书馆读一年半载的档案或者其他原始资料，称之为

"先摸史料"。我不赞同这样的培养方式，我主张研究生必须先读这个领域有代表性的学术成果，对本领域的学术发展烂熟于心，培养了批判性思维，形成了一定的问题意识以后，再去读原始资料。而且学习前人的研究，不仅要关注某一个具体问题，而且要了解整个相关领域。比如说研究关帝崇拜，就不能只看对关帝崇拜的研究，还需要对其他民间信仰都有涉猎，要讨论大众信仰与国家和地方精英的关系。甚至阅读范围不限于中国，关于欧美的大众信仰也不能忽略。有了这样的准备，再去看史料，就有辨别，知道哪些史料有价值，知道怎样解读和应用这样的资料，也能驾驭庞杂的信息，从字里行间读出深刻的含义。如果一开始就去看档案，花了大量的时间收集了许多资料，很可能要不所收集的资料完全没有用，要不面对浩瀚的资料束手无策。

最后需要说明的是，在这 11 篇论文中，有 7 篇是由英文翻译成中文的，即《跨国研究：华人社区的冲突、控制与自治》（1994）、《从下往上看：晚清街头文化、下层民众与地方政治》（1998）、《诗歌作为历史资料：城市之韵——19 世纪竹枝词里的成都日常生活》（2003）、《下层群体的考察："茶博士"——抗战时期成都茶馆的工人、职场文化与性别冲突》（2004）、《从微观到宏观：微观世界的宏观思考——从成都个案看中国城市史研究》（2005）、《从语言看历史：神秘的语言和沟通——19 世纪四川袍哥的隐语、身份认同与政治文化》（2008）和《社会学的启发：社会学与 1940 年代的秘密社会调查——以沈宝媛〈一个农村社团家庭〉为中心》（2017）。其余4 篇文章，即《计量历史：清代四川人口、耕地及粮食问题》（1989）、《施坚雅的影响：近代长江上游城市系统与市场结构》（1991）、《图像的解读：图像与想象——都市历史的视觉重构》（2013）和《文本解读：乡村秘密社会的多种叙事——1940 年代四川袍哥的文本解读》（2015），是直接用中文写的。我把这11篇文章划分为早期、中期和近期三个阶段。这些文章写作的时间跨度刚好三十年，最早的是1987年，最晚的则是2017年。这里还需要说明的是，我所划分的中期和近期阶段，其实是重合和无缝对接的，而早期到中期，才是真正研究范式的转变。

我在两种学术环境中发展，并一直坚持用双语写作，到目前为止，我的主要论著，几乎都有中、英两种版本，一般是先写英文，后翻译成中文。但是，同一本书或同一篇论文的中、英版是有区别的，中文版都经过我的修改和扩充。不同学术语境中的书写差异究竟在哪里，各自有什么特点呢？中文和英文的学术写作有所不同，不仅是语言文字本身不同，表达的方式也不一样。我在用一种语言写作的时候会一直想应该怎么用另一种语言来表达。对我而言，最大的体会是用英文写作让我的中文写作更精练了。我发现，我的中文作品译成英文的时候，要做不少删减，感觉有些有文采的段落重复多余，有时候甚至需要重新建构段落。但把我的英文作品翻译成中文，就很少有不必要的东西，甚至还需要往里加一些史料，否则感觉不够丰满。英文学术写作追求精练准确的表达，这也在一定程度上影响到我的中文写作。

我希望这11篇论文，能够在社会史、文化史、城市史的研究方法上为读者提供一些借鉴。当然，正如我在许多场合都强调过的，方法是因研究的课题和人而异的，需要研究者不断地探索和思考，这样才能不断地产生出有启发意义的作品来。

2019年10月4日在从牛津到爱丁堡的列车上初稿

2019年12月13日于澳门大学二稿

2020年4月18日于澳门大学三稿

第一编

早期研究：以计量史学为中心
（1980 ～ 1990 年代）

第一章
计量历史：清代四川人口、耕地及粮食问题

　　清初四川人口的迅速增加，对经过战乱而人烟稀少、社会残破的四川经济的恢复起到了重要作用，然而随着不可遏制的人口持续上升，这种社会发展的动力渐变为社会的沉重负担。对人口问题的考察往往是研究社会的起点，而统计资料又是我们研究人口问题最重要的依据。但遗憾的是，清代关于四川人口和耕地的统计存在严重的问题，例如 1898 年川省册载人口高达 8475 万，而同期册载耕地仅 4706 万亩，即人均耕地仅 0.56 亩。难道这样少的耕地能容纳如此多的人口？而且这一人口数已达到 1970 年代的四川人口水平，实在令人难以置信。这种分省人口与耕地统计的不实，不仅影响到全国人口与耕地的确数，[①] 而且给区域人口和社会史的研究造成极大的困难。因此，考释和订正这些数字十分重要。本章以清代较多人口和较大农业省份四川作为个案，通过对人口、耕地及粮食问题的综合考察，去探讨清代人口和耕地统计中存在的问题，研究清代由于人口剧增所造成的人口压力。

[①] 学者对此多有评述，如珀金斯（D. H. Perkins）《中国农业的发展（1368～1968年）》（上海译文出版社，1984）附录 1 和附录 2、何炳棣《南宋至今土地数字的考释和评价（下）》（《中国社会科学》1985 年第 3 期）等。

一 清初四川人口的恢复与移民

明末清初，由于半个多世纪的战乱，川省人口丧失十分严重，以致清初四川"丁户稀若晨星"。① 如川西平原的温江在"劫灰之余，仅存者范氏、陈氏、卫氏、蒋氏、鄢氏、胡氏数姓而已"，顺治十六年清查户口，仅 32 户，男 31 丁，女 23 口，"榛榛莽莽，如天地初辟"。② 金堂也是"遭祸尤惨，兵燹之余，居民靡有孑遗，即间有以土著称者，亦不能尽道先代之轶事，且为数寥寥"。③ 川北的苍溪在三藩之乱后，"民不聊生，俱逃避深山穷谷中，……人民破家失业不可胜纪"。当时编定丁粮，全县仅 600 户。④ 川东的云阳自"明季丧乱"，"孑遗流离，土著稀简，弥山芜废，户籍沦夷"。⑤ 此类描述，在地方史志中随处可见。

清开国后，实行与民休息的政策，随着川省生产和正常社会生活的恢复，人口也迅速回升。到雍正时，"蜀中元气既复，民数日增，人浮八口之家，邑登万户之众"。⑥ 如温江在战乱后，"渐次招徕，人迹所至，烟户递增，城镇田庐，载筑载兴，鸡鸣狗吠，声闻田野"。到乾隆之世，增至 3 万余户，男女 14 万丁口。⑦ 简州在战后仅存土著 14 户，清初陆续招徕 84 户，按明制编为一里，到乾隆时户口达18809 户。⑧ 资州在康熙六年清查户口时仅 74 户，520 口，但以后

---

① 雍正《四川通志》卷 5《户口》。
② 民国《温江县志》卷 3《民政·户口》。
③ 民国《金堂县续志》卷 3《食货志·户口》。
④ 民国《苍溪县志》卷 13《灾异祸乱》。
⑤ 民国《云阳县志》卷 9《财赋》。
⑥ 雍正《四川通志》卷 5《户口》。
⑦ 民国《温江县志》卷 3《民政·户口》。
⑧ 民国《简阳县志》卷 19《食货篇·户口》。

"升平化洽，生齿日繁，十倍于昔"，乾隆十八年清查时已有"承粮花户"4072 户，14486 口。① 芦县在"清康熙时，承平日久，并丁入粮，户口繁滋"，计编花户4538 户，人丁26668 丁。② 巴县经明末之乱，"民靡有遗"，"然历康熙以至乾隆三朝之休养生息"，嘉庆元年后报部户口已达75743 户，男女218079 丁口。③

清初四川人口回升速度之快，仅靠人口的自然增长是不可能的，根本动因是大规模的移民。由于清政府的鼓励开荒政策，④ 在康熙中期至乾隆前期，外省人口大量涌入四川。如康熙中期，湖广宝庆、武冈、沔阳等处人民"托名开荒携家入蜀者，不下数十万"。⑤ 雍正五年，湖广、广东、江西等省"因本地歉收米贵，相率而迁移四川者不下数万人"。⑥ 由长江水路入川的"楚省饥民"，是"日以千计"。⑦ 在雍乾之际，福建、广东两省几乎每年都有成批百姓"挈伴入川"，⑧ 仅广东潮、惠二府和嘉应州入川人户，"一县之中，至少亦必有千人，以有入川人民各县计之，不下万余"。⑨ 移民长途迁徙的规模之大，人数之多，引起了当局的忧虑，以致乾隆初开始限制移民入川，但仍难以遏制这股移民势头，仅乾隆八年至十三年（1743～1748）5 年

---

① 光绪《资州直隶州志》卷7《食货志·资州户口》。
② 民国《芦山县志》卷3《食货·户口》。
③ 民国《巴县志》卷4《赋役上·户口》。
④ 康熙十年清廷便确定了"携带妻子入蜀开垦者，准其入籍"的政策。康熙二十九年又认定在川垦荒居住者"准其子弟入籍考试"（嘉庆《四川通志》卷64《食货·户口》）。雍正五年又发布上谕：湖广、江西、广东、广西等省之民，"挈家远赴四川，听其散往各府州县佃种佣工为糊口之计"（《清朝文献通考》卷19《户口考一》）。
⑤ 雍正《四川通志》卷47《艺文·楚民寓蜀疏》。
⑥ 嘉庆《四川通志》卷首《圣训二》。
⑦ 道光《夔州府志》卷34《政绩》。
⑧ 《朱批谕旨》，雍正十二年三月广东巡抚杨永斌奏。
⑨ 杨锡绂：《四知堂文集》卷17《奉委查办入川人民事宜禀》。

间，广东、湖南人户"由黔赴川就食者共二十四万三千余"。①

移民大量入川，促进了川省经济的迅速恢复，但对人口和社会结构造成了重大影响。

（一）人口成分的变化

清朝大量移民入川，以致土著被湮没在移民的茫茫大海中，这在中国历史上亦属少见，因而历史上有"湖广填四川"之说。其实，除两湖外，其他省的移民也为数不少。如大邑县清初土著少，客民多，"率多秦、楚、豫章（按：指江西）之人，或以屯耕而卜居"。②新繁县清初先有湖广人来垦种，继有江西、福建、广东、陕西等人民移入，"始至之日，田无业主，听民自占垦荒"。③简阳县先后有11个省的人入籍，全县222个氏族，外籍占213个，其中湖广籍达133个。在广安县客籍总人口中，湖北占4/15，湖南占1/3，江西占2/15，闽浙占1/15，广东占1/15，另外山东、山西等省占1/15，川人（双流、新津、阆中等县）迁籍占1/15。④

我们再以资料较为完整的云阳、南溪两县为例做具体分析。表1-1和表1-2分别列出了云阳氏族来源和移住时期。这两个表说明，清代云阳人口基本来自外省，从见于记载的氏族比例来看，土著仅占1.1%，加上川省其他县的移住者，也不过占7.3%，这就是说外省移民达92.7%，其中两湖占总数的将近70%。从移入的时间来看，约80%是清以后移入的，其中又以康熙和乾隆时期为多，两朝计移入90个氏族，占总数的1/2。云阳的大氏族涂氏于康熙年间入川，"始以一二人之播越，历十世二百年之久，有二千三百九十人"。⑤

---

① 《清高宗实录》卷311，乾隆十三年三月癸丑。
② 同治《大邑县志》卷7《风土》。
③ 光绪《新繁乡土志》卷5。
④ 见彭雨新《四川清初招徕人口和轻赋政策》，《中国社会经济史研究》1984年第2期。
⑤ 《云阳涂氏族谱》卷20。

表 1-1　云阳县氏族来源

来自地区	数量(个)	占比(%)
四川	13	7.3
湖北	83	46.6
湖南	41	23.0
江西	12	6.7
福建	7	3.9
安徽	3	1.7
广东	3	1.7
陕西	1	0.6
河南	1	0.6
不详	14	7.9
合计	178	100.0

表 1-2　云阳县氏族移住时期

移住云阳时间	数量(个)	占比(%)
原居民	2	1.1
明之前	34	19.1
顺治年间	7	3.9
康熙年间	36	20.2
雍正年间	12	6.7
乾隆年间	54	30.3
嘉庆年间	14	7.9
道光年间	4	2.2
不详	15	8.4
合计	178	100.0

注：表1-1、表1-2系吕实强根据民国《云阳县志》卷23整理。见吕世强《近代四川的移民及其所发生的影响》，台北《中央研究院近代史研究所集刊》第6期，1977年6月，第230~231页。转引时稍有变动。

再以南溪县为例（见表1-3、表1-4）。从南溪的人口组成来看，移民也大多来自湖广，在72个氏族中有59个，约占82%。其移入时间主要是清初，即顺、康两朝，计49个，占总数的68%。

表 1-3　南溪县氏族来源

来自地区	数量（个）	占比（%）
湖广	59	81.9
江西	4	5.6
广东	2	2.8
江苏	1	1.4
安徽	1	1.4
浙江	1	1.4
福建	1	1.4
广西	1	1.4
不详	2	2.8
合计	72	100.0

表 1-4　南溪县氏族移住时期

移住南溪时间	数量（个）	占比（%）
明　代	12	16.7
顺治年间	18	25.0
康熙年间	31	43.1
雍正年间	2	2.8
乾隆年间	6	8.3
咸丰年间	2	2.8
不详	1	1.4
合计	72	100.0

注：表1-3、表1-4系吕实强根据民国《南溪县志》卷4整理。见吕世强《近代四川的移民及其所发生的影响》，台北《中央研究院近代史研究所集刊》第6期，1977年6月，第227~228页。转引时稍有变动。

移民在川省人口中占了举足轻重的地位，但关于全川的移民数量历史上没有统计，我们只有根据有关资料进行估算。大规模的移民活动在嘉庆时已基本结束，我们便以嘉庆十七年（1812）为终点。康熙二十四年（1685）四川人口为98.7万[①]，我们略去此前的移民不

① 见表1-10。

计，将此数全部作为土著。清嘉庆十七年以前，全国人口自然增长率年均约6‰[1]，我们再多估1/3，以9‰的自然增长率计算，嘉庆十七年川省人口也仅308万[2]，只相当于该年实际人口2070.9万的14.9%。[3] 就是说，到嘉庆中期，川省人口中的移民或移民后裔至少占85%。

（二）移民社会的形成[4]

大量移民入川后聚居，滋生繁衍，并顽强坚守着自己的文化传统，保持着原有的语言、风俗和生活习惯，在异乡重组了他们自己的社会。四川的许多乡场，便是由移民所建，一些城市也因移民而兴。如重庆"吴、楚、闽、粤、滇、黔、秦、豫之贸迁来者，九门舟集如蚁，陆则受廛，水则结舫"。[5] 明代重庆城内仅8坊，城外仅2厢，到康熙中后期，城内发展到29坊，城外21厢。[6] 移民基本上控制了重庆商业，"各行户大率俱系外省民人"。嘉庆六年在重庆领有牙帖者共109行，综计江西40行，湖广43行，福建

---

[1] 按以下方法算出：乾隆四十一年（1776）以前的人口数不可靠，我们以清查后的乾隆四十一年全国26823.8万人为基期数（P_o），以嘉庆十七年的33370万人为终期数（P_n），按公式 r（人口增长率）$= \sqrt[n]{P_n/P_o} - 1$，即 $r = \sqrt[36]{\dfrac{33370}{26823.8}} - 1 = 0.006$。即6‰。罗尔纲先生的测算还要低，为5.66‰（参见罗尔纲《太平天国革命前的人口压迫问题》，《中国社会经济史集刊》第8卷第1期，1949年1月。

[2] 根据公式 $P_n = P_o (1+r)^n$，$P_n = 98.7 (1+9‰)^{127} = 308$（万）。

[3] 嘉庆十七年实际人口数资料来源见表1-13。

[4] 关于四川移民社会的微观研究（特别是对川东的云阳县），日本金泽大学西川正夫教授和名古屋大学山田贤先生颇有独到见解，他们曾分别将其成果《四川省云阳县杂记》（《金泽大学文学部论集·史学科篇》第7号，1987年2月）、《清代的移住民社会》（《史林》第69卷第6号，1986年11月）寄赠于我，我在已出版的《跨出封闭的世界——长江上游区域社会研究（1644～1911）》一书中做了具体介绍。

[5] 乾隆《巴县志》卷2《建置志·乡里》。

[6] 乾隆《巴县志》卷2《建置志·乡里》。

11行，江南5行，陕西6行，广东2行，而四川籍仅2行，占总数的1.8%。山货、药材为重庆出口大宗，几乎全为江西、湖广移民所垄断。①

移民由于客居在外，对本土怀有感情，还有生存竞争的需要，他们建立了一些社会组织以维护自己的利益，会馆就是其主要形式。移民普遍建有祠、庙、宫、殿之类的建筑，并供奉其尊崇的神祇或先贤。②据有学者对四川有4所以上会馆的85个县做的统计，85县总共有会馆727所，其中直称会馆的174所，以宫名馆的471所，以祠名馆的20所，以庙名馆的62所。会馆最多的为屏山县，城乡共计52所。其次为灌县、绵竹、威远，分别有会馆37所、36所、34所。③会馆是同籍人社交活动的重要场所，起着联络感情、沟通信息的作用。成员聚会一般相当频繁，如重庆的江西会馆一年聚会达200次，其他会馆也在70~80次，而且还有特定的全体宴会、庆祝日等。④会馆的设立，起初主要目的是保护远离家乡的移民的权益，但后来在一些地区逐渐发展为对政治、宗教、社会各方面都有相当影响的机构。各会馆首事或客长与地方官进行公务联系，参与当地税捐征收、保甲、消防、团防、团练、重大债务清理、济贫、积谷、赈济以及孤儿院、养老院的管理等。但也应看到，移民的自我封闭和排他性，导致了移民彼此、移民与土著的隔阂和分离，同化和融合过程非

---

① 嘉庆六年六月二十四日《具禀八省客民何康远等为据实陈明事（附清单）》。见四川大学历史系藏巴县档案抄件。

② 川省移民会馆的名称、主要建筑、所奉神祇先贤如下表：

名称	主要建筑	供奉神祇先贤	名称	主要建筑	供奉神祇先贤
福建会馆	天后宫、天上宫、天妃宫	天妃	湖南、湖北会馆	禹王宫、禹王庙等	大禹
江西会馆	万寿宫	许真人	广东会馆	南华宫	关帝
陕西会馆	三圣宫、三元宫等	刘备、关羽、张飞	浙江会馆	列圣宫	关帝
山西会馆	山西馆	关帝	江南会馆	江南馆	关帝

③ 吕作燮：《明清时期的会馆并非工商业行会》，《中国史研究》1982年第2期。

④ *Decennial Reports*, *1891*, *Chungking*.

常缓慢。由于这种社会组合的特点，各省移民的后代保持着某些特有的素质，[①] 因而对社会有一定的割裂作用。

（三）大家族的破坏和小家庭的普遍存在

在传统社会，人们世代固守一隅，这有利于宗族的发展，所谓"世家大族"成为宗法制度最顽固的阵地。但移民运动破坏了宗族结构，正如同治《巴县志》载《刘氏族谱序》所称："盖人处乱世，父子兄弟且不能保，况宗族乎？"[②] 所以在清代的重庆，是"求一二宋元旧族盖亦寥寥"。[③] 大家庭的迁徙十分困难，因而移民分裂了许多宗族，即使有少数大家庭迁徙到川，也往往为获得土地而分居或二次迁移。特别是那些进入城市的移民，在脱离土地的同时，实际上也就是同宗族的分离。城市生活的流动性、人口结构的复杂性、同籍会馆的互助功能，都推动了人们与宗法关系的疏远，即所谓"凡城市之民，多五方杂处，为工为贾，贸迁靡常"，[④] 以及"人各有业，业各有祀"。[⑤] 在这种情况下，对移民来说，社会组织远比宗族组织更为重要。

与大家族遭破坏相对应的是小家庭的增多，我们抽出嘉庆中期部分府、直隶州的户口统计进行一些分析（见表1-5）。大量的移民导致了家庭规模的缩小，从表1-5我们可以看到，第一，全川平均每户仅4.1人，远低于全国水平。这是迁徙的结果，一方面是小家庭有利于迁徙，另一方面是迁徙拆散了大家庭。第二，各个经济区有差异，A区和C区家庭规模较小，B区和D区家庭规模较大，这是因为

---

① 据笔者所知，至今在川西的一些农村，还有不少农民操"土广东"话，移民的特质延续是如此顽强，的确令人惊讶。

② 同治《巴县志》卷4《艺文》；卷1《风俗》。

③ 同治《巴县志》卷4《艺文》；卷1《风俗》。

④ 嘉庆《郫县志》卷18《风俗》。

⑤ 民国《彭山县志》卷2《民俗篇》。

移民一般都流向城市和富庶地区（即 A 区），而 C 区大多为省际地区，移民聚集最多。D 区多为贫瘠之地，在嘉庆以前一般不是移民的目的地；B 区虽条件较好，但可供开垦的荒地为数不多，影响了移民的迁入。

表 1-5　嘉庆中期四川家庭规模统计

经济区域	府、直隶州名	户数（万）	人口数（万）	平均每户（人）
（A）经济中心区	成都府	116.6	383	3.3
	重庆府	69.0	234	3.4
（B）次经济区	嘉定府	30.2	149	4.9
	眉　州	10.6	55	5.2
	资　州	14.1	69	4.9
	绵　州	15.6	78	5.0
（C）近边缘区	叙州府	38.9	139	3.6
	夔　府	18.5	66	3.6
	泸　州	14.7	44	3.0
	忠　州	13.1	41	3.1
（D）远边缘区	雅州府	11.4	60	5.3
	龙安府	9.1	58	6.4
	宁远府	14.5	83	5.7
	茂　州	3.9	26	6.7
全　省		510.0	2071	4.1

资料来源：嘉庆《四川通志》卷 65《食货·户口》。

（四）人口空间分布的变化

从清代四川的移民看，是一次人口空间分布的自然调节，是以经济动因为核心的一种自由迁移，因此移民总是流向可得到较多生产和生活资料的地区。清初，移民大量进入地广人稀的川省，但他们中许多人并不是一次定居，往往视生存条件和环境再次乃至多次迁移。表 1-6 列出了清代四川人口分布的变化。

表 1-6 清代四川人口分布变化

经济区域	府、直隶州名	人口占全省百分比		
		康熙六十一年	嘉庆十七年	宣统二年
经济中心区	成都府（川西）	20.7	18.5	9.4
	重庆府（川东）	19.3	11.3	15.8
次经济区	嘉定府（川南）	1.9	7.2	4.6
	眉　州（川南）	3.5	2.7	1.6
近边缘区	顺庆府（川北）	10.2	7.4	7.2
	叙州府（川南）	8.6	6.7	6.9
	夔州府（川东）	11.9	3.2	4.9
	保宁府（川北）	6.4	3.8	6.8
远边缘区	雅州府（川西）	1.6	2.9	2.0
	龙安府（川北）	1.6	2.8	1.3
	宁远府（川南）	0.6	4.0	1.9

资料来源：康熙六十一年和嘉庆十七年数据据嘉庆《四川通志》卷64《食货·户口》所列户口数计算，宣统二年数据据施居父编《四川人口数字研究之新资料》（成都民间意识社，1936）所列户口数计算。

从清代四川人口分布变化看，第一，清前期移民人口主要聚集在川东地区。如重庆府康熙末占全川人口的19.3%，夔州府占11.9%，以后移民逐渐由川东向川西、川南、川北疏散，到嘉庆中期，重庆府和夔州府的人口占全省的比例分别降到11.3%和3.2%。第二，清中期以后随着四川经济中心的逐渐东移，人口重心也往东移动，如清末重庆府人口比例再次上升到15.8%，而成都府却由18.5%下降到9.4%。第二，近边缘区在清中期以后人口比例增加，这是由于中心和次中心的人口密度较大，促使人们向条件一般但开发余地较大的地区流动。

二　人口的数量考察

关于清代四川的人口数量是一个纷繁而难以弄清楚的问题，下面我们将分清前期、中期和后期三个阶段来试做探索。

（一）清前期的四川人口数

清代的人口统计比之前朝还是较为丰富的，但存在许多问题，例如乾隆六年（1741）以前是以"丁"为单位的人口统计，"丁"实际上是一个纳税单位，[①] 其中到底包括多少人口很难判定，目前国内学者多倾向于丁（或户）与口的比例为1∶5。按此比例，我们先估算出清初四川人口数，见表1-7。我认为，表1-7的人丁统计很不可靠。第一，表1-7的册载人丁只是四川部分地区的人丁记录。清初进行川省人丁统计时，有相当一部分州县尚未建立政权或已建立政权却未编户，三藩之乱又一度中断了清政府对川省的统治，实际上许多州县在此之后才正式编户。表1-8是随意抽查列出的川省部分州县的编户时间，便充分说明了这一情况。从16个州县的编户时间来看，顺治十八年以后编户的有14个州县，康熙二十四年以后的有3个州县，因此，估计康熙二十四年及以前的三次人丁统计缺失州县在20%至80%不等。

表1-7　清前期四川册载人丁与估算人口

年份	册载人丁数	估算人口数
顺治十八年（1661）	16096 丁	80480
康熙九年（1670）	25660 丁	128300
康熙二十四年（1685）	18509 丁	92545
雍正二年（1724）	409311 丁	2046555
雍正六年（1728）	505413 户	2527065

注：李文治编《中国近代农业史资料》第1辑（三联书店，1957）第9页《清代鸦片战争前各省人丁户口统计》雍正二年项下，四川为149000人丁，可能系转录时弄错。

资料来源：《清朝文献通考》卷19《户口考》。其中康熙九年人丁数据康熙《四川总志》卷30，康熙十一年四川巡抚罗森题本，雍正六年户数见嘉庆《四川通志》卷64《食货·户口》。

[①]　参见彭泽益《中国经济史研究中的计量问题》，《历史研究》1985年第3期。

表 1-8　清代四川部分州县编户时间

州县	编户时间	州县	编户时间	州县	编户时间	州县	编户时间
温江	顺治六年	南川	康熙六年	苍溪	康熙三十年	眉州	康熙二年
合州	康熙二十年后	蓬溪	顺治十年	资州	康熙六年	云阳	康熙四十年
新繁	康熙六年	安县	康熙六十一年	富顺	康熙二年	江津	康熙六年
什邡	康熙六年	荣昌	康熙六年	乐至	康熙二十三年	荣县	康熙二年

资料来源：以上各州县地方志。

　　第二，顺、康、雍时期的册载"人丁"数并非 16～60 岁的全部成丁男子，而仅是纳赋的人数。据嘉庆《四川通志》，迄康熙六十一年，川省查出的户数为 579309，而丁数仅 275474，[①] 平均 2.1 户才一丁，这显然是不可能的。清初之所以清查户口，主要是为按人丁收税，因此，这里的所谓"人丁"只是纳税的人数记载。上举康熙六十一年的"人丁"项内，后面都有明确的纳银和纳粮的尾数，如成都府属"人丁三万五千四百一十六丁四分三厘五毫"，叙州府"人丁一万五千零三丁七斗六升九合"[②] 等，更证明了这一点，因而所谓"人丁"统计根本反映不出实际人丁数。

　　那么清初四川人口到底有多少？按表 1-7 估算，顺治十八年才

---

① 具体统计见下表：

地区	户数	人丁数	府、直隶州	户数	人丁数	府、直隶州	户数	人丁数
成都府属	120076	35416	夔州府属	69178	7644	潼川并属县	55135	10490
重庆府属	111854	145912	龙安府属	9033	5053	眉州并属县	20809	3296
保宁府属	36615	15232	雅州府属	9071	5281	邛州并属县	9862	6301
顺庆府属	58793	10024	宁远府属	2838	—	泸州并属县	14535	5417
叙州府属	49874	15003	嘉定州并属县	11585	10405	九姓司	51	—

　　注：人丁数个位以后的尾数均略去。
　　资料来源：嘉庆《四川通志》卷 64《食货·户口》。

② 嘉庆《四川通志》卷 64《食货·户口》。

8 万人，仅为明末 310 万的 2.6%，[①] 这从一些县志和族谱的记载看也是大大偏低的。表 1 - 9 所列 10 个州县中除东乡和达县的县志称清初战乱后仅存 1‰ ~ 2‰、3% ~ 4% 外，其余各县皆称尚存 10% 、20% 、30% 乃至 50% 。所以有研究者估计，清初四川至少残余 10% 的人口，按明末 310 万人口计，总数应在 50 万人左右。[②] 我认为这较符合实际。

表 1 - 9　清初四川部分州县户口存损比例举例

州县	户口存损比例	来源
广元	苟全性命者十之一	民国《广元县志稿》
西充	土著民人，十去六七	光绪《西充县志》
双流	人民存者十之一	民国《双流县志》
郫县	占籍者几十之九	民国《郫县志》
崇庆	兵籍者几十之九	光绪《崇庆县志》
长寿	兵燹之后，半属流寓	民国《长寿县志》
巴中	土著仅十之二	民国《巴中县志》
东乡	遗民数万不存一，遗民得返故居，千不一二	民国《宣汉县志》
达县	（存者）百中之三四	民国《达县志》
涪州	自楚迁来者十之六七	民国《涪州志》

资料来源：李世平《四川人口史》，四川大学出版社，1987，第 149 页。

我们已知康熙六十一年有 579309 户，按 1∶5 折算，[③] 应有人口 289.7 万人，这样，便可以计算出顺治十八年至康熙六十一年 60 年

年代	户数	人口数
明初	215719	1466778
弘治间	253813	2598460
万历六年	262694	3102073

资料来源：康熙《四川总志》卷 10《贡赋》。

② 李世平：《四川人口史》，四川大学出版社，1987，第 149 页。

③ 根据表 1 - 5，清前期和中期四川户均人口约 4 人或稍多一点，考虑到在编制户口时，有相当一部分移民或流民未计算在内，故仍按 5 人折算。即使按 5 人折算，恐怕仍小于实际人口数。

间的人口增长率为30‰,[①] 按此增长率, 测算出雍正六年前各期人口数 (见表 1 - 10)。

表 1 - 10　清前期四川人口修正数

年份	册载人丁、户数	修正数	
		户数 (万)	人口数 (万)
顺治十八年 (1661)	16096 丁	10.0	50.0
康熙九年 (1670)	25660 丁	12.7	63.3
康熙二十四年 (1685)	11509 丁	19.7	98.7
康熙六十一年 (1722)	579309 户	57.9	289.7
雍正二年 (1724)	409311 丁	59.7	298.4
雍正六年 (1728)	505413 户	67.2	335.8

注: 修正人口数按公式 $P_n = P (1 + r)^n$ 分别算出, 即:
康熙九年人口 $= 50 \times (1 + 0.03)^8 = 63.3$ (万)
康熙二十四年人口 $= 50 \times (1 + 0.03)^{23} = 98.7$ (万)
雍正二年人口 $= 289.7 \times (1 + 0.03)^1 = 298.4$ (万)
雍正六年人口 $= 289.7 \times (1 + 0.03)^5 = 335.8$ (万)
户数按 5:1 折算。

(二) 清中期的四川人口数

乾隆元年, 四川以道为单位进行户口统计, 这可能是清代四川最早的较为切实的数字 (见表 1 - 11)。这个统计是户与丁完全一致, 即每户一丁, 乾隆元年川省共有 653430 户 (包括流寓), 按户均 5 人估算, 应有人口 326.7 万。根据比较可靠的乾隆元年和四十一年的统计数, 我们计算出 40 年间的人口增长率为22‰,[②] 表 1 - 12 是据此做出的这期间人口的修正数。

---

① 按公式 $r = \sqrt[n]{\dfrac{P_n}{P_o}} - 1 = \sqrt[60]{\dfrac{289.6}{50.0}} - 1 = 0.03$, 即30‰。

② $r = \sqrt[n]{\dfrac{P_n}{P_o}} - 1 = \sqrt[40]{\dfrac{778.9}{326.7}} - 1 = 0.022$。

表 1-11 乾隆元年四川编审户口数

道属	户数	丁数	流寓户数
松茂道	106610	106610	13026
川东道	159399	159399	8089
永宁道	89305	89305	5813
建昌道	124529	124529	5178
川北道	132357	132357	9854
全省总计	612200	612200	41230

资料来源：嘉庆《四川通志》卷64《食货·户口》。

表 1-12 乾隆元年至四十一年间人口修正数

年份	册载人口（万）	修正人口（万）
乾隆元年（1736）	61.2（万户）	326.7
乾隆十四年（1749）	250.7	443.0
乾隆十八年（1753）	136.8	483.3
乾隆二十二年（1757）	268.3	527.3
乾隆三十六年（1771）	306.8	715.1
乾隆四十一年（1776）	779.0	779.0

《清朝文献通考》卷十九《户口考》载有乾隆十四年至四十一年四川人口统计，即：乾隆十四年人丁2506780，乾隆十八年人丁1368496，乾隆二十二年人丁2682893，乾隆三十六年人丁3068199，乾隆四十一年人丁7789791。但上述统计存在不少问题，需加以考释：第一，乾隆六年以后全国统一丁口合计，唯川省仍为"人丁"，做何解释？乾隆元年川省才有61.2万，不过13年，人丁即达250.7万，这是绝对不可能的。显然，统计单位所谓"人丁"实是"丁口"之误。第二，为何乾隆十四年的人口数低于乾隆元年（约少23%），乾隆十八年又较乾隆十四年减少45%左右？这期间，并未出现足以大幅度减少人口的全省性的战争和灾害（中间虽有平定大小金川之战，也仅是局部战争），因此乾隆十四年和十八年的数字很不可靠。

第三，为何从乾隆三十六年到四十一年不过 5 年时间，丁口增长了154%？这是因为从乾隆四十年起，首次进行了认真的户口清查，将大量隐漏人口编户，① 因此丁口猛增合乎情理。乾隆四十一年的丁口数是清查后的统计，较为可靠。这次清查户口，川省查出丁口300 万～400 万。

从乾隆四十一年至五十六年间，川省人口平缓地持续上升，由 779.0 万人增至 948.9 万人，平均人口增长率为 13.2‰。但从乾隆五十六年至嘉庆十七年的 21 年间，川省人口记录又出现陡升趋势，由 948.9 万人增至 2070.9 万人，② 人口猛增一倍多，平均人口增长率达 37.9‰，这在大规模的移民运动已经基本结束的情况下是难以想象的。嘉庆十七年的数字是川省分类详列的各厅州县的户口总计，是四川布政司根据各州县呈报的户口数编制的，较为可靠。估计乾隆五十六年和以前的数字都有缺漏，因此，有必要对乾隆四十一年至嘉庆十七年间的人口统计做若干修正，见表 1 –13。

表 1 –13　乾隆四十一年至嘉庆十七年人口修正数

年份	册载人口（万）	修正人口（万）
乾隆四十一年(1776)	779.0	779.0
乾隆四十五年(1780)	794.8	868.2
乾隆四十八年(1783)	814.2	941.8
乾隆五十一年(1786)	842.9	1021.6
乾隆五十二年(1787)	856.7	1049.7

① 乾隆四十年发布上谕："现今直省通查保甲，所在户口人数，俱稽考成编。"（《嘉庆大清会典事例》卷133《户口·户口编审》）具体情况见罗尔纲《太平天国革命前的人口压迫问题》，《中国社会经济史集刊》第 8 卷第 1 期，1949 年 1 月。

② 嘉庆《四川通志》卷65《食货·户口》。

年份	册载人口（万）	修正人口（万）
乾隆五十三年（1788）	871.3	1078.1
乾隆五十四年（1789）	892.6	1108.2
乾隆五十五年（1790）	918.4	1138.7
乾隆五十六年（1791）	948.9	1170.1
嘉庆十七年（1812）	2070.9	2070.9

资料来源：①乾隆四十五年、四十八年册载人口数见《清朝文献通考》卷十九《户口考》，乾隆五十一年至五十六年册载人口数见严中平等编《中国近代经济史统计资料选辑》附录《清代乾、嘉、道、咸、同、光六朝人口统计表（1）》，科学出版社，1955。②修正数按乾隆四十一年和嘉庆十七年的统计数算出年平均增长率为27.5‰，按此增长率做出测算。

（三）清后期的四川人口数

嘉庆十七年以后的四川人口统计浮夸日益严重，到嘉庆二十五年册载人口已达2832.5万，不过8年时间，人口增加近800万，这是极不正常的。在表1-14中我们将两个时期的各府、直隶州数字进行比较。从嘉庆二十五年的统计数看，全川除泸州只增加2.5%，其余都在20%以上，而且大多数在30%以上，最高达55.1%，这显然是浮夸的结果。人口滥报之所以普遍存在，主要是因为人口与赋税的分离，故有地方志称："清雍正以前，以按丁征赋，人图匿避而不得实。雍正以后滋生人丁，永不加赋，施摊丁银入地亩，于是户口虚实，无关政要。岁时校比保团以册申于官，州县吏以帐达于部者，皆循例估计，而愈不得实。"[1] 这样，人口的增长不仅不会加重赋税，反成为地方官夸耀政绩的资本。

---

① 民国《南川县志》卷4《食货》。

表 1-14　嘉庆十七年和二十五年户口比较

| 府、直隶州 | 嘉庆十七年 | | 嘉庆二十五年 | | B 较之 A
增加比例（%） |
	户数 （万）	A. 丁口数 （万）	户数 （万）	B. 丁口数 （万）	
成都府	116.6	383	170.7	551.9	44.1
重庆府	69.0	234	95.8	303.3	29.6
保宁府	21.0	79	28.8	97.8	23.8
顺庆府	24.2	153	31.3	206.5	35.0
叙州府	38.9	139	51.7	175.1	26.0
夔川府	18.5	66	26.0	86.9	31.7
龙安府	9.1	58	13.0	83.8	44.5
宁远府	14.5	83	20.6	127.8	54.0
雅州府	11.6	61	15.5	86.2	41.3
嘉定府	30.2	149	43.9	207.6	39.3
潼川府	31.0	135	40.9	181.2	34.2
绥定府	18.4	75	28.7	116.3	55.1
眉　州	10.6	55	15.1	76.7	39.5
邛　州	8.8	46	11.2	61.8	34.3
泸　州	14.7	44	14.8	45.1	2.5
资　州	14.1	69	18.7	96.6	40.0
绵　州	15.6	78	21.0	111.8	43.3
茂　州	3.9	26	5.9	40.1	54.2
忠　州	13.1	41	17.3	52.2	27.3
酉阳州	11.7	36	15.9	48.1	33.6
直隶厅	15.8	57	19.7	75.7	32.8

注：直隶厅包括叙永厅、松潘厅、石柱厅、杂谷厅、太平厅、懋功厅。

资料来源：嘉庆十七年数据见嘉庆《四川通志》卷65《食货·户口》；嘉庆二十五年数据见梁方仲《中国历代户口、田地、田赋统计》，上海人民出版社，1980，乙表77，这个资料源于《嘉庆重修一统志》。

嘉庆二十五年后，我们所见的川省人口统计皆笼统数字。虽然道光十年（1830）直至光绪二十四年（1898）逐年都有统计在案，但其增长速度之快实令人惊奇。经68年的逐年累加，光绪二十四年册载人口数为 8474.9 万,① 占同期全国人口的近 1/5,而且这个数字已达到 1970 年代的四川人口水平,近乎荒唐。19 世纪末担任重庆海关署理税务司的英人华特森(W. C. H. Watson)便指出:"四川人口已经被估计为七千万人,……在中国如四川中部盆地那样的面积是不可能维持如此稠密的人口的。"② 华特森的前任霍伯森(H. E. Hobson)在 1891 年估计,川省人口在 3000 万 ~ 3500 万,③ 或许还较为平实。

宣统元年,新成立的民政部进行了清代历史上最切实的一次户口调查。这次调查户数与口数分年查报,因而造成有些省份有户数无口数,或有口数无户数,但川省却是户口同查。④ 川省从宣统元年开始调查,次年报齐,据称是相当详尽,包括成都等 125 州县人口总数,各属船户口数,还有衙署、局所、学堂、庙宇、医院、报馆、善堂、会馆、教堂及外国旅居营业等项人数。⑤

但遗憾的是,存于四川省署的关于这次统计的档案,由于辛亥革命爆发而散失,目前所见的川省人口总数多有歧异(见表 1 – 15)。清末川省人口统计资料来源计达 12 种,除两种相同(即 6 号和 7 号)外,其余都不一样。其中以海关统计为最高,达 7871 万;最低为民政部调查数,为 2300 万。海关统计过高为学术界所公认,而民政部统计不全当然不足为凭。其余数字大概可分为两种。第一组为 5000

---

① 严中平等编《中国近代经济史统计资料选辑》附录《清代乾、嘉、道、咸、同、光六朝人口统计表(13)》。

② *Decennial Reports*,*1892 – 1901*,*Chungking*.

③ *Decennial Reports*,*1891*,*Chungking*.

④ 四川总督赵尔巽在《奏报川省人户总数各情形折》中称:"户数口数,本属息息相关,且川省地阔民繁,……若户不同时编查,则良莠既无从辨别,宵小即易于潜踪,因援部章,应将查户事宜提前办理之条,通饬各属于查户时兼查口数。"(《广益丛报》第 235 期,宣统二年五月,"文牍",第 1 ~ 2 页)

⑤ 《宣统二年四川总督赵尔巽奏川省调查户口一律报齐折》,《广益丛报》第 258 期,"章疏"。

多万，即 2、3、4、5、6、7 号；第二组为 4000 多万，即 8、9、10、11 号。其中第一组 6、7 号，第二组 10、11 号最值得重视，特别是 10、11 号最为可信，其依据如下。

表 1-15　宣统年间四川人口总数的若干统计

序号	人口总数	资料来源
1	78711000	海关统计
2	54505600	宣统二年二月民政部报告
3	54500000	国务院统计局调查
4	52840446	清史稿·地理志十六·四川
5	50562897	宣统年间四川第一次全省户口调查统计表
6	50217030	宣统三年正月四川总督奏报
7	50217030	民国施居父搜集宣统二年人口表册核算 144 厅州县总数
8	48129594	内务部民国元年调查
9	47535332	宣统年间四川户口统计
10	44928258	四川省署宣统二年四川人口总数报告
11	44140462	实业部修正内务部统计
12	23000000	民政部调查部分州县户口

6 号数本系四川总督向中央的奏报数，应该是可靠的，而且据民国时期搜集四川人口资料颇有成绩的施居父称，他所得到的宣统二年 144 厅州县表册[1]总数与此相同，即 50217030 人。但笔者在重新核算这个人口表册时，却发现表册所列各厅州县数累计相加与此不符（见表 1-16）。将 144 厅州县数累计，为 4392.6 万人。显然，施氏在编撰《四川人口数字研究之新资料》时，并未将 144 厅州县数逐个相加，因而未发现这一很大的误差（误差 600 多万），他只是沿袭了川督所报总数。当时个别州县查报户口时，"民怀疑畏，册报颇不以实"，[2]

---

① 刊于施居父编《四川人口数字研究之新资料》，成都民间意识社，1936。
② 民国《华阳县志》卷 4《赋役》。

或"隐漏不予实数，以图预避抽丁"。① 川督觉察有隐漏户口情况，或许也感到与光绪二十四年数据相差太远，所以有可能在向清政府报总数时，有意将原有数字加以扩大，这个扩大数缺乏根据，故还是应以统计实数为准。

表 1-16　宣统二年四川户口统计

府、直隶厅州	户数（万）	丁口数（万）	府、直隶厅州	户数（万）	丁口数（万）
成都府	82.4	412.1	眉　州	13.8	69.0
重庆府	135.8	692.7	邛　州	15.1	70.8
保宁府	69.6	300.2	泸　州	30.1	139.3
顺庆府	65.0	316.4	资　州	53.1	266.7
叙州府	65.2	304.9	绵　州	31.1	133.5
夔州府	43.9	215.9	茂　州	0.9	3.6
龙安府	13.7	57.6	忠　州	36.2	139.3
宁远府	14.6	83.1	酉阳州	22.5	102.9
雅州府	16.8	83.5	直隶厅	20.4	96.7
嘉定府	45.5	199.5	55 属船户	1.9	5.1
潼川府	88.1	452.6			
绥定府	52.9	247.2	合计	918.6	4392.6

注：原表按厅州县单列，本书为省篇幅，相加为府、直隶厅州列出，千位以下按四舍五入计算。

1932~1933 年，民国实业部编纂《中国经济年鉴》，据年鉴编委会称，该书最重要的收获，是整理了中外学者所重视的宣统年间人口档案。他们将内务部民国元年汇造之户籍表册及其他间接资料加以厘定，又将宣统二年、三年各省咨送调查户口报告表册，全部核算整理，编成修正户口总表。该表根据四川第一、二、三次汇报各州县人口总数表逐县详加核算，求得 114 属之人口总数（见表 1-17）。若表 1-16 笔者的累计数加上表 1-17 的"成都驻防"数，即为

---

① 民国《重修什邡县志》卷 5 上《食货·户口》。

4394.5 万人，与表 1－17 的合计数已相当接近，因此表 1－17 的统计虽不敢说绝对准确，但也较为可信。

表 1－17 修正民国元年内务部汇造宣统年间民政部调查四川户口统计

项 目	144 厅州县	滨江 55 属船户	成都驻防	四川全省合计
户 数	9118721	18704	3985	9141410
男 数	24999621	39625	9907	25049144 *
女 数	19071542	11001	8775	19091318
男女合计	44071154 **	50626	18682	44140462
每户平均	4.83	2.71	4.69	4.83
性别比	131.1	360.2	112.9	131.2

* 原表这个总和与各项相加不合，实际相加为 25049153。

** 原表这个总和与男女数相加不合，实际相加为 44071163。

资料来源：施居父编《四川人口数字研究之新资料》，第 7 页。

我们知道嘉庆十七年四川省人口为 2070.9 万人，宣统二年为 4414 万人，98 年间平均增长率为 7.75‰[①]，根据这个增长率，我们计算此间的人口修正数（见表 1－18）。

表 1－18 近代四川人口修正数

年份	册载人口（万）	修正人口（万）	年份	册载人口（万）	修正人口（万）
嘉庆十七年(1812)	2070.9	2070.9	道光三十年(1850)	4357.5	2755.8
嘉庆二十五年(1820)	2832.5	2202.8	咸丰五年(1855)	4711.5	2886.5
道光十年(1830)	3217.2	2379.7	咸丰十年(1860)	5008.0	3000.1
道光十五年(1835)	3525.9	2473.4	同治四年(1865)	5304.5	3118.2
道光二十年(1840)	3833.8	2570.7	同治九年(1870)	5545.4	3241.0
道光二十五年(1845)	4122.8	2671.9	同治十二年(1873)	5834.4	3316.9

---

① 这个增长率仍高出全国许多。嘉庆十七年全国人口 33370 万，光绪三十二年 43821 万，94 年间平均增长率为 2.9‰。

年份	册载人口（万）	修正人口（万）	年份	册载人口（万）	修正人口（万）
光绪六年（1880）	6561.1	3501.2	光绪二十一年（1895）	8054.6	3931.1
光绪十一年（1885）	7107.4	3639.0	光绪二十三年（1897）	8378.0	3992.3
光绪十六年（1890）	7633.6	3782.3	光绪二十四年（1898）	8474.9	4023.3

资料来源：册载人口数见严中平等编《中国近代经济史统计资料选辑》附录《清代乾、嘉、道、咸、同、光六朝人口统计表》。其中嘉庆二十五年数见梁方仲《中国历代户口、田地、田赋统计》，乙表77。

以上我们考察了清前、中、后期的四川人口数，由此我们可以看到清代四川人口发展的一些规律。第一，清代四川人口发展大致可分为四个时期：（1）顺、康、雍时期人口逐渐恢复；（2）乾隆时期人口增长速度加快；（3）嘉庆时期人口猛涨；（4）近代人口持续上升。总的趋势是，经明末清初战乱，四川人口大幅减少之后，有清一代，除个别时期外，四川人口都呈上升趋势。虽然有川陕白莲教起义、石达开入川、李蓝起义以及四川义和拳等农民战争，但对四川人口没有造成实质性的影响，与全国情况比较，人口发展相对稳定。

第二，由于清初四川人口基数太小，故虽然清前期四川人口平均增长率很高，但人口增加速度却不及清后期快（见表1-19）。从50万发展到1000万花了120多年时间，但从1000万发展到2000万则不到30年，时间大大缩短。从2000万发展到3000万用了大约47年时间，速度较乾嘉之际有所放慢。从3000万发展到4000万用了大约37年时间，又有所加快。

表1-19　清代四川各期人口增长状况

人口总数（万）	起讫时间	大约所用时间（年）	年平均增加数（万）
50～1000	顺治十八年至乾隆四十九年（1661～1784）	123	8

人口总数（万）	起讫时间	大约所用时间（年）	年平均增加数（万）
1000～2000	乾隆五十年至嘉庆十七年(1785～1812)	27	37
2000～3000	嘉庆十八年至咸丰十年(1813～1860)	47	21
3000～4000	咸丰十一年至光绪二十四年(1861～1898)	37	27

第三，清代四川与全国人口发展快慢周期不同（见表1-20）。清初全国人口基数较高，由5000万到1亿只用了33年时间，而由1亿到2亿却用了77年时间。但第三阶段，即川省由2000万至3000万，全国由2亿到3亿这个时期，全国却快于四川。全国人口在1830年代达到4亿后，便处于长期徘徊的状态，而川省却处于持续上升的时期，人口由3000万发展到4000万，增加了1/3，反映出地处腹地的川省由于封闭的地理环境，相对独立性大，而受外界的影响较小。

表1-20　清代全国各期人口增长状况

全国人口总数（亿）	起讫时间	大约所用时间（年）	年平均增加数（百万）
0.5～1	顺治八年至康熙二十三年(1651～1684)	33	1.5
1～2	康熙二十四年至乾隆二十七年(1685～1762)	77	1.3
2～3	乾隆二十八年至乾隆五十五年(1763～1790)	27	3.7
3～4	乾隆五十六年至道光十四年(1791～1834)	42	2.4

注：乾隆元年以前为人丁，按1:5折算为人口。

资料来源：孙毓棠、张寄谦《清代的垦田与丁口的记录》，《清史论丛》第1辑，中华书局，1979。

人口的增长必然造成人均耕地面积的减少，这即是说粮食的提供不能与人口生产同步发展，从而形成了越来越严重的人口压力问题。

那么清代四川究竟有多少耕地，能够提供多少粮食，以及人口压力严重到什么程度？下面将加以阐述。

三　耕地面积的修正

清代川省的耕地与粮食问题，可以说是一个难解的谜，特别是清末川省册载人口与耕地失调之严重，无论如何都不能做出合乎逻辑的解释。乾隆三十一年（1766）川省册载耕地面积为4596万亩，人口307万，人均耕地约15亩；但到光绪二十四年，耕地面积为4706万亩（见表1-23），人口却有8475万，人均耕地仅0.56亩。即使按我们的修正数4023万人算（见表1-18），人均耕地也不过1.17亩。当时平均亩产量最多215斤（详见本章第四部分），上述耕地即使全部用以种粮食，生产的粮食总量也不过101亿斤，而4023万人要维持最低生活水平（关于最低生活标准详见本章最后一部分），每年至少也需要241亿斤粮食，这即是说，清末川省只能提供维持人口生存42%的粮食。那近60%的人口将如何生存？这使我十分怀疑清代四川耕地面积的可靠性。下面进行一些探索。

清初，四川由于战乱，田地荒芜，[①] 顺治十八年川省册载耕地仅118.8万亩（见表1-23），只相当于万历年间耕地数的8.8%，[②] 这说明有1229.5万亩耕地抛荒或隐漏。为恢复川省经济，清政府采取鼓励垦荒的政策。顺治十年，"准四川荒地官给牛种，听兵民开垦，酌量补还价值"，并大张告示，申明"凡抛荒田地，无论有主无主，

---

① 这种情况史籍多有记载。如川东4州28县"或无民无赋，城邑并湮；或哀鸿新集，百堵未就。类皆一目荒凉，萧条百里"（康熙《四川总志》卷10《贡赋》）。
② 万历六年四川册载耕地面积为13482767亩，见雍正《四川通志》卷5《田赋》。

任人尽力开垦，永给为业"。① 康熙十年，四川、湖广总督蔡毓荣上疏称："蜀省有可耕之田，而无耕田之民，招民开垦，洵属急务。"提出各省有愿到川垦荒之人，若能招募 300 户，此"三百户农民尽皆开垦，取有地方甘结，方准给俸，实授本县知县"。② 雍正六年又规定入川垦荒者，每户给水田 30 亩或旱地 50 亩，另每丁增加 15 亩水田或 25 亩旱地。③ 雍正八年准四川垦田地"分别年限起科"，荒田 6 年、荒地 10 年起科。④ 就这样，四川大片荒地得到开垦，耕地大量增加。表 1 - 21 记录了历年开垦情况。从康熙六十一年（1722）到乾隆五十六年（1791）的 69 年内，据表 1 - 21 的不完全统计，开垦荒田地 294 万亩。

在鼓励垦荒的同时，清政府进行了土地清理。清初川省在册耕地的惊人减少，一方面是战乱抛荒，另一方面是田亩隐匿以逃赋税。康熙五十一年四川巡抚年羹尧称：四川钱粮原额 1616600 两，但康熙四十九年钱粮仅 202300 两，"甫及原额十分之一"。⑤ 雍正五年川督宪德奏报："惟川省较别省不同，别省之欺隐不过十之一二，而川省之欺隐，则所在皆有，且俱隐匿有年，又非他省之初垦隐漏者比也。"⑥ 针对这种情况，清政府令川省认真清理，雍正五年于各部司和候补、候选州县内拣选 20 人，"令其带往会同松茂、建昌、川东、永宁四道，……逐处清厘"。⑦ 到雍正七年全川勘丈完毕，原册载耕地计 22 万顷，清丈后 42 万余顷，"增出殆及半"（见表 1 - 22）。⑧

① 《清代题本钞档》，《地丁五十·四川二》。
② 《清圣祖实录》卷 36。
③ 嘉庆《四川通志》卷 62《食货·田赋上》。
④ 《清朝文献通考》卷 3《田赋考三·田赋之制》。
⑤ 《清朝文献通考》卷 2《田赋考二·田赋之制》。
⑥ 《朱批谕旨》第 34 册，第 78 页。
⑦ 《嘉庆大清会典事例》卷 14《户口·田赋丈量》。
⑧ 《清史稿》卷 294《列传八一·宪德》。

表1-21　康、雍、乾时期四川垦荒统计

年份	开垦地区	垦荒种类	开垦面积（亩）
康熙六十一年（1722）	井研、犍为、射洪、梓桐等	上中下坡田地	2139
雍正六年至七年（1728～1729）	泸州并属4州县及九姓司		148800
	叙州府属11县及建武厅		401000
	建昌道属	荒田	1266
		荒地	3721
	成都府属16州县		158200
	资州并属5州县		111600
	绵州并属7州县		381700
	潼川州并属8州县		140500
	龙安府属平武等3县		19400
	重庆府属巴县等20州县		873100
	保宁府属阆中等8州县		158000
	夔州府属奉节等10县		71300
	达州并属3州县		162400
	顺庆府属南充等10州县		107200
乾隆七年（1742）	黔江、奉节、云阳、新宁	中下田	139
		中地	94
	岳池	下田	477
乾隆十八年（1753）	彭县等8州县	上中下田地	4130
乾隆二十二年（1757）	彭县等9县	中下田地	2103
乾隆二十五年（1760）	綦江、剑州、奉节、荣县、蒲江、合江等1州7县	上中下田地	3029
乾隆二十九年（1764）	屏山	上中下地	118300
		承粮田地	7600
	华阳	下田	422
	青神	中地	7
	成都	上中下田地	168
	雷波	中下田地	2365
	黄螂所归并雷波厅	中下田地	1155
	洪雅	中地	58
	荣县	中田地	20

年份	开垦地区	垦荒种类	开垦面积 （亩）
乾隆二十九年（1764）	邛州	中田	3
		上中地	562
	仁寿	下田	176
	太平	中下田	7
		上中地	26
	酉阳州	下田	12
		中地	505
乾隆四十三年（1778）	马边厅	中下田	91
		中地	2330
乾隆四十四年（1779）	灌县	中地	1845
		下地	8008
乾隆五十三年（1788）	绵州	中地	8
	汶川	山地	5
乾隆五十四年（1789）	峨眉	上中下田地	17995
乾隆五十五年（1790）	太平	中下田地	17019
乾隆五十六年（1791）	峨眉	上地	8015
		中地	1790
		下地	477
	松潘厅	下地	2750
合计			2942017

资料来源：《清朝文献通考》卷 3《田赋考三·田赋之制》，卷 4《田赋考四·田赋之制》；《清代题本钞档》，《地丁五十·四川二》；《清仁宗实录》卷 105；嘉庆《四川通志》卷 62《食货·田赋上》；《光绪大清会典事例》卷 162《户口·田赋·田赋科则》；鲁子健编《清代四川财政史料》上册，四川省社会科学院出版社，1984，第 752~754 页。

表 1-22　雍正六年至七年四川所属四道耕地丈量统计

道名	府、直隶州及所属	原册面积 （顷）	丈量面积 （顷）	增加数 （顷）	增加比例 （％）
永宁道下 川南属	泸州并属 4 州县及九姓司	7423	13792	6369	85.8
	叙州府属 11 县及建武厅	11317	22197	10880	96.1
建昌道上 川南属	嘉、眉、邛、雅 4 州 11 县，黎、大、松、宁远府临理厅属 5 卫 7 所	22154	42104	19950	90.1

道名	府、直隶州及所属	原册面积（顷）	丈量面积（顷）	增加数（顷）	增加比例（%）
川西松茂道属	成都府属 16 州县	48325	65508	17183	35.6
	资州并属 5 州县	16496	27698	11202	67.9
	绵州并属 7 州县	11631	25894	14263	122.6
	潼川州并属 8 州县	9916	23917	14001	141.2
	龙安府属平武等 3 县	1728	4419	2691	155.7
川东道属	重庆府属巴县等 20 州县	62994	116606	53612	85.1
	保宁府属阆中等 9 州县	1909	23092	21183	1109.6
	夔州府属奉节等 10 县	10456	16989	6533	62.5
	达州并属 3 州县	4611	7946	3335	72.3
	顺庆府属南充等 10 州县	11569	32048	20479	177.0
合计		220529	422210	201681	91.5

注：另有酉阳、石耶、地坝、石柱四土司耕地面积无记录，只有粮额：原册 614 石，丈量后 1102 石。按，清代川省中田每亩赋粮 0.02 石。粮额 614 石折 30700 亩，粮额 1102 石折 55100 亩，可能实际地亩要较折算数多，因土司地大多为旱地，每亩赋粮大大低于 0.02 石。

资料来源：嘉庆《四川通志》卷 62《食货·田赋上》。

经雍正六年至七年的清查，川省册载耕地面积扩大了约一倍。据雍正《四川通志》载，雍正六年清丈后，新旧合计 45902788 亩，自此以后近两个世纪，川省册载耕地数都没有本质的变化（见表 1 - 23）。清前期由于垦荒和清丈，川省册载耕地增加甚快，从顺治十八年至雍正五年 66 年间，增加 2113.5 万亩，年均增 32 万余亩。但从清丈后的雍正七年到宣统三年 182 年间，耕地仅增 116 万亩，年均仅增 0.6 万亩。而同期正是川省人口由不足 1000 万发展到 4000 多万的持续上升时期。

表 1-23　清代四川耕地面积及占全国的比例

年份	四川册载耕地 （亩）	全国册载耕地 （亩）	四川占全国 百分比
顺治十八年(1661)	1188350	549357640	0.22
康熙十年(1671)	1481037		
康熙二十四年(1685)	1726118	607843001	0.28
康熙六十一年(1722)	20544285		
雍正二年(1724)	21503313	723632906	2.97
雍正五年(1727)	22323138		
雍正七年(1729)	45902788		
雍正十三年(1735)	45815194		
乾隆十八年(1753)	45957449	735214536	6.25
乾隆三十一年(1766)	46007126	780729000	5.89
乾隆四十九年(1784)	46191300	760569400	6.07
嘉庆元年(1796)	46348646		
嘉庆十七年(1812)	46547134	791525196	5.94
咸丰元年(1851)	46381939	756386244	6.13
同治十二年(1873)	46383462	756631857	6.13
光绪十三年(1887)	46417417	911976606	5.09
光绪二十三年至 清末(1897~1911)	47062495		

资料来源：①四川耕地面积统计，顺治十八年、康熙二十四年、雍正二年、乾隆三十一年、咸丰元年、同治十二年、光绪十三年数据见李文治编《中国近代农业史资料》第1辑，第60页；康熙十年、雍正五年、雍正七年数据见雍正《四川通志》卷5《田赋》；雍正十三年、乾隆十八年、嘉庆十七年数据见梁方仲《中国历代户口、田地、田赋统计》，乙表65；乾隆四十九年数据见《清史论丛》第1辑，第113页；光绪二十三年至清末数据见宋育仁《四川通志》卷28~29《官政志三》（未刊）。②全国耕地面积统计，顺治十八年、康熙二十四年、雍正二年、乾隆十八年、嘉庆十七年、咸丰元年、同治十二年、光绪十三年数据见梁方仲《中国历代户口、田地、田赋统计》，乙表61；乾隆三十一年、四十九年数据见《清史论丛》第1辑，第113页。

清代四川册载耕地面积基本上不能反映实际数字，恐怕是毫无疑问的。何炳棣先生在《南宋至今土地数字的考释和评价（下）》一文中便指出，四川等省"自明初至清末顷亩数字最有问题"。珀金斯在《中国农业的发展（1368～1968）》中也提到"四川省（西南）在十九世纪的资料质量也是很低"，"存在的少报又极普遍"。①那么，是什么原因导致了这种情形呢？通过考察，我发现有以下几个因素。

第一，田制紊乱不统一。四川相当多的地区根据习惯以种子或收获量粗估田亩。在种水稻的丘陵地区，习惯于以"丘"为单位，因丘陵地种稻必筑堤圈水，其一圈，川人称为"一丘"，或叫"一段""一湾""一股""一块"等。各丘之形状不一，面积难计，故论田之面积往往不以亩，而以"挑""担"为单位。如荣县"凡田不以亩计，通曰挑，即担也。率五担当一亩，但计谷四斗，斗计米四十斤。买田者曰挑，曰租石，利率皆同，且以田百挑计之"。②又如井研县"田不以亩计，以尽人力所负一担为率，担盛五斗"③。担与挑大体是相同的，但各地大小有不同，有的为四斗，有的为五斗，也有记载一担为十斗者。可见四川地区斗的大小极为复杂，以至于难以统一换算为顷田。又有以田赋额和租额代面积，在地方史籍中涉及地亩时，也常常模糊不清，或称"×石田"，或称"载粮×钱×分"，或称"占租×石"，或称"×石租谷田业"，具体亩数往往不得而知。而土地丈量单位各地更是五花八门，或以步，或以弓，或称"×界至×界"等。弓又有"官弓""乡弓"之分，各地弓长亦不一致。所以即使是

① 珀金斯：《中国农业的发展（1368～1968）》，第22、321页。
② 民国《荣县志》卷7。
③ 光绪《井研县志》卷8。

土地清丈，往往也是"各册开载多系约略估首，并无弓口细册"，①因而难得耕地确数。

第二，由于开荒，田土面积无定，有的甚至旋垦旋荒，很难统计。正如乾隆初大学士朱轼所奏，"缘山田硗确旋垦旋荒，又或江岸河滨东坍西长，变易无定，是以荒者未尽开垦，而垦者未尽报升"。②而且有相当多的移民入川垦荒，待升科之时，又移往别处，借以逃避赋税。

第三，川省多山，田土零碎，清丈困难。雍正四年四川巡抚法敏便上奏指出："全川田地，惟近省数州县为平畴沃壤，其余皆属高山峻岭、密箐深沟，犬牙相错，荒熟相间……非逐一履亩清丈不可，而道路险仄，一州一县之地非经年累月不得清晰。"③ 因此，川省实际上"石岭石坡难以开垦之山，概行填凑顷亩"。④ 所以田土漏报难以避免。

第四，也是最重要的一点，乾隆以后，清政府对山头地角、零星不成丘段土地均予免课，这些免课田地不在统计之内。在川省，这种免课田地放得非常宽。乾隆五年的上谕便规定："四川所属，地处边徼，山多田少，田赋向分上、中、下三等，按则征粮。如上田、中田丈量不足五分，下田与上地、中地不足一亩，以及山头地角、间石杂砂之瘠地，不论顷亩，悉听开垦，均免升科。"⑤ 这即是说，乾隆五年后川省上田、中田凡五分以下，下田、上地、中地一亩以下，以及全部下地，均未统计在册。这种放宽规则一直沿袭未改。如道光十二

① 《朱批谕旨》，雍正七年闰七月十三日四川巡抚宪德奏。
② "乾隆五年二月十一日办理户部事务讷亲题本"，转引自罗尔纲《太平天国革命前的人口压迫问题》，《中国社会经济史集刊》第 8 卷第 1 期，1949 年 1 月。
③ 《朱批谕旨》，雍正四年四月二十六日四川巡抚法敏奏。
④ 《朱批谕旨》，雍正七年闰七月十三日四川巡抚宪德奏。
⑤ 《光绪大清会典事例》卷 164。

年清政府再次议定："凡内地及边省零星地土，听民开垦，永免升科。其免科地数……四川，上田、中田以不及五分，下田、上地、中地以不及一亩为断。至河南、四川下地……俱不论顷亩，概免升科。"① 四川以山地为主，可以断定，这部分未计入册的零星耕地至少与册载顷亩相当。

第五，在嘉庆以后，新增加田土基本上未再行登记，也不缴纳田赋。从嘉庆（甚至远溯至雍正七年）到清末，川省田赋几乎没有大的变动，即是明证。川省田赋嘉庆时期为667228两，② 光绪时期为669131两。③ 在表1-24中我们再将重庆府各州县嘉庆中期和光绪末年的册载耕地数逐一进行比较，可看到，除璧山一县外，两个时期的册载田亩数完全一致。可见清后期川省基本上没有再进行土地清厘。

表1-24 重庆府嘉庆中和光绪末册载耕地比较

单位：亩

州县	嘉庆中期耕地	光绪末年耕地	州县	嘉庆中期耕地	光绪末年耕地
江津	1231549	1231549	合州	970116	970116
长寿	499769	499769	铜梁	1423941	1423941
永川	687199	687199	璧山	908646	529794
荣昌	494637	494637	大足	753910	753910
綦江	233284	233284	定远	589303	589303
南川	262033	262033	江北	819372	819372

资料来源：嘉庆中期耕地数见嘉庆《四川通志》卷63《食货·田赋下》；光绪末年耕地数见四川大学历史系藏巴县档案抄件，光绪财经卷。

---

① 《光绪大清会典事例》卷164。
② 梁方仲：《中国历代户口、田地、田赋统计》，乙表77。雍正七年川省田赋为657297两（见雍正《四川通志》卷5《田赋》）。
③ 宋育仁：《四川通志》卷28~29《官政志三》（未刊）。

那么，清后期四川的实际耕地数难道成为不解之谜？我发现清末四川劝业道署编印的《四川第四次劝业统计表》中，有关于全川农业作物种植面积的统计，这似乎为解决这一问题提供了一些依据。该表是宣统二年（1910）全川农作物种植面积。该表表明，清末四川农作物种植面积约1.028亿亩（见表1-25）。这个统计是全川各州县上报材料的累计数，而且清末已较重视统计，故数字基本上是可信的。由于不了解清末四川复种指数，因此，我们只能大概判定这为四川省耕地的最高数字。[①]

表1-25　宣统二年四川农作物种植面积

作物种类	稻	麦	豆	薯类	杂粮	经济作物	共计
栽种面积（万亩）	5328.5	1044.7	1498.6	724.3	948.6	736.1	10280.8

资料来源：四川劝业道署编印《四川第四次劝业统计表·农务》表12、13、14、15、16、17、18。

在1930年代，国民政府中央农业实验所与金陵大学农业经济系曾根据种农情报编制了近代各省耕地面积指数（1873~1932），根据这个指数我们可以算出川省耕地面积（见表1-26）。表1-26所列1913年的耕地数（9872.1万亩）与表1-25所列栽种面积相差不远（仅少400多万亩），若考虑复种等因素，可以认为清末四川实际耕地面积在9000万至1亿清亩之间。[②]

---

① 四川向有"耕三余一"保持地力的习惯，我们姑且认为复种地亩与轮种地亩抵销。

② 据1980年《中国农业年鉴》，1979年四川耕地面积仅9925.1万亩（约等于1.08亿清亩），显然，至今四川的耕地面积仍被低估。

表 1 - 26　根据指数测算的四川耕地面积①

年份	耕地面积指数	测算耕地面积（万市亩）	折合清亩（万亩）
1873	100	8752.0	9492.4
1897	102	8927.0	9682.2
1913	104	9102.1	9872.1
1932	110	9627.2	10441.6

注：市亩折清亩按 0.922 市亩 = 1 清亩折算。

资料来源：严中平等编《中国近代经济史统计资料选辑》，第 357 页，表 81 "近代中国耕地面积指数"；许道夫编《中国近代农业生产及贸易统计资料》，上海人民出版社，1983，第 8~9 页。

四　粮食亩产和总产估计

四川历来是中国的产粮地之一，农业以粮食生产为主。我们考察清代耕地的面积，实际上是为研究川省的粮食问题奠定基础。关于明清四川的粮食单产，珀金斯曾有一个估计（见表 1 - 27）。珀金斯的数字是根据地租资料和人均粮食消耗估算出来的，难免会有一定的误差。如果在人口与耕地比例正常，或人口处于静态的情况下，这样的估计是可行的，但在比例失调、人口动态的情况下，这种估算很难接近实际。

---

① 表 1 - 26 的耕地面积指数表明，从同治到民国初，四川耕地约每 20 年增加 2%，考虑到嘉道时期土地开垦余地大于同光时期，耕地增加也应快于同光时期，因此，我们按约每 20 年耕地增加 6% 的速度算出嘉庆至同治年间的耕地修正数：

时间	耕地面积指数	测算耕地面积（万市亩）	折合清亩（万亩）
嘉庆十七年(1812)	84	7348.3	7970.0
道光十三年(1833)	89	7789.2	8448.2
咸丰元年(1851)	94	8256.6	8955.1
同治十二年(1873)	100	8752.6	9492.4

表 1 - 27　明清四川粮食单产估计

年份	明建文二年 （1400）	清乾隆四十一年 （1776）	清咸丰元年 （1851）
粮食单产（市斤/市亩）	98～117	118～151	265～320

资料来源：珀金斯《中国农业的发展（1368～1968）》，第 20 页。

在我搜集到的《四川第四次劝业统计表》中有清末四川粮食及其他农作物的栽种面积、收获量及平均亩产统计，整理成表 1 - 28 和表 1 - 29。

表 1 - 28　清末四川耕地使用及粮食统计

种类	名称	栽种亩数（亩）	收获量（石）	平均清亩产（石）
稻	粳稻	50937601	101491785	1.99
	糯米	2221464	3593203	1.62
	旱稻	125996	272949	2.17
小计		53285061	105357937	1.98
麦	小麦	7072804	5363288	0.76
	大麦	2599536	2791674	1.07
	稷麦	774706	428464	0.55
小计		10447046	8583426	0.82
豆	蚕豆	5571569	5986893	1.07
	豌豆	3532718	3155357	0.89
	黄豆	5882095	7054779	1.20
小计		14986382	16197029	1.08
杂粮	苞谷	6870717	10374782	1.51
	荞麦	193553	282588	1.46
	高粱	2421519	2905823	1.20
小计		9485789	13563193	1.43
总计		88204278	143701585	1.63

资料来源：《四川第四次劝业统计表·农务》表 12、表 13、表 14、表 17。

表 1 - 29   清末四川薯类种植及收获统计

名称	栽种面积 （亩）	收获量 （石）	折算成原粮 （市斤）	平均清亩产 （市斤）
红薯	6048743	39506434	1195069629	197.6
芋头	473435	4528436	136985189	289.3
土豆	720682	2975732	90015893	124.9
小计	7242860	47010602	1422070711	196.3

注：薯类按 4∶1 折成原粮。每 1 石 = 121 市斤。

资料来源：《四川第四次劝业统计表·农务》表 16。

根据表 1 - 25、表 1 - 28、表 1 - 29，整理成表 1 - 30。表 1 - 30 反映了清末四川的整个粮食生产状况。（1）清末川省农作物栽种面积共 10280.8 万亩，其中粮食作物 9544.7 万亩，占 92.8%；经济作物 736.1 万亩，占 7.2%。可见清末川省农业中粮食生产占了绝对优势。（2）水稻是川省粮食作物的主要部分，占粮食种植面积的 55.8%，但产量却占粮食总量的 62.3%，可见种稻收益较好。而种麦则收益较差，单产不到 98 斤，占种植面积的 10.9%，而产量仅占 5.4%。（3）粮食平均清亩产 198 市斤，约合每市亩 215 市斤。[①] 可见，珀金斯对清后期的川省亩产估算偏高。（4）杂粮和薯类的种植在川省粮食生产中已占有重要地位。杂粮占粮食栽种面积的 9.9%，占粮食总产量的 11.1%；薯类占粮食栽种面积的 7.6%，占粮食总产量的 7.5%。两者相加约占川省粮食种植面积的 18%，产量的 19%。玉米、高粱和红薯等皆是清初随移民入川的，适于旱地种植，使川省许多山地得以利用，这可能是近代川省人均耕地大量减少而人口仍持续增长的原因之一。

---

① 按每 1 清亩 = 0.922 市亩计算，即 198÷0.922 ≈ 215（斤）。

表 1 - 30　清末四川粮食生产及占田比例

作物种类	栽种面积（万亩）	占粮食栽种面积的比例（%）	收获量（万石）	折合为市制（万斤）	占总产量百分比（%）	平均清亩产（市斤）
稻	5328.5	55.8	10535.8	1176848.9	62.3	220.9
麦	1044.7	10.9	858.3	102137.7	5.4	97.8
豆	1498.6	15.7	1619.7	257532.3	13.6	171.8
杂粮	948.6	9.9	1356.3	210226.5	11.1	221.6
薯类	724.3	7.6	4701.1	142207.1	7.5	196.3
总计	9544.7	100.0		1888952.5	100.0	197.9

注：①栽种面积为清亩。②每 1 旧石按如下比率折合为市斤：稻谷 111.7，麦 119，豆 159，杂粮 155。

在弄清亩产之后，我们便可进一步估算出清代四川各时期粮食生产总量。清前期按珀金斯估计的 15 世纪高值和 18 世纪低值 118 市斤/市亩算，清中期按珀金斯估计的 18 世纪高值 151 市斤/市亩算，清后期按我们上面的 215 市斤/市亩算。假设每个时期都用 93% 的耕地栽种粮食，所估算的各时期粮食生产总量见表 1 - 31。按表 1 - 31 的估算，四川粮食总产量清前期在 20 亿～47 亿斤，清中期在 59 亿～104 亿斤，清后期在 174 亿～190 亿斤。

表 1 - 31　清代四川各时期粮食生产总量估算

时期	年份	耕地面积（万清亩）	折合市制（万市亩）	用于种粮面积（万市亩）	粮食总产量（万市斤）
清前期	康熙六十一年（1722）	2054.4	1894.2	1761.6	207868.8
	雍正七年（1729）	4590.3	4232.3	3936.0	464448.0
清中期	乾隆四十九年（1784）	4619.1	4258.8	3960.7	598065.7
	嘉庆十七年（1812）	7970.0	7348.3	6834.0	1031934.0

时期	年份	耕地面积（万清亩）	折合市制（万市亩）	用于种粮面积（万市亩）	粮食总产量（万市斤）
清后期	同治十二年（1873）	9492.4	8752.0	8139.4	1749971.0
	光绪二十三年（1897）	9682.2	8927.0	8302.1	1784951.5
	宣统二年（1910）	10280.8	9478.9	8815.4	1895311.0

注：①耕地面积见表1-23、表1-26。②清亩折市亩按1清亩＝0.922市亩算。

五　清代四川的人口压力

清代的四川经济以农业生产为主体，因此耕地是最基本的生产资料，粮食是最重要的生产成果。在人口增长、劳动力充分的条件下，耕地面积和粮食产量就成为制约社会和经济发展的决定性因素。一定量土地能养活的人口是有限的（当然这种限度随生产力的发展而变化），一旦逾越这个限度，人口增长就会造成种种难以克服的社会问题。

就全国范围而论，人口增长的弊端在康雍之际已见端倪，到乾隆时便已形成相当大的人口压力。乾隆二十七年（1762）人口超过2亿，乾隆五十五年超过3亿，至道光十四年（1834）超过4亿（见表1-20）。人口增长造成人均耕地面积减少，由乾隆十八年的4亩下降到乾隆四十九年的2.65亩，[①]咸丰元年更减至1.78亩。[②]四川出现人口压力较全国要迟一些，但到嘉庆时也已出现人满为患的现象。表1-32列出了川省人均耕地面积变化的情况。乾隆中期以前，

---

① 郭松义：《清代的人口增长和人口流迁》，《清史论丛》第5辑，中华书局，1984。
② 该年全国册载耕地77162.5万亩，册载人口43216.4万人。人口数见《清文宗实录》卷50；耕地数见李文治编《中国近代农业史资料》第1辑，第60页。

人均耕地都较富余，为 9～14 亩，但乾隆后期已明显减少，低到 5 亩左右。乾嘉时期人口猛增，人均耕地再减至三四亩，19 世纪后半叶川省人均耕地仅有 2 亩多。以上数据是按耕地和人口的修正数计算得出的，若按册载耕地和人口数计算，那么情形更为严重。①

表 1-32　清代四川人均耕地面积变化

年份	耕地面积（万亩）	人口数（万）	人均耕地（亩）
雍正七年（1729）	4590.3	335.8	13.67
乾隆十八年（1753）	4595.7	483.3	9.51
乾隆四十八年（1783）	4619.1	941.8	4.90
嘉庆十七年（1812）	7783.8	2070.9	3.76
同治十二年（1873）	9492.4	3316.9	2.86
光绪二十三年（1897）	9682.2	3992.3	2.43
宣统二年（1910）	10280.8	4414.0	2.33

注：雍正七年以前耕地数不可靠，故未列入表中。乾隆四十八年数用四十九年数代。
资料来源：耕地面积见表 1-23、表 1-25、表 1-26，人口数见表 1-10、表 1-12、表 1-15、表 1-18。

---

① 下面列出按册载耕地和人口数计算的川省人均耕地数，以供参考：

年份	册载耕地面积（万亩）	册载人口数（万）	人均耕地（亩）
乾隆十八年（1753）	4595.7	136.8	33.59
乾隆三十六年（1771）	4600.7	306.8	15.00
嘉庆十七年（1812）	4697.9	2070.9	2.27
咸丰元年（1851）	4638.2	4475.2	1.04
同治十二年（1873）	4638.3	5834.4	0.79
光绪十三年（1887）	4641.7	7317.9	0.63
光绪二十三年（1897）	4706.2	8378.0	0.56

注：乾隆三十六年耕地数用乾隆三十一年数代替。光绪二十三年耕地数以 1897～1911 年数代替。
资料来源：耕地数见表 1-23。人口数见表 1-12、表 1-13、表 1-18 和严中平等编《中国近代经济史统计资料选辑》附录《清代乾、嘉、道、咸、同、光六朝人口统计表》。

按清代四川农业生产力水平，人均耕地至少 4 亩才能维持一个人的最低生活标准。[①] 按这个指标，我们做出表 1-33 来看基本生活资料的匮乏。表 1-33 说明，到嘉庆中期川省耕地已显不足，3.8% 的人缺乏耕地，但能勉强维持，然随人口增长情况日益恶化。同治时期 900 多万人（约占人口总数的 29%）缺乏耕地，到清末缺地人数发展到 1800 万，占人口总数的 42%。川省人口与耕地的比例失调到嘉庆中期便已到临界点，自此以后，耕地面积增长率远低于人口增长率，两者呈现的"剪刀差"愈大，社会经济负担愈重，亦预示着社会危机的日趋加深。

表 1-33　近代四川失去生活资料的人数

年份	耕地面积（万亩）	最多供养人数（万人）	A 当时实际人口（万）	B 缺乏耕地人数（万）	B 占 A 的百分比
嘉庆十七年(1812)	7970.0	1992.5	2070.9	78.4	3.8
同治十二年(1873)	9492.4	2373.1	3316.9	943.8	28.5
光绪二十三年(1897)	9682.2	2420.6	3992.3	1571.7	39.4
宣统二年(1910)	10280.8	2570.2	4414.0	1843.8	41.8

资料来源：耕地面积见表 1-23、表 1-26，人口数见表 1-15、表 1-18。

① 关于这个问题，古今学者都有论述。乾隆时期的学者洪亮吉推算，按江南平均亩产一石水平，"一岁一人之食约得四亩，十口之家即须四十亩"。这是日食米 1 升的最低生活水准。若要达到"食亦仅仅足"的程度，十口之家需"食田一顷"，即人均 10 亩（见洪亮吉《洪北江诗文集》第 1 册《生计篇》《治平篇》）。据陈重民先生研究，南方农民每天至少食粮 1 斤，每年共需 365 斤，另外尚有燃料、饲料、油盐、蔬菜以及衣服、祭祀、应酬之费。此等费用视地位、习惯而多寡不同，但至少其人食料所费多出一倍（刘大钧：《中国农田统计》，转引自罗尔纲《太平天国革命前的人口压迫问题》，《中国社会经济史集刊》第 8 卷第 1 期，1949 年 1 月）。今假定与食费相等，折合粮食每年至少需 730 斤。按清中期川省亩产，人均耕地需 5 亩；按清后期亩产，需 3.4 亩。据美国人贝克（O. E. Baler）估计，中国南方农民需 2.5 英亩方可维持一家五口的最低生活标准，即人均 3 亩。按罗尔纲先生计算的"温饱常数"指标，人均耕地 4 亩左右才能勉维持生活（罗尔纲上揭文）。四川虽有较富庶的成都平原，但从全省来看是以山为主，不及南方条件好。可见，人均 4 亩是四川维持最低生活标准的一个指标。

物质资料的生产和人类自身的生产是相互依存、相互制约的，这种紧密的联系使两种生产在客观上有一定的比例。人口生产与物质资料的增长相适应，这就是我们所追求的"适度人口"。对以农业生产为主的四川传统社会来说，其适度人口应是人口规模不超过农业资源提供的食物可以供养的人口数量。按洪亮吉的推算，从最低生活标准（4 亩）达到中等生活程度，耕地要扩大 1.5 倍，即达到 10 亩。考虑到清末亩产有所提高，我们且按人均 6 亩计算近代四川的适度人口（见表1－34）。19 世纪初川省适度人口为 1300 万左右，19 世纪末为 1600 万左右，20 世纪初为 1700 万左右。但 19 世纪初超过适度人口 700 多万，中期超过 1000 多万，20 世纪初超过 2000 多万，多出人口达 157.6% 。因此，即使我们撇开统治机器的压榨或天灾人祸的影响，人民生活的恶化都是不可避免的。

表 1－34　近代四川适度人口测算

年份	耕地数（万亩）	A 适度人口数（万）	实际人口数（万）	B 超出额（万）	B 占 A 的百分比
嘉庆十七年(1812)	7970.0	1328.3	2070.9	742.6	55.9
同治十二年(1873)	9492.4	1582.1	3316.9	1734.8	109.7
光绪二十三年(1897)	9682.2	1613.7	3992.3	2378.6	147.4
宣统二年(1910)	10280.8	1713.5	4414.0	2700.5	157.6

川省人口的大量增加，势必造成生计的困难，所以在清季的史料中诸如"生齿日繁""生计日蹙"的记载屡见不鲜，生计问题成为社会不稳定的一个重要因素。前面已经指出，南方农民衣食住行每年至少需粮 730 斤，我们将这些标准降低到 600 斤，来看看嘉庆以后四川的粮食提供情况（见表 1－35）。这一估计尚未排除灾害、战乱、抛荒等种种影响粮食产量的因素，因此，实际情况往往要比表 1－35 所

列糟糕得多。按我们的最高估计，同治年间的粮食提供率仅有 88%
左右，20 世纪初仅 72% 左右。按最保守的计算，同治年间人口总数
的约 12%，即约 400 多万人没有基本生活保障；20 世纪初，人口总
数的约 28%，即 1200 多万人缺乏粮食。粮食如此短缺，我们认为，
这就是当时社会混乱的最根本原因。

表 1 - 35　嘉庆以后四川的粮食提供及缺粮估算

年份	A 全省最低粮食需求（万斤）	B 粮食实际总产量（万斤）	C 欠缺粮食数量（万斤）	D 粮食提供率（%）	E 缺粮人数（万）	缺粮人数占人口总数百分比
嘉庆十七年(1812)	1242540	1031934.0	210606.0	83.1	351.0	16.9
同治十二年(1873)	1990140	1749971.0	240169.0	87.9	400.3	12.1
光绪二十三年(1897)	2395380	1784951.5	610428.5	74.5	1017.4	25.5
宣统二年(1910)	2648400	1895311.0	753089.0	71.6	1255.1	28.4

注：A 按人口总数 × 600 算出；B 见表 1 - 31；C = A - B；D = $\frac{B}{A} \times 100\%$；E = C ÷ 600。

如果说上述结论仅是依靠统计数字而做出的，带有推测的意味，
那么下面我们将用具体史料证明上述统计及结论是符合历史事实的。

第一，川省仓储粮食的大幅度减少。乾隆年间川省各地常平、监
仓储数便已确定，并按额储满，直至嘉庆年间都是"存新易陈"，随
出随补。但嘉庆之后人口增加，粮食匮乏，动用仓储难以补足，表
1 - 36 所列重庆府各县常平、监仓储额大量减少，便充分说明了问题
的严重。在表 1 - 36 所列的 12 个厅州县中，减少 94% 以上的有 2 个
地方，减少 85% ~ 94% 的有 7 个地方，减少 80% ~ 85% 的有 2 个地
方，减少 70% ~ 80% 的有 1 个地方。

表 1 –36 嘉庆与光绪时期仓储比较

厅州县	嘉庆储额 （石）	咸丰至光绪 实存（石）	减少数 （石）	实存原额百分比 （%）
巴县	84109	1140	82929	1.4
江津	58000	9600	48400	16.6
长寿	44000	6000	38000	13.6
永川	6590	876	5714	13.3
荣昌	6020	848	5172	14.1
綦江	22000	6500	15500	29.5
南川	5270	277	4993	5.3
合州	52000	6373	45627	12.3
涪州	48000	8458	39542	17.6
铜梁	46000	6469	39531	14.1
定远	44000	6400	37600	14.5
江北	26000	3600	22400	13.8

注：重庆府共 14 厅州县，其中璧山县和大足县因光绪常平、监仓实存额不详，故未列上。但据巴县档案记载，璧山社仓由 12380 石减为 560 石，仅存 4.5%。

资料来源：嘉庆储额见嘉庆《四川通志》卷 72《食货·仓储》，光绪实存见四川大学历史系藏巴县档案抄件，光绪朝内政卷和财经卷。

第二，粮食外运断绝和粮价大涨。清中前期川省粮食有大量剩余，从雍正起即大量运出省，仅嘉庆《四川通志》所载雍正至嘉庆的 11 次官运出川大米，即达 787 万石。[1] 历年商运出川的大米更是不计其数。在成都平原，外省商贩"在各处顺流搬运，每岁不下百十万石"。[2] 在川东地区，每年"秋收之后，每日过夔关大小米船，或十余只至二十只不等，源源下楚"。川米都在汉口落岸，即所谓"江浙粮米历来仰给于湖广，湖广又仰给于四川"，[3] 以致川米对湖广米价产生重要影响，如武汉地区"人烟稠密，日用米谷，全赖四川、

① 根据嘉庆《四川通志》卷 72《食货·仓储》所载史料计算。

② 嘉庆《四川通志》卷首之二"雍正九年四川总督黄廷桂奏"。

③ 《朱批谕旨》，雍正二年八月二十日四川巡抚王景灏奏。

湖南商贩骈集，米价不致高昂"。若川省受灾或江水上涨川米不至，米价"每石贵至一两七八钱，民间至有无米可粲之苦"。① 但嘉道之后，粮食输出越来越少，最后基本断绝。吴焘《游蜀日记》（1874年）称："往日东川之米尝转售于他省，然齿繁岁歉，今亦非古所云矣。"② 粮食价格是粮食供需情况的晴雨表，雍正时，川米"每石止约价银九钱五分"，③ 而到光宣年间粮价上涨至每石5~8两。④ 道光时中江县大米每石制钱3000文，宣统时涨至6000文；⑤ 万县和隆昌县同治时米价陡涨至斗米1600文；⑥ 合江县光绪元年大米每石制钱4600文（当时合银3.1两），光绪三十一年涨至7000文（合银5.8两）。⑦

第三，人满为患，游民乞丐众多。新都县过去是"有可耕之田，无可耕之民"，但乾隆之后已"无荒可垦"；⑧ 彭县到乾嘉之际也是"山坡水涯，耕垦无余"；⑨ 大足县在道光时，由"昔时富足"落到"各处山村，仅谋生计"的地步；⑩ 江油县"一户之土仅供数口，多男必出继，盖地不足而人无食也"；⑪ 即使是边地马边厅，在嘉庆时也"户口滋增，到处地虞人满"。⑫ 所以史志称"昔之蜀，土满为忧；

① 任国荣折，《宪庙朱批谕旨》第8函第1册，第22页。
② 吴焘：《游蜀日记》，见王锡祺编《小方壶舆地丛钞》第7帙，光绪年间刊。
③ 《雍正朝朱批奏折》第13函第2册，第12页。
④ 《六十年来米价月计表》（1892~1949），四川物价志编委会：《四川物价志通讯》1985年第1期。
⑤ 民国《中江县志》卷2，第8页。
⑥ 同治《万县志》卷12《地理志·义局》；光绪《叙州府志》卷18《蠲政（附矜恤）》。
⑦ 民国《合江县志》卷2《食货篇第四》。
⑧ 民国《新都县志》第2编，第4~5页。
⑨ 光绪《彭县志》卷10《文章志·李心正赠陈明府序》。
⑩ 道光《大足县志》卷1《舆地志·风俗》。
⑪ 道光《江油县志》卷1，志序。
⑫ 嘉庆《马边厅志略》卷4《人物一·风俗》。

今之蜀，人满为患"。[1] 到清后期情况进一步恶化，眉山县"无田者居大半"；[2] 灌县"人口数十万……产属中人，足以温饱者可十之四；贫无立锥专恃营业劳工以活者又占十分之五"；[3] 井研县则"尤患人满，无田之家居大半"。[4] 从整个川省看，是"生齿甲于寰宇，农末皆不足以养之，故旷土少且游民多"。[5] 大量失去土地的农民涌入城市，当时便有人指出："游民乞丐各省皆有，无如四川之多，四川尤以省城为最。"[6] 而重庆"大小男女乞丐尚不免触目皆是"。[7] 川督锡良也甚为忧虑地奏称："四川生齿最繁，贫而乞丐者至众，省城每际冬令，裂肤露体者十百载途，号呼哀怜者充衢盈耳。偶遇风雪，死者枕藉，相沿有年，匪伊朝夕，南北各省皆所未见。"[8] 这些描述同我们的估计相比真是有过之而无不及。

第四，人口流向边区和省外。经济发达区多为人口稠密区，乾隆之际，内地人口饱和，排挤大量人口到盆地边缘地区和省外垦荒或开矿。如彝族地区昭觉"当乾嘉时，矿厂甚旺，汉人居于斯土者成千万计"。[9] 在川、滇、黔边界，许多游民到深山采铜私铸制钱，"凡川、湖、两粤力作功苦之人，皆来此以求生活"。[10] 嘉庆年间，"石柱

---

① 道光《新都县志》卷3《食货志·田赋》。
② 民国《眉山县志》卷3《食货志》。
③ 民国《灌县志》卷4《食货志》。
④ 民国《井研县志·食货四》。
⑤ 中国科学院历史研究所第三所主编《锡良遗稿·奏稿》第1册，中华书局，1959，第403、646页。
⑥ 《四川官报》丙午（1906）第20册，"公牍"。
⑦ 《广益丛报》总18号，1908年11月13日，"纪闻"。
⑧ 《锡良遗稿·奏稿》第1册，第403、646页。
⑨ 宣统《昭觉县志》卷12《旧迹》。
⑩ 岑毓英：《奏陈整顿滇省铜政事宜疏》，光绪《续云南通志稿》卷45《食货志·矿务》。

以东，达于黔楚，到处有铜有柴，就山铸钱，穷民以此为生者不可胜数"。[1] 彝藏少数民族聚居的宁远府嘉庆时迁入汉民 87689 户，男女 425247 丁口。[2] "地届边陲"的马边厅也因内地汉民"闻此中荒芜可垦，挈妻负小，奔走偕来"。[3] 嘉道之际，甚至不少川民流入"地旷人稀"的贵州山区，以致后来"兴义各属已无不垦之山，而四川客民……仍多搬往，终岁不绝，亦尝出示饬属严禁而不能止"。[4] 嘉道年间更有大量无田农民流入川、湖、陕边界的巴山老林。据卢坤《秦疆治略》称，道光三年陕西凤县有民 11340 口，其中"新民甚多，土著甚少，多系川、湖无业游民，佃地开垦"。陕西盩厔县老林"树木丛杂，人迹罕到"，自从"川楚客民开山种地"后，道光初"查明山内客民十五万有奇"。[5] 据时人估计，道光年间在巴山老林地区的川、湖、陕等省流民"数以百万计"。[6] 这种人口的逆向运动，从侧面说明了川省人满为患的困境。

六　人口、耕地与粮食问题

清代四川作为一个传统的农业大省，人口、耕地及粮食问题是一切社会问题的根源，因此这也是我们从事社会史研究的起点。这种区域性人口、耕地及粮食的研究，为清代中国人口与人口压力问题的宏观研究提供了个案依据。以上的研究我们可以归纳为若干方面。

① 松筠：《平贼方略策》，沈垚：《松筠公事略》，转引自罗尔纲《太平天国革命前的人口压迫问题》，《中国社会经济史集刊》第 8 卷第 1 期，1949 年 1 月。
② 同治《会理州志》卷 9《赋役志·户口》。
③ 嘉庆《马边厅志略》卷 4《人物一·风俗》；卷 5《艺术·新垦马边碑记》。
④ 贺长龄：《复奏汉苗土司各情形折》，《耐庵奏议存稿》卷 5。
⑤ 卢坤：《秦疆治略》，第 11、55 页。
⑥ 《清宣宗实录》卷 10，嘉庆二十五年十一月壬辰。

第一，清代四川的人口是以移民为主体的。明末清初的战争造成四川人口的大量流失，但由于能获取土地和优惠垦荒政策的吸引力，大量人口向已开发区自由迁徙，这种大规模的移民运动是中国历史上罕见的，对恢复川省经济起到了决定性的作用，同时也导致了四川的人口结构、人口空间分布和社会结构的变化。

第二，整个清代的四川人口统计十分混乱，以致我们难以弄清实际数量，这直接影响到全国的人口统计，因此，需要对清代四川人口统计进行全面整理修正。研究表明，所谓川省八千万人口纯系虚构，摊丁入亩之后，人丁不承担赋税，因而导致地方为粉饰政绩而滥报"滋生"人口，嘉庆之后浮夸风愈演愈烈。清末川省的实际人口应在4500万左右。

第三，同人口统计一样，川省耕地面积统计也不可信，据估计，隐匿至少一倍以上。这种情形之所以出现，是因为川省田制紊乱、荒垦频繁和田土零碎，这导致了清丈困难、零星土地免课以及嘉庆之后新增田土未予登记。这种状况在全国都不同程度存在，严重妨碍了我们对清代人口、人口压力及社会问题的认识。清末川省在册耕地仅4700多万亩，但据研究，实际数字应在9000万至1亿亩之间。

第四，在农业社会中，人均耕地面积和粮食提供的数量是确定人们生活水平和人口是否形成压力及压力大小的最基本的指标。在清代，川省粮食亩产由118斤提高到215斤左右，但人均耕地面积也由十余亩减少到2亩多。清前期川省提供粮食20亿~47亿斤已足够川省食用且大量出口，清后期可生产粮食174亿~190亿斤，但由于人口剧增而难保温饱。

第五，对区域性人口、耕地及粮食的研究告诉我们，早在19世纪四川便已出现人口压力问题。据我们对适度人口的研究，四川嘉庆中期便已超出适度人口700多万，到清末超出2700多万。为维持如此众多人口的生存，只能降低生活水平。即使按最低生活标准看，清末的四川每年也缺粮食约 75 亿斤，缺粮人口 1200 多万。

近两百年来，四川由于人口增长而造成的人口压力格局一直未出现根本好转，而且还有加剧之势。这向我们提出了一个严峻的问题：耕地和自然资源有限，而人口的增长及对自然的索取和消耗是无限的。对清代四川人口、耕地及粮食的综合研究表明，我们丝毫没有理由因所谓"地大物博"而掉以轻心，而应该对耕地和自然资源的严重不足深感忧虑。

本章最早版本曾连载于《四川大学学报》（1989 年第 3 期，第 90～105 页；第 4 期，第 73～87 页）。

第二章
施坚雅的影响：近代长江上游城市系统与市场结构

  长江上游既是中国地理上的封闭地带，亦为中国经济和文化上的独特区域。[①] 地理的封闭和特定的生存环境，使中国的这一腹心地区带有相对独立的、区域性的经济和文化特征，并形成了独具特色的城市系统和市场结构。本章力图把这一巨区提取出来，作为研究中国近代区域市场发展的个案，从大到小、从宏观到微观地对长江上游区域市场进行一些初步分析。

一 经济区域与市场系统

  商业贸易必须依赖一定的经济区域，城市则在媒介和一定经济区域内各种交换活动的参与中出现和发展起来。城市商业中心的地位和作用，取决于城市所吸引、辐射区域的大小，取决于与城市发生流通地区的范围和流通量。近代中国在 19 世纪末已形成了若干以一个大都市为中心的经济区域，长江上游作为一个独立的经济巨区，以重庆

---

  ① 本章所指的长江上游，是指以四川为中心，包括陕西、云南、贵州一部分的长江干、支流域的一个地理区域，四川是长江上游流域的主体区域，可以说基本包含了这一区域的全部社会经济特征。本章之所以不按省划界而从区域角度研究市场，是因为社会经济区域往往与行政区域划分不同。这个思路，是受施坚雅的影响，特别是他主编的 *The City in Late Imperial China*（Stanford：Stanford University Press，1977）。

为中心，又可分为若干较小的、有层次的经济区。①

由于经济的发展，出现了一批以商业贸易为中心的城市和口岸，商品的生产、交换和消费显露了地域的区别，从而形成了区域经济。这种区域经济的划分往往以地域的自然界线为基础，以大宗商品作物和工商业经济的分布为依据。上游自然地理有一个重要特点，即以长江为主干，各支流自北而南注入，形成了一个以航运为中心的交通联系网络，这些江河往往成为大多数经济区域的自然界线。②

在近代，长江上游地区存在围绕 8 个城市运转的经济和商业贸易区域，即以重庆为中心的上川东区，以成都为中心的川西区，以南充为中心的川北区，以乐山为中心的上川南区，以宜宾为中心的川南区，以泸州为中心的下川南区，以万县为中心的川东区和以广元为中心的川西北区。

区域条件对城市发展的影响是多方面的，一个城市具有什么样的性质、职能，发展速度多快，不但取决于城市本身，而且取决于所处地理位置和区域经济的特点。如重庆所处的长江和嘉陵江交汇的位置，决定了它在省际乃至国际贸易中的地位。在经济活动中，商业贸易点广泛分布在各个不同的地区和角落，形成一定的空间布局。每一经济中心分布点都是在特定的地理、自然、历史、经济和社会条件下形成的。它们一旦形成城镇和市场分布点，其位置便相对稳定，一般在短期内不会改变。

城市经济中心的吸引作用、辐射作用和中介作用，是相互依存、相互促进的，它们的合力构成了城市经济中心对区域的影响力。这种

---

① G. William Skinner, "Cities and the Hierarchy of Local System," in G. William Skinner ed., *The City in Late Imperial China*, pp. 282 – 283.

② 关于这个问题的详细论述，见王笛《跨出封闭的世界——长江上游区域社会研究 (1644 ~ 1911)》第 4 章。

影响力的范围也可称为城市"经济力场"，也就是以城市为中心的经济区。经济区与行政区不同，它没有明确的界线，或者说它的界线是模糊的，我们一般可以通过流通影响力的大小，来把握经济区的存在及其范围。国外城市学专家对这一问题进行过研究，认为城市引力与城市中的人口和贸易额成正比，而与距离的平方成反比。就是说，一个城市的人口或商业贸易额愈大，引力愈大。

商品流通是通过特定流通部门所进行的一系列复杂的聚散活动而实现的，长江上游这样一个大的区域不可能由一个统一的流通中心完成聚散，因而其商品流通只能通过许多大小、层次不同的地域流通中心来实现，这些大小、层次和位置不同的地域流通中心一方面联系着生产者、经营者和消费者，另一方面各层次、各级流通中心之间也保持着复杂的纵、横向流通联系，从而在长江上游形成一个较为完整的、连续不断的、以城市为中心的流通主体的空间结构网。第一层次也是最基本的层次是农村，它是各级市场的基础。第二层次是基本市场，其特点是分布广、覆盖面大，单位面积内商业贸易的数量少、密度低、布局分散，供给量和需求者的数量多于媒介者，流通量相对较小。第三层次是地区市场，多是商业性的城镇。其数量大、分布广，商业贸易密度超过第二层次，媒介者比重较大，而且具有较配套的流通机构，是城乡交流的重要环节。第四层次是区域市场，多是中等城市，数量上较前两个层次大为减少，商业贸易密度较高，贸易半径较大，门类齐全，可以承担较大规模的流通，但它们的贸易主要在一定的区域范围内。在整个贸易的空间结构中，它们处于中间层次。一方面联系着本地区的县城、乡镇和广大农村，另一方面联系着更高层次的高级市场，起着承上启下的作用。第五层次即多功能高级市场，指数量不多的经济中心城市。其特点是商业贸易机构高度集中，密度很大，具有发达配套的流通机构，能够承担大规模的商品流通。商业活动的半径大，在区域经济中起着决定性的作用，是巨区的流通中心，是在大的经济区域中实现协调、同步、有序的流通活动的关键。

长江上游中心地带的经济区域，包括 2 个中心城市，即重庆和成都；5 个区域城市，即泸州、宜宾、乐山、万县和南充（当时有 6 个区域城市，只有广元在核心之外）；16 个地区城市，即达县、三汇、广安、涪州、合州、荣昌、合江、阆中、绵州、三台、遂宁、汉州、灌县、简州、内江、邛州（当时有 21 个地区城市，除上述外，还有奉节、彭水、雅安、略阳和昭通）。统属关系见表 2 - 1。贸易系统所属的地区城市并不是绝对的，实际上是相互交叉的。例如三台既可属川西区，也可属川北区；荣昌既可属上川东区，也可属下川南区；遂宁既可属川北区，也可属川西区；等等。

表 2 - 1   清代长江上游城市系统

经济区	中心区域城市	所属地区城市
上川东区	重庆	涪州、彭水、广安、合州、荣昌、内江
川西区	成都	简州、邛州、灌县、汉州、绵州
川北区	南充	阆中、遂宁、三台
上川南区	乐山	雅安
川南区	宜宾	昭通
下川南区	泸州	合江
川东区	万县	奉节、达县、三汇
川西北区	广元	略阳
总计	8 个	21 个

上述城市对与之有联系的周围地区来说，具有作为贸易中心的地理的、社会的、经济的有利条件；另外，以城市为中心进行贸易活动，对周围地区和广大农村的生产者和消费者都很有利。贸易中心的核心是"市"而不是"城"，因而贸易中心的作用的强度和范围，基本上不受城墙的限制，而扩展到更远的地区。

各城市贸易中心是依靠一定的运输路线来联结的。区域市场的发展，形成了一些固定的贩运陆路，如涪州即为上游内外相通的重要商路之一。涪州位于重庆以东450里处，在黔江与长江交汇的角上，不仅是上游西南部全部天然水路口岸的起点，而且是往湖南的重要陆路的起点。这条陆路入湘境后分为三线，即水路达汉口，陆路至江西和经广西到广东，上游所需东部各省货物和洋货全靠该路供应。宜昌开埠前，这条陆路的重要性超过水路，道光年间，"洋货入川，由粤海关报验完税后，从湖南之郴州、常德转龙潭、龚滩，出涪州以达重庆"。① 宜昌开为商埠并通行轮船后，这条陆路方失去原有的重要地位，而丰都、忠州、万县、宜昌和沙市的陆路日趋繁荣。

上游中心地通往云贵的南部商路也进一步得到开辟。由重庆南下或西行运至云贵和边藏的主要有棉纱、匹头、丝、茶、苏广杂货、食盐、瓷器、铁器等，由云贵、边藏运至重庆再分散外省的主要有山货、牛羊皮、杂皮、药材以及云南个旧的锡等。到光绪时期，民间陆运组织"麻乡约"甚至由昆明将丝、茶和锡制品等运往越南和缅甸。

但长江上游的商运是以水路为主体的，长途贩运的发展往往以一些河流为依托，与大都市串联，形成商业贸易网络。成都府16州县物产和嘉定府的物产大多靠岷江运出。又如沱江流域的糖、盐、棉等，其支流上自流井的盐，基本靠沱江运出，"泸州商业，亦赖此以繁盛"。重庆、合州等城市则靠嘉陵江、长江、涪江、渠江的河运而繁盛。涪州亦有河运之便，黔江从贵州思南府北折入川，经涪州城东北入长江，可通舟楫数百里，涪州因此成为桐油、茶等物资的集散地，"每岁此等货物卖买额达八十万两以上"。②

---

① 《中华民国二年湖北宜昌商务会报告》，第67页。
② 东亚同文会编《支那经济全书》第5册，"铁道"，1918～1920年版。

长江上游的商品出入基本上依靠木船。运出以粮、盐、糖、桐油、山货、土特产等为主，大多由支流集中在长江干流而下；进口以棉纱、布匹、杂货、海产等为主，多由干流散放各支流而上。运出的桐油、茶、山货等大多运往华东再转运国内外，盐、糖、纸、粮等主要运往云贵、两湖、陕甘、江浙等地。近代以来上游各流域的木船运输业有所发展，特别是宜昌、重庆开埠后进出口运量大增，推动了木船营运的繁荣。有人估计，1880 年代在宜昌—重庆航线上，有民船6000~7000 只，船户和纤工总计不少于 20 万人。[①] 这种长途贩运的兴盛，从一个侧面反映了近代长江上游地区商品经济的发展和区域市场的扩大。

二 高级市场与城镇发展

近代城市发展的基础是商业贸易，城市是商品的集散地，转运贸易是城市发展的重要条件，由城市经济组成的网络，成为联系各地市场的中心。这些中心又可分为商业性城镇（地区城市）、集散市场（区域城市）和多功能高级市场（中心城市）等。应该指出，一般来说集散市场较商业性城镇规模要大，但两者的区别并不在规模大小，而是其市场的功能。一些较小的集镇仍可起到集散市场的作用，亦有不少城镇具有两种市场的功能。

（一）商业性城镇

清代商品性农业发展以及随之兴起的家庭手工业、手工作坊等促进了城镇的勃兴与繁荣，城镇日益成为农村和初级市场同区域城市、中心城市、国内各地区市场联系的纽带。有些大镇已逐渐发展成为附

---

① 聂宝璋：《川江航权是怎样丧失的?》,《历史研究》1962 年第 5 期。

近几个市镇的商品流通中心，初步突破了地方性狭小市场的格局。如郫县县市"赶集日，县境商贾咸至，他县如成都、新都之商亦至，交易之金，或数十万，或数万，或数千"。① 这些城镇贸易货物种类繁多、商品流通量大、货源广泛充足，可谓"百货丛集"。市内一般分有规模、数量不一的大市和小市。如崇庆县市"商贾云集，百货列肆"，城内东西南北街均有市。五显庙为茧市；火神庙一带为柴市。另外还有米市、木材市、小春市、炭草市、麻布市、烟市、麻市、杂货市、白布市、甘蔗市等。② 在比较偏僻的南溪县，城内各专门市场均按街道分布，有粮食、菜、烟、布、炭等各类小市10余个。③

市场的扩大是交易兴旺的结果，合州县城"历为繁盛区域，水陆骈集，人烟辐辏，日日为市"。特别是5月新丝、小麦、油菜、豆等出产后，城内"操物贾者，为交易者，肩有担，手有提"，"拥挤不通"，各"茶房酒肆，生理一旺"。④ 广安城在光绪年间有"铺户居民三千余，街道十八，鱼盐、珠翠、棉布、锦帛、米谷珍错，百货毕集，人称小渝城焉"。⑤ 川北的南充县城"迄清末世，渐臻繁盛，工商勃兴，人物萃集，毕屋栉比，珍货云屯，内外城间已无隙地"。⑥ 蓬溪县的周口镇由于商业发达，到清末时已是"人烟稠密，计已二千余家，商业贸易甲于州城"。⑦ 一些边区城镇也逐渐发展，如雷波城"商贾云集，云、桂、两湖、豫、粤之民，亦群趋此间贩卖货

---

① 民国《郫县志》卷1。
② 光绪《增修崇庆州志》卷3《城池》。
③ 民国《南溪县志》卷1《舆地·城市》。
④ 民国《合川县志·农业志》。
⑤ 宣统《广安州新志》卷9《乡镇志》。
⑥ 民国《南充县志·城市》。
⑦ 《成都日报》光绪三十四年十二月二十二日。

物"。到民国时城内居民已有两千余户，商业交易热闹非常，"世有小成都之称"。①

商业性城镇既有一定区域内商品集散的功能，又有满足周围小生产者对市场经常性的要求的功能，并对附近的市场有一定的支配力。无论从城区规模、商品流通规模大小、交易种类、市民阶层结构来看，它们都是集市发展的高级形式，是农村商品生产和商品流通的集聚点，起着分解自然经济的作用。

（二）集散市场

集散市场往往在省际地区，或是重要的交通枢纽。处川陕要道的广元为陕甘药材的集散市场，陕西的药材由广元转销外省，甘肃的麝香也多在此交易。泸州是自流井、犍为和沱江沿岸等地盐的集散地，因而发展甚快，其交易之巨，在长江上游除重庆外，"无能及之者"。② 赵家渡则为川西平原和沱江流域许多州县货物的集散地，川西德阳、汉州等地的大米，什邡、新都、郫县的烟叶，川北潼川的蚕丝，沱江中下游资州、内江等地的蔗糖，温江、江津、泸州等地的杂货，皆运此再转销他处。灌县城是沟通川西平原与川北山区贸易交通的枢纽，为山货、药材、皮毛以及大宗农副产品的集散地，"城内外廛肆罗列，有银号数家，东街尤百货骈阗，商贾麇集，以贩运药材、羊毛者特多，行销渝、宜、汉、沪"。③

一些省际地区的州县城镇，虽规模不大，但仍具有集散市场的功能。如地处川陕边境的城口厅"百工匠艺多别省别邑之人，商贾亦多外来，以棉花布帛杂货于市场，与四乡居民交易，复贩卖药材、茶

---

① 边政设计委员会编《川康边政资料辑要·雷波概况》，1940年成都排印本。
② 《四川》第1号，1907年，第82页。
③ 民国《灌县志》卷4，第5页。

叶、香菇、木耳、椒蜜、猪牛等物往各省发卖"。[1] 邻近湘黔的彭水也是"舟楫往来，商贾辐辏，百货云集，并与楚、黔、闽、粤、江右等省俱通商贩焉"。[2]

（三）多功能高级市场

一些城市由于历史的原因或其所处的重要位置，逐渐发展成为具有多种功能的高级市场，并逐渐因商业的繁荣发展而成为大都市，这种市场往往数量少而作用大。处于长江与嘉陵江交汇点的重庆和川西平原的成都就是这样的城市，它们既是巨大的消费市场，又是重要的商业中心、集散市场和转运市场。

重庆是清代长江上游重要的商业和货物集散中心，近代以后由于对外贸易的开辟，进一步刺激了重庆商业的发展。例如重庆的山货业便起了巨大变化。开埠前的山货原由药材字号附带经营，并未独立成帮，间有经营牛皮渣滓加工的胶帮附带运销牛羊皮出省，亦有经销洋货的广帮贩运生猪鬃加工后出口，均属小本经营，品种不多，数量有限。1890 年代初，山货出口品种和数量急剧上升，由原来的猪鬃、牛羊皮等数种迅速增加到 30 余种。到清末民初时，除已有洋行 10 余家外，重庆专营山货的字号亦发展到 10 余家，中路商 20～30 家，行栈 10 余家。[3]

19 世纪末重庆已成为洋货输入西南的转口地。进口的洋布均从重庆再远销到上游各地大中城市，如成都、嘉定、叙府、绵州、南充等地，并逐步向云贵浸销。以经营洋布为业的重庆布匹字号随之大为发展，广货铺也应运而生，大小水客经常云集重庆。布匹字号也由从汉口进货改为从上海进货，独资经营者也逐渐增多。光绪中重庆布匹

---

[1]　道光《城口厅志·风俗志》。
[2]　光绪《彭水县志·食货志》。
[3]　《重庆工商史料》第 1 辑，重庆出版社，1982，第 23～24 页。

字号约有 60 家，甲午战后各种洋布充斥市场，重庆作为洋布西南转运枢纽的作用也更为突出。那些获得大利的各州县水客，转而在重庆开设字号，光宣年间布匹字号已增至 90 家左右。①

在商业活动中，重庆各行业形成了各类组织严密、环环相扣的交易系统，出现了从事商业活动的各种层次的人物，他们在商业活动中所起的作用相异，得到的商业利润也不同，但他们各自构成了商业活动中不可取代的一环。各种经纪人、中路、洋行和字号，都是城市贸易的流通媒介，起着中间商的作用。由于卖与买的双方能够直接与中间商进行交易，所以中间商的出现可以减少或割断生产者间的直接联系。这样方便了交换，缩短了交易的距离与时间，从而把复杂的交易活动简化了，同时也就扩大了交易的规模。

在近代，成都是长江上游除重庆之外的商业活动的交结点，"货物充牣，民户殷繁。自甘肃至云南，自岷江至西藏，其间数千里内，林总者流，咸来懋迁取给"。与重庆不同的是，直至 19 世纪末成都受洋货的冲击还较小，土货的交易仍居主要地位。1897 年法国人马尼爱游历成都时记述，"洋货甚希，各物皆中国自制。而细考之下，似有来自欧洲者，但大半挂日本牌记。出口货有丝绸、布匹两项，物既粗劣，价反加昂，惟耐久经用，行销故广。不特销于四川，即毗邻各省，亦争相购致也。销路之远，可至广西、云南，及于北沂各埠"。像草帽、药材等土货都在成都聚集并大量出口，"能在各通商口觅得西国主顾，装船后运赴汉口，以达上海"。如法国某洋行将草帽"发行欧洲，岁约数千余包也"，各种草药"尤以成都为荟萃处"。②

---

① 《重庆工商史料》第 1 辑，第 193～194 页。
② 马尼爱：《游历四川成都记》，《渝报》第 9 册，光绪二十四年。

三　集市的作用及其功能

长江上游地区是集市贸易比较发达的地区之一。所谓集市，在传统社会中主要指农村市场，是以地方定期交易为核心的经济流通机构。集市总的经济意义主要由其向经济区提供商品与劳务的作用、在连接经济中心的销售渠道结构中的地位、在运输网络中的位置所决定。集市（包括市、集、场等）是沟通各地经济联系的主要渠道，即所谓"乡非镇则财不聚，镇非乡则利不通"。① 这些农村集市是农民之间以及农民和商贩之间进行交易的立足点，是一种初级市场形态。集市初为小生产者交换和调剂产品的场所，赶场者出售其多余或结剩的产品，换回自己不能生产的日常生活和生产用品。这种原始市场既是产品供应的起点，亦为销售的终点，往往没有居间和转手的过程。近代长江上游由于商品经济的发展，这种纯粹的原始市场已极少见，集市实际已成为土产品的集散地。它既可作为输出市场的起点，又是农民日常生活品销售的终点，它依赖高一级市场销售其聚集的土产，又将高一级市场运来的商品出售给农民，成为商品流通网络中的一个最基本的环节。

随着商品性农业的发展，各地出现了不少专门性集市，即专做某种或某几种商品的交易。这类集市着重聚集本地出产的某种产品，专为满足生产某一产品的小生产者销售其产品而设置。如双流县的簇桥场是一个以蚕丝交易为主的市场，甚至起着集散的作用，其丝有的来自温江、简州等地。郫县为粮油作物产地，因此县境内各集市多以粮

---

① 宣统《广安州新志》卷9《乡镇志》。

油为主，如县城市场"其市则米为大宗，菜籽及油次之，麦又次之"。① 东乡县的南坝场是由鸦片交易发展起来的，"各省烟商麋集"，每年销售数万担，后由于清末禁烟而衰落。② 这些专业性的集市建立在农民小商品生产的基础上，比较活跃，是自然经济的一种必要的补充。它们适应农村家庭手工业、小贩和小商人之间进行商业活动的需要，在一定程度上反映了较大范围的商品供求。它们与综合性集市一样，体现了调剂农民经济生活和组织农村小商品生产运销的职能。而且，专门性市场一般也并不排斥其他商品的交易。

长江上游地区集市贸易的发达还与居住散布形式密切相关。成都平原和北方（如华北平原）的农村居住形式有很大差别，前者是分散式的，后者是集结式的。集结的和商品化程度较低的华北村庄，有较紧密的村民关系，而村庄之间却比较孤立和内向；分散的和商品化程度较高的成都平原村庄（严格地讲不能称为"村庄"，称"乡村"可能更恰当些），乡民关系较松散，而乡际关系却较密切。③ 这些密切的乡际关系网，是长江上游内部商品流通的有利条件。各乡农民均需要通过基层市场来进行交换，以弥补一家一户独居生活上乃至心理上的欠缺。

上游农民在生活的许多方面要依赖于集市。由于上游地区普遍实行押租制和货币地租，农民必须将农产品送到集市上易钱交纳。对那些从事经济作物种植和其他专业生产的农户来说，农村集市与他们关系更密切。上游农民一般都有农闲从事贩卖的习惯，他们赶场的范围有时是很广的。如广安农民往南部、蓬溪、射洪等地商贸，"以米豆

---

① 民国《郫县志》卷1。
② 民国《宣汉县志》卷4《物产》。
③ 参见黄宗智《华北的小农经济与社会变迁》，中华书局，1986，第62～63页。

去，以盐归，络绎往来，道路如织"。① 合州产炭，"一经出炭，数百里亦必麇集。但得日满百钱，即已充足，为衣为食，绰绰有余，又能给家人衣食"。② 他们的活动加强了农民与集市的联系，推动了农村集市的兴旺发展。

集市作为地方物资交易的场所往往受到地方官的重视，有官吏管理，在经济和政治方面显得比一般村落更为重要。集市内设有管理人员，称为"场头""客长"等，负责控制物价、平息争讼、惩办奸狡、维持治安等。大小集市一般都有规则，如巴县八庙堂虽仅有"贸民十余家"，但也订有场市章程。主要内容有（1）规定场期。定场期为三、六、十日。（2）场市风气。只许商民"以货物登市贸易，凡奇技淫巧，有坏风俗事端，概行禁止"，而且不许"结盟聚众"和"摇钱赌博，开设烟馆"。（3）交易规则。买卖货物"听民面议成交，不许奸商巨贾从旁怂恿，把持行市"。（4）场市区划。各项货物如米粮、牲畜等"分别安置立市成交"。（5）排解纠纷。设一处作为"公地"，有纠纷则"凭众理剖"，以免"酿成事端"。③

集市也是重要的社交场所。酒店、茶馆是农民的聚会之所。那些平时因散居而显得闭塞的人们在那里传播各种信息，诸如当地新闻、官府政令、婚丧嫁娶等。人们在那里交流感情和增广见闻，商人在那里洽谈生意，高利贷者在那里商议放债，媒人在那里撮合婚姻，巫师、道士在那里卜卦算命，民间郎中在那里切脉看病，拳师在那里舞刀弄棍，跑江湖者在那里兜售假药，文人墨客在那里说天道地，秘密帮会在那里招贤纳徒、结兄拜弟，可谓三教九流，无所不有。

集市也是人们消遣娱乐的地方。大多数农民在一生中，从孩提到

---

① 宣统《广安州新志》卷13。
② 民国《新修合川县志·矿业》。
③ 《巴县八庙场市章程》，见四川大学历史系所藏巴县档案抄件。

垂老，活动的范围就在周围若干集市之内。他们在那里发蒙和成长，集市上的迎神赛会、庙会、闯江湖者的表演、戏班的剧目、往来客人的谈吐，都塑造着他们的心灵和行为方式。集市可以说是他们接触外界的一扇窗户。所以说集市的作用和功能恐怕很难仅从经济一个侧面就能概括。

四　市场密度与农民活动半径

市场密度往往是一个地区商品经济发展程度的反映。这里所说的市场以基本市场（集市、墟市）为主，包括地区市场、市镇、市集各个层次。长江上游的市场非常多，有人估计，嘉庆前后川省有场5000 个左右，清末约有 4000 个。[①] 若按四川 142 厅州县计算，平均每个厅州县约 28 个场。在一些交通和经济较发达的地区，市场更多，如地处长江畔的涪州，市场多达 120 个，涪江和嘉陵江交汇点的合州有 73 个。

长江上游的市场与全国一样有固定的场期。场期的安排基本是相互错开的，这样可提高农民的赶场率。从贸易周期上看，以旬三场为主。在川西平原经济发达地区，场期则较为密集，有旬四场甚至旬五场的。如郫县犀浦场"市以二、四、七、十日"，郫县的"县市，奇日一集"，处于水陆交通之地的郫县三堰场"市以双日"。[②] 场期密集反映了这些地区商品经济发展的程度较高。施坚雅曾对场期的安排问题进行过研究，他认为决定场期最主要的不是避免同邻场冲突，而是不和上层市集的集期相冲突，相邻的市场场期相同经常可见，市集和

---

① 见高王凌《乾嘉时期四川的场市、场市网及其功能》，《清史研究集》第 3 辑 ，四川人民出版社，1981。
② 民国《郫县志》卷 1 。

墟市撞期的情形却少有。若某市集的集期是一、四、七或四、七、十，那它周围的市场一般就只能在二、五、八和三、六、九两个场期内选择。①

避免墟市与市集撞期解决了许多小贩的生计。农村中的小贩大多只在一个市集交易范围内活动，他们以市集为据点，到各墟市与农民进行交易，然后回市集将收购来的农产品出售，并补充存货。如晚清成都附近的中和镇场期为一、四、七，周围有墟市6个，那么在中和镇交易范围内的小贩可以有这样的行程：初一逗留在集上交易，初二、初三到两个墟市，初四到中和镇，初五、初六到另两个墟市，初七回到中和镇，初八、初九到其余两个墟市，初十再回中和镇休息一天后，十一日开始又按这个程序到各地行贩。每10天之内，既不会错过中和镇的3天集期，也可走遍属于中和镇的6个墟市。除小贩外，其他行当诸如江湖郎中、说书先生、算命先生、手工工匠等也多这样活动。②

关于市场密度的考察有两个关键性的概念，即供给者的需求圈和商品的销售域。所谓需求圈，即一个具有足够的消费需求，从而使供给者能挣得正常利润的地区，它反映了提供某些劳务的规模经济以及由于零售商相互间设点的接近而产生的凝聚优势。需求圈的主要决定因素是每个地区单位的平均购买力。一些重要商品的销售域的主要决定因素是经济距离（换算为运输成本的地理距离）和生产成本。在传统的农业社会中，耕地面积和人口密度决定了需求圈和销售域的大小。

---

① G. William Skinner, "Marketing and Social Structure in Rural China," *The Journal of Asian Studies*, Vol. 24, No. 1, 1964, pp. 3 – 43.

② G. William Skinner, "Marketing and Social Structure in Rural China," *The Journal of Asian Studies*, Vol. 24, No. 1, 1964, pp. 3 – 43.

场均耕地和场均人口表明了市场所拥有的土地和劳动力资源，是市场发展的决定因素，它们制约了市场的商品流通和交易数额。据统计，嘉庆时期全川每场平均有耕地 1.5 万亩，各州县场均耕地 80%以上集中在 4000～40000 亩，场均人口以 1000～8000 人为多，到光宣时期场均人口大多在 3000～15000 人。① 市场的密度往往取决于单位面积的购买力，单位面积购买力取决于人口密度。在经济发达地区场均人口比较高，如川西平原的成都府场均人口都在 7000 以上，其中成都、华阳、金堂、温江、新都、郫县、简州、崇庆、崇宁、新津、什邡等县都已逾万人，可以推测这些地区市场的规模都不小。

各地区在市场活动的人究竟有多少？这只能根据有关资料进行估计。如崇宁县场均人口为 2.3 万，其中包括妇女和小孩，他们赶场的频率很难确定。我们可按家庭对外活动的主体男劳动力来估计，也就是说按赶场的最低人口数来推测。嘉庆中期崇宁男丁约 10 万人，按每人每月赶场三次算，那么每月计有 30 万人次赶场，每旬 10 万人次。若按一场可容纳 2000 人计算，旬计 6000，那么崇宁应有市场 16 个左右。而当时仅有市场 3 个，这即意味着平均每场有万人左右。实际上，按每丁每月赶三场算是比较保守的。据宣统《广安州新志》称，广安市场"贩夫贩竖间期云集，大市率万人，小市亦五六千"。② 光绪时广安有 41 个场，按每场 5000 人、每旬 3 场算，那么每月仅广安州赶场人次即达 185 万，其交易额和货物流通量就可想而知了。

随着人口的增加和生产的发展，人们的商品需要必须得到满足，这就要求一定区域内能容纳相应的赶场人数。要达到这一目的，可以有三条途径。一是增加场期频率，如由旬二场到三场、四场乃至隔日

---

① 见高王凌《乾嘉时期四川的场市、场市网及其功能》，《清史研究集》第 3 辑。
② 宣统《广安州新志》卷 13《货殖志》。

一场。二是扩大市场规模，如在市场内扩展许多"小市"等。三是增加市场。按上游地区习惯，当一般州县按旬三场的办法不能满足人们赶场需要时，一些新场就应运而生。例如温江县嘉庆时期有市场10个，场均人口1.3万人。随着对市场需求的增加，光绪时期市场增加近一倍，达到19个，而场均人数下降至9000人左右。①

增加市场是满足人们商品交换和流通需求的一种形式，每一个市场所服务的区域面积一般表示了它的实际交易范围。在近代的长江上游，每个市场服务范围在40~100平方公里，也就是说以市场为中心，人们活动半径在3~5公里。不过由于市场的增多，人们的交易更为方便，缩短了赶场的路程。农民的活动半径也有所变化。如川西平原的新津嘉庆时有6个场，场均范围32平方公里，人们的平均活动半径约为3公里；到光绪时期市场增至19个，场均范围减小至16平方公里，人们的平均活动半径约为2公里，赶场缩短了1/3的路程。一些边缘经济区反映了同样的现象，如川北山区的江油县嘉庆时有21个场，场均面积92平方公里，平均活动半径为5公里；到光绪时期市场增加到31个，场均范围减小至63平方公里，平均活动半径为4公里，人们赶场可缩短1/5的路程。应该指出的是，赶场路程的缩短，绝不意味着人们活动范围的缩小，恰恰相反，由此人们有了更多的赶场机会，增加了赶场次数和赶场地区。②

由于商品经济发展程度和人口密度的不同，各地区的市场分布也有很大的不同。一般来讲，经济中心区和次经济中心区市场密度较边缘区要高。嘉庆时地处经济中心区的成都府场均范围为48平方公里，即平均活动半径为3.9公里；次经济中心区的眉州场均范围为39.5

---

① 王笛：《跨出封闭的世界——长江上游区域社会研究（1644~1911）》，第245页。
② 王笛：《跨出封闭的世界——长江上游区域社会研究（1644~1911）》，第246页。

平方公里，平均活动半径为 3.5 公里。而近边缘区潼川府场均范围为 78 平方公里，平均活动半径约为 5 公里。远边缘区的龙安府场均范围为 428 平方公里，平均活动半径达 11 公里多。① 当然也有例外的情况，如次经济中心区的绵州市场就不太密集。市场的密集是商品经济发展的必然结果，反映了人们赶场的频繁和市场商品流通规模的扩大，亦说明了农民日常生活对市场的依赖程度。

五　区域市场发展的局限

长江上游区域和地方市场在近代虽然有一定的发展，但从整个市场结构来看，是狭隘的，仍以地方小市场和城市市场为主，长距离贩运贸易受到极大限制。这主要是以下因素所致。

第一，集约化生产的程度低。农业集约化生产有利于商品经济的发展。虽然近代上游地区集约化的生产并不鲜见，但程度很低，农业生产缺乏区域间的分工，一些主要产品分布甚广，如水稻和小麦在成都平原、川东、川南等广大区域普遍而分散种植，甘蔗种植则分布于沱江流域、渠江流域、岷江流域、长江沿岸和叙南地区等，茶于盆地丘陵及四周高山均有种植，其余如棉、蚕丝、药材、麻等在全域皆广泛分布。由于各地自给性强，对外的依赖较少，各州县的输入输出品多以盐和粮食为大宗，其他则不过是小规模的调剂，而且尽量以邻近州县互补。如西充县"货则布、麻、油漆、蓝靛，恒恒皆备"；② 定远县"多务本力农，不习经商，或遇附近州县丰歉不一，仅有将米谷舟运保宁、重庆一带地方以通缓急"。③ 结果造成各州县产品结构

①　王笛：《跨出封闭的世界——长江上游区域社会研究（1644～1911）》，第 247 页。
②　光绪《西充县志·物产》。
③　同治《续修定远县志·风俗》。

相似，这种状况对专业化的商品生产和社会分工是不利的。

第二，商品生产的分散性，农业和手工业缺乏分离。上游地区自然经济虽受到侵害，但其结构并未受到沉重打击，农民的家庭手工业也没有被消灭。如武胜县直至民国时期仍是"市中所集，强半天然物品，其出于制造者概系工人一手一足之劳"。^①在广大农村，自给自足的自然经济相当稳固。这种稳固表现在农民、手工业者和小商贩三位一体的结合上。广大农民仍以农业为依托，把手工业和商业作为一种补充，结果是商品市场十分狭小，难以给国内大市场的建立创造充分条件。

第三，地理环境和交通条件的制约。地理环境的封闭是造成长江上游地区近代市场发展不充分的重要原因。这一地区受外界商品的冲击相对要小，经济独立性强，由于交通的困难，中间转运和转卖的次数比较多，增加了交易的风险，长途贩运成本甚高，往往无利可图。如自流井"交通不便，且河流甚小，岩堰甚多，出口入口之百物，非用担挑，即用驼力，米炭日用所需之品亦因道途艰险，价值加昂"。^②陆路交通不发达而以水运为主，水运又主要依靠小木船。在缺乏近代交通工具的情况下，近代商业的发展当然是困难重重。重庆海关税务司就指出："资本家要在四川省得到进一步的发展，就必须与外界联系，努力改善交通工具。"^③但直至民国时期，上游交通困难的状况没有根本改变。

由于以上诸种原因，近代长江上游区域市场得不到正常发展，未能根本冲破传统地方市场的界限，因此整个市场的规模狭小。所谓市场大小，实际就是商品流通量的多少。商品流通促进了资本的积累，

---

① 民国《新修武胜县志·食货》。
② 樵斧：《自流井》第 1 集，1916 年刊。
③ *Decennial Reports*, 1892–1901, *Chungking*.

贸易为资本产生提供了条件。商品化的程度往往是衡量一个地区市场发展程度的标准。近代上游地区与外界的经济联系虽有所加强，但并没有形成一个开放的市场体系。其商品流通主要还是反映在区域内各州县之间，区域外和国外在该处的商品流通是很有限的。据清末官方估计，成都平原"各府州县民间服用所需，仍土货多而洋货少"。①

由于自然经济的牢固性，农民仍被禁锢在土地之上，进行着自给性为主的生产。在长江上游广大农村，农民除了自己家庭所需外，剩余的再供给市场，这抵制了商品经济的发展，阻碍了小生产者的两极分化。自然经济的解体是近代工业出现的前提，上游地区自然经济解体不充分决定了资本主义发展的不充分，不少穷乡僻壤仍处于封闭状态。原本非常狭小的市场又有相当部分被洋货挤占，留给民族工业商品的市场就更微乎其微了。商品经济能不能发展，关键就在市场范围的扩大程度。而市场范围要扩大，首先即需打破市场的地域限制，使地方性的狭小市场变为全国性的广大市场。市场的狭小和不充分严重影响了上游地区商品经济的发展，尤其是在近代工业出现之后，这种阻碍性就表现得更为突出。而由此带来的必然结果是拖延了中国这一广大内陆地区的近代化进程。

本章最早版本曾发表于《近代史研究》（1991 年第 6 期，第 105～123 页）。

---

① 《四川教育官报》戊申第 1 册，"公牍"。

第三章

跨国研究：华人社区的冲突、控制与自治
——二战前美国城市中的中国传统社会组织

在第二次世界大战以前，中国移民已成为美国城市（特别是一些主要城市）少数民族的一个重要部分，他们保持着自己独有的文化、生活方式和社会组织。在 19 世纪末 20 世纪初，大部分中国移民集中在像旧金山和纽约这样的大城市的华人社区中。在这些华人社区的公共生活中，中国传统的社会组织扮演了一个主要角色。华人社区有四种基本的社会组织，即宗族、会馆、秘密社会和行会，这些社会组织通常可追溯到它们在中国的根基。在中国，它们是具有广泛社会影响的组织，反映了基本的社会需要。当中国移民在一个陌生、充满种族歧视和敌意的环境中，以及巨大的压力之下生活时，他们发现这些传统的社会组织是他们在这个新大陆上生存所必不可少的。因此，这些组织在美国华人社区中发展非常迅速，并成为帮助中国移民在一个新环境中生存和扩展个人和集体事业的重要基石。但是同时，这些组织也成为中国移民与主流社会隔离的重要因素。

一 华人社区中的社会组织

1840 年代，第一批中国移民到达旧金山，他们来美国的目的只

是希望挣到足够的钱以便回国安度余生。① 随后到达美国的新移民，大多是希望从水灾、饥荒和太平天国之乱中解脱出来的农民、手工工匠和难民，加州金矿的发现给他们带来一个极好的机会。这样，一个综合的推力把大量的华人带到美国。截至 1860 年，美国大约有 3.4 万华人，同年旧金山海关的记录表明又有 4.6 万中国人进入。② 在那时，加州人口的 38% 是在国外出生的，中国人占加州人口的大约9%。然而，由于他们大多是成年男子，因此华人大约占加州全部劳动力的 25%。③ 在 1880 年代的中国移民中，男性占了 95%，到 1890年，中国移民中的男性与女性之比为 27∶1。④ 这种性别比例严重失调的原因是，当中国人离开祖国时，一般倾向于带儿子而不是女儿同往。这除了妇女守家的传统外，还由于海外基本没有适合妇女的职业。另外，"从 1870 年代初开始，美国各级政府对中国妇女移民的竭力限制，成为更重要的因素"。⑤ 1882 年，美国通过了禁止中国劳工移民的法案。在 1840 年代到 1890 年代间，大约有 36 万华人移民到美。同期，27 万回到中国。⑥ 1880 年代中国移民的数量达到最高点，在 10.5 万到 10.7 万之间。之后，数量逐年下降，到 1940 年代，中国移民仅有大约 7.7 万人。⑦

① Gor Yun Leong, *Chinatown Inside Out*, New York: Barrows Mussey, 1936, p. 27.

② Stanford M. Lyman, *The Asian in North America*, Santa Barbara: American Bibliographical Center-Clio Press, 1970, p. 131.

③ Otis Gibson, *The Chinese in America*, New York: Arno Press, 1877, pp. 51 – 52.

④ S. W. Kung, *Chinese in American Life: Some Aspects of Their History*, *Status*, *Problems*, *and Contributions*, Seattle: University of Washington Press, 1962, p. 32.

⑤ Sucheng Chan, "The Exclusion of Chinese Women, 1870 – 1943," in Sucheng Chan ed., *Entry Denied: Exclusion and the Chinese Community in America*, *1882 – 1943*, Philadelphia: Temple University Press, 1991, p. 95.

⑥ Stanford M. Lyman, *Chinatown and Little Tokyo: Power*, *Conflict*, *and Community Among Chinese and Japanese Immigrants in America*, Millwood: Associated Faculty Press, Inc., 1986, p. 41.

⑦ Stanford M. Lyman, *The Asian in North America*, p. 132.

早在1850年代中国移民便建立了他们自己的组织。在美国城市的华人社区中，中国社会组织的类型大致有血缘集团、地缘集团、利益集团和经济集团四种类型，分别建立了宗族、会馆、秘密社会和行会组织。

（一）血缘集团——姓界

血缘集团即宗族，在美国华人社会也被称为"姓界"，通常以一个姓为基础，但有时也包括两个或更多的姓氏。当时，较为普遍的是小的姓氏集团联合为一个统一的较大组织，以便于与较大姓界进行更有效的竞争。例如在加州河谷城有八个堂存在，其中四个是单姓，其余是多姓的联合。[①] 同样，一个姓具有两个或三个宗族组织也不鲜见，例如在纽约华人社区，黄姓、李姓各有两个宗族集团，陈姓有三个。他们可能祖先不同或分别来自不同地区。在宗族内部一般都有较小的、称为"房"的分支，这是严格按照他们在中国村庄的划分而设立的，每个分支下辖十几二十人，这是中国移民中"最原始的组织形式，很像一种不很正规的互助组织，因此在成员中具有其他组织所没有的亲密的个人联系"。[②] 在纽约的陈姓有二十多个这样的房。一般来讲强的房控制弱的房，并成为姓界的首领。

有时几个宗族可能联合成一个超级组织，一般的情况是组织内的成员或他们的祖先是结拜兄弟，或有传统友情，或是远亲，或来自同

[①] Melford S. Weiss, *Valley City: A Chinese Community in America*, Cambridge: Schenkman Publishing Company, 1974, pp. 87 – 88. "河谷城"（Valley City）是作者臆造的一个城市名称。由于该书是根据社会学的调查写成的，因此作者宣称"为了保护他们的隐私，我改变了个人、组织和城市本身的名称"（见该书第3～4页）。将作者在书中提供的信息与 Sandy Lydon, *Chinese Gold: The Chinese in the Monterey Bay Region*（Capitola: Capitola Book Company, 1985）的描述相印证，我估计所谓"河谷城"即加利福尼亚的沃森维尔（Watsonville）。

[②] David Te-chao Cheng, *Acculturation of the Chinese in the United States: A Philadelphia Study*, Philadelphia: University of Pennsylvania, 1948, p. 120.

一地区。如在纽约由刘、关、张加上赵姓家族组成的兄弟会，便是因其所奉的先祖在三国时代有刎颈之交。① 在 1930 年代全美大约有 60个姓氏。叶氏在匹兹堡、梅氏在芝加哥等都建立了强大的宗族组织，令其他家族难以与之抗争。②

（二）地缘集团——邑界

地缘集团即会馆，一般由讲同一方言或来自中国同一地区的移民组成，在美国华人社会中又称"邑界"，在功能上与姓界有相同之处，但结构相异。那些来自不同地区的普通劳工、服务业工人、工匠以及商人都按照他们的方言以及在中国的村庄或县组织起来。最早的会馆是 1851 年在旧金山建立的新邑会馆。一战前绝大部分中国移民来自广州周围几百里以内的地区，但仍有不同的方言集团。主要的集团有三邑（包括南海、番禺和顺德）、四邑（包括新会、新宁、开平和恩平）和客家等。在纽约有两大会馆，一个代表了三邑等六个地区，一个则全来自台山。在一些小的华人社区中，全部移民来自同一地方，因此没有会馆。例如在河谷城的中国人都来自广东四邑，因而没有类似的基于语言或地域的组织与之竞争，不过宗族却发展起来。③

（三）利益集团——堂界

以谋取共同利益为基础的秘密社会组织在美国称"堂"，又称"堂界"，其最初目的是联合小宗族去对抗大宗族的盘剥和利益侵害，但后来却发展成为争夺唐人街权力和控制非法营生的暴力组织。许多堂先在美国西岸建立，随后便扩展到全国。协胜堂和致公堂在东、西

---

① Gor Yun Leong, *Chinatown Inside Out*, p. 59; David Te-chao Cheng, *Acculturation of the Chinese in the United States: A Philadelphia Study*, p. 121.

② Gor Yun Leong, *Chinatown Inside Out*, pp. 55–60.

③ Gor Yun Leong, *Chinatown Inside Out*, p. 60.

岸都有影响，俊英堂、秉公堂、萃胜堂和合胜堂以西部为势力范围，英安堂主要在加州和亚利桑那州活动，安良堂的分布则广及东部、中西部和南部。其成员的吸收是按利益关系而非血缘或地缘关系，"……无法给堂的成员以积极的定义，他们一般都是绝望的、没有财产的年轻人。他们生性好斗，伤害他人。最重要的是，除了他们自己有限的小圈子外，没有人知道他们的家庭背景和来自何地"。[1] 三合会是华人社区的主要秘密社会组织，其分支众多，如秉公堂、安良堂和协胜堂等，凡有一定规模的华人社区都有它的分会。在 20 世纪之交，旧金山的秘密社会的分会就达 50 多个。[2] 姓界和邑界是华人社区传统的合法组织，但在一些没有这些组织的地区，秘密社会成为唯一的社会组织。各阶层的中国移民加入堂主要是为得到经济保护，有时是为报私仇。每一个堂都有自己的势力范围，一般成员都在自己组织的势力范围内做生意以避免纠纷。但由于堂的势力范围往往不很清楚，在那些界限模糊的边缘地区经常会发生冲突。

（四）经济集团——行会

除了血缘、地缘和秘密社会组织外，各个行业还成立有自己的行业组织，如中国餐馆协会（The Chinese Restaurant Association）、华人洗衣房联盟（The Chinese Hand Laundry Alliance），还有联合华人社区各行业商人的中华商会（The Chinese Chamber of Commerce）等。中华商会作为一个经济和社会单位发挥作用，没有什么政治色彩。在辛亥革命和一战期间，中华海员会（The Seamen's Institute）在经济和政治两方面都比较活跃，但后来便趋于沉寂。[3] 在华人社区中，洗

---

[1] Pardee Lowe, *Father and Glorious Descendant*, Boston: Little, Brown and Company, 1943, p. 89.

[2] Stanford M. Lyman, *The Asian in North America*, p. 87.

[3] Gor Yun Leong, *Chinatown Inside Out*, pp. 83 – 84.

衣和餐馆是最大的行业。到 1873 年中国移民在整个河谷城洗衣房做工的有 300 多名，他们由洗衣房公会（Washermen's Guild）控制。①在 1930 年代，纽约大约有 3550 个中国洗衣房和 1000 多家中餐馆。②在这一时期，洗衣房联盟几乎遍布各主要城市，受到中国商人和洗衣房工人的支持。为了更好地组织起来，洗衣房工人组织在芝加哥、费城、华盛顿、纽黑文以及波士顿都建立了总部。一般来讲，这些行会组织的建立较宗族、会馆和堂要迟，基本上在 1910 年以后。它们并不像宗族、会馆和堂那样发挥长期的强烈影响，而且还经常依靠这三类组织。

宗族、会馆、堂和行会并不总是相互排斥的，一个中国移民可同时属于这四类组织。有时堂也可能控制会馆的领导权，也有可能一个大的宗族集团控制一个堂或一个会馆、一个行会。所以，这些组织的会员经常是相互重叠的。

二 华人社区组织的功能

不同的华人社区组织有不同的功能，但它们也有许多相似之处。在美国的宗族组织继承了其在中国的传统。它们依靠历史、血缘和经济的纽带联结在一起，参与对华人社区控制的竞争，同时它们也提供工作、住房、资助和咨询，垄断某些生意，形成社会控制。宗族组织为那些单身和未婚男子设立了栖身地，在那里他们可以吃、住和举行活动。它们还帮助失业者找工作、借贷、安排葬礼和帮助把客死异乡的宗族成员的骨灰送回中国。在像春节、清明、端午和中秋等中国主

---

① Melford S. Weiss, *Valley City: A Chinese Community in America*, p. 57.
② Gor Yun Leong, *Chinatown Inside Out*, p. 33.

要传统节日里，它们还组织传统的庆祝活动。从一定程度上讲，宗族集团往往决定新移民的投奔方向，如果一个宗族在某一城市建立了一个基地，通常其成员就会选择这个基地作为第一个逗留点。宗族组织还让其成员知道美国哪些地方存在可能的机会。这样，成员的许多亲戚便得以陆续到美。

这些宗族集团由那些能承担责任的精明能干的商人出面组织，并起着领导的作用。虽然这些宗族团体必须服从通常设在旧金山的全国性总会，但它们仍享有自治权。① 宗族集团还不断扩展其规模和财产，加强商业垄断，形成它们的势力范围。如李氏家族在费城、谭氏家族在纽约、雷氏家族在克利夫兰、翁氏家族在凤凰城都最为显赫。在一些华人社区有不止一个显赫家族，如方氏和叶氏控制了萨克拉门托（美国华人称"沙加缅度"），梅氏和陈氏家族则在芝加哥平分秋色。

会馆和行会也具有类似宗族组织的功能，其利益反映在劳工和生意两方面。如会馆保护那些来自同县或同村的人免受其他中国人的欺负，平息内部矛盾，提供食物和住房以帮助新来者，还控制唐人街的商店和餐馆。"通过控制特定行业，解决争端，保护成员的社会和经济利益，它们与宗族集团竞争以取得对唐人街生活的控制。"② 会馆在华人社区以外的分部，则帮助那些在春夏离开唐人街的季节性工人在罐头厂或农场等地方找到活儿干。像宗族组织一样，会馆也是由那些能提供工作、解决纠纷、在白人社会面前代表华人移民说话的精英所控制。行会的功能与宗族、会馆多有重复之处，但它着重在保护同行利益，这里不再赘述。

---

① W. E. Willmott, "Chinese Clan Associations," *Man*, No. 49, 1964, p. 34.

② Melford S. Weiss, *Valley City: A Chinese Community in America*, p. 37.

堂的功能很复杂，涉及政治、慈善和非法活动，经常为了自己的利益而与其他组织争斗。堂也显示了许多宗族和会馆的功能，但它们经常以暴力为手段去设法控制一些行业。[1] 堂还经营慈善活动帮助其成员，例如致公堂 1907 年在旧金山落成一座新楼，其中的一层便专门留给寡妇和孤儿使用。[2] 为了社会和经济的安全，大量宗族集团成员加入了堂的组织。堂给他们提供社会和经济活动，并拥有足够力量在华人社区与其他集团竞争。有时，小的堂会联合起来对抗强大的堂。一些堂也参加了积极的政治活动，特别是致公堂很少介入堂之间的纷争而与国内革命党多有联系。1904 年孙中山到美时便得到致公堂的支持，从而使他的活动非常成功。

三　组织间的冲突

华人社区是一个复杂的高度组织化的社会，各种基于血缘、地缘、利益和行业等因素的组织为了权力和经济利益而不断竞争，特别是宗族和堂的集团经常因内部纷争而使用威胁和暴力手段。它们并没有把矛头对准白人种族主义或其他反对华人的活动，相反，则集中力量于华人社区内的争夺。协胜堂就是其首领为了向使他生意破产的华人社区有权势的宗族复仇而设立的，而纽约叶氏堂的设立则是为与中华会馆抗衡。[3] 秘密结社间的所谓"堂战"（也称"堂斗"）也都局限在华人社区之内。

一些冲突是由移民在家乡就有的宿怨而引发的。在中国东南沿

---

[1] Rose Hum Lee, *The Chinese in the United States of America*, New York: Oxford University Press, 1960, p. 163.

[2] Stanford M. Lyman, *The Asian in North America*, p. 109.

[3] Eng-ying Gong and Bruce Grant, *Tong War*! New York: Nicholas L. Brown, 1930, pp. 30 – 31.

海，有权势的宗族为地方政治和经济控制权而争斗。在宗族之间，强的控制弱小的；在宗族之内，富裕家庭支配贫穷的。在宗族和村庄范围内外，械斗不时发生，有的持续数年。在中国移民内，那些旧的积怨尚未消除，新的仇恨又不断出现。冲突经常出现在日常社区生活中，如河谷城一位宗族成员回忆："L家族是最大的，经常举行盛宴。在新年期间，全部穷人都会到他们那里吃免费晚餐。有一次，我们家族邀请了许多穷人共进晚餐，有许多甚至不是我们家族的。L家族感到羞辱，他们很富却显得没有我们这样慷慨，我们使他们丢了面子，他们至今仍耿耿于怀。"[①] 华人社区的一些矛盾也是基于阶级冲突，这些冲突反映了贫穷移民对他们生存环境不满的本能的反抗，如纽约叶氏宗族与安益堂的冲突便属这个类型。叶氏宗族由许多富商组成，拥有巨产；形成鲜明对比的是，安益堂基本是由苦力和餐馆工人组成的。[②]

一些纷争演变成非常严重的集团冲突——"堂战"。堂战一般发生在堂之间，但有时也有宗族集团和会馆的卷入。大多数华人社区的堂战都是为控制贩卖鸦片、赌博、卖淫等非法活动而引发的。[③] 堂战的扩大非常迅速。无论堂战在哪里发生，无论发生在波士顿、芝加哥、巴尔的摩或是新奥尔良，几个小时之内便会演变成一个全国性的事件。交战的堂使用长途电话向其他城市的同党报警。无论在东部还是在中西部地区发生的堂战，都将在纽约结束，这成为一个规律。有时虽然主要交战地在纽约，但芝加哥和波士顿都会受到严重影响。[④] 其原因在于纽约的堂拥有东部和中部最大的权力和影响。

---

① Melford S. Weiss, *Valley City: A Chinese Community in America*, pp. 76–77.

② Eng-ying Gong and Bruce Grant, *Tong War!* pp. 194–202.

③ Eng-ying Gong and Bruce Grant, *Tong War!* pp. 50–54.

④ Gor Yun Leong, *Chinatown Inside Out*, p. 75.

堂的所作所为，给唐人街带来了恶名。到 20 世纪初，堂战日趋减少。从 1905 年到 1911 年，由于中国海外革命者和革命运动的影响，华人社区中越来越多的中国人开始关心国内的政治变化，地方主义开始衰落而民族主义上升。1913 年，相互争斗了五十多年的堂和商人首领为最后结束堂战而组织了"和平会"，[①] 其中包括各类组织的代表。当然，组织内和组织间的冲突并没有消失，但自此暴力事件明显减少。

在 1930 年代，堂逐渐发生了变化，它们的大多数职业打手不得不放下武器而去做生意，不少人还参与了支持中国抗日的爱国活动。他们开始关心中国的教育发展，寄钱回家乡开办学校。[②] 在这个时期美国排华活动也开始式微，对华人移民的禁令日渐放松，中国移民有了更多的机会在华人社区之外做生意。更重要的是华人社区本身状况的改变。这个时期，美国华人人口的组成特点正从外国出生、年老和单身男性为主向美国出生、年轻化以及性别比例平衡转变，这种变化影响到各类组织的基本结构。在过去，由于华人社区人口以单身男子为主，因而中国移民的生活并非以家庭为中心，而基本依靠传统组织以适应生存的需要。随着婚龄妇女的不断增加，越来越多的男人组成了小家庭，家庭生活对他们变得更重要。小生意的大量增加为华人家庭提供了更多的机会。这些都导致了移民对传统组织的依赖程度下降。虽然那些传统组织继续提供服务，但它们已很难对其成员的社会和经济生活进行控制了。在美国出生的下一代数量日益增加也给了传统组织以冲击，在 30 年代，堂日益失去威胁和控

---

① Stanford M. Lyman, *The Asian in North America*, pp. 103 – 104.

② Gor Yun Leong, *Chinatown Inside Out*, p. 82.

制第二代中国人的能力。① 年轻华裔开始向宗族控制的基础提出挑战，而且美国出生的华人对于地区间和宗族间的斗争也明显缺乏兴趣。

四　华人社区内的控制和自治

除了冲突之外，宗族、会馆、堂和行会之间存在着复杂的交往关系，如前面提到的它们的成员经常相互重叠，经常从事同一生意，因此它们经常合作以避免伤害自己和更有力地控制华人社会。在早期阶段，会馆禁止堂的成员参与地方事务，甚至借助城市警察的帮助来压制堂。然而到 1870 年代，堂已经成为有地位的组织；与此同时，会馆也开始参与一些非法活动。因此堂和会馆的界限有时已难以划分。

这些组织并不能总是通过竞争来达到它们对华人社区控制的目的，因此开始谋求合作。在这个过程中，中华会馆起了重要作用。中华会馆是一个超级社区组织，由宗族集团、会馆、堂和行会共建，② 其基本功能是为唐人街提供一个管理机构。然而，在整个 19 世纪的后几十年，中华会馆并没有成功地对中国人的非法活动进行限制，也未能阻止华人社区的堂战。

在华人社区，全部商店和餐馆必须每月付给中华会馆占地费，这个费用从 50 美分到 2 美元不等。此外，若由中华会馆出面解决纠纷，

---

① C. N. Reynolds, "The Chinese Tongs," *American Journal of Sociology*, No. 40, 1935, p. 622.

② Rose Hum Lee, *The Chinese in the United States of America*, p. 150; Gunther Barth, *Bitter Strength: A History of the Chinese in the United States, 1850 – 1870*, Cambridge: Harvard University Press, 1964, p. 90. 这个组织起初的功能是给穷人提供棺材，为病人提供物品，解决成员争端，承担建学校、修缮墓地和筹集款项等事务，以及控制中国人与白人世界的关系。之后它的功能有所发展。

还另外收费。在中华会馆管辖下的中国人离境回国时，都必须付 3 美元离境费。为收取这个费用，任何商店、组织、餐馆、洗衣房或个人为任何人购买火车票和轮船票都必须向中华会馆报告，否则当事者将会被罚款 10 美元。那些离开纽约回国而没有付离境费的将可能在任何口岸或火车站被截住而罚款 30 美元。[①] 那些准备回国的中国人在旧金山等候轮船时，像他们初次入境时一样都会住唐人街，这样在他们离开前也必须付费。[②] 中华会馆还保护商店、餐馆和其他生意，防止他人"入侵"。在生意开张或买卖洗衣房和餐馆前，买卖双方都必须报告中华会馆，以确定买卖日期和公之于众，否则，买卖将不被中华会馆所承认。同样，在未得到中华会馆同意前，任何华人不得开洗衣房和餐馆。任何违反这个规定者都将被罚 500 美元。这样，几乎全部中国商店和餐馆都在中华会馆的控制之下。那些想承租一个华人所有的店铺的人必须付一笔所谓的财产底金，因而许多人宁愿去租非华人的店铺。显然，这个制度妨碍了华人生意的自由流动。[③]

在不同的城市中华会馆可能有不同的名字，它们彼此是独立的。不过，旧金山的"华人六公司"（The Chinese Six Companies，又称"金山六大会馆"）自认为是全美各地华人的代表，是各地中华会馆的正式总部。[④] 华人六公司建于南北战争之前，由来自广州附近六个地区（肇庆、合和、阳和、冈州、三邑和人和）的移民组成。在那时的旧金山有许多大大小小的组织保护其成员的利益，但华人六公司

---

①   Gor Yun Leong, *Chinatown Inside Out*, pp. 38, 49.

②   L. Eve Armentrout Ma, "Chinatown Organizations and the Anti-Chinese Movement, 1882 – 1914," in Sucheng Chan ed., *Entry Denied: Exclusion and the Chinese Community in America, 1882 – 1943*, p. 165.

③   Gor Yun Leong, *Chinatown Inside Out*, pp. 38, 40.

④   Melford S. Weiss, *Valley City: A Chinese Community in America*, p. 91.

却承担着保护全体华人的使命。① 纽约的中华会馆建于 1884 年，以"中外公所"的名字向清政府注册。1890 年又以"纽约中华公所"名称向纽约州政府注册。② 虽然在英文名称中有"慈善"之义，但它并不是一个单纯的慈善组织，而是华人社区的管理机构。并非全体在纽约的中国人都有权投票选举公所职员，其职员仅从两个最大的组织中选择，只有那些属于这两个会馆的华商有权投票。公所每两年选举一次，总理、中文秘书、英文秘书和办事员这四个主要职位由这两个会馆的成员轮流担任。③ 在河谷城的中华会馆由若干宗族和堂组成，它资助各种有关华人社区的社会和政治活动，建立了文庙、华人墓地和中文学校，以当地整个华人社区发言人的姿态出现。④

中华会馆也是华人向美国官方交涉的最主要的渠道。在旧金山，华人六公司多年来是代表华人社区发言的主要组织。当旧金山城市官员试图征询华人社区意见时，他们通常都与华人六公司联系。华人六公司雇有帮助华人、华人生意和华人组织的律师。⑤ 特别是在排华风潮下，作为华人社区的保护人，华人六公司更为重要。如该组织努力争取对华人的平等待遇。1900 年，旧金山公共卫生部怀疑唐人街暴发鼠疫，令任何中国人离开这个地区前必须首先进行防疫处理，遭到中国人的反对。华人六公司雇了若干医生检查唐人街以后，并未发现

---

① Eng-ying Gong and Bruce Grant, *Tong War!* p. 26.

② 其英文名称时有变化，有时叫 The Chinese Charitable and Benevolent Association，有时叫 The Chinese Consolidated Benevolent Association。

③ Gor Yun Leong, *Chinatown Inside Out*, pp. 27 – 33.

④ Melford S. Weiss, *Valley City*: *A Chinese Community in America*, p. 91.

⑤ L. Eve Armentrout Ma, "Chinatown Organizations and the Anti-Chinese Movement, 1882 – 1914," in Sucheng Chan ed., *Entry Denied*: *Exclusion and the Chinese Community in America, 1882 – 1943*, p. 163.

任何鼠疫迹象，同时又雇了美国律师到地方法院打官司并取得了胜利。[①] 1905 年，反排华风潮在中美两国爆发，在中国的商人、学生、劳工和在美国的华人移民掀起抵制美货运动。华人六公司予以支持并为运动捐款，还建立了一个名为"反约会"的特别组织。[②] 虽然运动没有达到目的，但它显示了华人组织已开始由内部纷争转向对外争取华人的地位平等。之后中华会馆又为改变中国移民在一般美国人心中的形象而做出极大的努力。长期以来，唐人街对外界来说是一个神秘莫测的地方，报纸杂志也热衷于渲染那里的鸦片、赌博和娼妓，这在整体上严重歪曲了华人形象。中华会馆便经常代表华人社会出面，就侮辱华人事件向有关方面交涉，以正视听。

由于中华会馆的成员为各华人组织的代表，因此它在理论上能控制华人社区的全部活动。在各个堂之间和堂与其他组织之间，它还扮演着一个中立角色，掌握着一种准司法权。[③] 它能代表华人社区与白人社会打交道，在中国派驻美外交官之前，它又起着中国人与美国官方的中介的作用。这样，中国人基本依靠他们自己的组织和社区以生存和自我保护。结果，"在一个开放的社会中，美国的华人社区不像一个移民聚居点，倒像一个殖民属地"。唐人街的首领俨然一个城市官员，他们被美国城市政府所默认。[④] 那时，由于华人社区组织已变

① L. Eve. Armentrout, "Conflict and Contact Between the Chinese and Indigenous Communities in San Francisco, 1900 – 1911," in Chinese Historical Society of America ed., *The Life, Influence and the Role of Chinese in the United States, 1776 – 1960*, San Francisco: Chinese Historical Society of America, 1976, pp. 56 – 59.

② L. Eve. Armentrout, "Conflict and Contact Between the Chinese and Indigenous Communities in San Francisco, 1900 – 1911," in Chinese Historical Society of America, ed., *The Life, Influence and the Role of Chinese in the United States, 1776 – 1960*, pp. 63 – 66.

③ Rose Hum Lee, *The Chinese in the United States of America*, p. 148.

④ Stanford M. Lyman, *The Asian in North America*, p. 104.

得很强大，"美国法庭根本不管中国事务"。① 只要不发生严重暴力，城市警察也宁愿让华人去解决他们自己的纠纷。中华会馆成为在美国城市中享有高度自治权的管理机构，甚至成为非正式的司法机构以解决华人社区内的民事和刑事纠纷。②

五　华人组织在不成功的同化过程中的角色

在第二次世界大战以前，中国移民的同化③过程基本上是失败的。显然，19世纪末20世纪初美国特殊的社会环境影响了这个过程。那么在这个不成功的同化过程中，华人组织起了什么作用呢？

不像欧洲移民，中国移民被拒绝接纳为美国人并长期被排斥在美国的政治之外。在早期，"中国人被欢迎、被赞扬和被视为必不可少"。1852年，由于华人的勤奋，加州州长奈克道格尔（John NacDougall）赞誉他们是"我们新接纳的最有价值的人民之一"，并鼓励更多的华人到加州。④ 然而华人并不被允许成为美国公民。⑤ 华工以非凡的毅力和吃苦精神为美国第一条横贯铁路做出了巨大贡献，但具有讽刺意味的是，这条渗透着中国人血汗的铁路却给华人带来了悲惨的后果。来自欧洲的新移民乘坐廉价而快捷的火车潮水般地涌向加州，加州的劳工很快由短缺到过剩。而白人却指责华人抢了他们的

---

① Eng-ying Gong and Bruce Grant, *Tong War*! p. 25.

② 最好的例子便是河谷城对一次由强奸案而导致的宗族间一触即发的械斗的处理。见 Melford S. Weiss, *Valley City: A Chinese Community in America*, pp. 91 - 92。

③ 这里"同化"一词，英文为 assimilation 或 acculturation，表示中国移民在社会、文化和生活各个方面成为"美国人"的过程。

④ David Te-chao Cheng, *Acculturation of the Chinese in the United States: A Philadelphia Study*, pp. 217 - 218.

⑤ Stuart Creighton Miller, *The Unwelcome Immigrant: The American Image of the Chinese, 1785 - 1882*, Berkeley: University of California Press, 1969, pp. 191 - 204.

饭碗。接踵而来的是更严重的种族歧视，华人成为不受欢迎的人，"在各个不同的文化中，中国人的皮肤颜色是明显的标志"。[1] 1882年的华人排斥法案标志着美国对中国移民政策的重大改变。排斥法案还影响到公共舆论，对华人的敌视态度在人们的行动中越来越明显。在许多地方，狂怒的暴民大批驱逐华人，使他们的财产遭到重大损失。种族主义者对华人的袭击持续到19世纪末。《纽约时报》曾对此进行评论："虽然他们是有耐性、可依赖的劳工，但他们的特点使我们的永久居民深为不快。他们的宗教完全不像我们的……把他们作为家用仆人是很不错的，但要同他们讲平等是不可能的。"[2] 种族主义阻止了中国移民融入美国社会。同时，排华的暴民运动又由于禁止华工法案的推动而愈演愈烈。州和地方法令禁止雇佣华工，由此形成了对华人严重的职业歧视。美国劳工对华工也充满怨恨。这些都促使华人更依赖自己的组织。

虽然华人移民组织并非因排斥华人运动的冲击而建立，但毫无疑问这个运动强化了华人组织的存在和发展。由于华人从许多贸易和职业以及从一些居住地被排斥出来，他们除了蜗居在唐人街外，几乎别无选择，他们被迫采取孤立的态度。大量中国人挤在旧金山，一些人迁到了东部和中西部较大的城市。早期的唐人街都是屋价便宜的贫民区，但一般都位于交通要道，这样至少能便于中国人与亲朋联系。如纽约和旧金山的唐人街接近港口，波士顿、匹兹堡和圣路易斯的靠近火车站。[3] 那些社会组织能够给移民提供必要的生活条件，或帮助他们找到工作，或把他们纳入自己的生意中，这充分证明了它们帮助其

---

① Eng-ying Gong and Bruce Grant, *Tong War!* p. 219.

② *New York Times*, June 7, 1868.

③ Vincent N. Parrillo, *Strangers to These Shores: Race and Ethnic Relations in the United States*, New York: John Wiley & Sons, 1985, p. 247.

成员应付不利境况的能力。排斥华人也给秘密社会创造了取得华人社区权力的机会，因为只有它们有渠道把中国劳工偷渡入境。中国移民还意识到中国政府没有也无能力保护他们，因此唯一办法就是把命运交给自己的组织。他们深深感到"这个国家的一切都汇合一起反对他们，他们不得不随时随地予以准备"。① 这也使他们逐渐对外界采取了一种防备和自我孤立的态度。

我们可以在日本移民和中国移民之间做很有意义的比较。中国人和日本人在美国的生活方式代表了两种不同的模式。中国人建立和保持了自治，将国内的传统组织移植到华人社区；而日本人则成为美国社会中最能被同化的移民之一。② 为什么与中国人有着同样肤色和类似文化传统的日本人如此不同呢？除了日本人在二战前没有遭到像中国人那种程度的排斥外，组织的角色也是造成两者不同的一个十分重要的因素。早期的日本移民没有在美建立宗族集团，在日本社区也没有控制他们的组织，其原因正如利曼（Stanford M. Lyman）所解释的："日本的城市化和德川幕府实施的中央集权极大地摧毁了地方主义和传统组织。在移民时代，日本的宗族实际上已不复存在。……为数甚少的秘密结社与去美国的移民也几无关系。"③ 移民集团的文化和社会组织的确决定了同化的过程和速度，移民所面临的生活状况进一步决定了同化的途径。对中国人和日本人来说，职业和聚居模式各不相同。中国人被隔离在城市中，反常的环境把他们置于贫穷的境地，只好依靠自己的组织；而日本人没有类似的障碍，他们分别经营小规模农场，住在农村或大城市的边缘，并不受自己种族社区的控制，因此有很多的机会与白人社会接触。

---

① Eng-ying Gong and Bruce Grant, *Tong War*! p. 216.

② Pardee Lowe, *Father and Glorious Descendant*, p. 227.

③ Stanford M. Lyman, *The Asian in North America*, p. 229.

在移民社区中权力和冲突的模式也是影响移民同化的重要因素。在日本社区中，斗争的矛头总是对外的。日本移民为争取在美国社会的平等地位，其内部基本没有争夺社区权力的暴力冲突。[①] 与日本社区相反，华人社区的冲突主要是对内的，他们为取得对社区的控制而争斗得你死我活。这些冲突加剧了中国人的隔离。

六　融合还是同化？

来自不同民族和国家的移民逐渐同化进美国社会和文化之中是一种普遍现象，然而，当考察19世纪末到二战前这一时期的中国移民时，我们发现这种同化过程基本上失败了。社会学家认为同化不是一个简单的过程，而分为若干步骤和若干量度，其中最重要的是文化同化和结构同化，它们反映了少数民族被主流社会接纳的程度。文化同化包括行为模式、衣着、语言和日常生活的美国化。结构同化则指少数民族进入社会机构的程度，"一旦结构同化发生，同化的全部其他形式同时或者随后也将自然出现"。[②] 除了这两种重要的同化形式外，还有衡量同化的其他几种量度，如不同集团的相互通婚和认同（即少数民族把自己视为美国人的程度）、偏见的消除、不再被主要民族歧视以及民族间权利和价值冲突的消失等。然而，大量资料证明，各种同化步骤在二战前几乎未存在于中国移民中，他们基本生活在他们自己的社会和组织活动的范围内。

并非各个种族集团都寻求同化，也不是全部寻求同化的种族都能得到同化，在能得到同化的种族内，同化的过程和程度也有差异。因

---

① Stanford M. Lyman, *The Asian in North America*, p. 231.

② Milton Gordon, *Assimilation in American Life*, New York: Oxford University Press, 1964, p. 81.

此，对同化过程的分析，应强调不同地区中国移民的同化是不相同的；即使在同一地区，也并非全体华人同化的程度都一致，社会、文化生活的不同方面的同化程度也不是同步的。一般来讲，中国人接受美国的物质文化较精神文化更为迅速。但是观察华人在美国的同化过程，很难找到结构同化，即华人没有能大规模地从基本集团层次上进入美国社会中的党派、俱乐部或其他机构中。正如我前面提到过的同化理论，如果结构同化发生，同化的其他形式也将自然出现，但是在没有结构同化的情况下，华人移民中很少有混合通婚和其他身份认同。即使有极少数进入白人社会，但他们也很难被绝大多数中国移民所接受和理解。[①]

在美国社会中国移民的特殊处境成为阻碍他们同化的外部因素。在少数民族的同化中，处境的不同是很重要的。社会学家研究了少数民族面对主流民族的偏见和歧视的顺序反应：少数民族一般试图得到社会的容忍（多元化），然后被主流社会所吸收（同化），那些同化受到集团的阻碍（脱离），则寻求更极端的行为（好斗）。[②] 这个理论强调了社会环境影响了整个同化过程中主流民族和少数民族关系的演变，也为引起华人社区内的暴力行动的外部因素提供了一个合乎逻辑的解释。波德纳（John Bodnar）在其颇有影响的《移植：美国城市中的移民》一书中称："几乎没有城市社区仅由某一特定的集团居住，很少有社会集团选择住在某一特

---

① 例如，一位华裔毕业于哈佛商学院，在 1930 年代娶了一个美国姑娘，他回忆："当父亲得知我的婚姻后，据说是极度震惊。……他被我那完全不能理解的思想吓坏了。"见 Pardee Lowe, *Father and Glorious Descendant*, p. 227。

② Vincent N. Parrillo, *Strangers to These Shores: Race and Ethnic Relations in the United States*, p. 48.

定地区。"① 他的研究集中在欧洲移民，显然这个结论不适用于中国移民。唐人街华人社区的形成便清楚证明了的确存在"一个集团"选择"住在某一特定地区"。不过，这个选择是被迫的，是对恶劣外部环境的一种保护性反应。

华人社会组织的发展是由于社区生活的需要和外部的压力，这一发展作为一个内部因素也强烈影响到华人社区，并在阻碍中国移民的同化中扮演了一个重要角色。排华运动、组织的束缚和内部的争斗使中国移民与美国主流社会隔离了几十年，宗族的条规、方言的区别、利益的冲突等又破坏了中国移民的内部团结。华人在美国社会中行使着其他种族社区所没有的自治，从一般的城市公共管理中分离开来。华人社区的领袖把唐人街视为自己的领地，经常采取自我封闭的行动。在他们看来，即使不与白人社会和其他种族社区发生关系，也能在这个社会生存。在另一方面，尽管不少中国移民对华人社区的生活有诸多不满意，但大多数华人不愿意改变他们的生活方式。他们希望将正义握在自己组织的手中，而不相信白人法庭。他们把组织间的争斗视为个人间的事务，诚服于传统的谈判和协议规则。

我们可以看到，中国传统的社会组织在中国移民的生存和奋斗中扮演着复杂的角色。它们帮助了中国移民的生存，同时也阻碍了他们与外部主流社会的联系。这就导致处于相对封闭状态的中国移民的同化过程非常缓慢。本章着重考察了组织的角色和外部环境，实际上文化的隔阂也推动了孤立。中国移民被认为是"奇怪的人群"，他们的面容、语言和宗教都引起了别人的好奇和怀疑，对大多数美国人来说他们仍然是一个谜。他们不懂英语或懂很少的英语，语言障碍和不同

---

① John Bodnar, *The Transplanted: A History of Immigrants in Urban America*, Bloomington: Indiana University Press, 1985, p. 177.

习惯加剧了孤立。由于种族歧视和中西文化的差异，直至第二次世界大战中国人基本上仍处于美国主流社会之外。长期的反华人运动也使中国移民时刻意识到自己与外界的格格不入。不过我们也应该看到，虽然中国移民被隔离在华人社区中，但这种隔离并不是绝对的，他们仍然不可避免地会受到外界的影响。①

在二战期间，中美共处反法西斯同盟，两国关系进一步密切，加之美国国内移民政策以及美国社会环境的变化，中国移民的状况有了重大改善，这必然影响中国移民的同化过程。不过，对这个变化的讨论已不在本章的主题之内。

本章写于1994年前后，是作者在美国读博士期间修美国历史讨论课所写的一篇期末论文。原文是英文，中译文《华人社区的冲突、控制与自治——"二战"前美国城市中的中国传统社会组织》发表在《史学月刊》（2006年第11期，第93~101页）。

---

① 在1940年代有美国华裔学者考察了费城的中国人，他们注意到中国移民的一些变化。如在物质生活的各个方面都有了新的东西，但食物除外。在经济、社会和宗教方面，中国传统组织仍居主导地位，但传统教育已明显削弱。而语言和娱乐方面却是新旧参半。一些受到很好教育的第二代中国人开始进入白人的社会。见David Te-chao Cheng, *Acculturation of the Chinese in the United States: A Philadelphia Study*, p. 238。

第二编

中期研究：以日常生活为中心
（1990 ～ 2000 年代）

第四章

从下往上看：晚清街头文化、下层民众与地方政治

　　街头是城市下层民众从事诸如谋生、日常生活和娱乐等各种活动的重要舞台。在晚清，当改良运动深入地方社会之时，城市精英便不断对下层民众公共空间的使用进行限制，并以其正统的价值观对他们的公共行为施加影响。同时，改良者利用重新整合城市空间和引导社会舆论之机，竭力扩大其政治影响并最终把街头变为一个新的政治空间。在这个过程中，下层民众和社会改良者在街头的角色都得以重新定义。本章便将探索晚清时期地处长江上游地区的内陆城市成都的街头文化、下层民众及其与地方政治的关系。

　　本章所称的"下层民众"是指那些生活在城市中的一般贫民，包括苦力、小贩、民间艺人以及跑江湖者等三教九流，他们没有或很少受正式教育，经济和社会地位低下，缺乏独立的政治声音，但他们是街头最活跃的分子。而"社会改良者"则是指那些具有新思想、受西方影响的地方精英，他们有的握有改良实权，有的虽无实际官职但具社会声望。① 在 20 世纪初，下层民众、改良者和国家政权等各

---

① 本章有时也称他们为"改良者""城市改良精英""改良分子"。本章没有使用国内近代史学界常用的"改良派"，这是因为笔者认为参加 20 世纪初成都社会改良的地方精英与那些立宪运动的组织者在政治上尚有一段距离。当然在某些时期他们的分野并不十分明显。总之，一般来讲，"社会改良者"的概念较"改良派"更为宽泛。

方面的力量都交互影响。通过"新政"，清政府在加强国家机器的同时把它的权力伸展到地方社会。然而由改良者主持的许多新机构虽然是国家权力在地方的代表，但实际上更多地代表了地方的利益。虽然下层民众与改良者之间存在着文化、阶级和社会地位的鸿沟，但当地方利益受到外部力量特别是国家权力威胁的时候，他们仍有可能联合起来为共同利益而斗争。

一　街头与城市商业

成都是长江上游的文化、经济和政治中心，直到 19 世纪末它仍较少受到西方的冲击，正如美国女旅行家贝德（Isabella Bird）所看到的，"这个城市完全未受到欧洲的影响"。① 较之沿海、华北和华中的大城市像上海、北京和汉口，成都保留了更多的传统文化和生活方式。

传统成都的发展依靠的是商业，它的街道像其商店一样亦是重要的商业空间。19 世纪末法国旅行者马尼爱便描述成都街道"甚为宽阔，夹衢另筑两途，以便行人，如沪上之大马路然。各铺装饰华丽，有绸缎店、首饰铺、汇兑庄、瓷器及古董等铺，此真意外之大观"。② 此时地方产品仍主导着成都市场，商品几乎全是国货，而像钱庄、汇兑庄等商业组织亦无外人染指。市场上所售产品有的甚至就在街道两旁制造。一首竹枝词描绘了一条街的丝织情景："水东门里铁桥横，

---

① Isabella Bird, *The Yangtze Valley and Beyond: An Account of Journeys in China, Chiefly in the Province of Sze Chuan and Among the Man-sze of the Somo Territory* (First published by John Murray in 1899, London: Virago Press Limited, 1985), p. 350.

② 马尼爱：《马尼爱游成都记》，《渝报》第 9 期，1898 年。

红布街前机子鸣。日午天青风雨响，缫丝听似下滩声。"①

商人和小贩总是为了街头空间的利用而相互竞争。商店把它们的招牌、幌子和货摊等延伸到街上，成为其占据尽量大的公共空间的工具，以此宣示自己的领地。对多数小贩来讲，由于他们的活动少受限制，街头便成为其最好的市场。当夜幕降临，街头则被用作夜市，顾客摩肩接踵，一派繁荣景象。夜市对市民的夜生活有极大的影响。过去每当日落，全城商店熄灯关门，街头漆黑宁静，但在夜市的影响下，许多商店延长营业时间，从而使夜间的成都也充满了生机。

商业的发展不仅使街头和公共空间的利用得到了极大扩张，而且推动了商业文化的发展。根据贝德的描述，19世纪末成都"有着宽阔的、修砌完善的、成直角延伸的街道"，而它的商店"装饰之堂皇在中国并不多见，特别是在橱窗里摆着精美华丽银器的珠宝店和饰物闪亮的绸缎店"。② 商店都有祭台供奉财神，香烟缭绕，店主、店员和学徒早晚叩头，祈求财源茂盛。诸如商店的招牌、幌子、装饰、商品陈列以及顾主关系、财神崇拜甚至商业语言等都成为成都街头文化的重要组成部分。

二 街头与民众日常生活

街头人们的聚集往往具有深刻的经济、社会和文化的意义。街头是市民特别是下层阶级日常生活的一部分，因为对他们来说，街头的使用比其他公共空间要平等得多。街头可以是他们的生活资源，也可

---

① 杨燮：《锦城竹枝词百首》，林孔翼辑录《成都竹枝词》，四川人民出版社，1982，第49页。

② Isabella Bird, *The Yangtze Valley and Beyond: An Account of Journeys in China, Chiefly in the Province of Sze Chuan and Among the Man-sze of the Somo Territory*, pp. 349 – 350.

以是他们的活动场所。另外由于低劣的居住条件、工作的单调烦躁，下层民众便多在街头打发闲暇时光，踯躅街头和观看街景成为他们日常生活的一部分。

在成都，茶馆往往成为街头文化的一部分，其特殊的结构使它们常常与街巷融为一体。[①] 茶馆给顾客一个享受公共生活的环境以消磨闲暇时光，也给各类人物提供了活动场所。晚清成都有近五百个茶馆，分布在几乎每一条街道。[②] 人们通过茶馆与外界建立联系，传播奇闻逸事。三教九流会聚在这里，喝茶、卖货、说书、唱曲、拉客、洽谈生意、乞讨、贩毒……茶馆在商贸中的地位也十分突出，有相当部分的交易是在茶馆完成的，甚至各行交易亦有固定的茶馆。外地客商一到成都便径直到同行聚会的茶馆，买卖立时便可成交。因此茶馆中便活动着不少牵线搭桥的掮客。说评书者以高超的讲述艺术，吸引人们日复一日、月复一月甚至年复一年地到茶馆听书。他们把中国历史和传说中的故事绘声绘色、起伏跌宕地讲给听众，许多中国文学经典也随之广泛传播，并在不知不觉之中把中国传统的儒家道德价值观灌输给那些受过很少或根本没有受过教育的下层民众。另外，清末的一些社团，一无经费，二无地址，也只好以茶馆为联络和活动之地。作为日常生活空间，茶馆在城市社会生活中扮演了十分重要的角色。如果我们仔细观察就会发现，它是纷繁世界的一个缩影，缓慢地映出一幅幅社会的风情画。[③]

城市中的空旷地带诸如较场、庙前、桥头、河边等总是下层民众的聚集场所。成都有东、南、西、北四个大的较场，除了每年清军会

① 许多成都茶馆靠街一面无墙，早晨开门时卸下木板，桌椅便可延伸摆到街上。

② 傅崇矩编《成都通览》（下），巴蜀书社，1987，第253页。

③ Di Wang, "The Idle and the Busy: Teahouses and Public Life in Early Twentieth-Century Chengdu," *Journal of Urban History*, Vol. 26, No. 4, 2000.

操和武举考试，一年中多数时间是市民的游乐场所，一首竹枝词便描述了当时人们在东较场的活动："两会大操东较场，风筝放过又乘凉。茶瓜买向平芜坐，演武厅前话夕阳。"①

在成都街头还活跃着许多"敬惜字纸"的老人。中国儒家传统注重教育，把"知"视为神圣，因而延及对"字"的珍惜，从而在民间形成了"敬文惜字"的传统，把仓颉、孔子和文昌帝君作为崇拜的对象。成都不少街道建有焚烧"字纸"的石亭，称为"字库"，它们成为街头灌输读"圣贤书"意识和教化民众的非常具体的工具。民间还组织有"文昌会"，收养一些贫苦的老人，他们平日便沿街收集字纸，然后送到"字库"焚化。但人们未曾预料的是，这种长期延续的淳朴民风，与现代商业的发展产生了尖锐的矛盾。在晚清成都，沿街张贴商业广告已很普遍，这些收字纸者"不管新告白、旧告白，一见即扯，如遇仇敌，不使其告白字残语断，万不肯休"，以至于有人呼吁"此于商务大有影响"，应予禁止。②

街头也是贫困之家儿童们的游乐场。他们在街上玩各种游戏，街头的民间艺人、跑江湖者、杂耍和小贩等都对他们有极大的吸引力。花一文钱他们便可以看几出"西洋镜"，其中多是古今中外人物或战争场面以及山水风景，也有黄色下流的"春宫图"，后者被有识之士批评为"最坏风气"。春天，孩子们到东较场放风筝，出自地方工匠和他们自己之手的各式风筝争奇斗艳。③ 城墙上也是他们玩耍的好地方，但他们经常因扔墙砖误击行人而引起麻烦。改良人士认为父母必须密切注意他们在街头玩耍的小孩，以免沾染"街市恶习"。在19

---

① 杨燮：《锦城竹枝词百首》，林孔翼辑录《成都竹枝词》，第49页。

② A. Grainger, "Various Superstitious," *West China Missionary News*, No. 9, 1917；傅崇矩编《成都通览》（上），第393页。

③ 对此传教士有生动的描述，见 Brockman Brace ed., *Canadian School in West China*, Published for the Canadian School Alumni Association, pp. 225 – 227。

世纪末的成都关于洋人拐小孩的风言还十分流行，贝德便注意到，每当外国人进入一个穷巷，父母们便急忙把他们的孩子拉进屋里。这些小孩的衣背上都缝有一个绿底的红十字，据称由此便可得到保护。①这从一个侧面说明当时在成都这种内地城市中，仍然存在着很强烈的恐外和反洋情绪。

街头虽为社会各阶层所共享，但有两方面问题不可忽视：一是存在着阶级的地缘分布，如穷人多住在西城，而妓女多聚居于柿子园；二是街头的使用并非对每一个人都是平等的。例如独轮车（当地称鸡公车）一般从农村运货进城，住在街道两旁的"街民"便以损坏路面为由令推车的农夫付"过街钱"，不愿付者则只能将车抬过街。②这个事例反映了市民对农民的歧视以及他们对外来者的讹诈行为。

三　谋生街头

对许多下层民众而言，街头是他们谋生的重要资源。各种不同的人物以不同的手段来谋取必要的生存空间，有的依靠技艺，如手工工匠、算命先生和民间郎中；有的凭借气力，如轿夫和苦力；有的借诸贸易，如小商小贩；有的出卖肉体，如妓女；有的游说欺诈或游荡四方，如跑江湖者、游方僧和乞丐。

算命先生和跑江湖者是街头最具色彩的人物。算命先生或在街上摆摊，或走街串巷，其名目繁多，如拆字、相面和推算等。阴阳先生则用罗盘帮人相宅、修灶、安床以及开门动土。端公则有收鬼、打保符、观仙、画蛋和走阴等名目，人们描写他们是"装腔作势，满口

---

①　Isabella Bird, *The Yangtze Valley and Beyond: An Account of Journeys in China, Chiefly in the Province of Sze Chuan and Among the Man-sze of the Somo Territory*, p. 346.

②　傅崇矩编《成都通览》（上），第 306 页。

胡柴，火把熏天，金鼓震地"。在街头，人们常见一群妇孺围观一个端公作法：地上摆着一排点燃的蜡烛和一碗水，他一手挥舞着一束燃烧的纸，另一手举着魔杖，口中大声念着咒语。耍把戏、拳师和假药贩子也是依街头谋生的活跃分子，这些人多来自外地，挂一长招牌，上写可玩大把戏 36 套、小把戏 72 套，其中教变"子母钱"是最易引人上当的把戏。虽然这是一种骗术，但骗与被骗之人都在以某种方式实现各自的目的，显示了谋生的技巧和对金钱的追求以及社会生活中人与人之间的互动关系。①

市民们经常可以看到和尚、道士沿街化缘，其常用的手法是站在居民的门口预言有灾将临，若主人问其究竟，则请先捐钱米。早在清前期他们便被认为是社会不安定的因素，孔飞力关于乾隆时期叫魂事件的研究便清楚说明了当时政府和地方士绅对和尚、道士所持的警戒态度。② 社会改良者更是指责他们"疯言疯语，故作谜语，使人迷信，或入民家引人妇女，其弊不可胜言"。③

乞丐恐怕是最依赖街头的社会集团，他们或三三两两，或三五十结帮成群。每当周围农村有灾荒或饥馑发生，成都乞丐的数量便会陡然上升。英国地理学家兼外交官谢立山（Alexander Hosie）在 19 世纪末进入成都时，"成百的乞丐聚集在东郊，费了好大劲才从拥挤在桥上衣衫褴褛而肮脏的人群中打开一条进城的路"。④ 乞丐的生活非常凄惨，一首竹枝词说他们是"饥寒两逼困江滨，未死犹如已死身。

---

① William G. Sewell, *The Dragon's Backbone*：*Portraits of Chengdu People in the 1920s*, York：William Sessions Limited, 1986, p. 84；傅崇矩编《成都通览》（上），第 394、464~465 页。

② Philip Kuhn, *The Soulstealers*：*The Chinese Sorcery Scare of 1768*, Cambridge：Harvard University, 1990.

③ 傅崇矩编《成都通览》（上），第 556 页。

④ Alexander Hosie, *Three Years in Western China*, London：George Philip & Son, 1890, p. 85.

一个篾笆双束缚，可怜白日活埋人"。① 他们一般被禁止在城内居住，每天黎明时分城门开启后他们得以入城，或在垃圾中寻食，或沿街乞讨，或寻推车、扛物等力气活。在饿极时当然也抓抢食物。晚上则被迫出城，在庙檐、坟坝、江边或桥下过夜。②

那些以街头为生者皆为城市中的下层人，他们的存在反映了贫富之间、教育水平之间、居民与外来者之间的鸿沟。在这些人中，乞丐处于社会的最底层，他们甚至被其他下层平民所歧视。在 20 世纪初他们成为改良者进行社会改造的当然目标。

四　街头的节日庆典

节日是最具地方文化色彩的活动，各种庆祝仪式和表演都反映出一种社会关系，发展了各个不同社会集团间的交流模式，并可以建立一种地方稳定和秩序的象征。

在中国城市中有着各种自发组织承担本社区的各种活动。成都每条街都设有土地会，其会首由居民公选。在每年清明前后，土地会都要筹款请道士举行仪式，称"打清醮"。一些街道还会请木偶戏或皮影戏班子表演，并以祭土地为名邀街民聚餐。同时，土地会组织街民清淘水沟和水井。这项事务在社区生活中十分重要，每年若不及时清淘，当雨季来临，便会因水道不通而水漫街道，并殃及低洼处的居民住房。"掏井挖泥街上唤，清明酒醉树间呼"便是这种活动的生动写照。③ 清代这种由街道组织的活动反映了地方社会共同体的和谐关系

---

① 吴好山：《笨拙俚言》，林孔翼辑录《成都竹枝词》，第 77 页。

② 张集馨：《道咸宦海见闻录》，中华书局，1981，第 112 页。

③ 四川省文史馆：《成都城坊古迹考》，四川人民出版社，1987，第 455 页；杨燮：《锦城竹枝词百首》，林孔翼辑录《成都竹枝词》，第 46 页。

和自我控制能力。民国时期在地方政府摧毁这些传统的街区组织以后，这项事务便被忽视，每当大雨则许多街区成为泽国。

市民的城市生活经常与西方学者所称的"街头舞台"（street theatre）联系在一起。在成都，所谓"街头舞台"包含两方面意思：一是人们使用街道作为他们谋生、日常生活、娱乐等各种活动的"舞台"，用著名社会学家特纳（Victor Turner）的话说，是一出生动的"社会戏剧"（social drama）；[①] 二是街头被用作地方戏和其他娱乐活动表演的真正的舞台。街头被用作演出场地会产生意想不到的效果，缩短了观众与剧情、观众与演员之间的距离。在成都，每年阴历二月都"沿街演戏"，称为"春台戏"，人们站在街上或街道两旁观看表演，不仅得到了娱乐，也促进了社交。地方文人是这样描述的："戏演春台总喜欢，沿街妇女两旁观。蝶鬓鸦鬟楼檐下，便益优人高处看。"另外，各祠庙、会馆和行会一般分别在其特殊庆祝日之时，在门前的空地唱大戏，称为"坝坝戏"，号称"千余台戏一年看"。[②]

与过去对传统社会中妇女角色的一般理解不同的是，成都妇女在街头享有相当多的自由，她们参加几乎全部的街头节日活动。在晚清成都，男人毫无疑问仍是公共空间的主角，但从《成都通览》、竹枝词以及外国人的描写中，妇女在公共场所并不像我们所想象的那样受到严格的限制。19 世纪末贝德便在成都街上惊奇地看到"个头高高的、看起来很健康的大脚女人，穿着长摆衣服，头上插着玫瑰"，站在门外有男有女一同闲谈，"很像英国妇女享有的那种自由"。[③] 虽然

---

① Victor Turner ed., *Celebration: Studies in Festivity and Ritual*, Washington D. C.: Smithsonian Institution Press, 1982.

② 杨燮:《锦城竹枝词百首》、吴好山:《笨拙俚言》，林孔翼辑录《成都竹枝词》，第 46、70 页。

③ Isabella Bird, *The Yangtze Valley and Beyond: An Account of Journeys in China, Chiefly in the Province of Sze Chuan and Among the Man-sze of the Somo Territory*, p. 346.

她看到的很可能是较为粗犷的满族妇女，但其他资料却证明了贝德观察的普遍性。一首描写阴历正月十六成都人在城墙上下"游百病"的竹枝词说："厚脸今朝百病游，红男绿女烂盈眸。"虽然这透露出文人对这种行为的不满，但也生动描写了节日活动中男女在公共场合暗送秋波的大胆举动。当然，妇女公共行为视地位不同而异，有的坐轿上街时"轿帷深下"，有的则"不乘小轿爱街行，苏样梳装花翠明。一任旁观闲指点，金莲瘦小不胜情"。[①] 一种是在公共场合显得腼腆和保守，保持了更多的传统和正统的礼教规矩；一种则较少受到传统的束缚。一般来讲，前者多来自士绅之室，而后者多出于平民之家。有趣的是，在20世纪初的街头改良中，妇女遭到了更多的限制。[②] 因此在对妇女抛头露面问题上，社会改良者比民间传统显得更为保守。

节日和庆典是城市繁荣的重要体现，与地方经济和文化皆有密切联系。各类人物像小贩、民间艺人、工匠等都因此得益。地方节日给手工匠、杂耍艺人和戏曲班子以极好的机会展示其丰富多彩的技艺，反映出强烈的地方文化色彩。组织与参加节日和庆典不仅是追求娱乐，而且加强了城市市民间的社会纽带和身份认同。

五　街头改良

城市精英总是寻找一切机会去影响下层民众的价值观念和公共行为。他们不满城市空间的传统利用，因而试图通过改良街头文化来加强街头控制并重新建构公共空间和"教化"下层民众。除此之外，

---

① 冯家吉：《锦城竹枝词百咏》、杨燮：《锦城竹枝词百首》、定晋岩樵叟：《锦城竹枝词》，林孔翼辑《成都竹枝词》，第86、44、64页。

② 傅崇矩编《成都通览》（上），第549页。

这种改良的动力还来自以下两个方面：一是从 19 世纪末以来中国城市中便已经酝积了相当浓厚的改良情绪并奠定了一定的改良基础；二是 20 世纪初由清政府发动的"新政"，即全国范围内在经济、教育和政治等方面的改革。这给予社会改良者一个施展抱负和才干的极好机会。

在社会改良者的笔下，下层民众的公共行为颇受指责。从那些批评中，我们可以看到社会改良者是怎样看待下层民众和大众文化的。在《成都通览》编者傅崇矩的眼中，老人待在茶馆里散布风言，年轻人藏在柿子园后的城墙上偷看妓女，妇女则沉湎于算命。有些批评则明显带有偏见，诸如"相貌最丑，偏好装饰"和"街上夜行，口中好唱戏"等。特别是妇女在傅崇矩的眼中都是消极的，他估计成都妇女好看戏者十分之九，好玩麻将者十分之八，好游庙者十分之七。他描写的贫家妇女打街骂巷，"因其以左右手指骂，而以左右手掌弯拍腰胁上，若茶壶有柄也"，因而"俗称茶壶式"，这便是他所收集的成都妇女在街头的"穷形尽相"之一。①其实我们应该理解，成都下层妇女的这种公共行为可能是她们为生存而挣扎的一种原始的反应，她们与邻里或是与其家庭成员争吵，可能是为鸡毛蒜皮或一点蝇头小利，但这毕竟与她们窘迫和贫苦的生活条件有关，这也是她们争取生存空间的一种手段。改良精英试图通过社会教育和"启蒙"活动来改变下层民众的这种公共行为。

对于改良者来讲，街头代表一个城市的形象，因此他们竭力推动改造街头面貌，特别是卫生状况。马尼爱游成都时便记述道，如果"误入不通之巷，时须跨过垃圾之堆。……沿途臭气扑人，饱尝滋

---

① 傅崇矩编《成都通览》（上），第 112～113、273 页。

味"。具体措施包括诸如牛马车夫和清道夫必须随时清扫街上的牲畜粪便、把散发臭气的硝皮作坊移到城外等。警察也制定了卫生规则，包括街头无垃圾、改善各街厕所以及彻底修理排水沟等。[①]

在20世纪初成都建立了新的城市防火系统，包括一个上千人的救火队，负责灌满各街防火用的1100个"太平石缸"，并定期换水，还要调查全城的水井和挂上有"井"字的木牌以便火灾时取水灭火。救火队经常举行公开的演习，并逐渐变成了定期的公开表演。其中规模最大的一次是在东较场举行的有1400人参加的消防演习，观众达万人以上。另外在城内四方还修建了四个瞭望塔，一旦火警发生，瞭望台便鸣钟示警。[②]

同时，社会改良者还竭力推动新的大众娱乐。成都第一个公园在此时建立，称"少城公园"，对外售票开放。公园原址曾是八旗兵的射箭场、马厩和仓房，后因八旗兵的生计日绌，逐渐开辟为稻田和菜地，20世纪初那里修建亭台楼阁、商店和戏园，并植以花草，初具公园的规模。很快这里成为市民闲暇游玩和社交的时髦场所。改良者认为庙会也可成为推动文化和经济发展的极好工具，因而将每年春在青羊宫举行的传统花会改为劝业会，征集了全川各地的各种物品展销，还提供游乐设施，[③] 从而把商业和娱乐结合起来。那里一时旗帜飞扬、牌匾纵横，热闹非凡，成为每年春天市民必到之所。他们在那个新开辟的公共空间里不但能购买所需的物品和享受娱乐，还开阔了眼界，交流了信息，加强了社会交往。

怎样解决贫穷问题总是城市改良的重要议题。改良者为清理街上

---

① 马尼爱：《马尼爱游成都记》，《渝报》第9期，1898年；傅崇矩编《成都通览》（上），第199~200、562~563页。

② 《成都日报》1909年8月11日；傅崇矩编《成都通览》（上），第58页。

③ 《四川官报》第3册，1906年；《四川成都第一次商业劝工会调查表》，1906年成都印。

的乞丐做出了极大的努力。1903 年至 1906 年，一些解决街头贫困的机构陆续设立，先是在劝工局设厂专收纳穷民、游民，宗旨在"教工以教民"，迫使那些"游手好闲"的人进厂工作。又建"幼孩教工厂"，可容千人。凡无依靠之幼孩能言语步行者，即由厂随时收养，满 14 岁便令出厂自谋生计。后又相继建有"乞丐工厂"、"苦力病院"和"老弱废疾院"等，街头上的乞丐、失掉谋生能力的苦力、轿夫等都被收容，有鸦片瘾者则令戒绝。[1]

不过也不应忽视下层民众和社会改良者之间存在的文化和阶级的鸿沟。社会改良者试图去改造下层民众，但并未尽力去理解下层民众及其文化，而经常带有文化歧视和阶级偏见。例如在傅崇矩的眼中，演员都是"俗不可耐"和"故作丑态"。他提出禁止妓女穿有可能与学生相混的衣服，禁止"下等社会"穿皮靴，还把全部大众宗教和许多民间节日都视为"迷信"而加以反对。他支持把地方祠庙的财产没收用于开办学校，并主张政府征收"僧道税"。傅崇矩代表的是改良者共同的社会倾向，谘议局便也把《封神榜》《西游记》等都归入"荒诞""迷信"之书而予以禁止。[2] 正如杜赞奇（Prasenjit Duara）所指出的："国家和精英改革者都把大众宗教和大众文化视为进入理性社会的主要障碍。"[3] 这些都告诉我们，在 20 世纪初已存在着非常强烈的反大众文化的倾向。

---

[1] 《四川学报》第 5 册，1905 年；《四川官报》第 15、28 册，1906 年；《锡良遗稿·奏稿》第 1 册，第 646、648 页。

[2] 《四川谘议局第一次议事录》，成都印书有限公司，1910；傅崇矩：《成都通览》（上），第 190~200、549~553 页；

[3] Prasenjit Duara, "Knowledge and Power in the Discourse of Modernity: The Campaigns Against Popular Religion in Early Twentieth-Century China," *The Journal of Asian Studies*, Vol. 50, No. 1, 1991, p. 75.

六　街头控制

1902 年警察制度在成都设立标志着街头控制的开始。[1] 警察的职责是"管束坏人，禁革坏事"。市民都得"各遵禁令"，若有人"在街面上横行霸道"，将会被警察控制和处罚。[2] 警察还巡逻街头，据《省垣警区章程》，巡查的重点是"人烟稠密"或"荒僻无人"地区以及茶馆、酒肆、妓院、会馆、学堂、教堂等。对那些"凶恶无赖""酗酒滥嫖""形迹可疑""结盟拜会"的人都将严查。[3] 据传教士描述，在街头警察挥舞着竹片，很有威慑力，那些桀骜不驯的街头流痞大有收敛。小偷虽视街头为他们的财源，此时也难施其伎，正如一首竹枝词所说："警察巡丁日站岗，清晨独立到斜阳。夜深休往槐安去，致使鸡鸣狗盗藏。"[4] 一般民众的街头活动也开始受到限制：小贩、评书先生要在公共场所摆摊，必须事先报告警察，货摊不得摆在十字路口、不得伸出屋檐等。警察还开始实施交通控制，全部牛马车和轿子都必须遵从警察指挥，并禁止从闹市穿过。[5]

赌博和卖淫嫖娼被视为两大社会问题，警察开始采取具体措施进行控制。那时，成都各种各样的赌博如斗蟋蟀、斗鸟、打纸牌麻将、

---

[1] 关于成都警察的活动参见王笛《跨出封闭的世界——长江上游区域社会研究（1644~1911）》，第 8 章；《晚清警政与社会改造》，中华书局编辑部编《辛亥革命与近代中国——纪念辛亥革命八十周年国际学术讨论会文集》（上），中华书局，1994。另见 Kristin Stapleton, Police Reform in a Late-Imperial Chinese City: Chengdu, 1902–1911, Ph. D. dissertation, Harvard University。

[2] 锡良：《申明警政白话告示》，1905 年成都印。

[3] 《省垣警区章程》，印制年不详，估计在 1902~1906 年。该章程在国内尚未见到过，原件藏斯坦福大学胡佛东亚图书馆。

[4] 冯家吉：《锦城竹枝词百咏》，林孔翼辑录《成都竹枝词》，第 90 页。。

[5] 《四川通省警察章程》，1903 年，中国第一历史档案馆藏巡警部档案，第 179 卷，1501 号。

掷金等在街头随处可见。有的人"嗜赌成癖",搞得倾家荡产,弄到"冬暖而妻号寒,年丰而儿啼饥"的悲惨境地。也有人铤而走险,造成社会不安。社会改良者竭力主张把大赌棍送进监狱,警察也明令禁赌并随时查拿。① 较之赌棍,妓女的命运稍佳,她们的活动受到限制但并未被完全禁止。她们的户籍与一般居民分开,称为"监视户",她们聚居的柿子园被改名为"新化街"。又制定所谓"花捐",对娼妓收税,建立了"济良所"以帮助妓女从良。根据《监视户规则》,学生"应守礼法",兵丁"应守营规",青年子弟"应爱身体",都不得嫖妓。若有妓女收留以上人等,将受到惩罚。目前并无资料说明为何警察对赌博和卖淫嫖娼采取不同的政策,对前者非常严厉,对后者相对宽容。有人说是为了收税,当时有首讥讽这种妓女政策的竹枝词倒说明这种说法并非空穴来风:"兴化名街妓改良,锦衾角枕口脂香。公家保护因抽税,龟鸨居然作店商。"②

通过街头控制,新城市精英希望创造一个具有新面貌的公共空间并使下层民众有令人满意的公共行为。但他们仅达到了部分目的,在20世纪初,成都的确建立了新的公共秩序,街头比前此更清洁安全。根据传教士裴焕章(J. Vale)的报告,成都市民"对这种改良很满意,赞誉有加"。③ 然而对此种赞誉必须具体分析。裴焕章作为一个从西方来的传教士,当然积极看待任何西化的改革。其实,任何改革都会得到不同的反应,下层民众总是有选择地接受改革措施,是支持还是反对取决于他们的自身利益是否受损。交通管制受到行人的欢迎,但不为牛马车夫、轿夫乃至小商贩所青睐;限制或禁止赌棍、妓

---

① 傅崇矩编《成都通览》(上),第200、302页。

② 傅崇矩编《成都通览》(上),第193页;冯家吉:《锦城竹枝词百咏》,林孔翼辑录《成都竹枝词》,第91页。原书为"兴化名街妓改良",可能系林孔翼转录时误,改为"新化名街妓改良"。

③ J. Vale, "Sz-Chuan Police Force," *West China Missionary News*, No. 6, 1904.

女、乞丐的街头活动得到一般市民的认可，但同时也不可避免地引起那些受到禁止的人的愤恨。正如在晚清成都有亲身经历的郭沫若所分析的，"在漫无组织的社会中，突然生出了这样的监视机关，而在创立的当时又采取了极端的严刑峻法主义，这在一般的穷人不消说是眼中钉，而就是大中小的有产者都因为未曾习惯，也感觉不便"。① 特别是对那些以街头为生的贫民，街头规章和街头控制便同时意味着谋生的困难，他们当然会竭力争取他们在街头的生存空间。

七　创造新的地方政治空间

街头的改良与控制不可避免地会引起社会冲突，这使城市改良精英考虑到社会秩序的问题，并希望把公共空间牢牢掌握在自己手中。此外他们也深深知道，街头是他们达到自己政治目的的极好舞台。就这样，街头很可能被纳入政治轨道，街头文化也可能被转化为街头政治。

虽然街头卫生、贫穷、赌博、妓女等是城市的普遍问题，但改良者认为这涉及城市"文明"这个更为严峻的问题。傅崇矩在《成都通览》的自叙中便承认他编该书的目的就是"讽世励俗"，并弥补官方难以顾及的社会改造的不足。他希望官、绅、商、学乃至妇孺社会各阶层的人都能从该书得到启发，以"普及进化"。社会改良者相信国家要富强必须先开民智，将一切"惑世诬民"和"神仙怪诞之谈"清除净尽，从而使民众知道天下事取决于人，"不可求之鬼神"，而专注于农工商等"有益于人之事"。② 1910 年，省谘议局通过建立"通俗教育社"的议案，其目的是运用大众教育以制止"邪说"散

---

① 郭沫若：《沫若自传》第 1 卷《少年时代》，香港三联书店，1978，第 187 页。
② 傅崇矩编《成都通览》（上），第 4、547 页。

布，包括改良评书、地方戏和宣讲活动，并计划收集和改编传统的戏剧和故事，选择外文图书翻译成中文和翻译古文为白话。他们相信这些措施可以开通民智，使"庸夫俗子"不会阻挠新政和危及社会治安。傅崇矩建立了一个"阅读公社"，提供省内外一百多种报纸杂志，而开智书局则首创了当地的中外图书借阅服务。1911年川省学务公所决定在成都贡院旧址开办图书馆，以"扶助社会文明，养成一般优良美好之风尚"。①

由于改良精英试图影响下层民众的思想，因此十分关心其从大众娱乐中所吸取的东西。地方戏是大众娱乐和大众教育最重要的工具，但改良分子总担心它们会对民众有消极影响。他们认为"欲知下等社会为何等样人，试先问演者为何等样戏"。1903年警察便开始实行剧本检查，对其认为有悖"公共道德"的内容进行删改。1905年，成都教育研究所制定了修改旧戏、编写"激忠爱之思，启国家之念"和"不背世界之倾向"的新戏的具体措施。不久，成都相继建立新式剧场"可园"和"悦来茶园"。成都总商会建立了"戏曲改良会"，排演新戏，以"感化愚顽"。②

通过改良街头文化，城市精英较前此任何时候都更直接卷入了大众文化。当他们向下层民众启蒙之时，当他们大谈"文明"、"进化"、"忠爱"、"国家"以及"世界"等概念之时，实际上已把街头文化引入了街头政治，并奠定了下层民众变为政治运动积极参加者的基础，这在1911年的保路运动中得到了充分体现。成都下层民众向来保守并远离政治，很难被发动起来参加对抗政府的活动。但当大众宗教和街头文化被精英用作唤起民众的工具之时，情况便发生了实质

---

① 《四川谘议局第一次议事录》；傅崇矩编《成都通览》（上），第340、358页；《四川教育官报》第28册，1911年。

② 《四川学报》第1册，1906年；傅崇矩编《成都通览》（上），第277页。

性的变化。改良者分发了成千上万个光绪的牌位，并在几天之内被全城住户和商铺供奉。交通也被截断，民众在精英的支持下占据了街头，他们以在街头修建光绪皇帝牌坊来表达政治上的反抗。人们络绎不绝地在街上烧香叩头，整个城市闹得沸沸扬扬。各家门上都贴上了"庶政公诸舆论，铁路准归商办"的对联，这两句话的力量不仅在于它们出自光绪帝的上谕，还在于人们已经把其作为自己政治声音的有力表达。[①] 显然，这早已超出了简单的宗教仪式，而是以公共空间为舞台、以深厚的街头文化为背景、以大众宗教为工具、以政治反抗为目的演出的一出悲壮的"街头戏剧"。民间传统、街头文化和地方政治就这样有逻辑地联系在一起。

此时此刻，精英也尽量利用街头来为他们的政治目的服务，他们在公共场所张贴和散发大量传单以唤起大众。街头表演过去仅是下层民众的活动，但是在保路运动中精英也在街头扮演了一个角色。他们以向总督衙门请愿而领导民众进行了一次公开的示威。市民们从未见过这样的场面：由警察开道，穿长衫的地方士绅名流在前，穿短衣的下层市民在后，浩浩荡荡地在街头行进。精英和下层民众第一次参加了同一社会组织——四川保路同志会。这个组织按街道、职业、社会集团等建立了许多分会。[②] 此时阶级的鸿沟得到暂时的弥合。

不过，虽然在保路运动中爱国爱乡的精神纽带把城市精英和下层民众联结在一起，但实际上他们之间有不同的利益。对精英来说，他们利用民众的力量来反对国家的铁路政策，只想政府收回成命，而并不想把

---

① G. A. Combe, "Events in Chengdu: 1911," *West China Missionary News*, No. 5, 1924, p. 8；郭沫若：《沫若自传》第 1 卷《少年时代》，第 228 ~ 232 页；李劼人：《大波》，《李劼人选集》第 2 卷上册，四川人民出版社，1980，第 416 ~ 419 页。

② 郭沫若：《沫若自传》第 1 卷《少年时代》，第 259 页；李劼人：《大波》，《李劼人选集》第 2 卷上册，第 41 ~ 42 页；《四川保路同志会报告》第 32、10、24、35 号，1911 年成都印。

经营多年的社会秩序毁于一旦；对下层民众来讲，这是一个摆脱约束和争取更好生存空间的机会。貌合神离使他们的合作不可能维持长久。

八　从改良到革命

20 世纪初是中国城市过渡的重要时期，也是传统和现代因素同时与大众文化和精英文化混合交织的历史阶段。城市管理也发生了重大变化。以前成都并无市政机构，而是由社会共同体组织起来的自治社会，但在 20 世纪初警察作为专门社会控制机构而出现，开始把成都转变成一个行政管理下的城市。不过，在这个转变过程中，社会改良者并未试图摧毁现存的街头文化，而是对其进行改造。因此传统的街头文化并未被一种新文化所取代，下层民众的街头生活虽在新的社会秩序之下，但传统方式也基本得以保存。街头文化也吸取了一些新因素，如公共戏院、公园、博览会等，提供了大众文化与精英文化关系的一种新的模式，同时也说明传统的街头文化可以容纳精英文化和现代文化的新内容。

应当看到，社会改良者在创造新的城市形象和引导公众舆论方面的确有很大的成功。当他们在谈论"开民智"时，始终强调的是一种对下层民众很有影响的爱国精神，这种精神最具体的表述就是爱自己的家乡——这个城市。这实际上为下层民众能参加他们所领导的政治运动奠定了基础。这也证实了西方自马克斯·韦伯以来一直否认，而罗威廉在关于汉口的研究中所揭示的，在中国城市中"的确存在着作为'市民'认同的强烈意识"。[①] 傅崇矩在《成都通览》的自叙

---

① William T. Rowe, *Hankow: Conflict and Community in a Chinese City, 1796 - 1895*, Stanford: Stanford University Press, 1989, p. 16.

中把这种意识表现得淋漓尽致:"予以籍于成都而说成都,较切于客于成都而说成都也。予以家于成都而说成都,较实于游于成都而说成都也。予以耳目所及者而说成都,较真于传闻所记者而说成都也。予以事物实录而说成都,不以考据古典而说成都也。……如以文字擅胜扬,以颂扬献媚骨,则世不乏人,予又何说之有?"① 该书的内容更清楚地表达了他作为一个成都人的责任感和批判性的思维。社会改良者显然希望成都以一个进步的面貌被呈现给外部世界,这种爱国的动机是他们能建立对下层民众领导权的重要原因。

20 世纪初,社会改良者运用各种策略,并充分利用城市公共空间来达到他们的政治目的。如果说他们与官方联手进行街头改良和街头控制,那么他们也与下层民众合作发动和领导了保路运动。他们先以国家权力来推行社会改良,而后又以民众力量来反对政府。虽然改良者与下层民众间存在着阶级与文化的鸿沟,但他们在政治活动中仍力图得到民众的支持。我们可以认为,当 20 世纪初革命者目的明确地发动一场政治革命之时,改良者却无意识地开始了一场社会革命。如果说前者在相当大一部分海内外精英中建立了他们的领导权,那么后者除了在公共领域的活动中卓有成效以外,② 对下层民众也产生了不可忽视的影响。

不过,下层民众在街头并不总是被改造、被控制的消极角色。他们一旦被启蒙、被发动、被引导进入政治舞台,他们就不是那么容易被控制了。当由保路而引起的大规模的民众运动兴起以后,精英们已难以把其限制在所划定的范围之内。显然,运动后期已经完全超出了改良精英的控制能力,以致酿成了一场他们没有预见到的声势浩大

---

① 傅崇矩编《成都通览》(上),第 3 页。
② 参见王笛《晚清长江上游地区公共领域的发展》,《历史研究》1996 年第 1 期。

的、武装的民众运动。在清廷覆没之后，许多改良者才逐渐意识到他们是怎样无意识地帮助革命者造成了一场他们原本反对的政治和暴力革命。

本章翻译自"Street Culture: Public Space and Urban Commoners in Late-Qing Chengdu"，原文发表在《近代中国》（*Modern China*，Vol. 24，No. 1，1998，pp. 34 – 72）。中译文发表在朱诚如、王天有主编《明清论丛》（第 2 辑，紫禁城出版社，2001，第 386 ~ 396 页）。

第五章

下层群体的考察："茶博士"
——抗战时期成都茶馆的工人、职场文化与性别冲突

1942 年的中国大地，当士兵们在前线浴血奋战时，在相对封闭的长江上游"大后方"，成都人民仍然继续着他们以往的生活，常常光顾他们最喜欢去的茶馆，这已经是他们日常生活中不可或缺的一部分。在一个秋天的晚上，冯玉祥将军和几位重要下属到成都锦春茶楼喝茶，去看那位声名远扬的周麻子：

> 一会儿，麻子堂倌右手提着亮晶晶的紫铜茶壶，左手卡着一二十个黄铜茶船和白瓷茶碗，宛如盛开的海棠，向台子跟前走来。未拢茶桌，他左手一扬，"哗"的一声，十几个茶船脱手撒出，"咯咯咯……"，几旋几转，一位坐客面前旋转一个，不多也不少，茶船未停稳，"咔咔咔……"，一个茶船上已放好一个茶碗。顾客要的茶，品种不同，放在面前的茶碗，颜色花鸟也不相同，决不会你要"龙井"给你上的是"雨前"。你眼睛还未眨两下，十几个茶碗已经摆好，动作之神速、干净、利落，无不引起坐客啧啧叫绝。大家又聚精会神看他掺水。只见这位麻子哥，站在一米之外，提起茶壶，手臂挽住壶梁，手杆打得笔直，"刷、刷、刷……"，十几碗茶碗掺得垒起尖尖，桌子上、茶船

里滴水不洒。接着他抢前一步，用幺拇指把茶盖子一挑，刚才还站在每个茶碗旁边的盖子，"嗑嗑嗑……"，一个个归位，跳起来把茶碗盖得严严实实，依然一滴茶水也未溅出。这哪里是在掺茶，简直是变魔术。冯玉祥禁不住叫道："绝啊，真绝！你就是报上说的锦春楼'三子三绝'的周麻子吧？我是慕名而来，专看三绝的，不错，你算一绝。"①

在成都的茶馆里，有许许多多像周麻子这样的茶馆工人，被称为"茶博士"。尽管他们有许多不同的称呼，如堂倌、茶房、幺师、提正堂、提壶工人等，但"茶博士"却成为他们最经常使用的"雅名"。② 虽然"茶博士"这个词带有些许谐谑的味道，但是反映了他们高超的服务技巧、对茶独到的认知以及丰富的社会经验。正如这个"头衔"所代表的那样，这些茶馆工人创造、传承、发扬并丰富了成都的茶馆文化。

茶博士分散在成都大大小小的茶馆里，在这个以有最繁荣的茶馆

---

① 李思桢、马廷森：《锦春楼"三绝"——贾瞎子、周麻子、司胖子》，成都市群众艺术馆编《成都掌故》第 1 辑，成都出版社，1996，第 380～381 页。此外，在陈茂昭的回忆中也有类似的描述，但称该人是"李麻子"，还说他不仅掺茶技术好，而且"服务周到，最突出的是，不管客人再多，收茶钱时，从不当即找补，而最后结帐，竟不差分毫，其记忆力之强，令人叹服，故也算一绝"。参见陈茂昭《成都的茶馆》，中国人民政治协商会议四川省成都市委员会文史资料研究委员会编《成都文史资料选辑》第 4 辑，四川人民出版社，1983，第 185 页。同时，外国人对堂倌的技术也有生动描写，参见 William G. Sewell, *The People of Wheelbarrow Lane*, South Brunswick and New York：A. S. Barnes and Company, 1971, p. 119。

② "茶博士"这个词最早出现在唐代封演的《封氏闻见记》："御史大夫李季卿宣尉江南，陆羽来见，衣野服，随茶具而入，手自烹茶，口通茶名。茶罢，李公命奴子取钱三十文，酬煮茶博士。"转引自崔显昌《旧蓉城茶馆素描》，《龙门阵》第 6 辑，1982 年，第 99 页。根据何满子的分析，在唐宋时期，社会风俗喜欢以官名谐称百业，如医生称郎中、地主称员外等，故出现"茶博士"之称。参见何满子《五杂侃》，成都出版社，1994，第 155～156 页。

为傲的内陆城市中，许多人以此为生。① 中国的历史档案中，很少有关于小商铺雇工资料的记录，但因为成都的茶馆工人通常是在公共场所中谋生活，这使得茶馆工人比其他小商铺的雇工更引人注意，也因此留下了较多的相关记录，为我们考察在小商业中谋生的工人的工作环境、生存的困难以及与顾客的关系等提供了便利。②

在许多游客的眼中，中国任何一座城市里茶馆和茶客的数量都无法与成都相比。早在 20 世纪初，成都便拥有 454 家茶馆，1931 年时成都有超过 620 家茶馆，1935 年有 599 家茶馆，1941 年有 614 家茶

① 关于成都通史的研究，见 Jeannette L. Faurot, *Ancient Chengdu*, San Francisco: Chinese Material Center Publications, 1992；张学君、张莉红《成都城市史》，成都出版社，1993。关于成都城市史的研究，参见王笛《跨出封闭的世界——长江上游区域社会研究（1644～1911）》，第 4 章；Kristin Stapleton, *Civilizing Chengdu: Chinese Urban Reform, 1875 – 1937*, Cambridge, MA: The Harvard University Asia Center, 2000。关于成都现代文化的研究，参见 Di Wang, "Street Culture: Public Space and Urban Commoners in Late-Qing Chengdu," *Modern China*, Vol. 24, No. 1, 1998, pp. 34 – 72；Di Wang, "The Rhythm of the City: Bamboo-Branch Poetry and Public Life in Late-Qing Chengdu," Paper presented at the 51st Annual Meeting of the Association for Asian Studies, Boston, March 14, 1999。关于成都茶馆，参见西沢治彦「現代中国の茶館——四川成都の事例かる」『風俗』26 巻 4 期、1988 年、50～63 頁；Di Wang, "The Struggle for Drink and Entertainment: Men, Women, and the Police in Early Twentieth-Century Chengdu," Paper presented at the 114th Annual Meeting of the American Historical Association, Chicago, January 9, 2000；Di Wang, "The Idle and the Busy: Teahouses and Public Life in Early Twentieth-Century Chengdu," *Journal of Urban History*, Vol. 26, No. 4, 2000, pp. 411 – 437。关于中国其他地区的茶馆的研究，参见竹内実『茶館—中国の風土と世界像』大修館书店、1974；鈴木智夫「清末江浙の茶館について」『歴史における民眾と文化——酒井忠夫先生古稀祝賀紀念論集』国書刊行会、1982、529～540 頁；Qin Shao, "Tempest over Teapots: The Vilification of Teahouse Culture in Early Republican China," *The Journal of Asian Studies*, Vol. 57, No. 4, 1998, pp. 1009 – 1041。

② 本研究依靠成都市档案馆馆藏的关于茶馆的大量资料，这些有价值的记录散布在警察、商会、政府商业管理等档案之中，包括成都省会警察局档案、成都市商会档案、成都市政府工商档案、成都市工商行政登记档案、成都市工商局档案等，以下出现不再一一标明藏所。本章所引用档案，档案名之后有三组数字，依次是全宗号、目录号和案卷号。如档案名之后只有两组数字，依次是全宗号、案卷号。

馆，直至 1951 年成都仍然有 563 家茶馆。① 1938 年出版的《成都导游》称成都的大茶馆可容两三百人，小茶馆可容几十人。1932 年的一份资料称彼时成都有 8000 多人以茶馆为生，包括茶馆老板、经理人、其他雇员。这个数字在 1946 年达到 10 万，比中国任何一座城市茶馆雇员的数量都要多。甚至有人估计，在 1940 年代，茶馆占成都小商店的 1/10，而茶馆的工作人员数量则在全市排名第五。② 从上面这些数字可以看出，在成都，全面抗战爆发后的茶馆数量是有所增加的。但问题是，为什么战争反而提高了成都茶馆的受欢迎程度，而不是让其倒闭呢？我认为其中最重要的原因是流动人口的增加。由于战争的影响，许多难民离开了他们的家人、家园以及原本从事的工作，在成都茶馆里谋生或消磨时间。这些外来的难民通过茶馆这个公共空间与他人分享他们所遭受的悲惨经历以减轻内心的痛苦。③

---

① 傅崇矩编《成都通览》（下），第 253 页；《国民公报》1931 年 1 月 15 日，第 9 版；文闻子编《四川风物志》，四川人民出版社，1985，第 452 页；薛绍铭：《黔滇川旅行记》，重庆出版社，1986，第 166 页；高枢年、汪用中：《成都市场大观》，中国展望出版社，1985，第 110 页；杨武能、邱沛篁主编《成都大词典》，四川辞书出版社，1985，第 731 页；乔曾希、李参化、白兆渝：《成都市政沿革概述》，《成都文史资料选辑》第 5 辑，四川人民出版社，1983，第 20 页；胡天：《成都导游》，开明书店，1938，第 69 页；《成都市茶社业户主要事项统计表》，成都市工商局档案，119 - 2 - 167。有人估计成都的茶馆数量还要多一些。根据 1942 年的数据，成都及周边地区共有 1600 多家茶馆。参见姚蒸明《成都风情》，《四川文献》1971 年第 5 期，第 18 页。同时，另一篇文章则称，在 1949 年以前成都便有超过 1000 间茶馆，参见贾大泉、陈一石《四川茶业史》，巴蜀书社，1989，第 366 页。笔者并没有找到这些数字的官方记录，如果这些数字准确的话，笔者认为它可能包括了成都周边小集镇的茶馆。
② 《新新新闻》1932 年 4 月 27 日，第 10 版；舒新城：《蜀游心影》，上海中华书局，1934，第 142 页；陈茂昭：《成都的茶馆》，《成都文史资料选辑》第 4 辑，第 178 页。根据 1936 年的警方调查，当时在成都从事茶馆商业的有 3403 名男性和 415 名女性。参见《新新新闻》1936 年 4 月 29 日，第 10 版。
③ 与此同时，成都市民每天仍在茶馆进行着日常活动。而这也受到当地报纸的严厉批评，指责他们在国家关键时刻享受着轻浮的愉快。不过，这些茶馆的顾客并不是本章讨论的重点，在此不做详细叙述。关于这些批评，参见《新新新闻》1938 年 4 月 9 日、29 日，1942 年 8 月 7 日，第 7 版；《华西晚报》1942 年 6 月 17 日，第 6 版。

本章关注的主体便是那些在成都茶馆中工作的服务员，试图通过对他们日常生活的观察来探讨成都小商业中的职场文化。通常来说，职场文化是社会文化的一个缩影。而茶馆则是研究成都城市社会的绝佳场所，因为其是展现人们日常生活、城市文化、社交网络和地方政治的最好舞台，尽管它最近才引起了学者的关注。① 关于成都茶馆的

① Qin Shao, "Tempest over Teapots: The Vilification of Teahouse Culture in Early Republican China," *The Journal of Asian Studies*, Vol. 57, No. 4, 1998, pp. 1021 - 1030; Di Wang, "The Idle and the Busy: Teahouses and Public Life in Early Twentieth-Century Chengdu," *Journal of Urban History*, Vol. 26, No. 4, 2000, pp. 411 - 437. 日本人和西方人早已注意到中国人喝茶的传统，在他们的旅行记录、调查和回忆录中都有谈论到他们对中国茶馆的印象。参见 Robert Fortune, *Two Visits to the Tea Countries of China*, London: John Murray, 1853; Robert J. Davidson and Isaac Mason, *Life in West China: Described by Two Residents in the Province of Sz-chwan*, London: Headley Brothers, 1905; George D. Hubbard, *The Geographic Setting of Chengdu*, Oberlin: Oberlin College, 1923; William G. Sewell, *The People of Wheelbarrow Lane*; Brockman Brace ed., *Canadian School in West China*; John S. Service ed., *Golden Inches: The China Memoir of Grace Service*, Berkeley and Los Angeles: University of California Press, 1989; 中村作治郎『支那漫遊談』東京切偲會、1899; 井上紅梅『支那風俗』日本堂書店、1921; 東亜同文会編『支那省別全誌 第5巻四川省』東亜同文会、1920; 中村昌生『茶室の研究——六茶匠の作風を中心に』河原書店、1971; 内藤利信『住んでみた成都——蜀の国に見る中国の日常生活』サイマル出版会、1991。此外，虽然研究中国现代城市史的美国学者指出了中国茶馆的许多社会功能，但是迄今为止没有任何关于中国茶馆的深度研究。参见 William G. Skinner, "Marketing and Social Structure in Rural China," *The Journal of Asian Studies*, Vol. 24, No. 1, 1964, p. 27; Gail Hershatter, *The Workers of Tianjin, 1900 - 1949*, Stanford: Stanford University Press, 1986, p. 185; William T. Rowe, *Hankow: Conflict and Community in a Chinese City, 1796 - 1895*, pp. 60, 196; David Strand, *Rickshaw Beijing: City People and Politics in the 1920s*, Berkeley and Los Angeles: University of California Press, 1989, p. 58; Elizabeth J. Perry, *Shanghai on Strike: The Politics of Chinese Labor*, Stanford: Stanford University Press, 1993, p. 22; Frederic Wakeman, Jr., *Policing Shanghai, 1927 - 1937*, Berkeley and Los Angeles: University of California Press, 1995, p. 112; Bryna Goodman, *Native Place, City, and Nation: Regional Networks and Identities in Shanghai, 1853 - 1937*, Berkeley and Los Angeles: University of California Press, 1995, p. 17。对于中国茶馆的研究，其中一个主要挑战是资料的缺乏。虽然笔者也面临同样的问题，但是成都的茶馆所存留的档案资料为本章的研究提供了最丰富的信息。如上所述，在这个时期，很多人都留下了他们在成都茶馆中个人经历的记录。此外，除了各种报纸有关茶馆的报道之外，笔者还得到了许多中外游客留下的旅行笔记，以及在实地调查和访谈中发现的信息。

研究主要集中在茶馆、顾客和社会之间的关系上，而本章则把着眼点放在茶馆的内部问题上，通过考察茶馆里的雇佣工人，特别是堂倌和女茶房，来揭示成都的小商业、雇工、工作环境、工作场所、职场文化（workplace culture，或"工作场所文化"）之间的关系。① 在本章中，由于茶馆工人经常要应付各种复杂的社会关系，并经历在公共空间中的各种社会冲突，笔者希冀通过对茶馆工人和职场文化的研究，为人们了解社会生活提供一扇窗户，使我们能够观察到中国工人阶级的另一面。

实际上，在中国的各种小商业包括传统的店铺、餐馆、茶馆以及其他小商铺中工作的工人，在中国城市史和劳工史的研究中几乎没有

尽管中国学者已经出版了一些关于茶文化的书，但几乎所有的人都把这个话题看作一种文化的好奇心，而不是历史分析的工具。具体见陈锦《四川茶铺》，四川人民出版社，1992；何满子《五杂侃》；冈夫《茶文化》，中国经济出版社，1995。同时，西方及日本的学者也开始研究中国茶文化和茶馆。参见 Walter J. Meserve and Ruth I. Meserve，"From Teahouse to Loudspeaker: The Popular Entertainer in the People's Republic of China," *Journal of Popular Culture*, Vol. 8, No. 1, 1979, pp. 131 – 140；John C. Evans, *Tea in China: The History of China's National Drink*, New York: Greenwood Press, 1992；铃木智夫「清末江浙の茶館について」『歴史における民衆と文化——酒井忠夫先生古稀祝賀紀念論集』529～540 頁；西沢治彦「飲茶の話」『GS・たのしい知識』第 3 巻、冬樹社、1985、242～253 頁。尽管西沢治彦关于 1949 年以来成都茶馆的文章基本上是对陈茂昭回忆录《成都的茶馆》的一个总结，但他也许是中国以外第一个关注成都茶馆的学者。其文章中最有趣的部分是关于"文化大革命"后成都茶馆复兴的描述。参见西沢治彦「現代中国の茶館——四川成都の事例かる」『風俗』26 巻 4 期、1988 年、50～63 頁。虽然，已经有上述关于中国茶馆的研究，但与中国社会文化史上的其他题目相比，关于茶馆的学术研究仍然是不足的。

① 西方学界已有关于商业服务中服务员和女服务员的研究发表。参见 James Spradley and Brenda Mann, *The Cocktail Waitresses: Women's Work in a Man's World*, New York: Knopf, 1975；Greta Foff Paules, *Dishing It Out: Power and Resistance among Waitresses in a New Jersey Restaurant*, Philadelphia: Temple University Press, 1991；Dorothy Sue Cobble, *Dishing It Out: Waitresses and Their Unions in the Twentieth Century*, Urbana, IL: University of Illinois Press, 1991；John Walton and Jenny Smith, "The Rhetoric of Community and the Business of Pleasure: The San Sebastian Waiters' Strike of 1920," *International Review of Social History*, Vol. 39, No. 1, 1994, pp. 1 –31。

占主要地位。以往对近代中国工人阶级的研究主要集中在工厂工人上，①然而事实上，在小作坊、小店铺工作的工人，却一直占据着整个劳工队伍的绝大部分。例如，截至1919年，整个中国在工厂工作的工人总数不过150万，但是据农工商部1912年的统计，仅在四川各种小作坊工作的工人即有210万。②虽然在小商业中工作的工人数量巨大，但因其散布在许许多多小工作场所，既不能在重大事件中扮演重要角色，亦缺乏系统的资料对他们进行考察，因此他们在城市史和劳工史的研究中并未受到重视。工厂工人在近代城市经济、文化的演变以及劳工运动中扮演了重要的角色，但小作坊、小商铺中的工人同样也做出了重要贡献。事实上，从一定程度上讲，后者更能代表中国的城市文化，因为他们的工作地点是在城市的公共场所中，并直接与市民接触。但是我们对服务行业工人的工作条件和环境、他们所面对的问题、他们生存的策略、他们与地方社区的关系、他们之间的性别冲突以及他们在公共生活中所扮演的角色等都知之甚少，因此本章便将研究重点放在回答所有这些问题上，希望通过对这些小商业服务人员的研究，使人们更为深入地了解当时的社会生活。

此外，在本研究中值得注意的是，抗战时期是成都茶馆劳动力的一个转折点。当时受到经济萧条的影响，女性成为挑战男性的重要劳

---

① Jean Chesneaux, *The Chinese Labor Movement，1919 - 1927*, Stanford：Stanford University Press, 1968；Emily Honig, *Sisters and Strangers：Women in the Shanghai Cotton Mills，1919 - 1949*, Stanford：Stanford University Press, 1986；Elizabeth J. Perry, *Shanghai on Strike：The Politics of Chinese Labor*. 其中，全大伟（David Strand）的《北京人力车夫：1920年代的城市居民与政治》和贺萧（Gail Hershatter）的《天津工人》是例外，前者的研究集中在依靠街头为生的苦力，后者则考察了工厂工人特别是在小作坊和三条石的搬运工。参见 David Strand, *Rickshaw Beijing：City People and Politics in the 1920s*；Gail Hershatter, *The Workers of Tianjin，1900 - 1949*。

② Jean Chesneaux, *The Chinese Labor Movement，1919 - 1927*, p. 42；王笛：《跨出封闭的世界——长江上游区域社会研究（1644~1911）》，第346页。

动力，并将新的工作场所文化带入了成都的茶馆之中。本章的研究揭示了成都的一些重要经济文化现象。第一，在茶馆中的茶博士怎样利用他们丰富的社会经验和服务技巧，来应付茶馆中的各种问题，并在艰苦的环境中求得生存。第二，在这个茶馆文化剧烈变迁的时期，长江下游的战争使得女性难民大量涌入成都，这不仅给成都的茶馆带来了大量顾客，同时也使得传统的茶馆工人面临激烈的同行竞争，男性茶博士愤恨这些女性所带来的竞争，因此敌视她们，加之地痞流氓对这些在茶馆中工作的女性的骚扰，她们的处境更为困难。第三，茶馆工人的社会形象除了取决于他们的工作表现，还取决于精英的话语霸权，以及政府政策法规的影响。第四，成都茶社业职业工会于1939年建立，成为茶馆工人最重要的代表，也是保护茶馆工人权益的最重要组织。但成立不久的工会却不断遭遇来自其内部的危机，因此对于工会的内部功能和关系，例如关于其领导层、男女成员之间的互动的考察，也可以帮助我们从文化和社会史角度了解茶馆工人所面临的社会问题。①

一 茶馆业和雇工

关于成都茶馆中的雇工，大茶馆可能雇用工人三四十人之多，中型十人左右，小型则三五个。② 还有一些茶馆则完全是家庭生意，丈

---

① 《案准茶社业并转请调整茶价由》，成都市政府工商档案，38 - 11 - 1530。关于中国近代工人运动的研究参见 Jean Chesneaux, *The Chinese Labor Movement, 1919 - 1927*; Elizabeth J. Perry, *Shanghai on Strike：The Politics of Chinese Labor*。

② 当大北茶厅被迫关闭时，经理向当地政府进行了上访。其所有者在阐述试图重新开放的主要原因时提及，茶厅内的工人包括理发师、卷烟商和小贩在内的数十人"失去了生计"。参见《成都市参议会第一届第六次大会提案》，成都市工商局档案，38 - 11 - 1440。

夫是老板兼堂倌，妻子洗碗兼清扫，儿子则充当灶房或挑水夫。①1951 年，刚刚成立的新政权对成都茶馆情况有过一个详细调查，由于当时还没有对茶馆进行大规模的改造，因此其所记录的资料可以作为了解民国时期茶馆雇佣情况的参考。表 5 - 1 显示，该年成都各茶馆有领薪的雇工 1404 人，其中 1368 人是男性，女性仅为 36 人。值得注意的是，在表 5 - 1 中，还有被列为"其他"的 1783 名工人，其数量超过工薪工人，但关于他们的工作性质和背景却没有进一步的说明。笔者推测他们极可能是茶馆经营者的家庭成员，不领工资，也不计算在劳动力的开销之内。此外，该资料还显示当时成都共有3885 人依靠茶馆为生，平均每个茶馆有 6.9 人。茶馆中几乎没有学徒工，靠茶馆为生的 3885 人之中，仅 10 人是学徒，占总数的0.26%，占工薪工人的 0.71%。② 这说明茶馆与其他行业不同，缺乏一个充分发展的培养未来茶博士的学徒制度。对于这个现象没有相关的资料可以进行解释，但笔者估计应该与工作性质有关。在茶馆里，一个没有经过专门训练的新手，仍然可以提供端茶、掺水等基本服务，但要成为一个茶博士，则必须有长期的工作经验。③

---

① 例如全兴茶社有五个工人（包括老板），但只有挑水夫一人是付薪的雇员。参见《全兴商业营业登记申请书》，成都市工商行政登记档案，40 - 65 - 1。这与 19 世纪美国城市酒吧的情况类似，规模小，由家庭进行管理。由于这些酒吧不雇工，其本身就是家庭的延伸，家庭成员通常住在酒吧的后面或楼上，酒吧的前厅或楼下是做生意的场所。参见 Perry R. Duis, *The Saloon: Public Drinking in Chicago and Boston, 1880 - 1920*, Urbana: University of Illinois Press, 1983, p. 49。这种情况也类似于卢汉超所描写的那些上海用住屋作为小卖部的人家，参见 Hanchao Lu, "Away from Nanking Road: Small Stores and Neighborhood Life in Modern Shanghai." *The Journal of Asian Studies*, Vol. 54, No. 1, 1995, pp. 93 - 123。

② 参见《1951 年成都茶馆雇工统计》，成都市工商局档案，119 - 2 - 167。

③ 罗威廉发现，在汉口许多（虽然不是全部）行业都建立了学徒工制度，特别是在一些技术要求高的行业。参见 William T. Rowe, *Hankow: Conflict and Community in a Chinese City, 1796 - 1895*, p. 41。

表 5 - 1   1951 年成都茶馆雇工统计表

分区	茶馆数	合伙人		学徒		雇工		其他	总人数
		男	女	男	女	男	女		
东	110	113	14	8	0	346	5	336	822
南	140	146	30	0	0	369	22	467	1034
西	107	121	14	1	0	188	1	295	620
北	118	122	31	0	0	317	5	402	877
外东	88	83	14	1	0	148	3	283	532
总计	563	585	103	10	0	1368	36	1783	3885

这里再以表 5 - 2 东一区数字为例，做进一步分析。[①] 这个分区共有 24 个茶馆，其中 150 人以此为生，平均每个茶馆有 6 名工人。而在这 150 人中，仅 48 人是付薪雇工，其余皆家庭成员。表 5 - 2 的统计显示了这些茶馆的雇佣情况：在这 24 个茶馆中，无雇工者 1 家，1 个雇工者 8 家，2 个者 7 家，3 个者 6 家，4 个者 2 家，没有超过 4 个雇工者。而在这 48 个工人中，只有一个女性。[②]

表 5 - 2   1951 年东一区茶馆雇工人数

雇工数量	茶馆数	雇工总人数
0	1	0
1	8	8
2	7	14
3	6	18
4	2	8
总数	24	48

---

① 在国民政府末期和共产党政权早期，成都被划分为五个区，即东区（下辖 5 分区）、南区（下辖 6 分区）、西区（下辖 5 分区）、北区（下辖 5 分区）、外东区（下辖 4 分区）。各分区的街道数量不等，共有街道 734 条。参见《成都市茶社业户主要事项统计表》，成都市工商局档案，119 - 2 - 167；四川省文史馆《成都城坊古迹考》，第 304 ~ 305 页。

② 不过在成都其他区的一些茶馆雇工会多一些，同一份资料显示，同时期的濯江茶社便雇用了 16 个工人。参见《1951 年成都茶馆雇工统计》，成都市工商局档案，119 - 2 - 167。

为鼓励堂倌卖力干活，茶馆会给他们按日付薪，提供免费饭食。而对于那些更低级别的下手则按月给工资，提供免费伙食。通常，茶馆堂倌的工资非常低，并基于每天售出的茶的数量支付，日工资大致与七八杯茶的价格相当。1938 年，成都一个普通茶馆堂倌每天工资大约是 4.47 元，而同时期成都平均工资为 13.41 元。一份 1942 年的记录显示了茶社业公会理事长王秀山所经营茶馆的月开销：该茶馆雇有 10 名工人，全部雇工的开销为 4000 元，平均每人 400 元。按每月 30 天算，平均每个雇员的劳工日支出是 13.33 元，不过资料并没有记录其中多少为工资，多少为饭食开销。但如果我们以同期鹤鸣茶社的伙食开销记录为基础，假设其与王秀山的茶馆工人的平均伙食开销相同，那么我们就可借此估算出茶馆工人的实际工资数。鹤鸣茶社刚好也有 10 个雇工，伙食开销每月为 1800 元，平均每人每天 6 元。如果王秀山所经营的茶馆也按这个数字估算，那么其雇工每天的工资便为 7.33 元。[1] 这个工资在当时到底是个什么概念呢？对此，我们有必要将这份工资与当时的物价进行比较。这份工资的记录时间是 1942 年 11 月，当时大米价格是 444 元 1 石。[2] 由此看来，一个茶馆工人的日工资大概可以买 4.6 斤的大米。很显然，在当时仅靠这点收入养活一家人是很困难的。当然，茶馆的堂倌还有其他"灰色"收入，如顾客只买开水的钱，称为"水钱"，便归其所有，而且这个收

---

[1] 陈茂昭：《成都的茶馆》，《成都文史资料选辑》第 4 辑，第 185 页；《成都市评价会议物价抽查登记表》，成都市政府工商档案，38 - 11 - 650。不过我们还应该注意到茶馆劳动力的开支可能也有夸张的成分，因为这个资料是出自关于茶馆减税请求的档案。如果是这样的话，茶馆工人的实际收入可能会更低。与此同时，谢诺的《中国工人运动》一书则显示，工厂工人的工资比成都茶馆工人的工资要高得多。参见 Chesneaux, *The Chinese Labor Movement, 1919 - 1927*, pp. 96 - 97。

[2] 因为当时社会上物价上涨得非常剧烈、频繁，因此，在关注档案日期的时候，甚至连月份也要考虑进去，例如每石米的价格 1942 年 1 月为 248 元，12 月便涨到了 633 元。参见李竹溪、曾德久、黄为虎编《近代四川物价史料》，四川科技出版社，1986，第 327 页。

入经常会高于其日工资的数额；而茶馆中的灶工（成都叫瓮子房或瓮子匠）则可以靠收取"火钱"，即为居民炖肉、熬药等的服务费来谋生。[1] 但是，即使有这些"外快"作为弥补，茶馆工人所挣的工资仍然很难支持其家庭的日常花费。

二 "茶博士"

在成都，"茶博士"——技术高超的堂倌——经常被认为是"茶馆的灵魂"。虽然茶馆的主人或掌柜负责经营，但其主要是坐在柜台后面，负责称茶叶，收堂倌交来的钱，将已配好茶的碗清点给堂倌等。而堂倌才是在茶馆中直接与顾客周旋的人，他们的态度和服务质量直接关系到茶馆能否吸引更多的顾客。成都当地的一句谚语便反映出两者在茶馆中所扮演的不同角色："长官不如副官，掌柜不如堂倌。"[2] 可以看出，在茶馆中，堂倌是最显眼、最忙碌之人，他们几乎没有休息的时间，经常是饭一吃完便开始工作，甚至边吃饭边干活。一首民谣曾这样描述他们在工作场所中的真实处境："日行千里未出门，虽然为官未管民。白天银钱包包满，晚来腰间无半文。"[3]

在成都的茶馆中，堂倌会热情地为全体茶客服务，当有顾客进来时，堂倌便立即招呼"某老爷请""某兄弟请""某先生请"等，带领其到位，问其要何茶。如果是熟客，堂倌甚至不用问便把茶端上了桌。光顾茶馆的客人经常"一到茶铺门前，便只听见一派绝大的嗡嗡，而夹杂着堂倌高出一切的声音在大喊：'茶来了！……开水来

---

① 陈茂昭：《成都的茶馆》，《成都文史资料选辑》第 4 辑，第 185 页；崔显昌：《旧蓉城茶馆素描》，《龙门阵》第 6 辑，1982 年，第 101 ~ 102 页。

② 崔显昌：《旧蓉城茶馆素描》，《龙门阵》第 6 辑，1982 年，第 99 页。

③ 陈浩东、张思勇主编《成都民间文学集成》，四川人民出版社，1991，第 1569 页。

了！……茶钱给了！……多谢啦！……'"，让人有宾至如归的感觉。此外，在茶馆工作的堂倌还必须立即答应茶馆中顾客随时的召唤，可以说，他们需要眼观四方，耳听八面。[1] 并且，堂倌的反应还要快。在高峰时候的茶馆，顾客们经常可以听见堂倌此起彼伏的吆喝声、回应声，此时，这些独特的声音与茶馆的熙熙攘攘融会在一起，增添了茶馆中无穷的乐趣。[2]

此外，堂倌还必须了解、懂得他们的顾客。一个好的堂倌必须有高超的掺茶本领，同时还要使顾客身心愉悦，要达到这两个目的并不容易，因为任何小的失误都可能会得罪顾客。例如，即使收茶钱，对堂倌来说也并非一件简单的事，其中也有技巧。在茶馆中经常会遇见这样的情况：一个客人走进茶馆，碰见他的几个朋友在那里喝茶，大家都争先恐后地为新来者付茶钱。面对许多只拿着钱的手，堂倌只心领神会地从某人手中接过钱来，告诉其他人："都请揣倒！二回收你们的就对了嘛！"这样，每个人都回到他们的座位，皆大欢喜。[3] 当然，情况也可以相反：一个刚进茶馆的人告诉堂倌，他要为所有在那里的朋友付茶钱，哪怕是他朋友的茶钱已付。这时茶博士便要决定是否把已收的茶钱退还给他的朋友，收这个新来者的钱，并且还要使双方皆大欢喜。想要做到这一点，堂倌必须对他的顾客有着深切了解。

四川乡土作家沙汀在著名小说《在其香居茶馆里》，便生动地描

---

[1] 陈茂昭：《成都的茶馆》，《成都文史资料选辑》第4辑，第183～184页；李劼人：《暴风雨前》，《李劼人选集》第1卷，四川人民出版社，1980，第339页。一个外国人是这样描写堂倌的："长嘴茶壶列成一排，闪亮发光，一直延伸到里面。自豪又有技术的堂倌把滚烫的开水从高处冲进有绿茶叶的碗里。"参见 William G. Sewell, *The People of Wheelbarrow Lane*, p. 119。

[2] 罗尚：《茶馆风情》，《四川文献》1965年第10期，第21页。

[3] 崔显昌：《旧蓉城茶馆素描》，《龙门阵》第6辑，1982年，第100页。

述过川西平原乡场上"喊茶钱"的场面：

> 这时候，茶堂里的来客已增多了。连平时懒于出门的陈新老爷也走来了。新老爷是前清科举时代最末一科的秀才，当过十年团总，十年哥老会的头目，八年前才退休的。他已经很少过问镇上的事情了，但是他的意见还同团总时代一样有效。新老爷一露面……茶堂里响起一片零乱的呼唤声。有照旧坐在座位上向堂倌叫喊的，有站起来叫喊的，有的一面挥着钞票一面叫喊，但是都把声音提得很高很高，深恐新老爷听不见。其间一个茶客，甚至于怒气冲冲地吼道："不准乱收钱啦！嗨！这个龟儿子听到没有？……"于是立刻跑去塞一张钞票在堂倌手里。①

因此，在茶馆中，堂倌必须要有相当的社会经验来处理这类状况，以免得罪顾客。② 这种类似"喊茶钱"的习惯并非只存在于茶馆中，或者只存在于成都或四川，在其他的社会场合如餐馆等，以及在中国其他地区也可以看到类似现象。因此，可以说，这是中国人"面子"文化的一种普遍表现，只是其表现形式及程度可能有所区别。③

---

① 沙汀：《在其香居茶馆里》，《沙汀选集》第 1 卷，四川人民出版社，1982，第 147 页。

② Di Wang, *Street Culture in Chengdu*: *Public Space*, *Urban Commoners*, *and Local Politics*, *1870 - 1930*, Stanford: Stanford University Press, 2003, chap. 4；陈世松：《天下四川人》，四川人民出版社，1999，第 205 ~ 206 页。

③ 人类学家通过研究中国的人际关系，指出礼物和帮助他人在中国社会网络中的意义。参见 Mayfair Mei-hui Yang, *Gifts*, *Favors*, *and Banquets*: *The Art of Social Relationships in China*, Ithaca, NY: Cornell University Press, 1994；Yunxiang Yan, *The Flow of Gifts*: *Reciprocity and Social Networks in a Chinese Village*, Stanford: Stanford University Press, 1996。关于送礼物的总体性研究，参见 Christopher A. Gregory, *Gifts and Commodities*, Chicago: HauBooks, 1982；David Cheal, *The Gift Economy*, London and New York: Routledge, 1988。

除了堂倌以外，其他茶馆的伙计也强烈体现着成都的茶馆文化和传统。在茶馆中，瓮子房（瓮子匠）可能是仅次于堂倌的重要雇员，虽然他们并不用在茶馆里来回奔忙，也不直接与顾客打交道，但他们的工作并不轻松。通常，他们会在黎明前起身，烧火准备开门营业，因为天不亮的时候，许多茶客便要到茶馆喝早茶。① 就这样，他们一直要忙到半夜，当堂倌结完账，他们还得仔细用炭灰把火盖好，并留下火种，以便第二天清早开灶。这些瓮子房的工人经常是满面尘灰，需要在夏天忍受酷热，加煤除灰。此外，他们还得为茶馆尽量节约煤炭，同时又要及时提供给茶客们充足的开水，并需要根据一天的"涌堂"（高峰时间）和"吊堂"（清淡时间）的时间来调整火候。② 要做到上述诸点，亦需要在茶馆中有长期的工作经验。

　　同时，热脸帕的服务在成都茶馆里也十分流行，这项服务可以使茶客们在茶馆中随时擦脸揩手，还可以为他们早晚在那里洗脸洗脚提供便利。③

---

①　四川的茶馆一般早晨 5 点就开始营业，直到晚上 10 点关门。有的茶馆会开门更早、关门更迟。如位于菜市棉花街的泰和亨茶社便从清晨 3 点即开门营业，为那些把鲜货送到市场在此饮早茶的菜贩提供服务。因为他们开门时天尚未亮，正是鬼魂到处转悠的时候，所以此类茶馆也有"鬼茶铺"的绰号。一家位于湖广馆中的茶铺则一直营业到午夜才关门，以方便那些在春熙路和东大街餐馆讨生活的工人，因为这些人通常要在铺子打烊后，很晚才能得闲到茶馆饮茶。参见陈茂昭《成都的茶馆》，《成都文史资料选辑》第 4 辑，第 178～193 页；崔显昌《旧蓉城茶馆素描》，《龙门阵》第 6 辑，1982 年，第 92～102 页。

②　崔显昌：《旧蓉城茶馆素描》，《龙门阵》第 6 辑，1982 年，第 101 页。瓮子房对茶馆来说十分重要。一般茶馆中瓮子有两个部分。一部分是"茶水灶"，用黏土砌成，面上是一个厚铁板，上有十来个"火眼"，每个火眼置一个铜壶（或生铁壶）烧开水；另一部分是一个或两个（一个装河水，一个装井水）大瓮子，可以装一两吨水，这样可以利用茶水灶的余热把瓮子里的水烧热。同时，这些热水也可以卖给附近的居民使用。这就是为什么过去成都人把烧开水的房间叫"瓮子房"，把烧水的人叫"瓮子匠"。

③　这个行业过去叫"烟袋帕子"，但为什么会有这么一个奇怪的名字，学者们尚不清楚。崔显昌认为，由于茶馆里竹竿上晾的毛巾很像烟杆上吊一个烟袋。这些人的服务又被称作"打香水帕子"；"打"在这里应该是"扔"的意思，因为热帕子一般都是从空中扔给顾客。参见崔显昌《旧蓉城茶馆素描》，《龙门阵》第 6 辑，1982 年，第 102 页。

热脸帕的经营者通常不是茶馆雇员，因此他们必须付给茶馆一定的费用，以使用茶馆的空间和热水，而当茶馆中堂倌和瓮子房忙不过来的时候，他们还要提供帮助。成都茶馆中许多茶客都是附近商铺和手工工场的工人，他们大多不是成都人，来自外县甚至外省，过着独居的生活。由于居住环境简陋，茶馆便成了他们的"半个家"或者"临时旅店"。这些人通常清晨就去茶馆里喝早茶、洗脸，然后去工作；下了工便回到茶馆，待到茶馆关门，在那里洗了脚才离开，一到家便直接上床睡觉。对他们来说，所谓的"家"也不过就是一个晚上睡觉的地方。因而，这部分人便成为热脸帕最固定的客人，他们的需求也为这个行业带来了繁荣。① 此外，还有不少其他行当与茶馆有合作关系，包括水烟袋、手工匠、擦鞋、修脚、掏耳朵、理发、算命等各业。这些人虽然并不是本章所研究的对象，但他们像堂倌一样，通过其独特的服务，与茶馆和茶客建立了一种特殊关系，成为成都茶馆文化和地方传统的重要组成部分。

三　在男人的世界讨生活

在成都茶馆中，工人基本都是男性，但到了抗战时期，妇女也开始在茶馆内谋生，这些在茶馆中谋生的女性被称为"女茶房"。在传统的中国社会，为了维持家庭的生计，妇女也是重要的经济支柱，主要从事家庭内部的劳动，像做家务、纺线、织布、做鞋等，或者也有一部分妇女外出当保姆、用人等以补贴家用。在农村地区，妇女还会参加各种田间劳动。如果说，在传统中国社会，有妇女在公共场所谋生的话，那么基本上也局限在演艺和卖淫行业，因此常常被视为非常

---

① 崔显昌：《旧蓉城茶馆素描》，《龙门阵》第 6 辑，1982 年，第 102 页。

不体面的营生。① 1937 年后，女茶房开始出现在成都的茶馆里，她们的出现是一个新现象，引起了社会的极大关注。② 妇女进入茶馆充当女招待，在成都代表着一个重大进步，其不仅是雇佣形式的变化，亦为成都的茶馆生活和文化加入了新因素，并有助于改变当时妇女的公共角色和两性性别关系等。作为新的社会现象，当时的地方报纸对她们有不少的报道，其中既有关于她们个人生活的记录，也有关于她们职业经历，以及在工作场所与男堂倌、顾客之关系的描写，这些资料为后来的研究者提供了关于女堂倌经历的珍贵信息。然而，作为近代

---

① 一些关于中国传统社会中妇女的研究注意到中国妇女在家庭内的角色问题，但其主要研究对象多集中于精英妇女，具体参见 Dorothy Ko, *Teachers of the Inner Chambers*: *Women and Culture in Seventeenth-Century China*, Stanford: Stanford University Press, 1994; Susan Mann, *Precious Records*: *Women in China's Long Eighteenth Century*, Stanford: Stanford University Press, 1997。此外，也有若干关于 1949 年后中国工人阶级妇女的研究，如 Mary Sheridan and Janet W. Salaff, *Lives*, *Chinese Working Women*, Bloomington: Indiana University Press, 1984。而在美国，女招待出现的历史则要长得多，尽管"对于妇女来说并不总是一个重要职业"，但到了 1900 年，美国约 10 万名服务员中便有 1/3 是女性。参见 Cobble, *Dishing It Out*: *Waitresses and Their Unions in the Twentieth Century*, pp. 2 - 3。但也有人指出，在中国，女茶房的历史可以追溯到唐代，一些妓女经常在苏州的茶楼出没，这些妇女便被称为茶楼的"花茶坊"。参见周止颖《漫谈成都女茶房》，《华西晚报》1942 年 10 月 13 日，第 2 版。对此，笔者认为，这些妇女并不可以归入女招待的行列，而应该被当作艺人的一种，相当于元代成都茶坊中的唱"茶词"的艺伎。参见费著《岁华纪丽谱》，《墨海金壶》第 3 函，台湾艺文书馆重印，出版时间不详，第 2 ~ 4 页。在近代上海，妇女很早便进入服务行业中谋生。1860 年代末，由于严峻的竞争，一些鸦片馆开始雇佣年轻妇女端烟具和茶，这些妇女被称为"女堂倌"。到了 1870 年代，妇女进入公共场所的现象则更为普遍，这也引起了社会精英所考虑的"风化"问题。主流社会对这些女堂倌持否定态度，将她们视为妓女一类。不过，也有一些人把女堂倌看成一种职业，对她们持容忍的态度。而有的人则认为，虽然一些女堂倌有"有伤风化"的行为，但这大部分是顾客而非女堂倌的责任，因为有些人经常试图占女堂倌的便宜。因此，在 1870 年代初，社会上有精英试图禁止女堂倌这项职业，1872 年上海商人甚至为此联合行动。由于种种压力，次年，地方官和租界当局便规定烟馆内只能雇佣男性，因此，许多女堂倌不得不被解雇，寻找其他道路谋生。此时，虽然女堂倌并没有完全在社会上消失，但已经不及过去兴盛。参见李长莉《晚清上海社会的变迁——生活与伦理的近代化》，天津人民出版社，2002，第 392 ~ 414 页。

② 陆隐：《闲话女茶房》，《华西晚报》1942 年 2 月 25 ~ 28 日，第 2 版。

中国女工重要组成部分的服务行业的女招待，她们却并没有引起历史研究者的充分注意。

成都茶馆女招待的兴起与战争中难民的涌入密不可分。1930年代以来，由于日本的入侵，大量沿海地区的逃难者进入成都。成都处于长江上游，地理位置相对保守封闭，即使从晚清以来内陆社会逐渐对外开放，同时人们对妇女公共角色的态度也已经开始发生变化，但妇女在公共场所的出现仍然有不少禁忌。① 这些进入成都的战争难民，带来了沿海地区相对开化的文化和观念，对妇女进入公共场所工作，也持较开明的态度。而且在战争刚开始时，人们的注意力主要集中在应对民族危机、关心战争进程等问题上，无暇顾及其他。而对于社会精英和国家来说，在当时恪守道统也并非当务之急，因此当妇女进入茶馆谋生，并未见到政府和社会强烈反对。这些女性先是进入位于最繁华的春熙路的高档茶馆中工作，如益智茶楼、三益公等，这些茶馆不仅提供包房以吸引顾客，而且开始使用女茶房来为客人服务。当时，女茶房甫经出现，男顾客们便趋之若鹜，他们到这里不仅为一饱眼福，还希望可趁机与女招待们调笑一番。很快，茶馆主人们便发现，雇佣女茶房是非常好的生财之道，随后便有大大小小的茶馆纷纷跟进，哪怕是那些穷街陋巷的低档茶馆，也多照此办理，来招揽生意，增强竞争力。如果一个茶馆没有女茶房，便会被认为"过时"，当然，茶馆的生意也便因此难以为继了。② 这些进入茶馆的女招待很

---

① Di Wang, *Street Culture in Chengdu: Public Space, Urban Commoners, and Local Politics, 1870–1930*, chap. 6.

② 陆隐:《闲话女茶房》,《华西晚报》1942年2月25～28日, 第2版。当时, 这些新现象对许多人来说是很难接受的, 因此极尽讽刺之能事。如吴虞在1938年6月的一则日记中写道, 他在春熙路的益智茶楼, "见所谓女茶房, 令人失笑"。参见中国革命博物馆整理《吴虞日记》下册, 四川人民出版社, 1986, 第774页。西方一些研究者指出, 在服务行业女招待比男招待更适合, 因为她们能够满足顾客"情感和幻想的需要"。

快便知道以怎样的姿态、动作、声音等取悦客人，并以女人特有的手法来为茶馆招徕顾客。①

尽管茶馆中的女招待通常具有各种不同的背景，但大多数是来自下层没有受过教育的已婚妇女，其丈夫一般是政府小职员、劳工或者前方打仗的军人等。由于生活费用的大幅度上涨，许多家庭如果只靠男人的工资，难免捉襟见肘，因此，这些妻子们只得外出工作，帮助养家糊口。当时，在茶馆里工作，妇女们不得不克服来自社会各方的压力，所以有的人将她们描述为"可怜的小鸟"。② 当然，茶馆中的女招待也是有不同档次的。在高级茶馆，女招待一般面容端庄，身材姣好，这些茶馆通常可以支付较高的工资，而女招待们也可以有较多的选择。这些在高级茶馆内工作的女招待一般是18～23岁，留短发、施粉黛、着旗袍、围白裙，面带羞涩，一看便知是刚走出家门不久的女子。她们以清纯的外表来吸引顾客。但是在那些低档茶馆中，多数的女茶房实际上是由热脸帕或香烟贩所雇，按日给薪，每天工资仅1.5元，外加免费早餐和午餐。如果贩卖的商品有任何亏折，她们还得自己掏腰包进行赔偿。因此，在那些十分简陋的茶馆里，女茶房们有时很难挣够生活所需的费用。③

由于这些女茶房通常在男人们聚集的公共场所工作，因此，许多人认为这些职业女性是"不雅"的，并夸大了她们的"不正当行为"。在当时的许多男人看来，这些女人是"浮世"中的妓女。因此，其中的一些流氓抓住一切机会去骚扰这些在茶馆中工作的女服务员。但作

---

① 按照科波（Dorothy Cobble）的说法，女招待"很快便可扮演尖刻的老婆、慈爱的母亲、性感的情人、甜蜜可爱的女儿等各种角色"。参见 Cobble, *Dishing It Out: Waitresses and Their Unions in the Twentieth Century*, p. 2。

② 陆隐：《闲话女茶房》，《华西晚报》1942年2月25～28日，第2版。

③ 《华西晚报》1941年6月16日，第2版；陆隐：《闲话女茶房》，《华西晚报》1942年2月25～28日，第2版。

为受害者，女服务员几乎没有得到地方当局乃至整个社会的帮助或同情。在一定程度上，这些女茶房与日本茶馆的艺伎是类似的。在江户时代以及江户时代之后的日本，艺伎一般是为客人提供娱乐服务的。[1]虽然日本茶馆和中国茶馆一样是休闲之地，但它们的环境截然不同。中国茶馆一般具有多种功能，如会客室、市场、舞台等，因此女茶房只是充当其中的雇员。[2] 在日本茶馆中，其主人与艺伎以及艺伎之间都有着紧密的关系，她们在"私人和职业生活"中的关系更像"母亲"和"女儿"或姐妹之间。[3] 而大多数成都的女茶房都是已婚妇女，家中并没有多少"姐妹"可以分享她们的困境。同时，她们与茶馆老板之间也没有任何关联，因此，通常她们的工作都不太稳定，并且常常需要独自一人处理与工作有关的各种问题。此外，日本茶馆一般都是在内室，饮茶更多的是强调仪式和过程。而中国的茶馆更容易让大众接近，它们的门总是敞开着的，路人可以看到茶馆里面发生的一切。许多茶馆甚至并没有门：早上开始营业时，工人们把木制的墙板一个一个拉下来，当晚上关闭时，他们再把这些木板放回去。因此，在成都，茶馆的工人和顾客可以轻松地将桌椅移动到人行道上。

同时，在日本，艺伎是给顾客提供娱乐服务的，这个角色是明确的，也是社会承认的，但出现在成都茶馆中的女招待是新的社会现象，她们的社会定位并不清晰。成都的茶馆总是熙熙攘攘，拥挤不堪，为男顾客和女招待之间提供的空间十分有限，这使得一些女茶房很容易受到性骚扰。此外，她们还面临工作中两难的困境：虽然她们

---

[1] Liza Dalby, *Geisha*, Berkley and Los Angeles：University of California Press, 1983；Lesley Downer, *Women of the Pleasure Quarters：The Secret History of the Geisha*, New York：Broadway Books, 2001.

[2] 参见 Di Wang, "The Idle and the Busy：Teahouses and Public Life in Early Twentieth-Century Chengdu," *Journal of Urban History*, Vol. 26, No. 4, 2000, pp. 411 – 437.

[3] Liza Dalby, *Geisha*, p. 8.

的基本角色并非提供娱乐服务，但许多顾客会想得到一般服务以外的东西。如果此时她们拒绝与顾客"打情骂俏""开玩笑"等，那么很可能会因此得罪顾客和老板。但如果她们按照顾客和老板的意愿行事，又会遭到社会上诸如"有伤风化""下流""妓女"等尖刻的指责与攻击。可以说，当时的社会环境使得这些女茶房总是陷入这种两难的处境之中。而事实上，当时社会上所出现的这些女茶房的形象是由她们工作的性质和公众观念所共同构建出来的。

四　工会及会员问题

1939 年，随着"成都市茶社业职业工会"的成立，成都茶馆工人的生活也发生了重要变化。工会成立的规定清楚地表明，成都市茶社业职业工会已经缺乏相当的独立性。成都市档案馆所藏的档案原件显示，"成都市茶社业职业工会"这些字是手写填进印好的文本中。由此可以估计各行业成立的职业工会其实都是使用政府颁发的统一章程，而这个推断可以从章程的内容中得到证明。在总共 5 章 35 款的章程中，没有任何关于茶社业这个行业的专门规定，有几处提到"茶社业"这几个字时，也是手写填进去的。[①] 这实际上反映出当时茶社业工会是在地方政府的指导和控制之下建立的。此外，从现存的资料中，我们也没有发现任何由工会组织的，为了争取工人权利、工资、工作时间等的抗争活动，更没有领导罢工的蛛丝马迹，而这些是近代工会所应发挥的基本功能。[②]

---

① 《成都市茶社业职业工会职员表》，成都市政府工商档案，38－11－982。
② Gail Hershatter, *The Workers of Tianjin*, *1900 – 1949*; Emily Honig, *Sisters and Strangers: Women in the Shanghai Cotton Mills*, *1919 – 1949*; David Strand, *Rickshaw Beijing: City People and Politics in the 1920s*; Elizabeth J. Perry, *Shanghai on Strike: The Politics of Chinese Labor*.

虽然这个章程并不是专门为茶社业制定的，但它仍然成为工会活动的基础。根据章程规定，工会的建立是以"联络情感，增进知识技能，发达生产，维持并改善劳动条件及生活为目的"。由此可以看出，工会的成立是在一个比较平和的宗旨指导下，而其章程中也仅有最后一项暗示了工人的权利。此外，这个章程也透露出当时工会的会员资格和领导层的信息。按照章程，任何人年满16岁，包括妇女，只要在茶馆工作，或曾经在茶馆，或为工会工作过，都可以成为会员。但是那些"剥夺公民权者"、"有反革命之言论或行为者"、"受破产宣告尚未复权者"以及"无行为能力者"，不能参与其中。值得注意的是，这里所称的因有"反革命"言行而不允许加入工会的规定，从另一个角度反映出当时国民政府对于地方工会的政治控制。①

虽然这个茶社业工会看似是茶业工人的组织，但并非所有在茶馆工作的工人都热衷于加入其中。而他们拒绝加入的原因，似乎是不愿付2元的会费，因此，当工会试图强迫人们入会时，便遭到工人的强烈抵制。② 按照当时的政策规定，工人们加入工会实际上是强制性的，相反，如果不参加工会，则会受到处罚。1943年6月的一份报告便显示出工会是怎样处理诸如此类问题的：工会常务理事王荣章和其他职员到魏家祠茶社收缴会费并吸纳新会员，但该茶馆的工人杨庆荣"拒不入会登记"，还煽动其他工人不入工会，"阻碍会务"的实施与发展。在这个过程中，虽然工会职员"多方感动，（但）毫无效果"。同时，杨还"尽力促动"他人"反对本会登记"。最后，报告无可奈何地称，工会"本拟执行处理，奈本会无有执行权"。但其后

<hr>

① 《成都市茶社业职业工会职员表》，成都市政府工商档案，38－11－982。我们可以在上海发现同样的情况，工会合法化，但基本上为政府所控制。参见小浜正子『近代上海の公共性と国家』研文出版、2000、第2章。

② 《成都市茶社佣工业职业工会会员工作公约》，成都市政府工商档案，38－11－983。

又称，"如果不制止"，则其他人将会效尤，"影响会务，后患何堪设想"。因此，工会请求市政府惩罚拒绝入会者。于是，市政府发了一份命令，"在馆工人，应即强制办理，如有不遵，准将姓名列表报惩"，这再次显示了工会是在国家支持下成立并开展工作的组织。随后，工会上报了拒绝入会的 7 个工人的姓名以及他们工作的茶馆，在某人的名字之下，工会还做了一个注："此人为抗不入会之领袖，并劝阻该社工人等不予登记。"而在烟袋巷街口的来舒茶社和皇城坝的忙里闲茶社的下面，茶社业工会标注了"工人全不入会"的字样，显示出茶馆工人对于茶社业工会的态度。①

工人拒绝加入茶社业工会的态度表明，这个工会可能只代表了部分人的利益。而他们拒绝加入的原因，上面已经提及，似乎是他们不愿付 2 元的会费，但这个会费在当时并不是高得离谱。前面一节已经讨论过，1942 年茶馆工人平均工资是每天 7.33 元，考虑到战时剧烈的通货膨胀，这个入会的费用不过工人一天工资的 1/3，并不属于大的开支。但从另一方面考虑，工人所挣的工资难以维持一家人的开支，因此，任何额外开销对他们来说都是极大负担。②

而实际上，一些工人之所以拒绝支付看来并不高的会费，还有更深层的原因。首先，茶馆工人似乎并不十分依赖这个组织，也没有从中得益，又或者是工会没能向工人证明它可以维护他们的利益，因此

---

① 《成都市茶社业职业工会呈》，成都市政府工商档案，38 - 11 - 984。此外，根据笔者对茶社业公会的研究，相对来说公会的内部权力斗争较少，因此，这个组织作为一个行业的代表也显得更为成熟。公会之所以能够成功，可能是因为这是一个有较长发展历史的组织，其领导层是通过比较正规的程序选举出来的。因此相较工会而言，有着更少的争议。

② 工人拒绝付会费的现象并非仅仅出现在成都，其他的城市也曾发生过类似现象，即使是在工人运动比较发达的城市，例如上海，一些木匠工人也会拒付木匠工会年费，工会还因此把他们告上法庭。参见 Elizabeth J. Perry, *Shanghai on Strike: The Politics of Chinese Labor*, pp. 33 - 34。

工人不愿加入这个对他们来说没有用处的组织。其次，工会内部也纠纷不断，这些内部冲突不仅弱化了工会的领导能力，还损害了工会的威信。例如1944年初，83个工会成员向政府递交了一份请愿书，指责上年末的工会选举不按章程进行，许多会员甚至都不知选举何时举行，工会原有2000多名成员，但只有其中的70人参与了投票，结果使得一些"捣乱分子"甚至两个非会员也被选入工会的理事会中，这令他们十分不满，因此要求政府根据《工会法》重新选举。① 再次，许多茶馆的工人都是袍哥组织的成员，这也使得他们并无兴趣加入茶社业工会中。袍哥作为四川地区最有影响力的秘密社会组织，其成员散布各阶层，从政府官员、商人到一般居民、下层劳工都可能是袍哥组织的成员。当时，对于那些缺乏靠山的一般民众来说，加入袍哥组织是一个寻求庇护的好选择。事实上，四川许多茶馆就是由袍哥开办的，或者是袍哥的公口，袍哥们经常在茶馆里开会，处理日常事务，或将其作为联络处等。因此，在这些茶馆工作的工人不可避免地加入这个组织中。显然，由于袍哥组织的保护，茶馆工人所遭受的骚扰要比其他人少得多，因此，这些工人相信他们并不需要工会也可以得到庇护。②

① 《茶社佣工业工会纠纷案》，成都市政府工商档案，38 - 11 - 758。
② 在樊荣武向政府提交的反凌国正的请愿书中称，凌诬陷他们是袍哥成员。参见《茶社佣工业工会纠纷案》，成都市政府工商档案，38 - 11 - 758。虽然樊否认了凌的指控，但如果考虑茶馆工人加入袍哥比例甚大的话，凌也可能说的是实话。关于茶馆与袍哥关系的研究，参见 Di Wang， "Street Culture: Public Space, Urban Commoners, and Local Politics in Chengdu, 1875 - 1928," Ph. D. dissertation., Johns Hopkins University, 1999, chap. 6; Di Wang, "The Idle and the Busy: Teahouses and Public Life in Early Twentieth-Century Chengdu," *Journal of Urban History*, Vol. 26, No. 4, 2000, pp. 411 - 437. 此外，关于四川的袍哥研究，参见 Liu Ch'eng-yun, "Kuo-lu: A Sworn Brotherhood Organization in Szechwan," *Late Imperial China*, Vol. 6, No. 1, 1985, pp. 56 - 82; Kristin Stapleton, "Urban Politics in an Age of 'Secret Societies': The Cases of Shanghai and Chengdu," *Republican China*, Vol. 22, No. 1, 1996, pp. 23 - 63; Lee McIsaac, "'Righteous Fraternities' and Honorable Men: Sworn

即使茶社业工会当时存在各种问题，在其组织下仍然能够开展一些活动，加强行业工人的自我约束和自我保护。例如，工会试图规范女茶房的仪表，要求她们不化妆、不烫发、不与顾客调情，"行动要规矩，态度要庄重"，以避免她们受到来自顾客的性骚扰。此外，工会还要求全体成员在工作时戴会员证章，同时还经常派职员检查成员行为。有观察者称，"那时的会务进行相当有精神，会章的执行也非常的严格"[1]。工会力图将女茶房与其他从事娱乐和卖淫的妇女区别开来，佩戴胸章是试图塑造女茶房的积极形象，并宣传工会，扩大其影响，推进服务质量。工会还经常代表女茶房发出她们的声音，与政府交涉去保护她们的利益，本章随后将讨论这个问题。

五 性别冲突与工会内部
权力斗争

战争时期，妇女到茶馆中谋生，立即在这个传统的以男性为主导的行业中掀起了波澜，并引起茶馆内男性工人的愤恨，由此产生激烈

Brotherhoods in Wartime Chongqing," *American Historical Review*, Vol. 105, No. 5, 2000, pp. 1641 – 1655；王笛《跨出封闭的世界——长江上游区域社会研究（1644~1911）》，第 8 章。中国其他地区哥老会的研究，参见 Shaoqing Cai, "On the Origin of the Gelaohui," *Modern China*, Vol. 10, No. 4, 1984, pp. 481 – 508；Dian H. Murray, *The Origins of the Tiandihui*: *The Chinese Triads in Legend and History*, Stanford: Stanford University Press, 1994；David Ownby, *Sworn Brotherhoods and Secret Societies in Early and Mid-Qing China*: *The Formation of a Tradition*, Stanford: Stanford University Press, 1996；Brain Martin, *The Shanghai Green Gang*: *Politics and Organized Crime, 1919 – 1937*, Berkeley and Los Angeles: University of California Press, 1996。

① 陆隐：《闲话女茶房》，《华西晚报》1942 年 2 月 25~28 日，第 2 版。

的职场性别冲突。① 同时，由于当时这个行业的工会领导者是一名妇女，这使得所产生的矛盾更为尖锐。而这个矛盾在 1939 年成都茶社业职业工会重组以后更加激化了，特别是在工会领导层内部。一份档案资料透露出当时工会理事会的信息，包括他们的姓名、在工会的任职、性别、年龄、籍贯、地址、从业时间等。在 20 位理事中，17 位是男性，3 位是女性，其中包括 42 岁的常务理事（即理事长）凌国正——一个积极的工运活动者，常被称赞对"妇运"工作特别"干得努力"。②

但是到了 1940 年秋，凌国正却面临来自男性工人的挑战，这些男工人两次向政府请愿，称凌非法获取权力，还说她之所以得到权力是因为在选举之前她和一些会员达成了交易，因此这次选举是"少数人压迫多数"的结果。同时，请愿书还透露了不少工会发展的情况。虽然关于茶社业工会的早期历史我们所知不详，但根据现有资料，过去的茶馆工人——包括茶房、瓮子房、挑水夫等——有自己的传统组织，称为"三官会"。1926 年时，茶馆工人组织了成都市茗工业职业工会，规定只有男性才能加入，并号称有两千多成员。工会

---

① 关于中国职场的性别冲突，学界缺乏研究，而其他国家关于这个问题已经有论文发表，如科恩克通过考察早期苏联印刷工厂男工对女工的语言、行为和态度，提出一个新的角度去理解俄国工人阶级的历史。参见 Diane p. Koenker, "Men against Women on the Shop Floor in Early Soviet Russia: Gender and Class in the Socialist Workplace," *American Historical Review*, Vol. 100, No. 5, 1995, pp. 1438–1464。

② 《成都市茶社佣工业职业工会会员工作公约》，成都市政府工商档案，38 – 11 – 983；陆隐：《闲话女茶房》，《华西晚报》1942 年 2 月 25 ~ 28 日，第 2 版。理事会成员中年纪最大者为 59 岁，最年轻者 25 岁。其中，25 ~ 29 岁 5 人，30 ~ 39 岁 3 人，40 ~ 49 岁 9 人，50 岁及以上 3 人。他们中间 9 人为成都本地人，其余来自外县。在茶社业工作最长者 31 年，最短者仅 2 年。那位 25 岁的理事会成员，从事茶社业已经 8 年，也就是说他 17 岁开始便以此业为生。陆隐的文章称"工会的主席凌国正，她年龄已五十八了，据说她是国民党的老党员"。陆的这个描述与档案记载并不一致，据档案中的理事会名单记录，凌 42 岁，在"是否是党员及党证字号（非党员不填）"一栏留着空白。参见《成都市茶社业职业工会职员表》，《成都市政府工商档案》，38 – 11 – 982。

"曾经党政机关备案"，还称"全体工友一致站在三民主义青天白日旗帜之下，对救国工作，历次已有表现，认党国为重心"。这个工会一直活动到1939年。该年由于日机狂袭成都，许多居民被疏散到郊区，待茶馆工人们返回市内继续谋生时，发现工会被"茶社商人、女性、非工人"凌国正改组为"成都市茶社民生工会"。这样，一个由男性主导的集团被改组为男女混杂的组织。在这个组织中，凌国正带领着一群女性，试图说服男性工友，把全男性工会改为接受女性成员的工会。①

显然，在工会中凌国正依靠的是女茶房们的支持。有资料显示，正是凌国正促成了这个组织从传统到现代工会的转变。我们姑且不论她是怎样获得权力的，仅她能够成功地将一个男性组织整合改造为一个男女混杂的组织，并确立她领导权的这个事实，就已经显示了她作为一个工会活动者的非凡能力。此外，针对凌的行为，男性工人竭力维持他们主导的同性组织，便是当时职场性别冲突的一个极好例子。许多反对凌国正的男茶房，不能容忍她"竟敢以我堂堂数千须眉工友，同彼妖艳茶房一锅染"，认为这是"雄覆雌飞，司晨由牝"。他们指责她不顾男女分野，犹如"豕羊同圈"。因此，他们宣称要"恢复旧有之成都市茗工业职业工会"，而且"仍以三官会之全体男性为会员"。② 在服务行业中，男工人反对女性同行加入工会的行为，在世界劳工史中并不鲜见。科波在其关于美国女招待历史的研究中，便

---

① 《茶社佣工业工会纠纷案》，成都市政府工商档案，38 - 11 - 758；《成都市茶社佣工业职业工会会员工作公约》，成都市政府工商档案，38 - 11 - 983。在一份男茶房的请愿报告书中，我们可以看到稍微多一点的关于凌国正的信息：前理事长黄义生"尸位贪污，会事不整"，他担心受到指责，于是暗中把工会名单和印章交给了"插翅飞来"的凌，而凌"亦太不（自）重，公然接收主席自命"，"将我招牌放下，改号佣工"。

② 《茶社佣工业工会纠纷案》，成都市政府工商档案，38 - 11 - 758；《成都市茶社佣工业职业工会会员工作公约》，成都市政府工商档案，38 - 11 - 983。

发现在 1930～1940 年代，"为了保证其位置和工作条件，男性工会会员竭力排斥同行妇女，继续实行职场的男女分离"。①

实际上当时男茶房们所争取的，不仅仅是男女分离，更重要的是要维护他们在茶馆中谋取生计的利益。由于凌国正的权力基础是茶馆的女茶房，因此，她竭力为妇女在茶馆中工作的权利而斗争。同时，女招待在茶馆中的突然出现改变了过去男工人主宰这个行业的局面，并引起了茶馆中雇佣模式的剧烈变化。由于女招待工资低，而且易于控制，同时还可以为茶馆招徕更多顾客，当时很多茶馆都更愿意雇佣女工。而为了雇佣更多的女招待，许多茶馆开始解雇男茶房，因此，男性茶博士们感到他们的生计面临着来自异性的前所未有的威胁，故而联合起来反对凌以及凌所领导的工会组织。他们甚至把官司打到了法院，但是凌国正在法庭上就妇女在茶馆中的工作权利进行了充满热情和富有说服力的辩论，使她最终赢得了官司。此后，在她的影响下，许多女茶房加入了工会组织，以寻求工会对她们利益的保护。②

然而凌国正的成功不但没有赢得男茶房们的谅解，反而遭到了他们更激烈的反对，同时，对凌的指责也变本加厉。一份请愿控告书称凌有三百多名追随者，她"施展捞钱手段"，强迫工人买胸章，还说她贪污公款，缴纳 2 元的会费仅给 1 元的收据，指责她"纵横形同以前之军阀无异"，"如此剥削工人血汗金钱，（工人）生活必受重大影响"。从这些请愿书中，我们发现男茶房试图把凌描述成一个专横的独裁者，以把她驱逐出工会。虽然关于凌国正的记录不多，但从已有的资料看，在成为工会常务理事之前，凌便一直从事着妇女组织的工作。没有充分的证据去判断请愿书中对凌的指责是否确实，但从凌的

---

① Dorothy Sue Cobble ed., *Women and Unions: Forging a Partnership*, Urbana, IL: University of Illinois Press, 1991, p. 6.
② 陆隐：《闲话女茶房》，《华西晚报》1942 年 2 月 25～28 日，第 2 版。

种种作为来看，她似乎并非请愿书中描述的那种人，那些带有很强情绪的词语，诸如"捞钱""剥削""军阀"等，都与我们所知的凌有着相当大的距离。这从当时报纸关于女茶房的报道文章对凌也多有赞誉中便可看出。我们也不知道此后凌国正是否会努力修补与男茶房之间的关系，但笔者发现凌已经不在随后的理事会名单中，此后工会的常务理事变更为樊荣武，而该人便是在向政府递交的请愿书上最先签名的人之一。陆隐在1942年初的文章中提到凌已经去世，但没有提及死因，不知这个权力的转移是在她去世前还是去世之后。因此，我们并不能肯定工会领导层的变化是男茶房们抵制的结果，还是凌去世的结果。不过，至少我们可以知道，男茶房们并未能成功地将工会恢复到以往男性一统天下的局面。①

六 暴力阴影下的茶馆工人

因为工作场所的性质，尽管堂倌们带来了良好的服务并极力避免与顾客的正面冲突，但却发现自己经常陷入麻烦之中。民国时期，地痞流氓、袍哥、烂兵在茶馆中横行霸道，经常干扰茶馆的正常秩序。他们或者吃茶不付钱，或者任意损坏茶馆的财产，同时，茶馆中的艺人、堂倌、掌柜等也不断受到其欺辱，在地方报纸和档案记录中，我们可以看到很多此类事件。一次，一个顾客谩骂和殴打茶馆的堂倌，其原因不过是茶水不够烫，尽管当时茶馆老板赶紧出来劝解，但是堂倌还是遭到了羞辱和殴打。② 这些地痞流氓"目无法纪，为所欲为"，

---

① 《茶社佣工业工会纠纷案》《成都市茶社佣工业职业工会会员工作公约》《成都市茶社业职业工会呈》，成都市政府工商档案，38－11－758、38－11－983、38－11－984；陆隐：《闲话女茶房》，《华西晚报》1942年2月25~28日，第2版。
② 《国民公报》1916年8月4日，第6版。

经常聚集在茶馆制造事端，不仅"妨碍工人生计"，而且"影响后防（方）治安"。①

更甚者，茶馆有时成为杀人的现场。1929 年，在成都影响甚大的"东方茶楼命案"便发生在茶馆中。其起因是一场债务纠纷，涉及房主、茶馆掌柜、堂倌，结果导致了堂倌的直接死亡。而这个案件本身暴露出了堂倌、茶馆、房主、地方社区间的复杂关系。当时《国民公报》对这个案件的报道如下：

> 春熙南路东方茶楼房主杨芬如打死茶堂倌唐洪兴……记者以事关人命，向各方面详细调查，兹将所获情形，再为披露如次。缘有簇桥丝商杨芬如，数年来暴发，家资数万金。昔年与张本兴合资建筑东方茶楼、寅春茶楼铺房。前年游康成租佃东方茶楼营业，每日纳房租银五元，至今两年余，生意萧条，先后共欠房租五十四元。阴历本月初十日，杨索欠租，曾出手打游之管事夏某，经坐座中啜茗之许某劝解，杨复恃富逞凶，反将许姓所带之表打碎，并咒骂不休。声称我打死他，有我抵命，与你何干？游康成恐生意外，竭力向杨敷衍，乞杨缓期一周付清。殊至十七日满限，游之欠款，尚未办齐，只付洋十五元。次日晨即十八日，杨到东方茶楼索欠租，时值堂倌唐洪兴开铺板，杨言若不把款付清，不准开铺营业，堂倌据理力争，触杨盛怒，随即拳足交加……（游康成）只见堂倌已毙命在地，及时派人通知堂倌家属。唐洪兴，中江人，现住鼓楼三倒拐，家中有一老母一妻一子，并无弟兄，全赖堂倌供养家口。（游）亲赴各段，东南西北四段，投报团务首人及区团正。众首人抱息事宁人主义，同往会

---

① 《取缔女招待》，成都市政府工商档案，38 - 11 - 908。

杨，拟劝杨略出烧埋费了事。殊杨怙恶成性，宣告伊无请首人调处之必要，令首人勿得多言，各自回去。移时游康成与尸亲将杨芬如拉至地方法院，并恳验尸。

这里值得注意的是，报道中的这个事件发生后先由"团务首人及区团正"插手，而非交由警察处理。显然，起初社区的领袖试图不通过警察解决这个案子，要求殴人致命者杨芬如支付堂倌的丧葬费用，但杨拒绝了这个条件。从现代社会的角度来看，这起杀人案，显然应该先报告警察，并交由警察处理，但社区的领袖却竭力避免官方的介入。我们可以设想，如果杨接受了上面的条件，这个案件可能永远也不会引起公众的注意。此事件一经媒体的报道，便引发了社会各界的关注。据地方报纸报道，在法院听证的那天，有上千愤怒的民众聚集在法院外面，要求法院进行公正的判决。[①]

从上面便可以看出，堂倌们经常是茶馆暴力的直接受害者。而发生在 1943 年 8 月的另一案件，则直接表明了这一点。一天，几个"流痞"在不二茶楼点了茶，告诉堂倌吕清荣一会儿付账，但吃完茶他们便溜走了。第二天，这几个人如法炮制，吕追出去要钱。这几个人却称吕使他们在公众前丢了面子，不仅不付钱，而且将吕身上打得青一块紫一块。当路人试图阻止他们的暴行时，其中一人竟然朝天开枪进行恐吓。那些认识吕的人都说他"素行本朴，深得主人信仰（任），以致工作数年，毫未与雇（顾）客生过纠纷"。为此事，工会向市政府请求主持公正。但在讯问中，地痞反咬一口，称吕先抢了他们的子弹和钱。工会反驳道，吕清荣乃一堂倌，"何敢在众目睽睽之

---

① 《国民公报》1929 年 7 月 27、29 日，第 6 版。关于这一事件更详细的报道，参见《国民公报》1929 年 8 月 1、18 日，第 6 版，9 月 15、16 日，第 6 版，1930 年 5 月 29 日，第 9 版。

下"进行抢劫？显然这是"托词欺诈"。在调查之后，工会确认事件确实是由地痞挑起的，"身藏枪械，合同流痞，持枪威吓本会职员"，并要求警察立即验伤，起诉行凶者。市政府对这个请愿迅速做出回应，命令"查此案以向法院起诉"。这个事件直接显示了茶馆中堂倌的艰难处境：如果他们设法保护自己的利益，就可能要冒着被伤害甚至丢命的危险。[1] 特别是在战争时期，由于难民和退伍军人急剧增加，社会混乱，若仅仅依靠警方的力量，则不能有效地控制肇事者。因此，在这个时期，工人们不得不依靠自己的组织，比如工会，或者秘密会社等其他社会力量进行自我保护。

此外，在公共场所工作的女茶房更容易成为茶馆中性骚扰和暴力的对象。[2] 1939 年发生的两起事件，曾引起当时社会的广泛关注。第一起事件是一个叫汤炳云的女茶房，在龙春茶园提供热脸帕服务并兼卖香烟，因拒绝一个男人的骚扰而遭到毒打。一天，她出去买饭被周姓地痞截住，周企图调戏她，她逃进茶馆，但周仍对其穷追不舍，企图进入茶馆中再次对汤进行袭击。后因汤在公众面前谴责了其行为，他遂恼羞成怒，把汤打成重伤，口吐鲜血。当周围的顾客试图制止他时，他暴跳如雷，并继续殴打汤。另一事件则涉及元圆茶社的女招待谢礼贞，当时一个在茶社饮茶的丁姓顾客装着从地下拾毛巾，却抓住谢的脚踝不放。谢礼貌地叫他住手，丁不仅不听，反而对她猛然袭击，连过来劝解的茶馆

---

① 《成都市茶社业职业工会呈》，成都市政府工商档案，38－11－984。

② 地痞在公共场合骚扰妇女长期以来是一个不可忽视的社会问题，自清末以来，警方便试图控制并消除这种现象。关于对这种行为的规定和处罚的研究，参见 Di Wang, "The Struggle for Drink and Entertainment: Men, Women, and the Police in Early Twentieth-Century Chengdu," Paper presented at the 114th Annual Meeting of the American Historical Association, Chicago, January 9, 2000。

老板也被丁殴打。① 诸如此类事件的不断发生，使得在茶馆谋生的女招待面临着严重的威胁。

面对无法尽数的职场暴力的威胁，凌国正主持下的工会很自然地成为这些女茶房的主要保护者。在上述两个女招待被调戏和袭击后，工会立即向市政府请愿，请求"严惩凶手，用保善良，而维治安"。请愿者指出，这些社会流氓经常调戏女茶房，当女茶房们反抗时，流氓们甚至使用暴力来殴打强迫她们，同时由于这些社会的弱者需要在此谋生，因而她们并没有其他的选择，也难以逃脱被蹂躏的境遇。如果妇女们力图保护她们的尊严，那么则可能导致更悲惨的结局。请愿书中还指出，这类事件"层出不穷"，使得女茶房们不得不依赖工会的保护才能继续在茶社业中谋生。为了获得社会上更多的同情，工会特别指出，这些女茶房许多都是前方将士的妻子，她们的丈夫在前方为国家同日军浴血奋战，她们和儿女却在家忍受饥寒交迫的生活，在茶馆工作是她们唯一的为生之道，却又遭受地痞流氓的骚扰和欺辱，这种现象实际上是"摧毁女权，妨碍风化"。同时，"前方沐血抗战之官兵因家属不得保障而有后顾之忧，影响抗战，是非浅鲜"。②

此外，借此机会，工会进而呼吁政府和社会对女招待持一种积极的态度，并理解她们的处境："此亦全国总动员"之时，"国家需兵之际，女子出而代之男子之劳"，因此政府应该给予必要的支持和保护，保证"女子经济独立"，这样可以"极力培植以充国力"。同时，工会还请求政府发布告示，禁止骚扰，严惩违法者。在收到工会请愿

---

① 《取缔女招待》，成都市政府工商档案，38－11－908。

② 《取缔女招待》，成都市政府工商档案，38－11－908。正如前面所提到的，其实茶馆的女招待具有各种不同的背景，但工会强调她们是"前方沐血抗战之官兵"的家属，不失为一个能得到社会广泛同情的策略。

书两周后，成都市市长将信批转四川省警察厅，在批文中，指出骚扰女茶房是"有伤风化，蔑视人权"。① 对于这个事件的最终结果虽然我们并不清楚，但至少我们看到在这些事件发生后，工会所做出的努力，以及当时的政权对解决这些问题的重视。②

当然，我们还应该意识到，尽管工会一直在为保护工人的权益做出努力，但是它们的能力还是有限的，原因有以下几个方面。第一，如上面已经讨论过的，工会基本上是一个国家支持的组织，虽然它代表工人的权益，但也必须按国家所制定的规则行事。第二，工会缺乏一个强有力的领导层，加之经常受到内部危机的干扰，影响了其号召力。第三，工会还面临来自同业公会特别是袍哥组织的竞争。那些加入了袍哥组织的茶馆工人，公开反对工会强迫加入的措施，使得工会工作在一定程度上受到限制。第四，正在进行的战争亦对工会作用的发挥产生影响。因为政府不断地宣传为了国家利益，人们应该牺牲个人利益，所以工会任何关于争取工人权利的努力，如果与政府的政策和主张不一致，都可能被指责为不爱国，而很难取得应有的成果。

七　男女茶房的社会形象

由于茶馆工人是在公共场所谋生，为公众服务，因此相比其他在小商铺工作的工人留下了更多的记录，由此我们可以窥探这些男女茶房的社会形象。这些茶房们的社会形象既是基于他们的工作表现，也是由地方精英的话语霸权所决定的。在民国时期，为了创造一个新的

---

① 《取缔女招待》，成都市政府工商档案，38-11-908。

② 《成都市茶社业职业工会呈》，成都市工商局档案，38-11-984。

和进步的省城形象，地方精英们不断地在成都推动并宣传现代和西方的观念。[1] 由于公共场所通常为大众所注目，所以茶馆和茶馆工人便成为其首要改良之对象。虽然我们不能说全部茶馆工人都有着消极的形象，但与茶馆业一样，由于这些茶房们有着复杂的社会关系，即使他们中不少人在顾客中颇有人缘，也仍然难免遭到来自精英阶层的严厉批评。

茶馆工人在社会中有着各种各样的形象，而这些形象是被不同的人从不同的角度建构起来的，尤其是茶馆女招待或者女茶房（当时的报刊上两种称呼都有）的形象。当时的舆论对女茶房有两种截然不同的态度。那些同情女茶房者，强调这些女茶房所面临的处境，并把茶馆描述成一个熔炉，认为这些女性可以在那里得到磨炼。因为在茶馆的环境中，她们必须应对各色人等，这使她们的眼界更为开阔。同时，从一定程度上来说，这些女茶房的出现还改变了社会的一些旧风气。在茶馆饮茶的一些单身汉会主动追求这些女茶房，他们中有的还跨入了婚姻殿堂。有人注意到，在这些青年男女熟悉后，先是一起去看戏，待关系进一步深化后，开始互赠礼物，如一条围巾或一幅布料等。如果他们决定今后终生相守，那么便会租一间小屋，把自己的东西搬到一起，不举行婚礼，也不要嫁妆。由于茶馆成就了不少对这样的青年男女，便获得了"恋爱场所"的美名。对于那些同情女茶房处境的人来说，他们认为这些女茶房是妇女经济独立的先驱，对社会风气具有积极的影响。[2] 考虑到当时大部分妇女的婚姻是被父母控

---

① Di Wang, "The Idle and the Busy: Teahouses and Public Life in Early Twentieth-Century Chengdu," *Journal of Urban History*, Vol. 26, No. 4, 2000, pp. 411–437; Di Wang, *Street Culture in Chengdu: Public Space, Urban Commoners, and Local Politics, 1870–1930.*

② 陆隐：《闲话女茶房》，《华西晚报》1942 年 2 月 25～28 日，第 2 版；周止颖：《漫谈成都女茶房》，《华西晚报》1942 年 10 月 13 日，第 2 版。

制的，因此，我们必须承认这些普通妇女是在为自己的婚姻自由向传统提出挑战。

另外一些评论者也尽量理解女茶房的处境，如其中有人指出，如果茶馆里只有男人，未免有点枯燥，女茶房的出现实际上活跃了茶馆生活。至于她们同顾客调笑，这些评论者反驳说，如果这些妇女不竭力讨顾客的欢心，使他们高兴，那么她们的雇主将会不满，进而影响到她们的生计。像轿夫和小商小贩等下层民众，在工作累了一天以后，也很想到有女茶房的茶馆轻松一下，在她们那里得到一些安慰。① 在这里笔者想强调的是，茶馆里女茶房的出现，重新定义了男女在公共场所的关系。根据中国传统，青年妇女不应该与家庭成员以外的任何男人有直接接触。但在茶馆中女茶房和男顾客的关系，开始动摇这个社会传统，对妇女解放具有积极的影响。

然而，一些地方报纸对女茶房的批评却是一浪高过一浪。这种带有偏见的强烈情绪逐渐散布到社会各个阶层，因此，当女茶房遭到地痞流氓欺辱的时候，人们所表现出来的态度，不是幸灾乐祸，就是怪罪于她们，认为她们是咎由自取。很多人都认为女茶房"成了茶社老板眼里的一枝摇钱树"，用其特有的性别优势来招揽顾客。有人还指责她们与地痞流氓有来往。② 当时的女茶房与地痞之间确实有联系，这也并非秘密，因为对这些女茶房来说，在公共场所工作，如果要生存的话，几乎不可能不和这些常在茶馆混的人打交道。

另一些批评者则认为从事女招待的工作导致这些妇女道德沦丧。

---

① 周止颖：《漫谈成都女茶房》，《华西晚报》1942 年 10 月 13 日，第 2 版。葛以嘉描述了人们怎样在茶馆中与旦角调情。参见 Joshua Goldstein，"From Teahouses to Playhouse：Theaters as Social Texts in Early-Twentieth-Century China，" *The Journal of Asian Studies*，Vol. 62，No. 3，2003，p. 763.

② 陆隐：《闲话女茶房》，《华西晚报》1942 年 2 月 25～28 日，第 2 版；《华西晚报》1941 年 6 月 12 日。

按照他们的说法，这些妇女在刚出来工作时，"都才是十七八至廿二三岁的年龄……过时的旗袍，脸上淡淡地涂一点白粉，套上一件雪白的围裙，羞答答地周旋于包厢座中的茶客间，使人见着一望而知她们是刚由厨房内走上社会里来的"。但与此形成鲜明对比的是，到了1940年代，这些女招待们就变成"唇涂口红，脸擦脂粉，烫其发，高其跟，在茶馆中与茶客们，不是轻狂胡诌，就是怪笑连连"的形象，她们之中"种类复杂，丑态百出"，只要有客人进入茶馆，一个女招待便会上来厚颜地纠缠，"嬉皮笑脸来一声：'喂，吃不吃烟？洗不洗脸？'"甚至做丑态故意引客人发笑。因此，一些精英认为"近年来，成都茶馆都变成了很不平凡的场合。女茶房与茶客公开的打情骂俏，有特别的房间，小费有时甚至超过了茶资的四五倍"。①

以上种种批评言论的出现，是由于社会对妇女公共行为的要求比对男人行为的要求更吹毛求疵。比如，在一系列的批评中，我们并没有发现精英阶层特别指出对与女招待"吊膀子"的男子的批评。虽然的确有个别女招待卖淫，但大多数所谓"有伤风化"的指责却是基于当时社会中存在的对女招待的偏见。当这些妇女进入到一个过去纯粹由男人主导的世界，他们所遭到的种种非难其实不难想象，从晚清妇女作为客人进入茶馆开始，到1930～1940年代，这些妇女仍然在为其进入茶馆等公共场所而进行抗争。② 而对妇女进入茶馆持反对

---

① 陆隐：《闲话女茶房》，《华西晚报》1942年2月25～28日，第2版；《华西晚报》1941年6月16日。
② 西方学者曾对这个问题进行过研究。当在讨论美国鸡尾酒女招待和"在男人世界工作的妇女"时，斯普瑞德利和苏珊曼指出"作为男人和作为女人的行为，是由我们的文化决定的"，并非天生自有的现象。参见 James Spradley and Brenda Mann, *The Cocktail Waitresses: Women's Work in a Man's Word*, p. 7; Di Wang, "The Struggle for Drink and Entertainment: Men, Women, and the Police in Early Twentieth-Century Chengdu," Paper presented at the 114th Annual Meeting of the American Historical Association, Chicago, January 9, 2000。

意见的批评者们大多数根本反对妇女的公共角色，并非仅仅针对妇女进入茶馆这一社会现象。他们借由此种社会现象，夸大茶馆女招待中存在的问题，并以此反对妇女进入公共场所。

除了在茶馆工作的女茶房外，茶馆的堂倌们也经常遭到精英们的猛烈批评。毫无疑问，即使是在那些高档优雅茶馆工作的茶博士，其在社会上的地位也是很低的。虽然精英们喜欢茶博士高超的操作技术和丰富的社会阅历，但对他们仍抱有批评的态度。这些批评在相当大的程度上是出于偏见，不过其中一些也是由堂倌的个人行为或行业的"陋习"所导致的。例如，茶房有时会在顾客和雇主之间玩小花招，以设法捞点外快。一个比较经常的做法是从每个茶碗中匀出一小撮茶叶，积少成多，便可以多卖一碗茶作为额外收入。[1] 这些行为无疑加深了精英们对堂倌的蔑视。

此外，茶房们有时还会有小偷小摸的行为，这同样受到精英们的强烈谴责。当然，如果我们知道他们当时所处的困境，可能会对他们这些生存术抱有一分同情。同时，这些反面案例不仅反映出一些茶房为了挣更多钱的绝望处境，而且显示了他们在困境中挣扎的生存能力。[2] 但社会精英们并没有对其表现出过多的同情，1941 年的一篇关于一个茶房从一个妇女卖身中获利的报道，便以《茶房可恶》作为标题，充分显示了精英们对一些茶房不堪行为的愤慨。报道说一个军官看上了一个在茶馆和餐馆卖书报的女人，于是他请一个茶房去拉皮

---

[1] 崔显昌：《旧蓉城茶馆素描》，《龙门阵》第 6 辑，1982 年，第 101 页。

[2] 例如，一个茶馆的二楼是一个商铺，有次丢失了几根烟管，嫌疑人张文先是该茶馆的堂倌，因此警察行到他家进行调查。但在调查时，张却执意在一个餐馆招待那警察酒饭，然后两人又到茶馆喝茶，就在这个时候张伺机逃跑了。于是，该报道称张"贼计多端，用计脱逃"。虽然张的盗窃行为是违法的，但借此也可以看出这个堂倌经验丰富，机灵了得，把警察都玩弄于股掌之上。参见《成都快报》1932 年 3 月 28 日，第 6 版。

条。那个女子虽然有点犹豫，但终抵不住 500 元钱的诱惑。然而交易做成后，那茶房只给那女子 50 元，而把其余的私吞，因此导致了两人的纠纷。那女子将茶房告到官府，但茶房早已逃之夭夭，因为其知道在茶馆拉皮条是违法之事。[1] 诸如此类事件的发生，在一定程度上毁坏了男茶房在公众心中的社会形象，也给了地方政府对茶馆这样的公共场所进行严密控制，以维持"公共秩序"非常好的借口。

八　政府管控

在民国时期，政府总是把注意力更多地放在城市的公共场所上，并对这些地方进行严密管理和控制。随着晚清新政的实施，成都与中国其他城市一样，在地方当局和改良精英的倡导下，经历了一系列改变城市形象的运动，在这个过程中，作为最重要的公共空间，城市的外观不断进行着重建和改造。[2] 而此时，散布在成都街头的大大小小的

---

[1]　《华西晚报》1941 年 5 月 21 日，第 5 版。

[2]　2000 年周锡瑞编辑了一本论文集《重建中国城市：现代性和国家认同，1900 ~ 1950》（Joseph W. Esherick, ed., *Remaking the Chinese City: Modernity and National Identity, 1900 – 1950*, Honolulu: University of Hawaii Press, 2000），主要讨论中国社会的现代性和国家认同，其中收录的文章包括钱曾瑗（Michael Tsin）关于广州（"Canton Remapped"）、罗芙云（Ruth Rogaski）关于天津（"Hygienic Modernity in Tianjin"）、司昆仑（Kristin Stapleton）关于成都（"Yang Sen in Chengdu: Urban Planning in the Interior"）、汪丽萍（Liping Wang）关于杭州（"Tourism and Spatial Change in Hangzhou, 1911 – 1927"）、董玥（Madeleine Yue Dong）关于北京（"Defining Beiping: Urban Reconstruction and National Identity, 1928 – 1936"）、姆斯格若夫（Charles Musgrove）关于南京（"Building a Dream: Constructing a National Capital in Nanjing, 1927 – 1937"）、麦金农（Stephen MacKinnon）关于武汉（"Wuhan's Search for Identity in the Republican Period"）、麦岚（Lee McIsaac）关于重庆（"'Righteous Fraternities' and Honorable Men: Sworn Brotherhoods in Wartime Chongqing"）等专题研究。这些文章揭示了当时中国社会所面临的城市规划、建设、卫生、秘密会社等一系列问题。关于这个改良在成都的系统研究参见 Di Wang, *Street Culture in Chengdu: Public Space, Urban Commoners, and Local Politics, 1870 – 1930*; Kristin Stapleton, *Civilizing Chengdu: Chinese Urban Reform, 1875 – 1937*。

茶馆便成为改良的最主要目标之一。① 在整个民国时期，政府发布了许多关于茶馆的规章制度，其中包括针对茶馆工人的一些特别规定。②

在如此社会风气的影响下，地方政府同时颁布了限制茶馆内女茶房的规章条文。1941 年，四川省警察厅因为担心茶馆内女茶房与顾客"调情"、为小费争执以及没有系围裙等问题，令茶社业公会监督各茶馆实施整改。同时颁布了关于女茶房服装和行为的 10 条规则：女茶房在工作时必须穿长袖、系白围裙或穿蓝旗袍，同时还要佩戴证章；女茶房不允许与顾客开玩笑，或有任何"有碍风化秩序"的行为，否则顾客有权将其行为报告警察；女茶房不得卖淫，不能要求小费，或擅自涨价。此外，如果女茶房与"汉奸"有来往或者是偷顾客东西，茶馆掌柜必须报告官方，知情不报者将承担法律责任，同时任何违规的女茶房也将受到惩罚。③ 这些关于女茶房工作时仪表与行为的规定涵括范围甚广，其中有些条文定义模糊，无法确定其界限，这无疑为当时饱受争议的茶馆女招待的谋生增加了困难。

在各种规章制度的限制、经济危机的打击以及沉重的社会压力等因素影响下，女茶房们的"黄金时代"在 1940 年代初便结束了。正在进行的战争和经济的恶化造成了物价的上涨，曾是街头茶馆主要顾客的中下层民众，其时自身已难得温饱，再加上日机的空袭，茶馆顾客减少。而且，到了 1940 年代初，人们已经从战争刚爆发时的惊恐中安定下来，精英和政府官员们开始着手恢复旧有秩序，茶馆里女茶

---

① Di Wang, "The Idle and the Busy: Teahouses and Public Life in Early Twentieth-Century Chengdu," *Journal of Urban History*, Vol. 26, No. 4, 2000, pp. 411 – 437; Di Wang, *Street Culture in Chengdu: Public Space, Urban Commoners, and Local Polities, 1870 – 1930*, chaps. 4 and 5.

② 《四川省管理茶社办法》《规定旅馆商店及茶社招待生服的办法》《茶社违法管制规定请予传询查封》，成都市政府工商档案，38 – 11 – 298、38 – 11 – 335、38 – 11 – 1441。

③ 《四川省会警察局训令》，成都市商会档案，104 – 1388。

房这个新职业便成了他们的眼中钉。在经济压力、社会舆论和政府控制的三重打击下，茶馆中大批的女茶房被解雇，同时也有很多的女茶房迫于压力而辞工。在这个时期，茶馆中女茶房的数量从 1937 年的400 多人急剧下降到 1942 年的不足 100 人。①

这些迫于压力辞去茶馆工作的女招待有着不同的结局。她们中有许多人不得不再次返回家庭和厨房，但根据当时对女招待问题一直有所关注的陆隐的记载，有的女招待"不惯于家庭清苦生活，则沦为神女"。不过，另一些则试图另辟蹊径，继续寻求经济上的独立。她们三五成群地到成都之外的茶馆再次寻求工作机会。在成都平原的乡场上，一如抗战初的成都，她们很快便吸引了大量的茶客。然而由于地方政府以"有伤风化"为借口，对她们进行严格限制，她们又不得不经常性地转移，因而很难在一个地方工作超过几个月的时间，这使得她们的工作环境进一步恶化。到了 1945 年 3 月，四川省政府颁布的新禁令给女茶房这个职业以致命一击。虽然条款中称禁止"青年妇女充当茶房"，但地方报纸报道此事时以《绝对禁止妇女充当茶房》为题，实际上最终把妇女驱逐出了这个行业。② 由此可以看出，虽然在社会的歧视和压力下女茶房这个职业走向衰落，但政府的限制才是这个职业消亡的根本原因。

九 下层民众之间的冲突

本章通过考察民国时期茶馆工人和顾客的各种关系、男堂倌与女

---

① 陆隐：《闲话女茶房》，《华西晚报》1942 年 2 月 25～28 日，第 2 版。在西方，卖淫成为酒吧等公共场所的共同问题，参见 W. Scott Haine, *The World of the Paris Cafe: Sociability among the French Working Class, 1789 – 1914*, Baltimore: Johns Hopkins University Press, 1996, pp. 190 – 191.

② 陆隐：《闲话女茶房》，《华西晚报》1942 年 2 月 25～28 日，第 2 版；《新新新闻》1945 年 3 月 16 日。

茶房之间的冲突、人们对茶馆工人的态度和看法以及工会怎样保护其会员和解决内部纠纷，来看茶馆工人的社会形象与生存处境。茶馆工人建立了与顾客之间的特殊联系，而这种联系也成为茶馆文化的一个重要组成部分。高质量的服务虽然是各种小商业竞争的重要手段，但却是茶馆赖以生存的基础。通常来说，顾客对茶馆服务的期望比对其他商铺要高得多。顾客去餐馆是为了吃饭，去店铺是为了购物，去小作坊是为了修补东西，去茶馆则是为了打发时间、休闲或娱乐。即使是去茶馆办事，他们也会因为待在那里的时间长，而期望身心得到愉悦。因此，这些顾客对茶馆的服务，即茶房怎样对待他们十分在意。同时，茶馆工人也较其他小商铺雇员更能与顾客建立一种密切联系。由于茶馆工人的工作态度和服务水平直接影响到茶馆的生意，也与他们自身的生计密切相关，所以茶馆雇员不得不竭尽全力使顾客满意。为了达到这个目的，他们培养了谦卑、热情、认真的工作态度，在不断的实践中学习了应对三教九流的经验。茶馆工人与顾客之间的相互作用，反映出茶馆内复杂的社会关系，还展现了茶馆丰富多彩的职场文化。

此外，在茶馆内，男女工人在工作场所还存在着严重的性别冲突。抗战时期，由于大量难民涌入成都，茶馆不得不暂时向女招待打开大门，这是茶馆内出现的雇佣新现象。但女招待"侵入"由男人主导的茶馆世界引起了男性茶博士的不安、恐慌乃至愤恨，他们担心那些无技术但有"脸蛋儿"的女招待抢去他们的饭碗，使他们并不富裕的生活雪上加霜。与其他行业不同，没有技术和训练的人也可以在茶馆里混一口饭吃，给顾客提供服务并不要求当多少年学徒，但是要想成为茶博士，则非有多年的经验不可。即使茶博士所能提供的服务，并非借助性别和面容优势就可以简单地取代，茶馆老板雇佣妇女做招待这一行为，也让茶博士们感到前所未有的危机。此外，茶馆雇佣女茶房受到了顾客的广泛欢迎，这也加深了茶博士们的危机感。这些毫无技术的妇女抢夺了有技术的茶博士的工作，便不可避免地引起后者的不满和抵制。此外，在公共场所工作，女招待们还遭遇来自异性的持续不断的性骚扰，包括地痞流氓的欺辱和暴力，因此，她们不得不为在职场工作的安全而抗争。同时，男茶房和女招待间的矛盾还揭示了，在工作场所，冲突不仅局限于不同阶级之间，而且普遍存在于下层阶级内部。

对当时的社会来说，女茶房的兴起是对传统观念的一个挑战，为妇女争取工作的权利注入了动力，标志着妇女向经济独立迈进一步。但同时，女招待不得不面对来自社会、政府、男性同行的歧视。女招待这个职业在成都茶馆里的最终消亡便是由于这种歧视态度。人们对女招待的看法反映了成都社会和文化的传统。直到抗战时期，成都仍然是一个比较保守的内陆城市，传统的价值观仍然主宰着人们对妇女的观念，特别是对她们公共角色的看法。这些保守的传统观念与日益增长的政府控制相结合，使得茶馆的女招待最终陷入了困境。当然，我们不能简单地将对茶馆中女招待的歧视都归罪于文化因素，还有许多其他原因，比如经济和政治等状况都影响了社会大众乃至政府对女招待的态度。可以说，这些女茶房无论是在经济上还是在政治上都非常脆弱，一旦危机发生，她们便是首先被波及的对象。

同时，我们还应注意到，民国时期，在中国像上海、天津、北京这样的大城市，现代工厂里的工人阶级的队伍要比内地城市大得多。大城市中的工人阶级作为一个团体比较引人注目，并且组织了强有力的独立工会。但是，在民国时期的成都，小商业占主导地位，其中，在茶馆，大多数工人都来自农村，作为廉价的劳动力进入陌生的环境。这些工人散布在许许多多大大小小的工作场所中，很难组织起来。另外，虽然成都是一个移民城市，但工人的原籍在茶馆中并不重要，不像在上海的工厂中可以成为组织工人的一个有利因素。裴宜理（Elizabeth Perry）指出，在上海，虽然"工作场所隔离"与"普遍文盲"可能"制约了阶级意识"的发展，但是她相信这些因素并不能阻止无技术工人的集体行动。不过本章关于成都茶馆工人的分析显示出，工作场所的"隔离"不仅遏制了阶级意识的产生与发展，而且阻碍了工人阶级集体行动的发展。最近关于中国工人阶级和劳工运动的研究，强调了工人原籍和文化倾向的影响，如上海一个工人的行业经常是由其原籍决定的，来自同一个地区的人们通常从事着相同的行业。裴宜理指出这个模式在移民中"形成了很强的团结"。① 但这个模式在成都的劳工队伍中并不存在。例如，茶馆工人可能来自任何地方。同时，相较而言，在成都，同业公会要比工会成熟得多，这在一定程度上也使得在小商铺中工作的工人的利益无法得到应有的保障。成都有许多会馆和行会，它们的主要目的是防止商铺间的恶性竞争，保护同行利益，建立同乡间的社会网络。这些组织主要由商铺老板、富商巨贾等行业精英所控制，并利用这些组织帮助他们在生意场上纵横捭阖。② 显然，成都的茶社业公会便是这种为茶馆老板而非工人服务的组织，因此在其中谋生的工人并没有自己的声音。

虽然成都的茶社业职业工会本身并不成熟，在政府的监视之下运作，而且在内部团结上也存在许多问题，但其仍然可以代表茶馆工

① Elizabeth J. Perry, *Shanghai on Strike: The Politics of Chinese Labor*, pp. 27, 60; Emily Honig, *Sisters and Strangers: Women in the Shanghai Cotton Mills, 1919 - 1949*; Emily Honig, *Creating Chinese Ethnicity: Subei People in Shanghai, 1850 - 1980*, New Haven: Yale University Press, 1992.
② 关于四川的同乡会和公会，参见王笛《跨出封闭的世界——长江上游区域社会研究（1644~1911）》，第 558~567 页。对其他城市关于这个题目的研究，参见 William T. Rowe, *Hankow: Conflict and Community in a Chinese City, 1796 - 1895*; Bryna Goodman, *Native Place, City, and Nation: Regional Networks and Identities in Shanghai, 1853 - 1937*。

人发出自己的声音。成都的茶社业工会最显眼的角色不是组织工人争取更好的工作条件和增加工人工资，而是扮演着政府与工人间的中介，这与其他大城市的工人工会组织形成了鲜明对比。在工会成立之前，茶馆工人没有任何渠道可以同政府沟通，也没有组织代表他们的利益。工会成立后，情况便发生了改变。工会的早期成绩之一便是争取妇女在茶馆工作的权利，即使工会缺乏全面保护工人的能力，但仍然可以代表受害者要求政府主持公道，使工人的权利问题得到社会的关注，并争取社会公众的同情。不过，我们没有任何证据表明工会曾组织工人为维护自身的利益，向茶馆老板或地方政府进行过抗争。在中外工人运动的研究中，工会都是作为国家政权的对立面出现的，特别是马克思主义史学中，我们经常看到共产党在工运中的活跃角色。然而通过对成都茶社业工会的研究，我们发现了近代工会的另一种面貌。在国民政府指导下的工会，不仅不是站在国家政权对立面为争取工人权益而斗争的组织，反而是国家政权的合作者。而这再次为国家深入并控制地方社会提供了证明。

在民国时期，所有这些微小的变化都可能代表着中国小商业职场环境和职场文化的重大转变。本章关于战时成都茶馆工人和职场文化的研究便为我们提供了一个很好的机会，去审视当时在血腥战场背后的城市贫民的生活状况和处境，并了解在这个关键时期，这些小人物们的命运是如何与整个中国的社会、经济、政治境况联系在一起的。

本章翻译自 "'Masters of Tea': Teahouse Workers, Workplace Culture, and Gender Conflict in Wartime Chengdu"，原文发表在《二十世纪中国》（*Twentieth-Century China*, Vol. 29, No. 2, 2004, pp. 89 - 136）。中译文发表在《四川大学学报》（2019 年第 1 期，第 5 ~ 25 页）。

第六章

诗歌作为历史资料：城市之韵

——19 世纪竹枝词里的成都日常生活

  竹枝词是中国传统民间文学的一种文体，其表现形式通常为四句，每句七字，多为精英阶层对人们日常生活的刻画。[①]中国传统诗词一般是表达作者的抽象思维，思考的是人生哲学，但竹枝词多是客观地描述彼时的人或所发生的事，因此可被视为中国传统叙事文学的一种形式，与抒情诗相对应。[②] 值得注意的是，尽管清代诗人与唐、宋和元等前代诗人不同，并"没有创造出新的诗歌体裁"，但竹枝词以其独特的笔法大量地描写了人们的日常生活，因此相比前人，这种文体更贴近人们的日常生活。同时，竹枝词也对"清代现实主义诗的兴起"产生了影响。[③] 正是竹枝词这种写实的特点，使其能传递大量关于日常生活的信息，而这在传统史料中是十分罕见的。此外，竹枝词还为我们提供一个内在的视角去观察在传统中国精英是如何看待普通民众与大众文化的。

  越来越多研究中国大众文化的历史学者开始以文学作品（如地

---

① 关于竹枝词的研究，见娄子匡、阮昌锐《竹枝词的研究》，东方文化书局，1968；任半塘《竹枝考》，林孔翼辑录《成都竹枝词》。

② Dore J. Levy, *Chinese Narrative Poetry: The Late Han through Tang Dynasties*, Durham and London: Duke University Press, 1988, p. 3.

③ Irving Yucheng Lo and William Schultz, *Waiting for the Unicorn: Poems and Lyrics of China's Last Dynasty, 1644 - 1911*, Bloomington: Indiana University Press, 1986, pp. 9, 21.

方戏、通俗小说、谚语等）为主要资料去寻找相关的历史信息。①
与中国的其他城市一样，在 20 世纪以前的历史档案中，我们很难找
到与成都日常生活直接相关的历史资料。因此，对于我们来说，通俗
文学资料的使用对重建 19 世纪成都的日常生活来说至关重要。虽然
民间歌谣并非对历史事件的直接描述，但它们的确揭示了一种文化观
念和想象。正如德塞都（Michel de Certeau）所指出的，如果说"标
准的历史写的是权威势力的谋略"，那么那些"编造的故事"则提供
了了解文化的基础。② 不过，以往的学者并没有充分意识到竹枝词所包
含的史料价值。③ 本章希冀以竹枝词为基础，来探寻 19 世纪成都的日

① David Johnson, "Scripted Performances in Chinese Culture: An Approach to the Analysis of
Popular Literature,"《汉学研究》1990 年第 1 期; David Johnson, "Temple Festivals in
Southeastern Shansi: The *Sai* of Nan-she Village and Big West Gate,"《民俗曲艺》1994
年第 1 期; David Johnson, "Local Officials and 'Confucian' Values in the Great Temple
Festival (SAI) of Southeastern Shansi in Late Imperial Times," Paper presented to the
Conference State and Ritual in East Asia (Paris), 1995; Judith A. Berling, "Religion and
Popular Culture: The Management of Moral Capital in the Romance of the Three
Teachings," in David Johnson, A. J. Nathan, and E. S. Rawski, eds., *Popular Culture
in Late Imperial China*, Berkeley: University of California Press, 1985, pp. 188 – 218;
David R. Arkush, "Orthodoxy and Heterodoxy in Twentieth-Century Chinese Peasant
Proverbs," in Kwang-Ching Liu ed., *Orthodoxy in Late Imperial China*, Berkeley:
University of California Press, 1990, pp. 311 – 331。此外，也有研究者开始运用大众顺
口溜来研究中国社会、文化和大众思想。见 Perry Link and Kate Zhou, "*Shunkouliu*:
Popular Satirical Sayings and Popular Thought," in Perry Link, Richard Madsen, and Paul
G. Pickowicz, eds., *Popular China*: *Unofficial Culture in a Globalizing Society*, New
York: Rowman & Littlefield Publishers Inc., 2002, pp. 89 – 109。
② Michel de Certeau, *The Practice of Everyday Life*, Berkeley: University of California
Press, 1984, p. 23.
③ 有一些历史学家使用了竹枝词进行研究。罗威廉在他关于汉口的研究中引用了叶
调元《汉口竹枝词》"*Hankou zhuzhici* (Songs of bamboo branches of Hankou)"来研
究其城市和人民，见 William T. Rowe, *Hankow*: *Commerce and Society in a Chinese
City*, *1796 – 1889*, Stanford: Stanford University Press, 1984; William T. Rowe,
Hankow: *Conflict and Community in a Chinese City*, *1796 – 1895*; 司昆仑在其关于民国
四川的政治幽默的研究中也使用了竹枝词，见 Kristin Stapleton, "Interpreting
Humor in History: Two Cases from Republican China," Paper presented at the
Comparative and World History Seminar, Johns Hopkins University, Feb. 4, 1997。

常生活，特别是公共生活。① 以竹枝词为主要资料来进行城市日常生活的研究，一方面是希望其可以展现中国城市中多姿多彩的公共生活；另一方面，则希望可以通过它来探寻精英对普通民众的态度。因此，在本章的研究中，竹枝词可以被视为成都的"城市之韵"，其声韵的抑扬顿挫如同成都的节奏一样，而其中的文字则抒情地传达了城市中日常生活的氛围、感觉和观念。

一 竹枝词及其作者

学界公认四川是竹枝词的发源地。前人的研究表明，唐诗中多次描述了四川的"竹枝歌"。② 而竹枝词在成都如此流行，其中一个原因可能是竹子在成都日常生活中有着十分重要的地位。竹丛于成都的公园、公馆宅邸以及后院花园或其他公共空间中随处可见，而农民的

---

① 成都历史相关研究，可见笕文生『成都・重庆物语』集英社、1987；Jeannette L. Faurot, *Ancient Chengdu*；张学君、张莉红《成都城市史》。关于成都现代城市史研究，见王笛《跨出封闭的世界——长江上游区域社会研究（1644~1911）》，第 4 章；Kristin Stapleton, *Civilizing Chengdu: Chinese Urban Reform, 1875 - 1937*. 关于成都现代文化史研究，可见 Di Wang, "Street Culture: Public Space and Urban Commoners in Late-Qing Chengdu," *Modern China*, Vol. 24, No. 1, 1998, pp. 34 - 72；Di Wang, Street Culture: Public Space, Urban Commoners, and Local Politics in Chengdu, 1875 - 1928, Ph. D. dissertation；Di Wang, "The Idle and the Busy: Teahouses and Public Life in Early Twentieth-Century Chengdu," *Journal of Urban History*, Vol. 26, No. 4, 2000, pp. 411 - 437。

② 任半塘：《竹枝考》，林孔翼辑录《成都竹枝词》第 1 页；孙旭军、蒋松、陈卫东编著《四川民俗大观》，四川人民出版社，1989。虽然我们无法确定竹枝词诞生的确切时间，但它早在唐代就是一种非常流行的民间文学体裁了。有的学者相信竹枝词的名称来源于民间艺人的动作，他们在说书或者唱歌时打竹板（见任半塘《竹枝考》，林孔翼辑录《成都竹枝词》，第 16~17 页）。据明代文人方以智所述，旧式竹枝词可分为两种：野唱和精唱。野唱大多是普通民众唱诵的，特别是在节日庆典、公共仪式和庙会上。精唱则"向在朝市，入教坊，乃女伎专长，其人谓之'竹枝娘'"（见任半塘《竹枝考》，林孔翼辑录《成都竹枝词》，第 16 页）。前者多见于平民之中，后者大多数在私人场合中表演，仅有精英阶层可以接触的

房屋更是被茂盛的竹丛所围绕。人们所使用的家具（如桌子、椅子和床）和日常生活中的很多其他物件（如风扇、席子和筷子）都是用竹子制成的。事实上，就连外国传教士也时常对竹子与人们生活的关系津津乐道。① 由此，我们也不难发现在四川竹子与民间文学存在着微妙的联系。

与中国其他的诗歌体裁不同，竹枝词简洁、明了，不需严格遵循传统诗歌的声韵规则。因此，研究中国文学的学者通常将竹枝词称为"民歌"或者"民谣"。这种诗歌形式让诗人可以自由地表达他们关于成都城市、市民和日常生活的所见所思。尽管人类任何形式的表达都无法避免主观性，但许多诗歌可以说是人们对生活的真实描绘。例如，许多诗人在诗中会提及真实的人名和地名，而有的诗人则强调他们的创作是对"地方风俗"的描绘。② 一位诗人曾写道："《竹枝》歌罢夜何其，布被蒙头细想之。风土人情皆纪实，任他笑骂是歪诗。"③

对于文学发展的历程，洛德（Albert Lord）认为，由口口相传到书写的形式要经过三个稳步发展的阶段：口语传统、过渡阶段和最终书写的形式。④ 同样，竹枝词的演变也经历了这三个阶段的发展。在很长一段时间里，人们认为竹枝词是较为低级的通俗文化，只有在四川东部被汉人认为是"野蛮"的少数民族才会唱诵竹枝歌。清初，人们时常以相同的口吻来提及竹枝词和莲花落（或莲花闹）。莲花落是一种由乞丐所传唱的民间歌谣。清代著名画家及学者郑板桥曾写

---

① Jack Mullett, "Bamboo," in Brockman Brace ed., *Canadian School in West China*, pp. 230 – 231.

② 定晋岩樵叟：《成都竹枝词》，林孔翼辑录《成都竹枝词》，第 62 页。

③ 定晋岩樵叟：《成都竹枝词》，林孔翼辑录《成都竹枝词》，第 62 页。

④ Albert Bates Lord, *The Singer Resumes the Tale*, Ithaca: Cornell University Press, 1995, p. 22.

道："尽风流，小乞儿，数莲花，唱竹枝，千门打鼓沿街市。"① 这句诗表明这些民间歌谣通常是在未受教育的民众中传唱的。

若我们审视竹枝词的发展，就会发现这种诗歌体裁是由普通民众发展至精英阶层，之后又重新回到普通民众之中。② 精英阶层从口口相传的民间歌谣中吸收了竹枝词这种创作形式，然后在其影响下，竹枝词又在普通民众中变得更加流行。这个例子很好地证明了精英文化和大众文化之间相互影响与吸收的流动性关系。因此，一些强调中华文明同一性的学者认为每个国家都有一个占统治地位的文化，它可为不同教育背景、不同年龄、不同性别和不同经济地位的人所接受。③ 而另一些强调大众文化与精英文化分离的学者则认为在帝制晚期，尽管正统文化在教育和其他机构中占主导地位，但

① 任半塘：《竹枝考》，林孔翼辑录《成都竹枝词》，第 26～27 页；孙旭军、蒋松、陈卫东编著《四川民俗大观》，第 430 页。

② "民间"（或"口头的"）对应"精英"（或"书写的"）在社会和文学中都是一个棘手的问题。学者们试图找到民谣和早期诗歌的关系。关于这个问题，可参见 Albert Bates Lord、Joseph Allen 和 Charles H. Egan 的相关研究。Albert Bates Lord, *The Singer of Tales*, Cambridge, MA：Harvard University Press, 1960；Albert Bates Lord, *Epic Singers and Oral Tradition*, Ithaca：Cornell University Press, 1991；Albert Bates Lord, *The Singer Resumes the Tale*；Joseph Allen, *In the Voice of Others*：*Chinese Music Bureau Poetry*, Ann Arbor：Center for Chinese Studies, University of Michigan, 1992. Charles H. Egan 在他最新的研究中（"Were Yueh-fu Ever Folk Songs? Reconsidering the Relevance of Oral Theory and Balladry Analogies," *Chinese Literature*：*Essays*, *Articles*, *Reviews*, Vol. 22, 2000, pp. 31－66）仔细分析了匿名"民歌"与"文人模仿"（Literati imitation）之间的关系。他认为尽管乐府或许始于口语诗歌，但"口头的"并不总是等同于"民间"。然而竹枝词的发展表明了这种艺术形式既来源于"口头的"，也起源于"民间"。

③ 杜博妮（Bonnie S. McDougall）便写到，精英和普通民众处于同一文化连续体的两端，这个文化可以超越社会地位和经济状况的不同而存在。司马富（Richard Smith）也指出："前现代中国最突出的特点便是其文化的同一。"他特别注意到大众娱乐的形式，从打球到麻将，都为精英和大众所接受与推行。Bonnie S. McDougall, "Writers and Performers：Their Works, and Their Audiences in the First Three Decade," in Bonnie S. McDougall ed., *Popular Chinese Literature and Performing Arts in the People's Republic of China*, *1949－1979*, Berkeley：University of California

精英阶层试图控制下层民众思想和行为的努力并不十分成功。由于中国地域广袤，国家权力很难深入那些偏僻地区数以万计的村庄中，这使得精英阶层很难有效地实施他们的文化霸权。[1] 对此，我认为精英文化和大众文化的同一性和分裂性实际上是共存的，而表现在公共生活中，两者的关系又十分复杂。而且，这个关系会根据社会、经济和政治因素的不同而发生变化。事实上，大众文化同精英文化有着明显的区分，并经常发生冲突，而这也是地方精英加入由国家发动的对下层民众和大众文化改良和控制的运动中的原因。[2]

Press, 1984, p. 279; Richard J. Smith, *Fortune-tellers and Philosophers: Divination in Traditional Chinese Society*, Boulder: Westview Press, 1991, p. 6; Richard J. Smith, *China's Cultural Heritage: The Qing Dynasty, 1644 - 1912*, Boulder: Westview Press, 1994, p. 262; James L. Watson, "Standardizing the Gods: The Promotion of T'ien Hou ('Empress of Heaven') Along the South China Coast, 960 - 1960," in David Johnson, A. J. Nathan, and E. S. Rawski, eds., *Popular Culture in Late Imperial China*, pp. 292 - 293; Liu Kwang-Ching ed., *Orthodoxy in Late Imperial China*, p. 2; Barbara E. Ward, "Regional Operas and Their Audiences: Evidence from Hong Kong," in David Johnson, A. J. Nathan, and E. S. Rawski, eds., *Popular Culture in Late Imperial China*, p. 187.

[1]　林培瑞（Perry Link）等相信，大众文化的"意识、思想和实践的产生至少部分是不受国家制约的"。罗威廉也强调："当研究公共活动时，我们应记住儒家传统与大多数大众宗教（以敬鬼神安抚灵魂为中心）和大众文学（如吟唱和评书）是相分裂的。"见 Perry Link, Richard Madsen, and Paul G. Pickowicz, "Introduction," in Perry Link, Richard Madsen, and Paul G. Pickowicz eds., *Unofficial China: Popular Culture and Thought in the People's Republic*, Boulder: Westview Press, 1989, p. 5; William T. Rowe, *Hankow: Conflict and Community in a Chinese City, 1796 - 1895*, p. 173; David R. Arkush, "Orthodoxy and Heterodoxy in Twentieth-Century Chinese Peasant Proverbs," in Kwang-Ching Liu ed., *Orthodoxy in Late Imperial China*, p. 331; Issei Tanaka, "The Social and Historical Context of Ming-Ch'ing Local Drama," in David Johnson, A. J. Nathan, and E. S. Rawski, eds., *Popular Culture in Late Imperial China*, pp. 143 - 160。

[2]　Prasenjit Duara, "Knowledge and Power in the Discourse of Modernity: The Campaigns Against Popular Religion in Early Twentieth-Century China," *The Journal of Asian Studies*, Vol. 50, No. 1, 1991, pp. 67 - 83; Di Wang, "Street Culture: Public Space and Urban Commoners in Late-Qing Chengdu," *Modern China*, Vol. 24, No. 1, 1998, pp. 34 - 72; Di Wang, Street Culture: Public Space, Urban Commoners, and Local Politics in Chengdu, 1875 - 1928, Ph. D. dissertation.

在 19 世纪，精英阶层通常认为竹枝词只是表达幽默感的一种方式，因而并没有将其视为严肃文学的一种。但无论如何，他们创作并留下了大量的竹枝词。其中，许多竹枝词的作者都有科举功名。例如，创作竹枝词的杨燮（《锦城竹枝词百首》的作者）是举人，同时也是一个地方的学官，而另一位竹枝词创作者冯家吉（《锦城竹枝词百咏》的作者）也有举人头衔。[①] 此外，还有一位竹枝词作者吴好山，虽然我们不知道他是否有功名，但是一些存留的文献显示，他有不少刊印的文集。[②] 同时，一些精英阶层的女性也写了许多竹枝词，如明代成都姚氏所创作的竹枝词，其集子被称为《玉鸳阁遗稿》。[③] 当时竹枝词亦被大量刊行，如杨燮的《锦城竹枝词百首》印于 1804 年，吴好山的《笨拙俚言》刊于 1885 年。此外，许多竹枝词作者在作品中使用笔名，如杨燮的笔名为"六对山人"，以至于一些竹枝人的真实名字湮没在历史长河中。[④] 同时，我们还会发现竹枝词诗人们通常不会选择高雅的笔名，而是选择通俗的称呼如"樵叟""山人"等来匹配他们所创作的幽默、"通俗"的民间诗歌。

竹枝词与中国其他形式的诗歌创作不同，每首诗歌通常没有具体的标题，而作者一般以诗歌的数量来为他们的诗集命名，如"竹枝词

---

① 见林孔翼辑录《成都竹枝词》，第 42、85 页。

② 见林孔翼辑录《成都竹枝词》，第 69 页。有些竹枝词的作者可能是不太富裕的文人，他们过着平民的生活，因此他们能直接观察底层百姓们的日常生活。

③ 见林孔翼辑录《成都竹枝词》，第 123 页。有关明清妇女著作的研究，见 Charlotte Furth, "Poetry and Women's Culture in Late Imperial China: Editor's Introduction," *Late Imperial China*, Vol. 13, No. 1, 1992, pp. 1 – 8; Dorothy Ko, *Teachers of the Inner Chambers: Women and Culture in China, 1573 – 1722*; Susan Mann, *Precious Records: Women in China's Long Eighteenth Century*, chap. 4; Robyn Hamilton, "The Pursuit of Fame: Luo Qilan (1755 – 1813?) and the Debates about Women and Talent in Eighteenth-Century Jiangnan," *Late Imperial China*, Vol. 18, No. 1, 1997, pp. 39 – 71.

④ 如《成都竹枝词》的作者定晋岩樵叟，见林孔翼辑录《成都竹枝词》，第 59 页。

三十首"（或"五十首"，或"百首"等），如同前述杨燮的《锦城竹枝词百首》。① 再者，如定晋岩樵叟虽然没有以数量为他所创作的竹枝词诗集命名，但是他总会在诗歌后面附上关于数量的注解。如"三十首落稿之后，因思风土情尚有未尽，复续二十首于后"。② 而吴好山则干脆将他的诗集命名为《笨拙俚言》，以表达他写诗时的情趣。③

竹枝词覆盖了城市生活的方方面面，从城市的宗教仪式、节日庆典和公共娱乐到阶级和族群冲突，以及对城市普通民众和大众文化的批评。尽管其并没有像传统历史资料那样提供关于政治、经济和社会问题的详细描述，但确实填补了我们关于那时日常生活和大众文化的知识空白，提供了珍贵的补充材料。此外，由于这些竹枝词是由精英阶层所创作的，它们也为我们提供了一个精英的视角去观察彼时的日常生活，还为历史研究者拓展了研究角度。通过那些诗词，不仅能观察成都的公共生活，而且可以探究精英阶层对大众文化和普通民众的观点和态度。

二　城市景观与公共空间

从竹枝词中，我们能否获得过去关于成都城市景观的信息呢？一首描述彼时成都富裕景象的竹枝词也许会给出答案："名都真个极繁华，不仅炊烟廿万家。四百余条街整饬，吹弹夜夜乱如麻。"④ 此外，一些竹枝词中还描绘了成都城市布局的独特之处，即"三座城成一座城"。彼时，成都作为一座大城，其中另有两个小城，即满城和皇

① 杨燮：《锦城竹枝词百首》，林孔翼辑录《成都竹枝词》，第 42 页。
② 定晋岩樵叟：《成都竹枝词》，林孔翼辑录《成都竹枝词》，第 62 页。
③ 吴好山：《笨拙俚言》，林孔翼辑录《成都竹枝词》，第 77 页。
④ 吴好山：《笨拙俚言》，林孔翼辑录《成都竹枝词》，第 69 页。

城，而且这两个小城都有自己的城墙。① 其正如创作于 19 世纪中期的竹枝词中所描述的："蜀王城上春草生，蜀王城下炊烟横。千家万家好门户，几家高过蜀王城？"② 而另一首竹枝词则描述了从市中心的鼓楼眺望西边满城时所看到的景象："鼓楼西望满城宽，鼓楼南望王城蟠。鼓楼东望人烟密，鼓楼北望号营盘。"③

古时，成都又称"芙蓉城"，因曾经全城栽种芙蓉而得名。杨燮的一首竹枝词中曾有这样的描绘："一扬二益古名都，禁得车尘半点无。四十里城花作郭，芙蓉围绕几千株。"④ 定晋岩樵叟在其竹枝词中也有如下描写："巍巍城雉足开襟，城外芙蓉密如林。"⑤ 成都栽种芙蓉的传统可以追溯到五代十国的蜀后主时期，从那时到彼时，成都城一直延续着这个习惯。据《四川通志》记载，1783 年城墙重新建成以后，四川总督下令禁止推车进入城中，以保全城绿树成荫，遍种芙蓉。⑥ 因此几百年来，成都的日常生活均与芙蓉花有着密切的联系。⑦

---

① 吴好山：《笨拙俚言》，林孔翼辑录《成都竹枝词》，第 75 页。
② 林孔翼辑录《成都竹枝词》，第 135 页。
③ 杨燮：《锦城竹枝词百首》，林孔翼辑录《成都竹枝词》，第 42 ～ 43 页；傅崇矩编《成都通览》（上），第 31 页；四川省文史馆：《成都城坊古迹考》，第 97 页。有军队驻防的满城，又称"少城"或"内城"，长期以来备受关注。曾有竹枝词云："锦城东角列营房，细柳新栽护校场。每到天光初擦粉，数声军乐最悲凉。"在西方旅行者和传教士的记载中为 Tartar quarter，Tartar garrison 或 Tartartown。此外还有其他资料可证其描述的历史真实性，见山川早水《巴蜀旧影》，李密、李春德译，四川人民出版社，2005，第 98 ~ 99 页；Rev. T. Torrance，"The History of the Chengdu Wall," *West China Missionary News*，No. 10，1916，p. 19；Ernest Wilson，*China: Mother of Gardens*，Boston: The Stratford Company，1929，p. 122；George Hubbard，*The Geographic Settings of Chengdu*，Oberlin: Oberlin College，1923，pp. 12 - 13。
④ 杨燮：《锦城竹枝词百首》，林孔翼辑录《成都竹枝词》，第 42 页。
⑤ 定晋岩樵叟：《成都竹枝词》，林孔翼辑录《成都竹枝词》，第 60 页。
⑥ 见林孔翼辑录《成都竹枝词》，第 42 页。
⑦ 民国《华阳县志》，台湾学生书局，1934，第 1420 ~ 1421 页。

城市的公共空间在中国城市中占中心地位，城市居民在那里可以参与各种社会和政治活动。尽管我们无法从竹枝词中找到对古代成都城市公共空间的全面描述，但是从中依旧可以找出关于彼时城市场景的具体描写，以及关于利用城市公共空间的信息。首先，过去公共空间经常扮演着贸易市场的角色。在古代成都，街头月市便形成并具有了商业和庆祝活动的双重功能。这些月市被称为灯市、花市、蚕市、锦市、扇市、香市、宝市、桂市、药市、酒市、梅市和桃符市，成为人们日常生活的重要部分。清末文人庆余便写有"成都月市竹枝词"二十四首（每个月市两首），生动地描述了这些每月举行的盛大商业活动。① 其中灯市和花市最受欢迎，因此，关于这两个月市的竹枝词要远远多于其他月市。② 在春天，锦江两岸的人络绎不绝，无数花摊卖各种花草。③ 每当花会开市，喜欢花草的成都人蜂拥而至，便出现了"青羊小市卖花天，何惜缠腰十万钱"的壮观景象。④ 成都的妇女更是花会的常客，对她们来说，花会犹如节日来临，充满期盼之情，一首竹枝词描述道："一夜闺中嘱夫婿，明朝多买并头莲。"⑤

同时，我们还应该注意到，在 19 世纪成都，花市实际上成为一个商品交易会，那里"货积如山色色宜"。⑥ 此外，花市还是普通民众间相互交往的最重要的公共聚会场所。每年，随着春天的临近，阴冷冬日的萎靡被一扫而光，人们又恢复了活力。尽管成都的春天总是阴雨绵绵，但人们还是热情地参加这些户外的活动。实际上，当地人是喜爱春雨的，人们常说"春雨贵如油"，这也是竹枝词诗人喜爱描

---

① 庆余：《成都月市竹枝词》，林孔翼辑录《成都竹枝词》，第 181 ~ 184 页。
② 关于灯市详见下节。
③ 山川早水：《巴蜀旧影》，第 184 ~ 185 页。
④ 王再咸：《成都竹枝词》，林孔翼辑录《成都竹枝词》，第 134 页。
⑤ 庆余：《成都月市竹枝词》，林孔翼辑录《成都竹枝词》，第 181 页
⑥ 吴好山：《笨拙俚言》，林孔翼辑录《成都竹枝词》，第 72 页。

述春雨的原因。一首竹枝词写道，当春天花市开张时，到处是"澹烟和雨润香泥"，给人以心旷神怡的感觉。① 同时，在花会期间，农村中常见的运输工具"鸡公车"以其价廉很受青睐，成为花会的一大趣点。有一首竹枝词半嘲讽地描写道："水程陆路免周旋，花市游人惯省钱。一二十文廉价雇，独轮车子半头船。"②

除了关于街头月市的描绘，竹枝词中还记录了许多关于其他商业活动的信息。这些诗歌向我们描述了成都曾有哪些店铺，以及在哪里可以找到好的物品。竹枝词为我们留下了一些著名店铺的记录，如草药铺纯仁堂、出售眼药的半济堂、出售高档中药的同仁堂等。有首竹枝词称："试问谁家金剪好？无人不道'烂招牌'。"③又有"同仁丸药有谁先？数过京庄数二川。除却大街洋广货，中和号里放官钱"的描述。④ 另外，竹枝词中还有不少店铺具体位置的信息，由于纱帽街经营各种戏装，艺人便成为那里的常客。⑤ 去庙宇进香的人们，则在附近市场购花献佛，像小东门、娘娘庙、安顺桥等便是买卖花草的好去处，据说这些地方每天可售花千篮以上，因而杨燮曾有竹枝词"卖尽千筐供佛少，日高齐上万乌云"。⑥ 会府则多为古董店，售卖各种铜、木以及瓷佛像。丝绸店多集中在按察司街，刻字匠散布在盐道

---

① 庆余：《成都月市竹枝词》，林孔翼辑录《成都竹枝词》，第 181 页。在盖洛（William Edgar Geil）的《中国十八省府》一书里，他将这一谚语用在关于成都一章的题头，看来他还真的体会到成都人对春雨的心情。William Edgar Geil, *Eighteen Capitals of China*, Philadelphia & London：J. B. Lippincott Company, 1911, p. 287.
② 陈宽：《辛亥花市竹枝词》，林孔翼辑录《成都竹枝词》，第 151 页。
③ 吴好山：《笨拙俚言》，林孔翼辑录《成都竹枝词》，第 72 页。
④ 定晋岩樵叟：《成都竹枝词》，林孔翼辑录《成都竹枝词》，第 60 ～ 61 页；吴好山：《笨拙俚言》，林孔翼辑录《成都竹枝词》，第 72 ～ 73 页。
⑤ 吴好山：《笨拙俚言》，林孔翼辑录《成都竹枝词》，第 72 ～73 页；定晋岩樵叟：《成都竹枝词》，林孔翼辑录《成都竹枝词》，第 67 页。
⑥ 杨燮：《锦城竹枝词百首》，林孔翼辑录《成都竹枝词》，第 47 页。

街，裱画师聚集在藩司街，① 所以便有"按察司前绸缎店，最繁华是北打金"这样的诗句。② 在成都，特定的商帮总是控制特定的生意，"瓷器店皆湖州老，银钱铺尽江西人。本城只织天孙锦，老陕亏他旧改新"。③ 各商铺在夏天会一起搭遮阳棚以避太阳，一首竹枝词便记载了这种活动："万商云集市廛中，金碧辉煌户户同。春暮日长天渐热，凑钱齐搭过街棚。"④ 这反映了商人协作的传统。

此外，竹枝词中也反映了商业由传统到现代的转变。1909 年成都劝业场建成，可容纳 150 多家店铺，并且以展览国外和地方著名产品为特色。⑤ 改良者将其看作成都迈向商业近代化的一个重要里程碑。中国现代著名学者郭沫若，当时还是一个读书少年，就曾在他的作业中写了若干关于商场的竹枝词，其中一首是："蝉鬓疏松刻意修，商业场中结队游。无怪蜂狂蝶更浪，牡丹开到美人头。"⑥ 该词描述了盛装的妇女游劝业场的情景。此外，他还写了一首竹枝词表达看到电灯出现在成都的感受："楼前梭线路难通，龙马高车走不穷。铁笛一声飞过了，大家争看电灯红。"⑦

除了商场，茶馆也是彼时商业、工作和休闲的重要公共场所，⑧ 因此有许多竹枝词描写了成都茶馆的文化和生活。公园、庙宇中的茶

---

① 定晋岩樵叟：《成都竹枝词》，林孔翼辑录《成都竹枝词》，第 61 页。
② 定晋岩樵叟：《成都竹枝词》，林孔翼辑录《成都竹枝词》，第 60 页。
③ 定晋岩樵叟：《成都竹枝词》，林孔翼辑录《成都竹枝词》，第 60 页。
④ 邢锦生：《锦城竹枝词钞》，林孔翼辑录《成都竹枝词》，第 164 页。
⑤ 陈祖湘、姜梦弼：《成都劝业场的变迁》，《成都文史资料选辑》第 3 辑，1982，第 144~159 页；晓晗：《成都商业场的兴衰》，《龙门阵》第 6 辑，1982 年，第 36~48 页。
⑥ 林孔翼辑录《成都竹枝词》，第 149 页。
⑦ 林孔翼辑录《成都竹枝词》，第 150 页。
⑧ 关于茶馆详细的描述和分析，见 Di Wang，"The Idle and the Busy: Teahouses and Public Life in Early Twentieth-Century Chengdu," *Journal of Urban History*, Vol. 26, No. 4, 2000, pp. 411 – 437。

馆总是不愁客源，对此地方文人用竹枝词吟道："个个花园好卖茶，牡丹园子数汤家。满城关庙荷池放，绿树红桥一径斜。"① "文庙后街新茶馆，四时花卉果清幽。最怜良夜能招客，羊角灯辉闹不休。"② 此外，在店铺打烊后，还有不少人在茶馆中消磨时光："萧条市井上灯初，取次停门顾客疏。生意数他茶馆好，满堂人听说评书。"③ 有的竹枝词诗人则描绘了花会附近的茶客们："久坐茶棚看路口，游人如织不停梭。"④ 一些诗人描写了在拥挤的茶馆"艺人一个接一个地表演他们的节目"的景象。⑤ 由此我们可以看出，城市中的公共空间、顾客和艺人都成为竹枝词诗人笔下所描写的对象。

三 节日、庆典和宗教仪式

写竹枝词的文人多为传统节日庆典场景所吸引，故而多有描写，并记录了许多节日的细节，如环境、氛围、人物和各种各样的庆典活动。正如一些学者在研究中所注意到的，相关的时间要素，诸如季节、日期或者时间都被记录在诗歌里。⑥ 中国重要的传统节日基本是以时令的变化为基础，因而季节性的节日和庆典活动的描写大量出现

① 杨燮：《锦城竹枝词百首》，林孔翼辑录《成都竹枝词》，第47页。
② 定晋岩樵叟：《成都竹枝词》，林孔翼辑录《成都竹枝词》，第63页。
③ 邢锦生：《锦城竹枝词钞》，林孔翼辑录《成都竹枝词》，第165页。
④ 方旭：《花会竹枝词十二首》，林孔翼辑录《成都竹枝词》，第144页。
⑤ 邢锦生：《锦城竹枝词钞》，林孔翼辑录《成都竹枝词》，第165页。竹枝词偶尔也会描绘酒馆。例如，一首诗中提及最好的酒在"森山"和"玉丰"（吴好山：《笨拙俚言》，林孔翼辑录《成都竹枝词》，第73页）。节日期间，游览花会的人们可以通过辨认酒馆旗帜来与他们的朋友相会，"认取酒旗寻伴侣，相逢都在'浣花春'"（方旭：《花会竹枝词十二首》，林孔翼辑录《成都竹枝词》，第144页）。
⑥ Paul Zumthor, *Oral Poetry: An Introduction*, Minneapolis: University of Minnesota Press, 1990, p. 121.

在竹枝词中。虽然这其中有些活动可以在其他历史文献中找到相关资料，但是竹枝词为我们提供了关于节日庆典的独特信息，帮助我们加深理解中国的民间文化。

许多竹枝词中描绘了春节的场景。每年春节时，成都居民都会在家门口张贴春联和圣谕，锦城处处彩灯高照、歌舞升平。[①] 如竹枝词云："锦江春色大文章，节物先储为口忙。男客如梳女如篦，拜年华服算增光。"[②] 放鞭炮是春节最重要的娱乐活动，"街头爆竹响愁人，肖像桃符彩换新。堪笑成都迷信久，年年交替说门神"。[③] 一些竹枝词详细描写了春节的主要活动。例如，一首竹枝词的注释提到，正月初一早上人们相互拜年祝福，然而也有许多人将"贺岁名签，多贴大门，不见主人而去"。[④] 可在其他资料的记述中，我从未见过此类描述，而这也正可以说明竹枝词可能记录了其他文字缺失的信息。此外，春节还给孩子们带来无限的欢乐，他们也给这个城市增添了热闹的气氛，正如一首竹枝词所描述的："儿童行乐及新正，击鼓敲锣喜气盈。风日不寒天向午，满城都是太平声。"[⑤]春节期间，各种民间艺人会在街头表演，据称是"清唱洋琴赛出名，新年杂耍遍蓉城。淮书一阵莲花落，都爱廖儿《哭五更》"。[⑥] 词中透露了当时受欢迎的表演和艺人。

竹枝词作者还钟情于描绘春节时悬挂于各处的色彩缤纷的灯笼。节日期间，街上到处点缀着各式各样的灯笼，于是赏灯便成为当时人

① 刘沅：《蜀中新年竹枝词》，林孔翼辑录《成都竹枝词》，第 125 页；杨燮：《锦城竹枝词百首》，林孔翼辑录《成都竹枝词》，第 45 页。
② 杨燮：《锦城竹枝词百首》，林孔翼辑录《成都竹枝词》，第 43 页。
③ 庆余：《成都月市竹枝词》，林孔翼辑录《成都竹枝词》，第 184 页。
④ 刘沅：《蜀中新年竹枝词》，林孔翼辑录《成都竹枝词》，第 127 页
⑤ 邢锦生：《锦城竹枝词钞》，林孔翼辑录《成都竹枝词》，第 164 页。
⑥ 杨燮：《锦城竹枝词百首》，林孔翼辑录《成都竹枝词》，第 43 页。

们最重要的娱乐活动。正月十五的元宵节实际成为一个"灯会"。这期间，无数美丽的彩灯装饰着成都，人们眼前一片壮丽的景象。人们同时还要龙灯。① 灯会吸引了许多观众，一首竹枝词记述："府城隍庙卖灯市，科甲巷中灯若干。万烛照人笙管沸，当头明月有谁看。"② 又如另一首竹枝词中所描绘的："元宵灯火敞玲珑，锦里繁华入夜中。最是无知小儿女，出门争看爆花红。"③ 灯会时，许多男人也借机上街看那些穿着鲜亮的女人，一首竹枝词便讥讽道："六街莺燕带娇声，朵朵莲花数不清。到底看灯还看妾，偎红倚翠欠分明。"④

晚清时的成都，庆祝节日总是夹杂着宗教崇拜仪式，这种庆典活动也由此成为城市公共生活中重要的一部分。人们相信灶王爷在年前要上天去给玉皇大帝磕头，阴历十二月二十四日，人们拜灶王爷。除夕人们"守岁"，彻夜不眠。正月初一清晨，各家各店开门迎据说从玉皇大帝那里归来的灶神。⑤ 过年期间，家家户户拜财神和土地："只鸡尊酒算奇珍，祭罢财神又土神。只恐旁人忘忌讳，不祥语至最堪嗔。"⑥此外，正月十五后，生活在成都的人们通常会聚集南郊举行"迎喜神"的活动。⑦

除春节以外，竹枝词作者还热衷于记述许多其他的庆典活动。在清明节，人们祭祀已故亲人，敬祖和扫墓。⑧ 阴历七月十五日，人们会庆祝盂兰盆节并迎城隍，活动持续至深夜。阴历九月初九日人们会

---

① 定晋岩樵叟：《成都竹枝词》，林孔翼辑录《成都竹枝词》，第 62 页。
② 杨燮：《锦城竹枝词百首》，林孔翼辑录《成都竹枝词》，第 44 页。
③ 庆余：《成都月市竹枝词》，林孔翼辑录《成都竹枝词》，第 181 页。
④ 林孔翼辑录《成都竹枝词》，第 141 页。
⑤ 刘沅：《蜀中新年竹枝词》，林孔翼辑录《成都竹枝词》，第 126 ~ 127 页。
⑥ 刘沅：《蜀中新年竹枝词》，林孔翼辑录《成都竹枝词》，第 127 页。
⑦ 刘沅：《蜀中新年竹枝词》，林孔翼辑录《成都竹枝词》，第 129 ~ 130 页。
⑧ 杨燮：《锦城竹枝词百首》，林孔翼辑录《成都竹枝词》，第 52 页。

"吃九皇斋"，各家无论贫富皆"祈富消灾惬素怀"。① 各饭馆和小食摊都打整干净炉灶、锅盘碗盏，贴上黄条，在以后的九天（有的半月甚至更长）戒荤，并焚香磕头。此外，家家户户还在门上贴对联，从一幅晚清的画上，我们可以看见这样一副对联："十位十帝十刹轮回□，九天九皇九日斋戒愚。"② 此外，从一些诗歌的描述中，我们还可以了解到彼时有很多女人去大慈寺后面的广生庙祈求生子。③ 一首竹枝词描写，在青羊宫，"摩抚青羊信女流，灵签默默对神抽。赧颜不管旁人笑，郎自烧香妾磕头"。④ 正月初一大清早，很多妇女会赶早到庙里，因为她们相信"烧香幸得占头香"。⑤ 而每当寺庙里的新佛像铸成，人们总会敲锣打鼓，焚香庆祝，同时还会在庙的戏台上表演地方戏。⑥ 人们在清明节时会举行传统的"城隍出驾"仪式，抬着城隍的塑像穿过街头。这个活动每年春天由社区组织，社会各阶层从地方官、精英到普通市民，甚至乞丐都广泛参加。据传教士观察，"城隍出驾时，成千上万的人都出来观看"。⑦ 同时，人们举行"寒衣会"（或称"赏寒衣"，或称"赏孤"），给"孤魂"做衣服，并抬着这些纸衣在街上穿行，送到城外的坟地焚烧。不少竹枝词记载了这个活动：其一，"北郭城隍神至尊，清明旧例赏孤魂。游人欢喜买欢喜，几串携回媚子孙"；其二，"驾出三神万众观，北门门外赏孤酸。年年到得寒衣会，穷鬼齐添一段欢"；其三，"寒风十月念泉台，五

---

① 定晋岩樵叟：《成都竹枝词》，林孔翼辑录《成都竹枝词》，第 68 页。

② 傅崇矩编《成都通览》（上），第 552 ~ 553 页；《通俗画报》1909 年第 4 期。画面上有一个字不清楚，以□代。

③ 杨燮：《锦城竹枝词百首》，林孔翼辑录《成都竹枝词》，第 53 页。

④ 陈宽：《辛亥花市竹枝词》，林孔翼辑录《成都竹枝词》，第 151 页。

⑤ 刘沅：《蜀中新年竹枝词》，林孔翼辑录《成都竹枝词》，第 127 页。

⑥ 杨燮：《锦城竹枝词百首》，林孔翼辑录《成都竹枝词》，第 55 页。

⑦ Adam Grainger, "Chinese Festivals," *West China Missionary News*, No. 4, 1917, p. 12.

色楮衣费剪裁。送去不愁强鬼夺，三城隍按北关来"。① 这些节日庆典活动不仅是宗教仪式的一部分，而且也逐渐演变为人们城市生活娱乐的一部分，在这些活动中，各式各样的人甚至乞丐都能参与其中，享受活动所带来的乐趣。

四 大众娱乐活动

除了庆典和宗教仪式外，成都的街头还有各种各样的表演，这也成为写竹枝词的文人争相描写的对象。在城市中，市民将公共空间看作娱乐的中心。许多在户外进行的活动会受到天气和季节变换的影响。春天通常是进行户外娱乐活动的最好时机，温暖、舒适的天气便于活动的进行。正如一首竹枝词所描述的，"灯市未残花市到，春风何处不相逢"。② 庙前空地也经常用作大众娱乐和社会活动的中心，如白塔寺、武侯祠、雷神庙等。③ 春天来临，花会会址青羊宫游人如织，一首竹枝词称："青羊宫里仲春时，赶会人多密似蚁。"④ 此外，市民还可以在许多地方开展娱乐，"呼郎伴妾三桥去，桥底中间望四川"，或者是"安顺桥头看画船，武侯祠里问灵签"。⑤

那么，那时的成都人最青睐哪些娱乐活动呢？一首竹枝词指责胡琴演唱"淫词"，⑥ 而另一些则提到人们喜欢逛妓院。明末是中国士

---

① 《通俗画报》1909 年第 6 期；《国民公报》1919 年 4 月 9 日；定晋岩樵叟：《成都竹枝词》，林孔翼辑录《成都竹枝词》，第 62 页；吴好山：《笨拙俚言》，林孔翼辑录《成都竹枝词》，第 74 页；杨燮：《锦城竹枝词百首》，林孔翼辑录《成都竹枝词》，第 55 页。

② 刘沅：《蜀中新年竹枝词》，林孔翼辑录《成都竹枝词》，第 129 页。

③ 吴好山：《笨拙俚言》，林孔翼辑录《成都竹枝词》，第 72 页。

④ 定晋岩樵叟：《成都竹枝词》，林孔翼辑录《成都竹枝词》，第 62 页。

⑤ 吴好山：《笨拙俚言》，林孔翼辑录《成都竹枝词》，第 77 页。

⑥ 定晋岩樵叟：《成都竹枝词》，林孔翼辑录《成都竹枝词》，第 62 页。

林社会生活相对开放的时期，逛妓院并不被认为是严重的道德问题，结交高级艺妓甚至成为时尚，因而风月场所流行。① 江南地区民风开化，文人风流自不待言，甚至在成都这样闭塞的内地，该风气也颇为盛行。② 所以词人才有这样的告诫："锦官城东多水楼，蜀姬酒浓消客愁。醉来忘却家山道，劝君莫作锦城游。"③ 另有词曰："江上小楼开户多，蜀侬解唱巴渝歌。清江中夜月如昼，楼头贾客奈乐何。"④ 除了精英和商人，下层劳动者也常去这样的地方消遣，一首竹枝词透露："杨柳昽昽天雨明，锦江夜雨江水生。盐船无数恶年少，闲上江楼看晓晴。"⑤ 另一首词描述了类似的活动："子弟寻花新巷子，玉（御）河沿畔亦销魂。几回不遂狎邪兴，川主庙前半掩门。"⑥ 通常，妓女在公共场所中是极为引人注目的，因此一首竹枝词描写道："镶鞋净袜一双双，游遍罗城又粉江。蜀妓如花浑见惯，逢场端不看高腔。"⑦

此外，竹枝词中还时常出现对街头或其他公共空地上进行的斗鸡、斗蟋蟀及各种儿童游戏等活动的场景的描绘。⑧ 斗蟋蟀是儿童喜爱的娱乐活动，小贩们用稻草编的小笼子装蟋蟀和南瓜花，吸引小孩儿争相购买。小贩们通常在街上叫卖，叫卖声吸引着人们，并成为成都"城市之韵"的重要组成部分。⑨ 街头也时常是孩子们游玩的场

---

① 孔尚任的《桃花扇》对此有十分生动具体的描述。

② Dorothy Ko, *Teachers of the Inner Chambers: Women and Culture in China, 1573 - 1722*, chap. 7.

③ 薛宣：《效竹枝歌》，林孔翼辑录《成都竹枝词》，第 120 页。

④ 薛宣：《效竹枝歌》，林孔翼辑录《成都竹枝词》，第 120 页。

⑤ 薛宣：《效竹枝歌》，林孔翼辑录《成都竹枝词》，第 120 页。

⑥ 定晋岩樵叟：《成都竹枝词》，林孔翼辑录《成都竹枝词》，第 60 页。

⑦ 杨燮：《锦城竹枝词百首》，林孔翼辑录《成都竹枝词》，第 54 页。

⑧ 彭懋琪：《锦城竹枝词》，林孔翼辑录《成都竹枝词》，第 131 页。这首竹枝词描写了 19 世纪初成都地区的斗鸡活动，但在其他资料中没有得到印证。

⑨ 定晋岩樵叟：《成都竹枝词》，林孔翼辑录《成都竹枝词》，第 60 页。

所，并成为竹枝词诗人笔下聚焦的场景。① 春天，孩子们聚集在东较场比赛放风筝，经常在风筝上画些美人或马羊等动物的图案，于是杨燮在一首竹枝词中描写道："春来东角较场前，赌放风筝众少年。马尾偏牵羊尾小，一群高放美人边。"②

过年是演戏的旺季，春节期间成都有"超过一百台戏"上演。春天来临，各社区邻里或行会便出钱组织演戏，称为"春台戏"，也称"春戏"或"花灯"。人们循着锣鼓的声音，便聚集到街头或广场，在街道两旁站着或坐着观看表演，老少皆宜。人们便是这样在大众文化的熏陶之下，共享喜怒哀乐。正如一首竹枝词所云："花灯正好月花催，无那书声入耳来。看戏看花都未了，伤心竹马竟成灰。"③另一首竹枝词云："庆云庵北鼓楼东，会府层台贺祝同。看戏小民忘帝力，只观歌舞扬天风。"④

每年清明节之前，较富人居住的街区还会放火炮，又称"演灯彩"，还会雇木偶戏或皮影戏班子在街上助兴，并以敬土地神为名大摆筵席，其真实目的是集街众热闹一番。一首竹枝词生动地描述道："福德祠前影戏开，满街鞭爆响如雷。笑他会首醺醺醉，土偶何曾饮一杯？"⑤ 通常，一些地方社区或行会会组织安排公共演出，"清醮会"（又称"土地会"）代表一个社区或街道举行这样的活动，我在另外一篇关于街头文化的文章中也曾探讨过。⑥ 至于行会在这些演出活动中所扮演的角色，吴好山的一首竹枝词也许会为我们提供一些信

---

① 刘沅：《蜀中新年竹枝词》，林孔翼辑录《成都竹枝词》，第 126 页。

② 杨燮：《锦城竹枝词百首》，林孔翼辑录《成都竹枝词》，第 45 页。

③ 刘沅：《蜀中新年竹枝词》，林孔翼辑录《成都竹枝词》，第 128~129 页。

④ 杨燮：《锦城竹枝词百首》，林孔翼辑录《成都竹枝词》，第 55 页。

⑤ 邢锦生：《锦城竹枝词钞》，林孔翼辑录《成都竹枝词》，第 164 页。

⑥ Di Wang, "Street Culture: Public Space and Urban Commoners in Late-Qing Chengdu," *Modern China*, Vol. 24, No. 1, 1998, pp. 47–48.

息："争修会馆斗奢华，不惜金银亿万花。新样翻来嫌旧样，落成时节付僧家。"① 其时陕西会馆便以演戏著称，如一首竹枝词云："会馆虽多数陕西，秦腔梆子响高低。现场人多坐板凳，炮响酬神散一齐。"② 每个会馆演戏都有自己的规矩，陕西会馆演出最准时，如果戏班不能在爆竹响起时开演，这个戏班今后将不再被允许在此演戏。③

尽管正如姜士彬（David Johnson）所指出的，地方戏及其相关的仪式是"传统中国非精英社会两个最重要的公共活动"，但是在成都大多数演出的戏曲都是世俗的而非宗教的剧目。而这与姜士彬所观察的山西目连戏不同，在那里"地方戏与民间宗教联系紧密"。④ 此外，成都与中国另一些大城市也存在区别，如在上海，城市中并"没有形成统一的城市文化风格"，⑤ 各地不同种类的地方戏都能到那里演出，而在成都，川剧无疑占有统治地位。这种城市文化历史特点表明，虽然地方会馆仍然上演来自其故乡的地方剧，但是在成都，城市居民却享有一种在当地创造并发展的共同的生活方式。

在四川，川剧是地方文化的最有力代表，并由此吸引了大量的地方观众。同时，彼时任何个人、社会团体或者社会组织都不需要经地方政府准许，便可以组织地方戏演出。但组织类似于戏剧表演这样的

---

① 吴好山：《笨拙俚言》，林孔翼辑录《成都竹枝词》，第 76 页。

② 定晋岩樵叟：《成都竹枝词》，林孔翼辑录《成都竹枝词》，第 60 页。

③ 杨燮：《锦城竹枝词百首》，林孔翼辑录《成都竹枝词》，第 57 页。

④ David Johnson, "Actions Speak Louder than Words: The Cultural Significance of Chinese Ritual Opera," in David Johnson ed., *Ritual Opera, Operatic Ritual: "Mu-lien Rescues His Mother" in Chinese Popular Culture*, Berkeley: Chinese Popular Cultural Project, 1989, pp. 31, 34.

⑤ Bryna Goodman, *Native Place, City, and Nation: Regional Networks and Identities in Shanghai, 1853 – 1937*, p. 28.

活动需要大量金钱、人力与物力的投入，以及良好的协作。因此，在成都，无论是对活动的组织者来说，还是对各式各样的观众来说，戏剧表演都成为促进集体意识形成的重要力量。[1]

五　对城市人的描述

成都为各色人等的居住地，正如 19 世纪末一个传教士所写的："贵族、学者、乞丐、地主、农民、商人、强壮蛮人、闲杂人等、富的、穷的、聋的、瘸的、瞎的，令人惊奇地杂居在一起。"[2] 城市人口的多样性有助于形成多姿多彩的城市文化，而这通常体现在城市的公共生活中。同时，这各式各样的人群也成为竹枝词诗人创作的思想源泉。

城市的居民和外来者通常聚集在市场、公共广场和街头，竹枝词作者描写了成都街头各种各样的劳动者，如街头的工匠和小贩等。一位文人这样描述一个石刻匠："曹老爷称名塑匠，水侵不坏蜕沙神。阿罗汉与阎王殿，活像装成亿万身。"[3] 而有些人则把注意力集中在手艺人的日常生活上："岂但机房顾绣家，行行生理也无差。多年吃惯相因菜，每日清晨买豆芽。""每逢佳节醉人多，都是机房匠艺哥。"另一首词则描绘了宰杀牛羊的屠夫："屠牛为计更屠羊，身寄成都算异乡。人物衣冠俱不类，还多一副狠心肠。"[4]

---

[1]　Di Wang, "Street Culture: Public Space and Urban Commoners in Late-Qing Chengdu," *Modern China*, Vol. 24, No. 1, 1998, pp. 34 – 72.

[2]　G. E. Hartwell, "Reminiscences of Chengdu," *West China Missionary News*, No. 8 & 9, 1921, p. 5.

[3]　杨燮:《锦城竹枝词百首》，林孔翼辑录《成都竹枝词》，第 50 页。

[4]　定晋岩樵叟:《成都竹枝词》，林孔翼辑录《成都竹枝词》，第 63 页；吴好山:《笨拙俚言》，林孔翼辑录《成都竹枝词》，第 70、74 页。

成都尤以美食闻名，特别是芳香可口的小吃，吸引了众多食客。清末，外国游客把成都街头卖小吃的摊点叫作"街头厨房"（street kitchens）或"流动饭馆"（itinerant restaurants）。① 在欢喜庵前，许多小吃摊贩会出售各式各样的米团，竹枝词对此进行了描述，其中一首说："欢喜庵前欢喜团，春郊买食百忧宽。"② 另一位当地文人则写道："豆花凉粉妙调和，日日担从市上过。生小女儿偏嗜辣，红油满碗不嫌多。"③ 把一个喜欢吃辣的小女孩描绘得惟妙惟肖。

　　此外，民间艺人和江湖人，如算命的、变魔术的、卖膏药的、卖艺的也经常出现在竹枝词中。在杨燮的竹枝词中曾出现一位名为苟莲的艺人，因其出色的表演，吸引了大量观众："见说高腔有苟莲，万头攒看万家传。生夸彭四旦双彩，可惜斯文张四贤。"从这首词以及作者的注释中，还可以发现另外一位艺人曾双彩擅长绘画，而川剧名优张士贤则喜欢吟诗作赋，经常待在茶馆、酒店与顾客讨论唐诗宋词。④ 说书人的故事也常出现在竹枝词里，其中一首诗写道："说书大半爱吴暹，善拍京腔会打趼。一日唱来闲半日，青蚨一串尚嫌廉。"⑤ 而由不同作者写的两首竹枝词还共同描述了一位 19 世纪早期的算命先生胡海山，一首说胡海山是成都最著名的算命先生之一："胡海山原测字清，赵飞鹏算命果精。两人声价无人比，冷淡江西刘汉平。"而另一首则把他描述成一个有丰富社会经验的人，他教人道德和怎样为人处事："测字导人胡海山，世情烂熟笑言欢。痛规钱铺南昌老，苦劝乡农莫到官。"竹枝词中此类赞赏是很难得

① 　William G. Sewell, *The Dragon's Backbone*: *Portraits of Chengdu People in the 1920s*, p. 120.
② 　杨燮：《锦城竹枝词百首》，林孔翼辑录《成都竹枝词》，第 47 页。
③ 　邢锦生：《锦城竹枝词钞》，林孔翼辑录《成都竹枝词》，第 165 页。
④ 　杨燮：《锦城竹枝词百首》，林孔翼辑录《成都竹枝词》，第 54 页。
⑤ 　定晋岩樵叟：《成都竹枝词》，林孔翼辑录《成都竹枝词》，第 62 页。

的，因为在一般的材料中，精英们通常批评江湖术士，认为他们不过是愚弄人民而已。①

人口的多样性使得成都这个城市生机勃勃，整座城市人声鼎沸，这和许多早期的西方城市不同。早期的西方城市城区间是相互分离的，以便"使居住在城市不同地区的人们享受不同的生活"，通常人们工作的地点与居住的地方有明显的间隔。② 但成都居民生活和做工经常是在同一区域，他们在诸如工作、娱乐等日常生活中接触密切，逐渐形成了相互依赖的人际关系。

六　阶层、民族和性别

在公共空间活动的人通常是城市的底层居民，他们反映了城市居民中财富、受教育程度、族群和性别之间的差别，而这些在竹枝词中均有体现。虽然竹枝词诗人并非特意揭露以上现象，但是他们的作品却客观上关注并强调了这些社会问题。如成都城东的顺城街、五童庙以及东较场这样的地方，通常是民间艺人的集中地。③ 在这种公共空间里，人们能轻易分辨出处于不同居住环境中的人："无人不为吃穿忙，多少挨饥忍饿肠。一伙骄娃真受福，下床先买米花糖。"④ 因此人们不禁要问："南文北武各争奇，东富西贫事可疑。一座城中同住下，然何分别竟如斯？"⑤ 另一位文人笔下也描绘了相似的城市图景：

---

① 定晋岩樵叟：《成都竹枝词》，林孔翼辑录《成都竹枝词》，第62页；杨燮：《锦城竹枝词百首》，林孔翼辑录《成都竹枝词》，第50页。

② Richard Sennett, *Fall of Public Man：On the Social Psychology of Capitalism*, New York：Vintage Books, 1977, p. 221.

③ 杨燮：《锦城竹枝词百首》，林孔翼辑录《成都竹枝词》，第49页。

④ 吴好山：《笨拙俚言》，林孔翼辑录《成都竹枝词》，第74~75页。

⑤ 吴好山：《笨拙俚言》，林孔翼辑录《成都竹枝词》，第74~75页。

"风雪萧萧三九天，重裘犹自拥青毡。最怜人静黄昏后，听卖一声红炭圆。"[1] 在这些竹枝词的描述中，我们可以感受到一些文人雅士对社会不公的批评以及对底层穷人的同情。

幸运很难光顾穷人，即使春节也不能带给他们快乐。节日来临，穷人既要操心果腹的食物，还要担心逼债人的上门："商量入市营柴米，门外先来索债人。"[2] 真可谓雪上加霜。节日期间，他们"愁听长街击磬声，惊心岁短倍伤情。可怜案上无杯酒，也向神天祝太平"。[3] 即便生活艰辛，也要找到办法生存下去。例如，春节便是乞丐们讨钱的良机。在这期间，他们在街头来回敲住户或铺户的门，唱喜歌讨"喜钱"。一位文人吟道："才购门钱又彩钱，庭除净扫待新年。贫儿只唱齐天乐，博得豚肩乙乙穿。"作者在这首竹枝词后又注曰："岁终，乞人向屠门唱喜，屠者惠以肉片，有积至数斤者。"[4] 就是说卖肉的会给他们一些剩下的碎肉，一天下来，可以积累不少。

在成都，尽管汉人和旗人被满城的城墙分隔在不同的区域，但是他们之间的冲突仍然十分频繁。[5] 李劼人在他的小说《大波》里便描述了这样的冲突，同时，这些冲突在竹枝词中也多有体现。[6] 晚清时期，成都有四千多户旗人，总人口一万九千多人，他们大都住在满

---

① 定晋岩樵叟：《成都竹枝词》，林孔翼辑录《成都竹枝词》，第 67 页。
② 刘沅：《蜀中新年竹枝词》，林孔翼辑录《成都竹枝词》，第 125 页。
③ 刘沅：《蜀中新年竹枝词》，林孔翼辑录《成都竹枝词》，第 126 页
④ 刘沅：《蜀中新年竹枝词》，林孔翼辑录《成都竹枝词》，第 126 页。
⑤ 路康乐（Edward Rhoads）的专著《满与汉：清末民初的族群关系与政治权力（1861~1928）》（*Manchus and Han：Ethnic Relations and Political Power in Late Qing and Early Republican China，1861 - 1928*，Seattle：University of Washington Press，2000）从全国的角度探讨了满人和汉人之间的关系。
⑥ 李劼人：《大波》，《李劼人选集》第 2 卷。

城，并有着跟汉人不同的生活方式。① 竹枝词中便有不少描绘成都旗人打猎、看戏、钓鱼活动的内容："旗人游猎尽盘桓，会馆戏多看不难。逢着忌辰真个空，出城添得钓鱼竿。"② 一首竹枝词写到成都旗人的生活嗜好："西较场兵旗下家，一心崇俭黜浮华。马肠零截小猪肉，难等关钱贱卖花。"③ 这是说旗人喜花，收到月钱即用来买花，但等买食物无钱时，只好贱卖花来维持生存。

当地文人的竹枝词作品里，对旗人的生活总有不少负面描述。在他们的眼里，旗人之所以变得越来越穷，是因为他们的懒惰和闲散。就如一首竹枝词中写到的："吾侪各自寻生活，回教屠牛养一家。只有旗人无个事，垂纶常到夕阳斜。"④ 另一首竹枝词也表达了类似的看法："蚕桑纺绩未曾挨，日日牌场亦快哉。听说北门时演戏，牵连齐出内城来。"⑤ 欧立德（Mark Elliott）关于江南八旗驻防的研究发现，汉人与旗人之间的对抗表现在"军队与平民"和"旗人与市民"两个层次上，这两个层次反映了"在权力结构中优势和劣势间的对立"。⑥ 类似的冲突也发生在成都。而族群冲突问题在政治危机期间变得更为突出，如1911年辛亥革命发生时，成都城内的冲突便证明了这点。⑦

---

① 王笛：《跨出封闭的世界——长江上游区域社会研究（1644—1911）》，第 79 页。关于晚清在成都的旗人，见 Kristin Stapleton，Police Reform in a Late-Imperial Chinese City：Chengdu, 1902 – 1911，Ph. D. dissertation, pp. 50 – 51。
② 杨燮：《锦城竹枝词百首》，林孔翼辑录《成都竹枝词》，第 55 页。
③ 杨燮：《锦城竹枝词百首》，林孔翼辑录《成都竹枝词》，第 47 页。
④ 吴好山：《笨拙俚言》，林孔翼辑录《成都竹枝词》，第 72 页。
⑤ 吴好山：《笨拙俚言》，林孔翼辑录《成都竹枝词》，第 76 页。
⑥ Mark Elliott，"Bannerman and Townsman：Ethnic Tension in Nineteenth-Century Jiangnan，" Late Imperial China，Vol. 11，No. 1，1990，p. 56.
⑦ James C. Scott，Weapons of the Weak：Everyday Forms of Peasant Resistance，New Haven：Yale University Press, 1985, p. xix; Di Wang, Street Culture in Chengdu：Public Space, Urban Commoners, and Local Politics in Chengdu, 1870 – 1930, chap. 7.

此外，由于种种原因，成都城市居民对乡下人一直抱有歧视、敌对的态度。① 与中国的其他城市一样，在成都，冲突通常发生在城市居民和外来移民之间。除上述提及的满汉冲突以外，成都本地居民与外省移民之间的对立、冲突也一直存在。一首竹枝词写道："名公巨族满蓉城，生子生孙气象清。但愿时常城外去，好将荞麦认分明。"② 成都长期以来以城市移民著称，如一首竹枝词中所云："戚友初逢问原籍，现无十世老成都。"③ 由于许多乡下人会来成都谋生，因此吴好山写道："三年五载总依依，来者频多去者稀。不是成都风景好，异乡焉得竟忘归。"④ 来自外省的大批商人到成都后逐渐定居下来，开店营业，他们大多数人都专营一种或者几种来自其家乡的商品。一首竹枝词对此抱怨道："叫喊闻声知老陕，几回争价不相饶。"⑤

　　彼时成都居民经常将那些来自边远地区的人看作"乡巴佬"或"野蛮人"。一个地方文人用谐谑的口吻写道："西蜀省招蛮二姐，花缠细辫态多憨。"⑥ 另一位文人则在竹枝词中嘲笑那些来自边区的人，描写他们每年冬进省城来，酥油卖了买"铙钲响器"回，有意思的是，这位作者为这首竹枝词加了个注，让我们进一步了解成都市民对这些远道而来的边民的态度："蜀中三面环夷，每年冬，近省蛮人多来卖酥油，回时必买铜锣铜铙等响器，铺中试击，侧听洪音，华人每笑其状。"⑦ 对边民来说，成都是做生意和与外部世界联系最近的一

①　Richard Cobb, *The Police and the People: French Popular Protest, 1789 - 1820*, Oxford: Clarendon Press, 1970, p. 108; Perdue, "Insiders and Outsiders: The Xiangtan Riot of 1819 and Collective Action in Hunan," *Modern China*, Vol. 12, No. 2, 1986, pp. 166 - 201.

②　吴好山：《笨拙俚言》，林孔翼辑录《成都竹枝词》，第 75 页。

③　杨燮：《锦城竹枝词百首》，林孔翼辑录《成都竹枝词》，第 44 页。

④　吴好山：《笨拙俚言》，林孔翼辑录《成都竹枝词》，第 76 页。

⑤　定晋岩樵叟：《成都竹枝词》，林孔翼辑录《成都竹枝词》，第 63 页。

⑥　杨燮：《锦城竹枝词百首》，林孔翼辑录《成都竹枝词》，第 50 页。

⑦　杨燮：《锦城竹枝词百首》，林孔翼辑录《成都竹枝词》，第 58 页。

个重要商业中心，而成都居民也同样依赖这些商业活动。经济交往虽然能够增进相互理解，但文化隔离和歧视也伴随其中。

虽然成都妇女大多被囿于家庭生活之中，但是她们仍有许多机会到街上活动。即使在习惯上男性处于统治地位的公共空间内，妇女们仍然占有一席之地。过去对妇女在公共场所的限制，至少从成都看来，不像我们所想象的那么严格。一些竹枝词提供了与我们既定观念相反的资料，例如在传统社会中中国人重男轻女，但一首竹枝词则称："比户十儿长受饿，谁家五女乐炮羔。生儿不若多生女，儿价平常女价高。"① 因此，至少在那个时候的成都，妇女的社会地位并不是我们想象的那么低。②

竹枝词作者似乎对妇女出现在公共场合十分感兴趣，也由此相应描写了许多妇女的公共活动。一位文人在竹枝词中描述了妇女植树的情况："成都蚕市正春光，妇女嬉游器具场。买得鸦锄勤拂拭，夕阳桥畔种新桑。"③ 同时，竹枝词中所记录的信息也让我们对当时的时尚有了进一步的了解，可以看出彼时的女人也很善于打扮："鬓梳新样巧趋时，淡点朱唇淡扫眉。云绿色衫镶滚好，扎花裤脚一双垂。"④此外，一些词还描绘了沿街行走时女人们的姿态："浓妆淡抹费安排，姊妹相邀步履偕。珍重街头须缓缓，恐他泥污踏青鞋。"⑤ 这些以妇女公共行为为主题的竹枝词，用写实的手法，把妇女的风情描绘得十分生动。我们能从另一首词里看到女人和花之间的关系："百花

---

① 吴好山：《成都竹枝词》，林孔翼辑录《成都竹枝词》，第 75 页。
② 我在另一项研究中，也提出了同样的观点。见 Di Wang，"Street Culture: Public Space and Urban Commoners in Late-Qing Chengdu," *Modern China*，Vol. 24，No. 1，1998，pp. 34 – 72。
③ 庆余：《成都月市竹枝词》，林孔翼辑录《成都竹枝词》，第 181 ~ 182 页。
④ 吴好山：《笨拙俚言》，林孔翼辑录《成都竹枝词》，第 75 页。
⑤ 冯誉骧：《药王庙竹枝词》，林孔翼辑录《成都竹枝词》，第 142 页。

潭对百花庄，小小朱楼隐绿杨。听得门前花担过，隔帘呼买夜来香。"① 在竹枝词中，女人和夜来香总是被紧密地联系在一起，一个世纪后的另一首竹枝词描绘了一幅相似的图画："绣余摇扇共招凉，斜挽云鬟时样妆。忽听卖花声过去，隔帘争唤夜来香。"②

在节日庆典和庙会上，出行的妇女会引起人们更多的注意。清明节是给祖先和死去的亲人上坟扫墓的日子，城里的居民乘机到郊外踏青。对此，一位地方文人在竹枝词中描写道："城中上冢趁晴天，女轿夸多走接肩。穿过街坊来狭陌，菜花黄到绣裙边。"③ 在正月十六"游百病"那天，成都的女人们会沿着整个城墙漫步，19世纪初的一首竹枝词这样描述道："为游百病走周遭，约束簪裙总取牢。偏有凤鞋端瘦极，不扶也上女墙高。"④ 光绪年间的举人冯誉骧写了十首关于药王庙的竹枝词，词中表明女人是寺庙活动的重要参加者。一首词这样写道："花飞草长雨初晴，游女如云数不清。一辆笋舆隔纱幔，钗光鬓影未分明。"⑤ 当她们许愿时，"暗祝恐防人窃听，自家心事自家知"。⑥到药王庙参加活动的女性面貌各有不同，有的"脂粉不施露真面"，有来自富裕人家的则会盛装打扮，坐轿而来，"轿帷深下豪家女"。⑦ 在传统中国社会里，妇女在公众场合与陌生人直接社会接触或交往是"不道德"的，但是这个传统并不严格适用于宗教活动和节日庆典。例如，阴历二月间，一首竹枝词描写道："进会朝山二月天，绸旗一面伞新鲜。男人妇女沿街走，遇庙烧香礼拜虔。"⑧ 由

① 彭懋琪：《锦城竹枝词》，林孔翼辑录《成都竹枝词》，第131页。
② 邢锦生：《锦城竹枝词钞》，林孔翼辑录《成都竹枝词》，第165页。
③ 杨燮：《锦城竹枝词百首》，林孔翼辑录《成都竹枝词》，第45页。
④ 杨燮：《锦城竹枝词百首》，林孔翼辑录《成都竹枝词》，第44页。
⑤ 冯誉骧：《药王庙竹枝词》，林孔翼辑录《成都竹枝词》，第142页。
⑥ 冯誉骧：《药王庙竹枝词》，林孔翼辑录《成都竹枝词》，第142页。
⑦ 杨燮：《锦城竹枝词百首》，林孔翼辑录《成都竹枝词》，第46页。
⑧ 定晋岩樵叟：《成都竹枝词》，林孔翼辑录《成都竹枝词》，第66页。

此可见，当春天来到时，人们会在街上搭竹拱门，也会到庙里拜药王，这时的成都，"妇女丁男齐结束，药王庙里烧拜香"。①

竹枝词作者热衷于描写来自富裕家庭的妇女，吴好山有几首竹枝词，描绘了她们有的住华美屋宅，"可怜无事打丫头"，有的"满头珠翠绮罗身"，还有的"出入玻璃新轿子，端因嫁得是红人"。②另一首竹枝词则详细叙述了富裕人家主妇的日常生活："梳妆初毕过辰牌，小唤童奴且上街。米菜油盐和酱醋，出门犹说买干柴。"③ 此外，我们甚至还发现对吸鸦片成瘾的妇女的描述："流毒中华隐祸深，红闺日午傍鸳衾。不辞典卖金钗钏，鸦片烟迷女眷心。"④

另一些资料则记载了下层妇女在公共场所如何谋生。傅崇矩曾批评说，一种叫"花婆子"的小贩"以售首饰、玉器为名，其实勾引良家妇女，无所不至"，但傅崇矩没说明她们为什么和怎样"勾引"妇女，人们一般认为"老媪卖花兼卖玉，骗人闺阁善能言"。⑤ 在成都，接生婆的业务繁忙，她们的屋檐下悬挂一块木牌作为招牌，如果生男孩，她们还会得到"红包"。竹枝词有云："门前挂得接生牌，老妇神情尚不衰。接得男娃忙万福，三朝还要喜红来。"⑥ 此外，还有一些女性会自己经营一些生意，有竹枝词云："卓女家临锦水滨，酒旗斜挂树头新。当垆不独烧春美，便汲寒浆也醉人。"⑦ 这些描写彼时成都妇女的竹枝词如同画卷一般，将女性的日常生活展现得栩栩如生，而这些描绘在传统的历史资料中是很难找到的。

---

① 定晋岩樵叟：《成都竹枝词》，林孔翼辑录《成都竹枝词》，第 61 页。
② 吴好山：《笨拙俚言》，林孔翼辑录《成都竹枝词》，第 73 页。
③ 吴好山：《笨拙俚言》，林孔翼辑录《成都竹枝词》，第 76 页。
④ 吴好山：《笨拙俚言》，林孔翼辑录《成都竹枝词》，第 73 页。
⑤ 傅崇矩编《成都通览》（上），第 397～398 页；定晋岩樵叟：《成都竹枝词》，林孔翼辑录《成都竹枝词》，第 61 页。
⑥ 定晋岩樵叟：《成都竹枝词》，林孔翼辑录《成都竹枝词》，第 60 页。
⑦ 姚氏：《竹枝词》，林孔翼辑录《成都竹枝词》，第 123 页。

七　精英对民众的批判

竹枝词作为历史资料的另一重要意义在于其展现了精英阶层对普通民众和大众文化的态度。从衣食住行到宗教信仰，写竹枝词的文人们确实留下了许多对普通人和大众文化的批判性作品。例如，茶馆常常是竹枝词诗人抨击的对象："啧啧其如利口何，每从平地起风波。世人休被谣言惑，茶馆由来上谕多。"① 普通市民的穿着、行为等也时常成为文人嘲讽的对象，在他们眼里，这些人卑下、愚昧、空虚、不诚实，"中年便喜服长袍，一朵花簪鬓二毛。镇日斗牌无别事，偷闲沽酒醉陶陶"便是他们所描绘的民众的画像。② 此外，吴好山在一首竹枝词中也批判了一些纨绔子弟："公子衣装别省腔，跟班轿后数双双。东街已遍南街去，分付明儿过锦江。"③ 同时，他们也批评那些行为不端的"街娃儿"：蓄着长发，与狗逗乐，揣着匕首，酗酒赌博，结交妓女。④ "街娃儿"经常到某个固定场所聚集，比如御河岸边。因此，吴好山告诫人们："莫向御河边上去，染成逐臭一班人。"⑤ 还有一些竹枝词诗人嘲笑那些被"挑牙虫"（主要来自安徽凤阳，带着雨伞）愚弄的人："南门桥畔喊牙虫，也与扬州一样风。持伞知来凤阳郡，愚人多少受朦胧。"⑥ 据笔者的采访，以前大多数人认为牙齿的腐坏是由虫所致，挑牙虫的人使用小伎俩来欺骗顾客，

---

① 邢锦生：《锦城竹枝词钞》，林孔翼辑录《成都竹枝词》，165 页。
② 吴好山：《笨拙俚言》，林孔翼辑录《成都竹枝词》，第 74 页。
③ 吴好山：《笨拙俚言》，林孔翼辑录《成都竹枝词》，第 72 页。
④ 杨燮：《锦城竹枝词百首》，林孔翼辑录《成都竹枝词》，第 57 页。
⑤ 吴好山：《笨拙俚言》，林孔翼辑录《成都竹枝词》，第 70 页。
⑥ 定晋岩樵叟：《成都竹枝词》，林孔翼辑录《成都竹枝词》，第 65 页。

一只手里藏着虫，然后宣称他从顾客的牙齿里挑出一条虫来。[①] 一些地方文人也嘲笑一些普通居民的虚荣："肆外衣裳亦美哉，携他一个大壶来。分明贮米归家去，却道街前打酒回。"[②] 有人买了大米谎称打酒，因为米是日常生活的必需品，而酒是奢侈品，以此来显示一种优越感。我们在同样的资料中还找到相似的故事："街东走过又街西，巾帕斜包手自提。买得豆渣归去后，声声说是削皮梨。"[③] 这可能是爱面子但又捉襟见肘的小市民经常玩弄的花招，因此，地方文人对此极尽讥讽之能事。

此外，精英阶层通常认为宗教仪式都是迷信的和落后的，对此大力抨击。许多成都人都迷信巫术，每当家里有人生病了，他们就会去请端公。[④] 端公号称有超自然力量，可以祛除恶魔，救治病人。精英们对此多有批评。一首竹枝词描写道："闾阎难挽是巫风，鬼哭神号半夜中。不管病人禁得否，破锣破鼓跳端公。"[⑤] 这里，他们指责端公施法过程中，午夜时分方圆几里都可以听见鬼神哭嚎的声音。端公跳神时还要敲锣打鼓，全然不顾病人恐惧得浑身发抖。端公在屋顶上挂上符咒，所谓驱散游魂野鬼。但精英却揭露，他们不但未能驱散鬼魂，还使病人情况恶化，并趁机敛钱，因此端公实际是"阎罗"的帮凶，他们"无刀会杀人"。[⑥] 又如，每年正月初五日，人们都会拣回一些象征金元宝的鹅卵石，以驱散"穷鬼"。一首竹枝词嘲笑这种行为曰："牛日拾来鹅卵石，贫富都作送穷言。富家未必藏穷鬼，莫

---

① 余迅，时年 73 岁，笔者于 1997 年 6 月 21 日在成都悦来茶馆的访谈记录。
② 吴好山：《笨拙俚言》，林孔翼辑录《成都竹枝词》，第 77 页。
③ 吴好山：《笨拙俚言》，林孔翼辑录《成都竹枝词》，第 77 页。
④ 定晋岩樵叟：《成都竹枝词》，林孔翼辑录《成都竹枝词》，第 60 页。
⑤ 邢锦生：《锦城竹枝词钞》，林孔翼辑录《成都竹枝词》，第 141 页。
⑥ 邢锦生：《锦城竹枝词钞》，林孔翼辑录《成都竹枝词》，第 165 页。

把钱神送出门。"① 此外，他们还嘲笑许多市民每当新年将至，就在家门上贴门神，真是迷信、愚蠢至极："街头爆竹响愁人，肖像桃符彩换新。堪笑成都迷信久，年年交替说门神。"② 有趣的是，上述的许多批判大多出现于 19 世纪初，在西方和现代科技来到中国社会之时。对此，之前的研究大多着眼于"现代化的"和社会精英们对大众宗教的批判，③ 但"旧精英"对民俗和信仰的审视与所持的态度，仍是值得我们进一步研究的课题。

八　诗歌中的历史

正如民间诗歌可以被视为研究者了解民间传统和大众文化的渠道，竹枝词毫无疑问也可以作为一种更为客观的历史资料。④ 葛兰西（Antonio Gramsci）在对民间文化中的通俗歌曲考察时指出，通俗歌曲可能有三种形式："由民众为民众谱写"，"为民众谱写但不是由民众谱写"，"既不由民众也不为民众谱写但表达了民众的思想和感情"。⑤ 如果我们将竹枝词看作民间歌谣的一种，那么它可能会被归入第三类，因为竹枝词并非一定表达民众的"思想和感情"。或许，我们可以将竹枝词看作第四类歌谣，即不由民众也不为民众谱写，且不表达民众的思想和感情，但记录了民众生活的一类。"民间传统是基

---

① 杨燮：《锦城竹枝词百首》，林孔翼辑录《成都竹枝词》，第 44 页。卵石在这里象征着金元宝。

② 庆余：《成都月市竹枝词》，林孔翼辑录《成都竹枝词》，第 184 页。

③ Prasenjit Duara, "Knowledge and Power in the Discourse of Modernity: The Campaigns Against Popular Religion in Early Twentieth-Century China," *The Journal of Asian Studies*, Vol. 50, No. 1, 1991, pp. 67 – 83.

④ Paul Zumthor, *Oral Poetry: An Introduction*, pp. 13 – 31.

⑤ Antonio Gramsci, *Selections from Cultural Writings*, Cambridge, MA: Harvard University Press, 1985, p. 195.

于历史发展而不断变化的",① 竹枝词这种文体从定义上就涵盖了社会的变迁和发展中的种种信息,因此我们完全可以从历史的角度来解读竹枝词。

虽然竹枝词不是通过口头传播的,但它由通俗浅白的语言写成,并保留了口头传播的形式,在精英与平民之间进行传递。作为民俗的一部分,口头文学是"由人们听说且传诵的歌谣、故事和谚语组成"。② 这样的诗歌易于被普通民众理解并接受。口头的民俗传统中并不仅仅包括了农民文化,事实上,在其中我们也可以发现一些涵盖了精英阶层和普通民众的共同的民俗传统。19 世纪初,经典的文言传统在中国文学中仍占有绝对支配地位,但以通俗浅显的语言所创作的竹枝词,表明了在中国社会中精英文化和大众文化之间并没有绝对的分野。竹枝词的创作表明了文化精英阶层在吸收普通民众的民间传统后,将其转化为书面文学,从而将大众文化注入精英文化之中。而这些特点也使得竹枝词成为珍贵的文化研究资料。开始于 20 世纪早期,延续至 1920 年代初的文学运动一直备受学界的重视,研究者们聚焦了胡适及其他新一代知识分子对白话新诗的贡献。③ 然而,从竹枝词的研究中我们可以看到,早在 19 世纪初,中国文人就已经开始用通俗直白的语言来创作诗歌,这种表达形式非常贴近口语和社会现实,所以其通常可以被看作城市日常生活的真实记录。因此,我们或许可以说竹枝词是白话新诗的真正先锋。

竹枝词通常可以反映出作者对城市、大众文化、民间传统和普通民众的复杂感情。从对成都景观的描写中,我们可以看出竹枝词的创

---

① Wolfgang Mieder, *Tradition and Innovation in Folk Literature*, Hanover and London: University of New England, 1987, p. xi.

② Albert Bates Lord, *The Singer Resumes the Tale*, p. 1.

③ Julia C. Lin, *Modern Chinese Poetry: An Introduction*, Seattle: University of Washington Press, 1972, chap. 3.

作者对他们家乡保有热爱之情，而其中所蕴含的爱乡精神或许是创作这些诗歌的重要动力。更准确来说，这种感情体现为一种对成都的热爱，即当地文人在创作中所重点描绘的家乡。① 不过，文人们也常常在竹枝词里批判大众文化。从精英的字里行间，我们可以明显地感受到他们之于普通民众与大众文化的优越性，以及其中对民众的嘲弄。清代文人刘沅以成都新年为主题创作了一系列竹枝词，其中阐述道："民俗相沿，可笑者多，愚居乡久，新正无事，就所闻见书之，或亦笑谈之一助，时年八十有一。"② 可以看出，精英阶层在竹枝词的创作中会对大众文化和普通民众进行评判，这种评判是时而赞赏、时而讥讽的，同时这种晦涩的态度也导致了他们与大众文化和普通民众的复杂关系。

当我们阅读竹枝词时，精英阶层对女性出现于公众场合的态度不可避免地会引起我们特别的注意。地方文人创作了大量关于妇女的竹枝词，虽然他们有时也批评女性，但他们对女人描写的基调是愉快的，并且敢于直接欣赏女人的美丽。在竹枝词中，我们可以看到许多对男性在公共场合行为的批评，但是对于女性的却很少。对这些妇女的公共活动和抛头露面的描述，或许可以为我们重新认识传统中国妇女的日常生活，提供一个不同的视角。实际上，当时的女性有很多机会出现并享有城市的公共生活。这与 20 世纪初的社会改良者完全不同，后者对女性的公共活动似乎有一种强烈的敌意，并且对女性出现在公共场合有着诸多限制，希望女性的生活只限于其家庭内部。19世纪大多数的资料记录中都相对缺乏关于女性和平民形象的描述，但

---

① 20 世纪初，随着地方主义和国家主义的兴起，这种爱乡情怀达到一个新的顶峰。关于成都人民的地方认同和自我意识，见 Di Wang, "Street Culture: Public Space and Urban Commoners in Late-Qing Chengdu," *Modern China*, Vol. 24, No. 1, 1998, pp. 34 – 72。

② 刘沅:《蜀中新年竹枝词》，林孔翼辑录《成都竹枝词》，第 125 页。

是竹枝词为我们提供了弥足珍贵的记录，即使这些记录仅仅限于一个特定的文体。

事实上，精英阶层关于城市普通民众公共行为的批判不仅反映了其关于行为适当的不同认知，而且反映了对公共空间支配权利的争夺。随着地方精英不断参与、介入地方事务之中，他们需要更多的空间去开展活动，以及施展影响。对此，他们有两种方法去达到这个目的：一种是按照他们的意愿去改造公共空间，另一种是加强他们在普通民众间的领导权。自20世纪初开始，精英便在政府支持下发起了一场轰轰烈烈的改良运动。他们似乎认为其超越了大众文化，但是实际上却不可避免地成为大众文化的一部分，他们在批判节日和宗教庆典的同时，又参与其中。但即使竹枝词作者在创作竹枝词时抱有对大众文化的偏见，他们的作品依然成为成都"城市之韵"的最佳表达，并为我们留下了关于成都日常生活和城市意识的宝贵资料。

然而，不可避免的是，将竹枝词用作历史资料时会涉及关于资料诠释的问题。虽然我们有足够的理由相信这些诗歌是基于所观察到的客观事实创作的，但是这些诗歌同时也受作者感情、意识形态和价值观的影响。可这个原因不应该成为阻止研究者通过竹枝词，去寻找曾经"失声"的底层民众声音的理由。大众文化的研究和政治事件的研究不同，它的价值并不取决于精准的事件描述，只要其可以为地方文化发声，即使描述不具体，我们仍能有所获益。当然，城市的日常生活比这些竹枝词中所描述的更加复杂，因此，用竹枝词来展现公众生活会有一定局限性，比如，作者可能不会十分慎重地对待他们的作品，也不那么在意描述的准确性、细节和全面性，因为他们创作竹枝词可能只是用来消遣。同时，还很有可能城市生活某个非常重要的面向在其中从来没被涉及。但是，除了上述局限以外，竹枝词中所记录的信息仍然是十分有价值的，甚至可以说是无价的。至少，它们可以为我们提供某种特别的历史角度，让我们一窥彼时城市公共生活的内涵和外延。

本章翻译自 "The Rhythm of the City: Everyday Chengdu in Nineteenth-Century Bamboo-Branch Poetry"，原文发表于《晚期帝制中国》（*Late Imperial China*, Vol. 22, No. 1, 2003, pp. 33 – 78）。中译文发表在《社会科学战线》（2019 年第 1 期，第 121 ~ 137 页）。

第七章

从微观到宏观：微观世界的宏观思考
——从成都个案看中国城市史研究

　　公共空间和公共生活是地方文化的强烈表达，因其为市民参与社会和政治提供了舞台，所以在中国城市生活中扮演着一个中心角色。关于公共空间的讨论，欧美城市史学者对公共聚集场所，诸如咖啡馆、酒吧等都有相当深入的研究，在那些地方，陌生的人们聚集并交流信息，进行家庭生活和朋友聚会之外的公共生活。[①]　此外，公共空

[①]　Richard Sennett, *The Fall of Public Man*: *On the Social Psychology of Capitalism*, New York: Vintage Books, 1977; Perry R. Duis, *The Saloon*: *Public Drinking in Chicago and Boston*, *1880 - 1920*, Urbana: University of Illinois Press, 1983; Roy Rosenzweig, *Eight Hours for What We Will*: *Workers and Leisure in an Industrial City*, *1870 - 1920*, New York: Cambridge University Press, 1983; Kathy Peiss, *Cheap Amusements*: *Working Women and Leisure in Turn-of-the-Century New York*, Philadelphia: Temple University Press, 1986; Thomas Brennan, *Public Drinking and Popular Culture in Eighteenth-Century Paris*, New Jersey: Princeton University Press, 1988. 此外，西方学者还对公共空间和其中的日常生活进行过一些理论性的探讨。如德塞都和赫勒（Agnes Heller）考察了"共同空间"（commonplace）、"日常接触"（everyday contact）和"日常生活冲突"（collisions of everyday life），而桑内特（Richard Sennett）则以开阔的视野对城市的"公共世界"（public world）和"公共生活"（public life）进行了研究。戴维斯（Susan Davis），则意识到下层民众经常"聚集街头"，与公共空间有着特殊的密切关系。赖安（Mary Ryan）指出，在一个不公平的社会里，城市居民无论贫富，都"相对平等地使用公共空间"。详见 Michel de Certeau, *The Practice of Everyday Life*; Agnes Heller, *Everyday Life*, trans. by G. L. Campbell, London: Routledge & Kegan Paul, 1984; Richard Sennett, *The Fall of Public Man*: *On the Social Psychology of Capitalism*; Susan G. Davis, *Parades and*

间还是观察社会关系的极好场所，在这些地方，各阶层的人们，特别是生活在下层的人们，进行着日常生活。但在中国，城市公共生活的研究长期为城市史学者所无视，[①] 而这个课题却是我近年研究的重点，我希望通过对中国城市空间的研究，更进一步地揭示出民众与公共空间、街头生活与公共生活的关系。

从 1990 年代初起，我的研究范围逐渐缩小，从整个长江上游区域，到街头文化，最后到茶馆。在《街头文化》一书中，我使用"街头文化"这个词代表街头的各种文化现象和活动，诸如店铺的装潢、幌子、民间艺人表演、庆祝活动以及人们在街头的谋生方式等。[②] 后来，我进一步把研究焦点从一般的公共空间转移到一个更具体、更小的公共空间，即研究整个 20 世纪成都的茶馆和公共生活。通过对 20 世纪上半叶成都茶馆的考察，来看成都经济、社会、政治

Power: *Street Theatre in Nineteenth-Century Philadelphia*, Berkeley and Los Angeles: University of California Press, 1988, pp. 29 – 30, 34; Mary p. Ryan, *Women in Public: Between Banners and Ballots, 1825 – 1880*, Baltimore: The Johns Hopkins University Press, 1990, p. 92。

① 在中国城市史的研究中，这类题目还十分少见，只有全大伟对北京人力车夫的考察以及周锡瑞（Joseph Esherick）和华志建（Jeffery Wasserstrom）所分析的近代中国怎样把公共场所用作"政治剧场"，从而成为政治斗争的舞台。见 David Strand, *Rickshaw Beijing: City People and Politics in the 1920s*; Joseph W. Esherick and Jeffrey N. Wasserstrom, "Acting Out Democracy: Political Theater in Modern China," *The Journal of Asian Studies*, Vol. 49, No. 4, 1990, pp. 835 – 865; Jeffery N. Wasserstrom, *Student Protests in Twentieth-Century China: The View from Shanghai*, Stanford: Stanford University Press, 1991。1998 年，达顿出版了《中国街头生活》一书（Michael Dutton, *Streetlife China*, New York: Cambridge University Press, 1998），主要研究了当代中国的城市管理和社会控制。虽然该书并非像书名所称主要研究"街头生活"，但其为理解今日中国政治与日常生活的关系提供了非常好的资料。

② 王笛：《跨出封闭的世界——长江上游区域社会研究（1644～1911）》。街头文化也包括有直接关联的店铺、茶馆和其他公共场所。可以说，街头文化是大众文化的重要组成部分，而街头生活亦是过去下层民众日常生活的中心。

与文化的变迁。① 在本章中，我试图把街头文化和茶馆这两个研究对象，置于中国城市史研究这个更普遍的语境中，以对都市大众文化的研究进行若干反思。

成都地处内陆，近代以来，在经济、政治和文化上与沿海城市相较，受西方冲击较少，因而保留了更多的传统。我希望以研究成都的街头文化和茶馆为契机，来进一步拓宽和加深我们对中国城市史和文化史的理解，并借此回答以下问题：公共空间在城市日常生活中有何功能？城市民众与城市公共空间有何关系？谁是城市公共空间的主要占据者？普通民众是怎样使用公共空间的？邻里和社区在公共生活中扮演着什么角色？国家和地方精英在多大程度上控制街头和社区？改革和革命是怎样改变人们的日常生活的？在这个社会转型时期，大众文化和公共空间是怎样发生变化的？在公共空间中，下层民众、地方精英与国家权力之间的关系是什么性质？大众文化与地方政治是怎样相互影响的？这些问题对于认识中国城市十分重要，但仍缺乏研究，我相信对这些问题的回答无疑将有助于我们加深对近代中国城市的理解。

至今，大多数中国城市史的研究集中在政治事件、商业、经济、国家和社会、城市控制和管理等问题，却缺乏对城市基层和社区生活

① Di Wang, *The Teahouse: Small Business, Everyday Culture, and Public Politics in Chengdu, 1900–1950*, Stanford: Stanford University Press, 2008. 茶馆研究的第二卷已经出版，即 *The Teahouse under Socialism: The Decline and Renewal of Public Life in Chengdu, 1950–2000*, New York: Cornell University Press, 2018。该卷主要探讨社会主义体制下的公共生活，观察从 1949 年以来，公共生活是怎样改变的，新政治文化是怎样产生的。此外，在该书中，我还重新探索了茶馆在人们日常生活中的重要性，以及在面临其他新兴公共空间挑战的情况下，在飞速发展的现代社会中，这些茶馆又是如何保持自身活力并日趋繁荣的。据 2018 年 6 月在成都召开的"2018 世界名城文化论坛"上，成都市政府在其关于成都的宣传片中公布的资料，当时成都有 9264 家茶馆。当然这个数字除了显示成都茶馆的继续繁荣外，也与其管辖范围的极大扩展有关。

的了解。^① 通过对成都的研究，我试图将城市史研究的重心从沿海转向内地，从大事件转向日常生活（特别是公共生活），从社会上层转向下层（特别是社会的最底层）。通过考察城市公共空间和大众文化来研究人们的日常生活，并探索成都的一般民众、社会改良者以及地方官如何通过公共空间的使用来改造大众文化。在对成都公共空间的研究中，我希望这个转变可以帮助我们从另一个角度进一步了解中国城市和近代中国。

一 从沿海城市到内陆城市

中国的城市在19世纪晚期和20世纪早期经历了深刻的变化，但是出人意料的是学界少有研究涉及这些变化是如何改变公共生活的。过去二十年内，关于中国城市史的研究大多是关于如上海、北京和汉口这样重要的城市的，这些研究认为这些城市反映了国家经济、政治和文化的主要趋势，^② 虽然加深了我们对中国城市和城市精英的理解，却使我们对普通百姓和他们的日常生活知之甚少，尤其是

---

① 其中一个特例是卢汉超关于20世纪上半叶上海的研究，探索上海繁荣街道背后的弄堂以及小巷生活，通过对这些公共空间的观察来反映彼时上海普通市民的日常生活。见 Hanchao Lu, *Beyond the Neon Lights：Everyday Shanghai in the Early Twentieth Century*，Berkeley and Los Angeles：University of California Press, 1999。

② William T. Rowe, *Hankow：Commerce and Society in a Chinese City, 1796 – 1889*；William T. Rowe, *Hankow：Conflict and Community in a Chinese City, 1796 – 1895*；Gail Hershatter, *The Workers of Tianjin, 1900 – 1949*；Gail Hershatter, *Dangerous Pleasures：Prostitution and Modernity in Twentieth-Century Shanghai*，Berkeley and Los Angeles：University of California Press, 1997；Emily Honig, *Sisters and Strangers：Women in the Shanghai Cotton Mills*；Emily Honig, *Creating Chinese Ethnicity：Subei People in Shanghai, 1850 – 1980*；David Strand, *Rickshaw Beijing：City People and Politics in the 1920s*；Frederic Jr. Wakeman and Wen-hsin Yeh, eds., *Shanghai Sojourners*，Berkeley：Institute of East Asian Studies, University of California, 1992；

关于他们的公共生活。中国幅员辽阔、地理结构复杂，有丰富多彩的地域文化。在关于市场网络和地方社会结构的经典性研究中，施坚雅强调了地理环境在经济中的重要角色，他指出地方市场的发达反而缩小了人们与其市场网络外的经济交往，并由此影响了文化的多样性。[1] 施坚雅的模式启发学者们进行不同区域的研究，但是城市史的学者仍把注意力放在一些主要的大城市，如上海、北京、汉口等这些全国性的经济、政治和交通中心。中国的腹地城市虽然有着独特的传统，也是研究历史和文化的极好对象，但在相当长一段时间内备受冷落。[2]

成都是四川省会，亦为四川盆地的中心，四面群山环抱，处于长江上游相对封闭的地区内。[3] 直到20世纪初，从中国东部到成都的

Frederic Jr. Wakeman, *Policing Shanghai*, *1927 – 1937*, Berkeley and Los Angeles: University of California Press, 1995; Leo Ou-fan Lee, *Shanghai Modern*: *The Flowering of a New Urban Culture in China*, *1930 – 1945*, Cambridge: Harvard University Press, 1999; Hanchao Lu, *Beyond the Neon Lights*: *Everyday Shanghai in the Early Twentieth Century*, Berkeley and Los Angeles, 1999; Susan Naquin, *Peking*: *Temples and City Life*, *1400 – 1900*, Berkeley and Los Angeles: University of California Press, 2000.

① G. William Skinner, "Marketing and Social Structure in Rural China," *The Journal of Asian Studies*, Vol. 24, No. 1, 1964, pp. 3 – 43; Vol. 24, No. 2, 1965, pp. 195 – 228; Vol. 24, No. 3, 1965, pp. 363 – 399; G. William Skinner, ed., *The City in Late Imperial China*.

② Carolyn Cartier, "Origins and Evolution of a Geographical Idea: The Macroregion in China," *Modern China*, Vol. 28, No. 1, 2002, pp. 79 – 142.

③ 关于这个地区的研究，见王笛《跨出封闭的世界——长江上游区域社会研究（1644～1911）》。此外，盖洛也写过一本介绍清末中国18个省省会的书，他根据字义把"成都"译为"一个完美的城市"（A Perfect Capital，见 William Edgar Geil, *Eighteen Capitals of China*, p. 287），虽然这个翻译是凭他的想象，但从特定的意义上说，这个翻译倒是反映了成都地理位置、商业化程度、社会文化生活的某些特点。同时，成都周围的地区是施坚雅关于市场和社会结构的经典性研究的对象（"Marketing and Social Structure in Rural China," *The Journal of Asian Studies*, 1964 – 1965, No. 1, pp. 3 – 43,; No. 2, pp. 195 – 228; No. 3, pp. 363 – 399）。

旅途仍然十分不便，尽管其不再像唐代李白所叹"蜀道之难，难于上青天"，但交通闭塞的状况仍未得到真正改观。因此，直至晚清时期，相较于其他沿海的省会城市，西方对成都的冲击并不明显。事实上，按贝德在1899年的观察，那时的成都"几乎看不到欧洲的影响"。直到1920年代，巴金在其著名的自传体小说《家》中，仍把成都描写成保守和专制的代表，而把上海视为现代和自由的象征。① 当然，这样一种认识所反映的是一些新的、西化的知识分子的激进思想，当他们热切拥抱西方文化时，对中国传统文化持猛烈批评的态度。不过当时人们对成都的这种印象，也的确反映了成都社会变化相对缓慢这样一个事实。同时也正是由于成都所保留的传统文化较之沿海、华北以及华中的城市多得多，对历史学家来说，其是非常有意义的研究对象。

1990年代初，学者们开始把注意力转移到成都，相关的中英文著作也相继问世。如司昆仑的著作《文明进程中的成都》（*Civilizing Chengdu*）是目前关于成都城市史最系统、深入的研究，其主题是"考察成都城市规划和管理的历史"，揭示那些试图以新政策来控制人民的地方精英和精英改良者的"动机和行为"。司昆仑分析了精英的思想和活动以及市政改革和精英政治，并把主要注意力放在那些著名人物身上。在书中，其强调了成都城市改良的两个高潮（即新政和1920年代），并仔细观察了改革的动力和变化的程度，她认为成都在这一时期"最大的改变可能是对市政管理的认可"。② 与司昆仑的研究一样，我

---

① Isabella Bird, *The Yangtze Valley and Beyond: An Account of Journeys in China*, *Chiefly in the Province of Sze Chuan and Among the Man-sze of the Somo Territory*, p. 350;《家》,《巴金全集》, 人民文学出版社, 1986。

② Kristin Stapleton, *Civilizing Chengdu: Chinese Urban Reform*, *1875 – 1937*, pp. 2 – 3. 其他研究有佛若特 (Jeannette Faurot) 的《古代成都》(*Ancient Chengdu*), 张学君、张丽红的《成都城市史》以及司昆仑的关于研究清末成都警察的博士论文, 见 Police

的研究也分析改良问题，但焦点在于这些改革怎样影响人们的日常生活，特别是如何影响那些下层民众的街头生活。如果说司昆仑强调的是精英改革的组织和管理，那么我的兴趣则在于考察那些新的规章是如何在公共场所和街头实施的，并试图揭示，这些变化怎样影响了人们的公共生活。当他们所居住的城市由相对自治、邻里互助、缺乏专门权力机构管制的地方，变为一个正式的市政官僚机构控制的地方时，底层民众又是如何回应这个巨大转折的。

二　进入城市的底层

要全面了解一个城市，需要进入这个城市的底层，了解这些组成城市社会生活的最基本的单位。街道是城市中最重要的公共空间，它不仅承担着城市的交通责任，而且为城市社会经济活动提供了一个平易近人的场所。在中国城市拥有现代城市设施之前，街道满足了人们各种各样的需求，可以说其是邻里和社区最有用的公共空间。①

"街"（street）是人们共用的公共空间，是我《街头文化》一书的主要研究对象之一。同时，在这个研究中，我还使用"邻"

Reform in a Late-Imperial Chinese City: Chengdu, 1902 – 1911, Ph. D. dissertation。我在 1993 年出版的关于长江上游社会的研究，虽然没有把成都作为主题，但对清代成都社会也多有涉及。之后，司昆仑发表了关于成都秘密社会和城市管理、大众文化、茶馆与公共生活的论文。详见 "Urban Politics in an Age of 'Secret Societies': The Cases of Shanghai and Chengdu," *Republican China*, Vol. 22, No. 1, 1996, pp. 23 – 64; "County Administration in Late-Qing Sichuan: Conflicting Models of Rural Policing," *Late Imperial China*, Vol. 18, No. 1, 1997, pp. 100 – 132。

① 关于这些词的中文定义，见《现代汉语词典》、《新华字典》以及《现代汉英词典》，同时将这些词与相关的英文定义进行比较，可以帮助我们的理解。《美国传统英语词典》（*The American Heritage Dictionary of the English Language*）对"街"（street）的定义为："一个城或镇的公共通道，一般都有人行道。"这个解释与中

（neighbourhood）和"社"（community）的概念。这三个词非常接近，有时相互重叠或紧密联系，并都具有物质空间和抽象观念的内涵。首先，它们都涉及人们所居住的特定范围。在中文词典中，"街"的定义是"两边有房屋的道路"，与"街道"的意义完全相同。此外，"街"还构成了许多其他的汉语词，诸如"街坊""街市""街头""街头巷尾"等，在历史语境中，其含义远远超出位置和空间的范围，经常体现的是居住在这一区域的人与人之间以及人与空间之间的关系。如果说"街"一般是指一种物质性的空间，那么"邻"和"社"虽也具空间的含义，然其更多表现的是一种社会关系。"邻"的通常定义是"居住在附近的人家"，并发展出"邻里"和"邻居"等词。"社"也有两个基本含义：在古代，社是祭祀土地（神）的地方；在今天，社是组织化的结构。"社"的前一个含义发展成为"社会"（society）和"社区"（community）。虽然一些英语词典把社会和社区都定义为"组成为一个整体的人群"，但"社会"的含义非常之广，可以说包罗万象。在我的城市研究中，我虽然不得不使用"社"这个词，但我更倾向于用"社区"这个较为狭义的概念。更准确地说，中文的"社区"表示的是一个包括许多街道和邻里的区域

文定义有所不同，不强调两边的房屋。对"邻"（neighbourhood）的定义是"一个具有特点的区域和地区"以及"居住在附近或特定区域或地区的人们"。对"社"（community）的定义则复杂一些：（1）"居住在同一地区并在同一政府管辖之下的人群"；（2）"这样一个人群所居住的地区"；（3）"一个有共同利益的人群"；（4）"社会中形成的不同部分人群"（Joseph p. Pickett, et al. eds., *The American Heritage Dictionary of the English Language*, Fourth Edition, Boston：Houghton Mifflin Harcourt, 2000）。《韦伯词典》（*Webster's Revised Unabridged Dictionary*）对 street 的解释最接近中文："原意为铺好的路、公共大路；现在一般为一个城市或村庄的通路，两边有住房或商业。"此外，其对 neighbourhood 的定义为"一个居民相互视为邻居的区域"或"住在附近的居民"，这也与中文意思非常接近（Noah Porter ed., *Webster's Revised Unabridged Dictionary*, Springfield：G&C Merriam Co., 1913, pp. 1424, 969）。

以及居住在其中的人们。因此，我更倾向于采用《韦伯词典》对community 的定义，即"那些享有同样权力、权利或利益，居住在同一地区受同一法律和规章管束的人们"。总而言之，从街道、邻里到社区的转变，是一个空间含义逐渐减少而文化含义逐渐增强的过程。

"街"的概念（如"街坊""街邻""街众"等）在人们之间培育了"邻里纽带"，强化了人们对于城市共同体的意识。而城市的街头则是该城市的过去和现在最明白的表达。在中国，一位外来者可以通过观察城墙城门、街头巷尾、店面装饰、小贩摊点、公共庆典等特征，把一个城市与其他的城市区别开来。因此，对城市街头的研究，有助于我们更深刻地理解该城市的居民和他们的日常生活。①

我关于成都的研究把主要注意力放在普通民众身上，力图揭示下层人民是怎样理解和使用街头的，并从他们在街头的经历来阐述其所传达的文化内涵。迄今为止，西方对中国社会史的研究还主要集中在精英阶层，特别是沿海地区的精英身上，对于日常公共生活——中国城市社会最常见和引人注目的现象——则知之甚少，对腹地城市更是缺乏了解。在我关于街头文化的研究中，"城市民众"（urban

---

① 显然，街头是研究城市公共空间和日常生活的理想对象。但到目前为止，相关的学术研究并不多。1943 年怀特（William F. Whyte）出版了《街角社会》一书，这是一本研究美国城市贫民窟帮会的社会学著作。从那之后，极少有关于街头的学术作品问世。1983 年，麦克依格特（Anthony McEligott）发表了关于纳粹时期汉堡的街头政治的论文。三年之后，斯丹舍（Christine Stansell）在其关于妇女的研究中，考察了纽约街头的妓女。戴维斯（Susan Davis）则以费城的"街头剧场"为对象，分析了公共典礼与权力的关系。见 William F. Whyte, *Street Corner Society: The Social Structure of an Italian Slum*, Third edition, Chicago: University of Chicago Press, 1981（The first edition was published in 1943）; Anthony McEligott, "Street Politics in Hamburg, 1932–33," *History Workshop*, No. 16, Autumn 1983, pp. 83–90; Christine Stansell, *City of Women: Sex and Class in New York, 1789–1860*, New York: Alfred A. Knopf Inc., 1986, chaps. 9 and 10; Susan Davis, *Parades and Power: Street Theatre in Nineteenth-Century Philadelphia*。

commoners）主要是指那些普通市民。① 虽然他们的名字在历史上早已被忘却，但他们曾经是街头的主要占据者，并创造了丰富多彩的城市街头文化。正如布罗代尔（Fernand Braudel）所指出的："遗憾的是，我们对那些巍峨的王宫的知识多于卖鱼市场。鲜鱼装在水箱里被运到市场，在那里我们还可以看到大量的狍子、野鸡以及山鹑，我们在那里每天都可以有新的发现。"② 这种对精英文化和大众文化已有知识的不平衡，不仅存在于布罗代尔所批评的对欧美历史的研究中，而且是中国历史研究所面临的问题，这也使得关于下层民众日常生活的考察更为重要。

　　普通民众是城市公共空间的主要占有者，他们将城市的公共空间作为他们的市场、作坊、舞台、栖身之地以及社会交往中心。在这里，"公共"（public）和"公共空间"（public space）这两个词可以有多重含义。在西方，"公共"是一个发展着的词，在不同历史时期

① 他们可以是罗威廉所描绘的"街市人"，即"那些坐在门口同邻居攀谈和傍晚乘凉的居民"，也可以是叶文心（Wen-hsin Yeh）所关注的"小市民"或是林培瑞所描述的那些"离富裕的水平还相差很远"的城市人。不过我的注意力主要在那些社会下层的人身上，他们可以是"无名者"（nobody）、"任何人"（anyone）、"一般人"（ordinary men），或者是"依附阶级"（subordinate classes），或用统治阶级的话讲是"危险的阶级"（dangerous classes）。这些人在街头寻求生计和娱乐，他们所创造和欣赏的文化用汤普森（E. P. Thompson）的定义是"庶民文化"（plebeian culture）。见 William T. Rowe, *Hankow: Conflict and Community in a Chinese City*, pp. 78 – 79; Wen-hsin Yeh, "Progressive Journalism and Shanghai's Petty Urbanites: Zou Taofen and the Shenghuo Weekly, 1926 – 1945," in Frederic Wakeman, Jr. and Wen-hsin Yeh, eds., *Shanghai Sojourners*, p. 191; Perry Link, *Mandarin Ducks and Butterflies: Popular Fiction in Early Twentieth-Century Chinese Cities*, Berkeley and Los Angeles: University of California Press, 1981, p. 5; Michel de Certeau, *The Practice of Everyday Life*, pp. 1 – 3; Louis Chevalier, *Laboring Classes and Dangerous Classes in Paris During the First Half of the Nineteenth Century*, trans. by Frank Jellinek, New York: Howard Fertig Publishers, 1973, chap. 3; E. P. Thompson, "Patrician Society, Plebeian Culture," *Journal of Social History*, Vol. 7, No. 4, 1974, pp. 382 – 405。

② Fernand Braudel, *Capitalism and Material Life*, 1400 – 1800, Vol. I, trans. by Miriam Kothan, New York: Harper & Row Publishers, 1975, p. 430.

具有不同的内涵。① 在中国史研究领域，罗威廉考察了"公共"一词在中国语境中本身的变化，以及其与"公"这个字关系的发展演变。我关于公共空间和日常生活的研究采用了"公"最基本的含义，即"面向公众"或"公众分享"。② 同样，"公共空间"即城市中对所有人开放的地方，"公共生活"则为人们在公共空间中的日常生活。杜理斯（Perry Duis）把城市空间划分为三种类型：一是真正"公开"的地方，像街道、路旁、公园以及公有财产等；二是私人所有的地方，诸如企业财产、私人住房等；三是介于"公"与"私"之间的可称为"半公共"（semi-public）的地方，它们"由私人拥有但为公众服务"，像商店、剧场、咖啡馆、理发店等。③

我的研究所讨论的"公共空间"包括第一种类型，特别是涉及对街头空间的讨论，同时也包括了某些与街头有密切联系的第三种类型，如店铺、茶馆和戏园等。成都的茶馆生活是对街头公共空间的延伸使用，即使在今天，成都的茶馆仍然是观察人们社会联系和行为方式的最好地方之一。此外，我们还需要认识到人们和他们存在的空间之间的关系，是随着个人社会身份的变化而转换的。例如，小贩可能白天把茶馆作为卖货的市场，晚上又将其作为社交的场所；民间艺人会把街头当作舞台，而那些"流民"则将其作为暂时的小憩之所或栖身之地。在此过程中，个人和公共空间之间的关系也相应发生变换，从而反映出普通人和公共场所之间错综复杂的关系。

---

① 桑内特指出，在早期的近代欧洲，如"18世纪的巴黎和伦敦，谁在'公共'空间，哪里是'公共'空间，人们何时去'公共'空间等概念已得到扩大"。在以后的时期，"公共"这个词的使用"不仅仅意味着在家庭和朋友之外的社会生活范围，而且也意味着包括熟人和陌生人等各种人物在内的公开的领域"（Richard Sennett, *The Fall of Public Man: On the Psychology of Capitalism*, p. 17）。

② William T. Rowe, "The Public Sphere in Modern China," *Modern China*, Vol. 16, No. 3, 1990, p. 315.

③ Perry Duis, *The Saloon: Public Drinking in Chicago and Boston, 1880–1920*, p. 3.

由于缺乏官方控制，城市的街头为市民娱乐、社会交往以及谋生提供了许多机会。成都历来是各色人等的居住地，① 这种城市人口的多样性有助于形成活跃的街头生活和街头文化。对于下层民众来说，街头是他们主要的工作和娱乐场所，因为街头比其他任何公共空间都更易于得到和使用。② 此外，在这里，普通民众能够通过各种各样的方式谋生。而那些生活条件差、休闲设施缺乏的人们，也可以在街头巷尾或简陋的茶馆等公共场所，找到廉价的娱乐。在成都的方言里，于社会底层长大的小孩儿甚至还被叫作"街娃（儿）"。贫穷的人们能普遍认识到，他们在那些高雅的室内场所是不受欢迎的。即便他们没有被驱逐，其他的顾客也会以鄙视的眼神或怠慢的态度来羞辱他们。然而，在城市中，无论是豪华的街道上，还是狭窄的小巷里，这些贫穷的下层人们都会感到较少的社会歧视与敌意。事实上，成都下

---

① 正如 19 世纪末一个传教士所写的："贵族、学者、乞丐、地主、农民、商人、强壮蛮人、闲杂人等、富的、穷的、聋的、瘸的、瞎的，令人惊奇地杂居在一起。"（G. E. Hartwell, "Reminiscences of Chengdu," *West China Missionary News*, No. 8 & 9, 1921, p. 5）此外，根据《成都风俗调查表》，大量的以做手艺为生的工匠，是与小贩一样活跃在街头的群体。下层妇女的主要职业是手工店的帮工或家庭女佣（《成都市市政公报》，1930 年，第 25 ~ 27 页）。轿夫、妓女、流浪者和乞丐也依赖街头为生，这些在我关于成都的研究中有详细的讨论，见 Di Wang, "Strategies of Survival: Beggars' Street Life and Urban Reform in Early Twentieth-Century Chengdu," Paper presented at the Annual Meeting of Association for Asian Studies, Washington D. C., April 6, 2002; *Street Culture in Chengdu: Public Space, Urban Commoners, and Local Politics in Chengdu, 1870 – 1930*, chap. 6。

② 这种现象在成都甚至在中国来说都不算独特。我们发现，在美国的工业城市，大部分街头空间都属于工人阶级（Christine Stansell, *City of Women: Sex and Class in New York, 1789 – 1860*, p. 203）。研究中国的史学家已经对中国社会街头和下层社会之间的关系做出了一些评论，如司马富认为，"那些在公共场所表演气功和武术的人，一举一动无不反映出他们低微的社会地位"（*China's Cultural Heritage: The Qing Dynasty, 1644 – 1912*, p. 262）。此外，全大伟的《北京人力车夫》里，描述了人力车夫在北京街头各种各样艰苦的生活（*Rickshaw Beijing: City People and Politics in the 1920s*, pp. 38 – 43）。贺萧在其《天津工人》里，也展示了彼时工人的日常生活与饮食摊贩、街头郎中以及各类民间艺人之间的关系（*The Workers of Tianjin, 1900 – 1949*, pp. 182 – 187）。

层居民的生活和做工经常是在同一区域里，他们在日常生活中密切接触，逐渐在街头形成了相互依赖的人际关系。① 在邻里或街上，人们彼此认识，而在遇到不认识的陌生人时，他们就会仔细地观察和打量。当然，在这些地方，流言蜚语也易于传播，人们之间几乎不存在什么隐私。但也正是这样的亲密关系，给生活在这里的居民提供了一种安全感。

虽然普通民众是成都街头的主要占据者，但这并不意味着社会精英对之就没有兴趣。成都是许多"有闲阶级"的居家之地，诸如退休官员、城居地主、有科举功名者、文人、业主和富商等，但他们竭力使自己与下层民众保持相当的距离。精英人士很少在街头公开露面，不是因为他们没有机会，而是因为受到风俗习惯和社会地位的限制。精英们不愿出现在两旁排满了下层民众简陋的又脏又乱的街头，而在街头观看表演或是与下层观众混在一起，也是难以被社会接受的。相反，他们常去的地方是街边讲究的店铺和幽雅的茶馆。富有家庭想要娱乐，不用到那些下层人聚集的地方凑热闹，而是可以请艺人到家里唱堂会。一般情况下他们也不允许孩子们，特别是女孩儿，贸然进入公共场所。当然，传统的公众节庆活动除外，因为在这样的时刻，出现在公共场所的要求，对于阶级和性别的隔离不像平时那么严格。

在关于街头文化和茶馆的研究中，除了应仔细地区别精英文化和大众文化的不同之处外，也需要意识到它们之间错综复杂的关系。面对纷繁复杂的中国文化，一些学者强调其同一性，指出每个国家都有一个占统治地位的文化，它可为不同教育背景、不同年龄、不同性别

---

① 成都的此种居住模式与 19 世纪的西方工业城市生活、工作场所分离的模式截然不同。在彼时西方的工业城市中，人们通常将居住地与工作的场所分开，详见 Richard Sennett, *The Fall of Public Man: On the Psychology of Capitalism*, p. 221。

和不同经济地位的人所接受。对此，杜博妮（Bonnie McDougall）认为，精英和普通民众处于同一文化连续体的两端，这个文化可以超越社会地位和经济状况的不同而存在。同时，司马富也指出："前现代中国最突出的特点便是其文化的同一。"他特别注意到大众娱乐的形式，从玩球到打麻将，都为精英和大众所接受和推行。而另一些学者则强调大众文化与精英文化的分离，认为虽然正统文化在教育和其他组织机构中占主导地位，但精英阶层竭力控制下层民众思想和行为的努力并不十分成功。由于中国地域广袤，国家权力很难深入那些分布在偏僻地区的无数村庄中，因而在那里，精英们也很难有效地实施他们的文化霸权。对此，林培瑞等相信，大众文化的"意识、思想和实践的产生至少部分是不受国家制约的"。此外，罗威廉也强调："当研究公共活动时，我们应记住儒家传统与大多数大众宗教（以敬鬼神安抚灵魂为中心）和大众文学（如吟唱和评书）是相分裂的。"对于中国文化中的精英与大众文化，我认为，它们的同一和分裂实际上是共存的，并且在公共生活中两者之间的关系表现得十分复杂，这种关系还会根据社会、经济和政治因素的变化而发生变化。此外，尽管我认为大众文化可以同精英文化共存，但大众文化在很多方面都异于精英文化并经常与之发生冲突，而这也正是地方精英加入国家发动的对下层民众和大众文化的改良和控制运动中的原因。

三　茶馆的微观历史

茶馆生活是揭示中国社会、文化、政治演变的重要研究对象。理解茶馆的社会、文化、政治角色，不仅能够帮助我们从微观角度了解成都城市的发展，而且对于理解 20 世纪中国城市以及中国城市社会与中国政治之间的联系都将有所裨益。我在关于成都茶馆的研究中，试图回答：当大多数传统的日常生活和休闲方式消失后，为什么茶馆能够在困难的社会环境中幸存并更加繁荣？为了回答这个问题，这里将考察成都茶馆作为一个经济体所传达的文化意义。①

　　研究下层民众要求我们仔细考察他们日常生活的细节，即使这些细节看起来是多么微不足道。微观历史的研究取向可以引导我们进入城市的内部，去观察普通民众和他们的日常生活。在一些地区（例如欧洲）的社会和文化史研究领域中，这种方法得到了长足的发展，② 但在中国史的研究中却基本阙如。对于成都茶馆的考察给我们提供了把城市社会放到"显微镜"下进行观察的机会。虽然我们难以像金森堡那样利用系统的档案资料中的一个案例来对事件进行深入的分析，③ 但仍然可以通过挖掘人们日常生活中最基本的单位——茶馆的各种记录，加以详细叙事，来重构过去人们公共生活的历史。

---

① 详见 Di Wang, *The Teahouse: Small Business, Everyday Culture, and Public Politics in Chengdu, 1900 - 1950*。这是一本关于茶馆而不是茶的专著，考察了人们在公共场所中喝茶的地方，而不是他们喝的东西。喝茶的艺术是一个完全不同的问题，虽然很令人着迷，但不是我想要考察的范围。因此，书中并不考虑关于茶叶本身的信息，包括茶文化等，除非那些信息与茶馆、茶馆文化或者公众饮茶有关。此外，书中不探讨茶的种类、喝茶的方式、茶叶的生产和运输，但集中考察了与茶馆生活有关的问题，如茶馆价格的控制、税收、规章制度、习俗、娱乐等。

② 例如 Carlo Ginzburg, *The Cheese and the Worms: The Cosmos of a Sixteenth-Century Miller*, trans. by John and Anne Tedeschi, New York: Penguin Books, 1982; *The Night Battles: Witchcraft and Agrarian Cults in the Sixteenth and Seventeenth Centuries*, trans. by John and Anne Tedeschi, London: Routledge & Kegan Paul, 1983; *Clues, Myths, and the Historical Method*, trans. by John and Anne Tedeschi, Baltimore: The Johns Hopkins University Press, 1989; Edward Muir and Guido Ruggiero, eds., *Sex and Gender in Historical Perspective*, Baltimore: The Johns Hopkins University Press, 1990; *Microhistory and the Lost Peoples of Europe: Selections from Quaderni Storici*, trans. by Eren Branch, Baltimore: The Johns Hopkins University Press, 1991; *History from Crime*, trans. by Corrada Curry, Margaret Gallucci, and Mary Gallucci, Baltimore: The Johns Hopkins University Press, 1994。

③ Carlo Ginzburg, *The Cheese and the Worms: The Cosmos of a Sixteenth-Century Miller*.

事实上，在 20 世纪上半叶的成都，几乎没有其他场所像茶馆那样与人们的日常社会生活密切相关。而在中国，也没有任何一个城市像成都那样有如此多的茶馆，从晚清到 20 世纪中叶，成都的茶馆一直维持在 500～700 家，而同时期中国最大的城市上海也不过拥有 200 家左右。① 在关于茶馆的研究中，成都的茶馆并不仅是一个大众聊天、放松、娱乐的地方，其所表现的休闲生活方式不过是成都社会生活的表面现象，它更是成都居民多功能的谋生场所以及地方政治的舞台。彼时，为普通市民提供日常生活的公共空间为数不多，茶馆便是其中之一。即使随着社会发展，诸多"现代"休闲空间出现，茶馆仍然是人们消费上能够承受的并作为其最主要活动空间的公共场所。在那里，人们扮演着各种各样的公共角色，并由此创造了丰富多彩的成都茶馆文化。②

我试图对成都的茶馆进行全面考察，从经营方式、职业公会、工作场所，到茶馆生活，包括茶馆中提供的娱乐、政府发布的关于茶馆的政策等，并揭示茶馆作为一个典型的小商业，怎样与城市的日常生活联系在一起，考察其在城市生活中独特的活力和文化。关于成都茶馆的研究有三个目的：其一是考察茶馆作为一个经济实体在城市生活中的作用；其二是茶馆对成都城市居民，特别是底层人们日常休闲的作用；其三是茶馆所扮演的政治角色。

在关于茶馆的具体研究中，首先，我强调小商业无论是在晚清还是在民国时期的成都都是最重要的经济部门，因为没有任何其他店铺能像茶馆那样，与人们的日常生活有如此紧密的联系。在成都，茶馆不仅代表着一种独特的经营方式，而且形成了丰富多彩的日常文化。此外，我还指出茶馆在发展过程中所面临的内部和外部的问题，考察

---

① 王国安、要英：《茶与中国文化》，汉语大词典出版社，2000，第 51 页。

② Di Wang, "The Idle and the Busy: Teahouses and Public Life in Early Twentieth-Century Chengdu," *Journal of Urban History*, Vol. 26, No. 4, 2000, pp. 411 – 437.

茶馆与顾客、茶馆与地方政府的关系，分析茶社业行业公会和茶馆工人工会的角色，观察它们怎样成为地方政府与行业之间、地方政府与工人组织之间的中介。

其次，我考察了成都茶馆在人们交往和社区或邻里生活中所扮演的角色。无论是在晚清、民国还是在新中国时期，各种社会集团都会利用茶馆从事经济、社会、文化活动。他们或以茶馆为市场，在那里做交易；或以茶馆为舞台，提供和得到娱乐。因此，在茶馆的研究中，我还将考察不同的社会集团、行业、性别在不同的时期是怎样以不同的方式利用茶馆这个公共空间的。

最后，通过分析茶馆里的冲突、控制和权力斗争，我将揭示政治是怎样表现在茶馆这个舞台之中的。由于茶馆在成都居民中的特殊地位，无论三教九流，都会在茶馆聚集，因此政治的变化，总是清楚地反映在成都的茶馆中，而茶馆也由此成为一个政治舞台，以及国家和地方政治演变的风向标。无论哪个时期，政府都关心城市的公共秩序，并公布了许许多多关于茶馆的规章制度，内容包括茶馆的数量、营业时间、卫生条件、公共行为等。而在抗战和随后的内战时期，政府和其他社会力量利用茶馆为政治目的服务，更是达到了前所未有的程度。因此，许多政治中出现的新因素都影响茶馆里的日常生活。同时，经济、社会、政治状况的恶化，以及国家日益强化的控制，都反映在茶馆生活中，特别是反映在人们所谈论的话题中。这样，成都的茶馆便成为外面大世界政治变化的集中体现之所。

从上面可以看出，茶馆的研究探讨了经济史、社会史和文化史的相关问题，通过对不同时期茶馆经营与茶馆生活的讨论，来揭示茶馆与顾客和社会之间的关系，以及茶馆所面临的内部和外部问题。此外，通过对成都茶馆的研究，我们还可以此来探寻大众与精英之间的关系，而这种关系时常在地方政治中体现出来。同时，也可循此研究下层民众内部之间的关系。① 而且，在关于茶馆的研究中，我还会从商业的角度来考察茶馆，包括其生意的运作模式、管理策略、与公会的关系和其内部的雇佣关系等。我们对现代工业和大公司的运作细节知之甚详，但不甚了解彼时城市中的小商业是如何运作的。因此，便着重探讨了与其相关的重要问题，如茶馆的资本、竞争和定价等。

此外，茶社业公会在成都担任着与政府联络的重要角色。因此，我还考察了茶社业公会在不同的时期是如何运作的，又是如何处理行业问题的，如其与政府之间的关系和它管控该行业的方法。茶社业工会所管理的最重要一项事务就是税收，而这也是政府与公会不断冲突的根源。同时，在关于茶社业工会的研究中，我还阐明了劳工问题，特别是企业、劳动力、工作场所和工作场所文化之间的相互作用。② 由于在茶馆工作的人需要应对错综复杂的社会关系，因此他们的经历往往体现了公共场合中所发生的各种社会矛盾。所以研究茶馆的工作

---

① 关于"公共生活"，见 Di Wang, *Street Culture in Chengdu: Public Space, Urban Commoners, and Local Politics, 1870 - 1930*, pp. 13 - 14。鲁格埃罗（Guido Ruggiero）将"日常文化"定义为"在日常生活中得到广泛分享的话语和实践的范围"（"The Strange Death of Margarita Marcellini: Male, Signs, and the Everyday World of Pre-Modern Medicine," *American Historical Review*, Vol. 106, No. 4, 2001, p. 1142）。其他关于日常文化的研究，见 Michel de Certeau, *The Practice of Everyday Life*; Alf Lüdtke, *The History of Everyday Life: Reconstructing Historical Experiences and Ways of Life*, trans. by William Templer, Princeton: Princeton University Press, 1995。

② 见 Di Wang, "'Masters of Tea': Teahouse Workers, Workplace Culture, and Gender Conflict in Wartime Chengdu," *Twentieth-Century China*, Vol. 29, No. 2, 2004, pp. 89 - 136。在中国史研究领域内，还没有关于在饭馆、酒馆和茶馆工作的男女伙计的研究，但在西方一些关于男女服务生的研究已经出版了。见 James Spradley and Brenda Mann, *The Cocktail Waitresses: Women's Work in a Man's World*; Greta Foff Paules, *Dishing It Out: Power and Resistance among Waitresses in a New Jersey Restaurant*; Dorothy Sue Cobble, *Dishing It Out: Waitresses and Their Unions in the Twentieth Century*; John K. Walton and Jenny Smith, "The Rhetoric of Community and the Business of Pleasure: The San Sebastian Waiters' Strike of 1920," *International Review of Social History*, Vol. 39, No. 1, 1994, pp. 1 - 31。

者和工作文化不仅能为了解中国小型商业的劳动力和工作环境提供一扇窗户，从而进一步加深对民国时期社会阶级、性别、大众文化、公共生活和地方政治的了解，而且可以为我们提供一个不同的角度去理解中国的工人阶级。

同时，在茶馆的研究中，关于茶客的讨论也占了很大的篇幅。茶客是成都公共空间的主要使用者，也是茶馆文化的共同创造者和传播者。茶客们如同舞台上表演的演员，是构成成都日常生活社会戏剧的一部分，因此，我还着重考察了各行各业在茶馆休闲和工作的人。在成都，许多人都将茶馆作为他们的工作场所，在那里做买卖、洽谈生意和会见友人。茶馆同时也成为地方戏和民间艺人的舞台。在各种各样的娱乐活动中，我们可以看到地方戏是如何给普通民众普及基本的历史知识和传统价值的，尤其是对那些没有受过正规教育的人们。在一些茶馆或戏院中，表演甚至是它们的主要业务，这也使我们得以近距离地观察戏院、表演者和观众之间的关系。同时，我还考察了茶馆中的阶级和性别问题。不同的社会组织和团体将茶馆作为其聚集地和活动场所，在茶馆中处理其日常事务，解决各种争端，并在公众的视野下进行审判。因此，成都的秘密社会还会将茶馆作为其总部。当有冲突在茶馆发生时，可能会引发进一步的暴力行为。此外，根据传统，女性是被禁止进入茶馆的，但是这条禁忌在 20 世纪初受到挑战，此后不断有女性进入茶馆中，或作为消费者，或作为从业者；也是从那时开始，茶馆成了性别斗争的场所，而这些斗争不仅是男女顾客之间的，还包括男女工人之间的。①

---

① Di Wang, "The Struggle for Drink and Entertainment: Men, Women, and the Police in Early Twentieth-Century Chengdu," Paper presented at the Annual Meeting of the American Historical Association, Chicago, Jan. 9, 2000; "The Idle and the Busy: Teahouses and Public Life in Early Twentieth-Century Chengdu," *Journal of Urban History*, Vol. 26, No. 4, 2000, pp. 411 – 437.

除以上提及的研究内容外，关于茶馆的研究还考察了政府和国家与地方政治是如何影响茶馆生活和文化的。作为一个公共领域，茶馆常常受到政府和精英改良者的密切关注。相关的讨论表明，民国时期发生在茶馆的冲突激增。通常，茶馆里的消费者是下层民众，而他们的生活会因时局的影响举步维艰，社会上地痞流氓横行霸道，士兵军官为所欲为，小偷盗贼抢劫偷窃，这些都成为他们谋生的阻碍。因此，在不同的时期政府都制定和实施了许多规章制度，希望可以减少茶馆中的暴力现象和改善茶馆的卫生情况，这便反映了政府公共政策的转变。关于民国时期茶馆里激增的政治活动，我想指出的一点是，许多精英认为茶馆是罪恶的温床，因此他们总是批判茶馆，想方设法地改造和控制茶馆，但茶馆却能抵制任何阻碍其生存的政策。尤其是在战争期间，由于政治对茶馆的渗透达到顶峰，茶馆成为各种政治团体动员和宣传的场所。毋庸置疑，在这个时期人们的日常生活与国家政治的联系比之前任何时候都更加紧密。

四　变化和延续

在 20 世纪初，整个中国都经历了巨大的社会和文化变迁。作为一个内陆城市，成都的变化尽管不如沿海城市那样剧烈，但仍然有许多新的现象在街头显现出来。如在这个时期，成都与中国的其他城市一样，经历着由改革、革命和军阀的残暴统治所带来的变化，而在这一转变过程中，成都的公共空间也被重新建构。① 在这个时期，城市

---

① 尽管在晚清改良期间没有实施大规模的城市改造措施，但有的传统公共空间已经被转变为新的公共事业之用，同时，一些新的公共场所也被建造起来。这种情况在辛亥革命后又发生了极大的变化，一方面是由于战争的破坏，另一方面是受城市规划中激进思想的影响。由于战争毁坏了城市相当大的一部分，所以住家、街道、寺庙和政府设施的重建过程不断地改变着城市原有的结构。而在新的城市观

被纳入系统的市政管理当中，市民与国家权力之间的冲突日益增多，民众和地方精英之间的关系也被重新界定，大众文化和精英文化开始更加紧密地相互作用和相互影响。而在整个演变过程中，街头文化和茶馆生活再也不是其原来的面貌，而被永远地改变了。

事实上，直至 20 世纪初，由于缺乏有效的市政管理，国家权力很少影响市民的日常生活。因此，成都传统的公共空间是相对"自由的"，人们对它们的使用也享有相当大的自主权。同时，由于彼时少有政府的介入，作为社会调控基层单位的街道、邻里对社区事务承担着很大的责任，而这些非官方的团体也在组织市民的公共生活中发挥了重要作用。尽管成都拥有三个层次的政府管理机构——省、府和两县，每一个层次都需要管理包括农村在内的广大地区和大量的分散人口，但从来没有一个机构专门去进行成都城市的管理。虽然国家政权对城市也并非全然不管，但当其真正触及地方层面时，力量已非常微弱。① 然而在晚清，新成立的警察组织作为城市中国家力量的代表，加强了对人们日常生活的干预，人们的日常生活也由此发生了变化，这些转变涉及社会生活的方方面面，包括人们的公共角色，普通民众、地方精英与国家之间的关系等。此时，街头生活不再由市民自主管理，而是逐渐受到各种政策和法规的控制，并受到警察组织的监督，这种控制对成都的公共空间来说是前所未有的。因此，可以说，从民国时期开始，国家已经开始将它的力量延伸到城市的街道、邻里

念的指导下，为提高交通流量，地方当局有意识地拆毁了古老的城墙，开通了更多的城门。这项活动得到了从精英阶层到普通民众的社会大多数人的支持，而成都的城墙——最代表成都历史和成都最显著的建筑——就这样在人们的眼前逐渐消失了。见 Di Wang, *Street Culture in Chengdu: Public Space, Urban Commoners, and Local Politics, 1870 – 1930*, chap. 4.

① Di Wang, *Street Culture in Chengdu: Public Space, Urban Commoners, and Local Politics, 1870 – 1930*, chap. 2.

和社区。到 1928 年成都市政府建立时，成都主要控制在军阀的手中，而这些军阀则填补了因清朝灭亡而留下的权力真空。①

同时，我还考察了"成都人"这一身份认同的重要性。这个研究证明，成都的市民共同享有"成都人"这一身份认同，并且具有强烈的"共同体意识"。用社会学家桑内特的话来说，"'共同体观念'（sense of community）具有强烈公共生活的色彩，产生于共同的行为和集体意识"。在成都，这种共同体的观念在各种各样的社区活动中清晰可见，而这也是成都人拥有"集体认同"的基础。罗威廉在他的两本关于汉口的杰出著作中，发现"一个社会共同体自我管理的模式"和"城市共同体的紧密的纽带"实际上在近代早期便发展起来。过去，韦伯关于中国城市共同体的研究主导了西方对中国城市的认识，他认为近代早期的中国未能发展出成熟的城市共同体，但是罗威廉以汉口为例证明了实际上这样一个城市共同体在中国社会中是存在的。尽管如此，但由于汉口在中国经济和交通方面的特殊地位，人们相信这样一个社会共同体并不能作为中国城市的代表。而较之汉口，成都的行政地位更为重要，但经济地位却颇为逊色，其可能是更为典型的中国城市，因此，我关于成都的研究同样也是证明了罗威廉对韦伯的批评。②

虽然绝大多数成都人拥有一种共同的文化传统，但是日常生活也像其他地方一样，不可避免地会发生争斗。通过对成都街头空间使用竞争的考察，我们可以看到精英、普通民众与地方当局之间错综复杂

① Di Wang, *Street Culture in Chengdu: Public Space, Urban Commoners, and Local Politics, 1870 – 1930*, chaps. 5 and 7.

② Richard Sennett, *The Fall of Public Man: On the Psychology of Capitalism*, p. 222; William T. Rowe, *Hankow: Conflict and Community in a Chinese City*, p. 8; Max Weber, *The City*, trans. by Don Martindale and Gertrud Neuwirth, Glencoe, Illinois: Free Press, 1958, p. 83.

的关系。过去的中国城市史学者总是强调精英和民众、国家和民众之间的矛盾，却很少论及民众之间的冲突。关于茶馆的研究证明了，尽管民众在社区生活中有着紧密的联系，但是他们也会为公共空间、谋生机会以及其他经济利益而争斗。在民众为街头空间进行的争斗中，有两种行为模式显现出来。第一种是社会集团之间的排斥问题，当地人想要保持他们使用公共空间的特权，而同时，外来者又努力开辟自己的生存空间。第二种是大多数争端都可以在街头或邻里间，通过自愿服务的邻居、指定的街首或德高望重的社区领袖的调停来解决。①

尽管面临巨大的变化，但中国是一个地域辽阔、地理环境复杂和传统底蕴丰厚的国家，其文化传统不可能在短短的几十年内完全消逝。事实上，城镇居民在很大程度上仍过着传统的生活，许多方面都没有改变，更不用说远在各个角落中的乡村人了。到目前为止，学界已经出现许多关于中国社会转型的研究，特别是关于沿海地区，但学者们对社会和文化连续性的关注却相对较少。② 西方学界已有不少关于沿海城市特别是上海日常生活的论著出版，但关于内陆城市的相关研究几乎是一个空白。③ 与上述研究不同，我把注意力转移到中国腹

---

① Di Wang, *Street Culture in Chengdu: Public Space, Urban Commoners, and Local Politics, 1870 – 1930*, chap. 7.

② 其中一个重要的成果是卢汉超关于现代上海所存留的传统生活方式的研究 (Hanchao Lu, *Beyond the Neon Lights: Everyday Shanghai in the Early Twentieth Century*)。

③ 在 50 年前，法国历史学家谢和耐出版了《蒙元入侵前夜的中国日常生活》一书，展现了在元朝之前南宋都城杭州丰富多彩的城市生活。但此后，关于中国城市日常生活的研究没有明显的发展。直到 1990 年代后，这种状况才有所转变，如出现了叶文心关于上海西式企业中白领阶层日常生活与工作场所间关系的研究，吴茂生 (Mau-Sang Ng) 通过对秦瘦鸥的通俗小说《秋海棠》的分析来看 1940 年代上海的市民生活，以及卢汉超关于上海日常生活深入的研究等。值得关注的是，在卢的研究中，他指出，过去的学者过于夸大了上海的西化因素，虽然上海是中国受西方影响最大的城市，但其传统生活方式仍在相当大的程度上被保留了下来。详见 Jacques Gernet, *Daily Life in China on the Eve of the Mongol Invasion, 1250 – 1276*,

地城市，把焦点放在人们日常生活中的一个侧面——公共生活。通过观察成都的日常生活，具体来分析城市的传统在多大程度上被改变了，又在多大程度上被保留下来。过去的研究一般认为中国的腹地较少受到西方的冲击，但缺乏个案来进行切实的界定，对此，我的研究提供了具体的证据，考察了一个内陆中心城市的公共空间、公共生活和大众文化被改变及保留的程度。

通过对街头文化和茶馆生活的讨论，我们既可以看到 20 世纪初成都街头文化的变化，又可以了解这种文化的连续性及其与精英文化之间的相互作用。有关大众文化与国家权力之间关系的研究一直存在两种不同的取向：一种是强调对抗，另一种则强调合作。林培瑞等指出，"那些用文字表达的思想和价值包含了官方思想，但是远远超出官方思想"，经常体现出大众文化的非正统意识。萧凤霞（Helen Siu）则认为在社区和家庭仪典中，"地方社会积极培养了一种与国家文化共生而不是敌对的关系"。[1] 尽管这两种看法有着不同的侧重点，

Stanford: Stanford University Press, 1970; Mau-Sang Ng, "Popular Fiction and the Culture of Everyday Life: A Cultural Analysis of Qin Shouou's Qiuhaitang," *Modern China*, Vol. 20, No. 2, 1994, pp. 131 – 156; Wen-hsin Yeh, "Corporate Space, Communal Time: Everyday Life in Shanghai's Bank of China," *American Historical Review*, Vol. 100, No. 1, 1995, pp. 97 – 116; Hanchao Lu, *Beyond the Neon Lights: Everyday Shanghai in the Early Twentieth Century*, pp. 294 – 295。

[1] 见 Perry Link, Richard Madsen, and Paal G. Pickowicz, "Introduction," in Peny Link, Richard Madsen, and Paul G. Pickowicz, eds., *Unofficial China: Popular Culture and Thought in the People's Republic*, p. 7; Helen F. Siu, "Recycling Rituals: Politics and Popular Culture in Contemporary Rural China," in Perry Link, Richard Madsen, and Paul G. Pickowicz eds., *Unofficial China*, p. 122。此外，尽管已有史学家对社会动乱与民间宗教的关系做过非常有价值的研究，但是关于社会秩序与大众文化之间关系的学术成果却很少看到。见 Susan Naquin, *Millenarian Rebellion in China: The Eight Trigrams Uprising of 1813*, New Haven: Yale University Press, 1976; Joseph Esherick, *The Origins of the Boxer Uprising*, Berkeley and Los Angeles: University of California Press, 1987。人类学家对民间宗教在社区凝聚中所起的作用进行了深入研究，例如华生对"天后"的分析（Standardizing the Gods）。换言之，即大众文化对社会稳定和社区团结做出了怎样的贡献? 通过对成都城市街头和邻里的考察,证明直

但是这些研究均注意到,中国社会的统治阶级对其正统文化之外的文化的发展采取了十分灵活的政策。我这项研究也力图说明成都官员一般并不反对民众的街头活动,相反还经常加入其中。① 同时,国家力量的强大和弹性足以促进国家主流文化的发展,而其采用的方式也是灵活多样的,正如华生对华南天后、姜士彬对山西庙会、杜赞奇对华北关帝等研究中所反映的问题一样,国家以各种方式影响大众文化,例如对天后崇拜加以提倡,对山西庙会直接参与,以及对华北关帝进行打击,② 而同时民间文化也以多种方式回应着国家权力的介入。通过考察国家对成都街头文化的介入方式及其影响,可以发现这三种方式其实都曾出现在对成都公共空间的管控上,而且它们通常是并行不

到 20 世纪初成都国家权力几乎没能触及这个城市最基本的层面,市民享有相对较高的自治权,他们可以根据自己的需要在一定程度上自由地使用城市的公共空间。此外,一些中国史专家也研究了中国城市中的公共活动,见 Gail Hershatter, *The Workers of Tianjin, 1900 - 1949*; William T. Rowe, *Hankow: Conflict and Community in a Chinese City*; David Strand, *Rickshaw Beijing: City People and Politics in the 1920s*; Elizabeth J. Perry, *Shanghai on Strike: The Politics of Chinese Labor*; Frederic Jr. Wakeman, *Policing Shanghai: 1927 - 1937*; Bryna Goodman, *Native Place, City, and Nation: Regional Networks and Identities in Shanghai, 1853 - 1937*。在他们当中,罗威廉和全大伟尤其注意对公共空间的分析。罗威廉从一个较广的视野——"城市生态"考察了汉口的公共空间并做出了结构性的分析,如财产、空间结构、土地分配、居住模式、邻里构成、公共场所等。全大伟则更集中于对城市公共空间使用的研究,特别是对人力车夫的研究,而这些研究将为我们观察晚清城市的生态提供一个全新的视角。见 William T. Rowe, *Hankow: Conflict and Community in a Chinese City*, pp. 64 - 87; David Strand, *Rickshaw Beijing: City People and Politics in the 1920s*, chaps. 2 and 3。

① Di Wang, *Street Culture in Chengdu: Public Space, Urban Commoners, and Local Politics, 1870 - 1930*, chap. 2.

② James L. Watson, "Standardizing the Gods: The Promotion of T'ien Hou ('Empress of Heaven') Along the South China Coast, 960 - 1960," in David Johnson, A. J. Nathan, and E. S. Rawski, eds., *Popular Culture in Late Imperial China*, pp. 292 - 324; David Johnson, "Temple Festivals in Southeastern Shanxi: The *Sai* of Nan-she Village and Big West Gate,"《民俗曲艺》1994 年第 1 期; Prasenjit Duara, "Knowledge and Power in the Discourse of Modernity: The Campaigns against Popular Religion in Early Twentieth-Century China," *The Journal of Asian Studies*, Vol. 50, No. 1, 1991, pp. 67 - 83.

悖的。在成都，我们可以看到在国家政权支持下改良者如何改革和净化街头文化，国家政权如何压制和打击街头文化，同时，也可以看到街头文化如何抵抗各种打击。尽管每一种方法——提倡、参与和打击——在改良和革命时期都能够看到（如提倡新地方戏、改造花会、打击民间宗教等），但官方利用其权力对大众文化特别是对大众宗教进行打击，占主要地位。怎样评价和处理大众文化总是地方政府和有权势者所关注的问题，然而有清以来，似乎没有任何政权找到一项行之有效的措施。

在成都，国家的角色常常是通过社会改良者的行为来体现的，这是因为，通常这些改良者占据了警察局和地方政府的重要职位。在中国社会和文化转型时期，国家总是竭力提倡精英文化，并限制大众文化的影响和发展。清末和民初成都的街头生活，便揭示了大众文化与精英文化间持续不断的冲突。在社会改良者完成他们的"教化"使命的过程中，必然会将下层民众和大众文化看作攻击的目标。在这种变革与影响过程中，街头文化旧有的一些特征消失了，而另一些新的因素出现了。一些宗教仪式（如祈雨）、大众娱乐（如木偶戏）、职业（如挑水夫）难以为继，但同时劝业场、购物中心、剧院、电力、路灯、自来水、汽车等接踵而来。① 然而民众并不能总是从这些改革中得到好处，尽管有些新的措施和政策似乎是要改善老百姓的物质文化生活，但其结果往往并非如改良者所愿。而且，对于这些转变，普通民众也并非都乐意全盘接受，他们通常是竭力维持他们熟悉和认可的生活方式。即使他们接受了其中的一些变化，但同时也会继续坚持那些世代相传的珍贵传统。虽然此时，成都的街头文化不可避

---

① Di Wang, *Street Culture in Chengdu: Public Space, Urban Commoners, and Local Politics, 1870-1930*, chaps. 2 and 3.

免地发生了变化，但大多数传统特征仍然被保留下来，人们仍然将街头作为商业、日常生活和娱乐的空间，茶馆也依然是最受普通民众欢迎的休闲场所，尽管这些活动受到政府各种改革措施的规范和限制。

五　公共政治中的民众和精英

关于近代中国的许多研究著作都密切关注精英阶级的活动，[①] 而我关于街头文化和茶馆的观察则是从下层阶级的角度出发，探索诸如在城市公共空间中普通民众的角色以及其与地方精英之间的关系等问题。我希望通过对这些问题的研究可以进一步理解改良者、改革及其

[①] 见 Joseph W. Escherick, *Reform and Revolution in China: The 1911 Revolution in Hunan and Hubei*, Berkeley and Los Angeles: University of California Press, 1976; Keith R. Schoppa, *Chinese Elites and Political Change: Zhejiang Province in the Early Twentieth Century*, Cambridge, Mass.: Harvard University Press, 1982; Mary Rankin, *Elite Activism and Political Transformation in China: Zhejiang Province, 1865 – 1911*, Stanford: Stanford University Press, 1986; Joseph W. Esherick and Mary B. Rankin, eds., *Chinese Local Elites and Patterns of Dominance*, Berkeley and Los Angeles: University of California Press, 1990; Roger R. Thompson, *China's Local Councils in the Age of Constitutional Reform, 1898 – 1911*, Cambridge: Council on East Asian Studies, Harvard University, 1995; Kristin Stapleton, *Civilizing Chengdu: Chinese Urban Reform, 1875 – 1937*; Xiaoqun Xu, *Chinese Professionals and the Republican State: The Rise of Professional Associations in Shanghai, 1912 – 1937*, Cambridge: Cambridge University Press, 2001。此外，也有若干对非精英的研究，包括韩起澜关于棉纺厂工人和上海苏北人的研究（*Sisters and Strangers*; *Creating Chinese Ethnicity: Subei People in Shanghai, 1850 – 1980*）、贺萧关于天津工人和上海妓女的研究（*The Workers of Tianjin* and *Dangerous Pleasure*）、程为坤（Weikun Cheng）关于京津女演员的研究（"The Challenge of the Actresses: Female Performers and Cultural Alternatives in Early Twentieth Century Beijing and Tianjin," *Modern China*, Vol. 22, No. 2, 1996, pp. 197 – 233），以及董玥（Madeleine Yue Dong）关于北京杂耍艺人的研究（"Juggling Bits: Tianqiao as Republican Beijing's Recycling Center," *Modern China*, Vol. 25, No. 3, 1999, pp. 303 – 342）等。不过这些研究都集中在几个主要城市，而且他们的研究都各自集中在某个社会集团上。尽管李孝悌对晚清下层民众的启蒙运动进行了研究，但他的焦点是在精英活动上，而非普通民众（《清末的下层社会启蒙运动》，"中研院"近代史研究所，1992）。

他政治运动是如何影响普通民众、精英与国家之间关系的。

城市民众与公共空间使用的相互影响，使成都街头文化和茶馆文化在晚清经历了重大的变化。社会改良者通过一系列的改革运动试图重新构建城市的公共空间，并对市民进行他们感到迫切的"启蒙"。20世纪初的这些社会改良运动通常由国家和地方精英主持，在这些运动中，改良者试图改造城市的公共空间，改变城市的面貌和普通民众的公共生活。而促进这些变革的原因是多方面的，其中包括地方乃至国家的改良风潮、精英人士对民众公共行为的不满、西方文明对中国社会生活的影响，以及由新的物质文明所产生的新文化等。①

清末民初，各种社会团体在地方政治中发挥了重要作用。1890年代后期起，全国性的改良浪潮冲击成都，除了传统的像慈善会、会馆和行会那样的团体之外，还出现了很多新的社会团体。在20世纪初推进新政的过程中，许多社团、职业团体又在成都相继成立。②尽管通过参与改良运动，这些精英组织在地方政治中发挥了重要作用，但我的研究把讨论重点放在其与公共空间的使用和民众间的关系上。

过去社会的改良者们总是将下层民众视为社会的不安定因素，这促使他们对城市的公共秩序格外关注，并试图把街头牢牢控制在自己手中。而同时，下层民众也是改良者企图利用的政治力量。因此，他

---

① Di Wang, *Street Culture in Chengdu: Public Space, Urban Commoners, and Local Politics, 1870 – 1930*, chaps. 4 and 5.

② 这些新的团体包括成都总商会、商事裁判所、现行法令研究会以及四川教育总会等。随着自治的发展，成都华城议事会建立，它由市民选出的60名议员组成，并设有学务股、卫生股、道路工程股、农工商务股、善举权股、公共营业权股、筹集股、咨询股等。在笔者1993年出版的关于长江上游区域社会的研究中，便考察了成都市议会，包括它们的机构、会员和社会作用。见王笛《跨出封闭的世界——长江上游区域社会研究 (1644～1911)》，第403页和第8章。另外参见Kristin Stapleton, *Civilizing Chengdu: Chinese Urban Reform, 1875 – 1937*, chap. 5。

们认为如果街头空间能被纳入地方甚至全国政治的范围内，街头文化能以政治为导向，并按照他们所设计的步骤来发展的话，那么改革运动将会因此大大受益。在成都街头文化演变为街头政治的过程中，下层民众和社会改良者的街头角色都发生了明显的转化。自晚清以来，成都的社会演变便有其清楚的政治倾向，城市改良精英通过借阅图书、公开演讲、改良戏剧等"开民智"的措施，希望对民众施加更大的政治影响。虽然精英们藐视下层民众，视"绅、商、学界"为主要依靠对象，但仍力图通过教育和启蒙的方式来达到引导下层民众的目的。在过去的成都，市民对地方政治并不感兴趣，或者是有意识地远离政治，但是此时，正在进行中的社会转变，迫使他们不得不参与到地方政治中。在这个过程中，一方面，地方精英试图利用民众的力量来促进他们的政治议程，动员民众为地方权利而斗争，以抗衡中央政府；另一方面，民众也在为争取他们自己的政治经济利益而斗争，特别是当他们的利益受到国家权力的威胁时。

辛亥革命以及民初时期的政治秩序变幻莫测，民众也因此不可避免地卷入国家和地方政治之中。在这一时期，虽然成都像中国其他城市一样也受到军阀混战和经济萧条的冲击，"但它继续展示了其特有的传统和自我意识"，可以说，成都这座城市"既是典型的军阀时期的城市，也有其特殊性"。① 在民初的政治和社会动荡之中，下层民众的街头生活受到了极大干扰，街头不仅为各种军事和政治力量所占据，而且演变为血腥的战场，同时，也被用作政治对抗的舞台，演出了无数饶有趣味、活生生的政治和社会"戏剧"。虽然民国初期成都人民的生活在很多方面都与其他中国城市中的生活类似，但其地方政治

---

① Robert A. Kapp, *Szechwan and the Chinese Republic*: *Provincial Militarism and Central Power*, *1911 – 1938*, New Haven: Yale University Press, 1973, p. 5.

仍带有一些特质，而这些特质是与成都城市公共文化并行发展的。

可以说，从晚清到 1920 年代，国家、精英和大众之间的关系经常发生变化，尤其是在使用公共空间以达到政治目的这一问题上，民众和精英之间有着一种错综复杂的关系，而这种关系经常受到国家和地方政治的影响。此时的民众与精英，有时联合，有时分裂，而这种变化经常是由国家和精英之间的互动关系所决定的。换句话说，在这个过程中，地方精英可以被视为国家和普通大众之间的中介，在两者之间不断地摇摆以满足他们自己的利益。当国家政策有利于强化他们在地方社会的领导权时，精英们就会支持国家控制民众的新政策，反之，他们就会对新措施持中立或反对态度。晚清新政期间，在实施城市改革和控制民众方面，国家及地方精英有过相当密切的合作。然而，当国家政权危及地方精英政治、经济利益时，精英们便会和民众联合起来进行抗争，保路运动就是其中最好的例子，而这个运动直接导致了辛亥革命的爆发。在清政府倒台之后，军阀和国民政府为了控制地方社会，放弃传统的对地方精英的依赖，直接将他们的权力伸展和强加到地方社区之中。如果说在清代地方精英对民众长期实施领导权，到了民国时期，这种控制权便转移到政府手中。随着地方精英在社会共同体和日常生活中的作用与影响力越来越小，失意的精英们便对政府强化其权力的新计划愈发冷淡，甚至持反对的态度。因为这些计划不但不能维持他们在地方社会中传统的支配权，而且会逐渐削弱他们的这种支配权。

过去，关于中国近代史的研究主要集中在精英、改良者和革命者的身上，因此往往只看见了社会发展和政治演变的一面。与之相比，我在关于下层民众的研究中发现，政治的剧变并没有给普通人带来任何实惠，反而为他们招致许多苦难。在人们的想象中，新的共和政体迈入了一个"法律时代"，呈现的是"和平高尚"的"文明气象"，但这些热情的革命理想实际上并没有实现，社会的现实与人们的预期相差太远，这使许多人开始对当时的政治体制和社会状况表示怀疑。对大多数民众来说，思想意识和政治体制如何并不重要，他们仅仅渴望恢复相对和平、稳定的社会环境以及正常的生活。同时，地方精英们也对社会现实感到不满，认为社会秩序和道德日益恶化。对革命的失望，以及革命后长年累月的战乱和社会动荡，使许多人转而怀念革命前的时光。① 很显然，人们厌倦了这种动乱和恐惧。此时，一成不变的传统社会被无休止的、难以确定未来的"革命"所取代，地方权力结构的不断变化已成为家常便饭，可以说，此时所发生的种种社会变化是以民众的利益和平安为代价的。与此同时，下层民众的日常生活方式以及其所展现的大众文化，正前所未有地与地方政治紧密联系起来。在普通民众看来，此时城市公共空间的改造和重组，不过是地方精英和政府扩张其权力和利益的工具。因此，可以说，在社会改良和革命的过程中，无论是支持者还是反对者，社会的剧变给他们带来的大多是痛苦。

通过以上的阐述可以看出，我强调了城市普通民众和地方精英之间错综复杂的关系，而这一关系从 1870 年到 1930 年可被划分为四个阶段，反映出地方政治和街头文化两方面的变化。第一阶段是 19 世纪末，体现的是传统城市社会管理模式，即精英支配街头和邻里，并在地方社区生活中担当领导角色。在此阶段两者的关系是相互依靠

---

① 正如有些人的评论："从前专制时代，讲文明者斥为野蛮，那时百姓所过的日子白天走得，晚间睡得。辛亥推翻专制，袁政府虽然假共和，面子上却是文明了，但是人民就睡不着了。袁氏推翻即真正共和，要算真正文明了……不但活人不安，死人亦不安了。可见得文明与幸福实在是反比。"类似评论见《国民公报》1913年 12 月 9 日、1914 年 7 月 9 日、1914 年 8 月 28 日、1917 年 3 月 28 日。成都人在经历了辛亥革命、二次革命（1913）、反袁战争（1916）之后，自身的处境和曾经的经验使他们开始对"革命"旗号下的政治运动持怀疑态度，一些人甚至开始反思"革命之祸"的问题。具体见《国民公报》1916 年 10 月 20 日。

的，地方精英需要民众的支持确立他们的领导地位，民众需要地方精英的权威来组织社区生活。①

第二阶段开始于 20 世纪初的新政时期，在这个时期精英们利用国家赋予的权力开始实施主要针对下层民众的城市改革。在城市生活的民众对此时社会改良的反应各有不同，这取决于他们各自的经济利益。当然，作为城市公共空间的主要使用者，他们从展览会、商业中心和公园等新公共空间的开辟中也得到了某些好处。但由于公共空间逐渐受到由社会改良者支持的地方当局的限制，民众发现在街头谋生和从事娱乐活动越来越困难，他们所能够支配的公共空间也越来越小，因此他们开始为维持对街头空间的利用而斗争。② 此外，此时妇女在公共场所的自由并没有自然而然地得到地方精英或当局的支持，为此，她们也开始为自身的权利而进行抗争，这是妇女挑战传统、受西方文化影响的社会发展的结果。③以上所有的这些斗争都反映在 20 世纪初的政治变革中，以及地方精英、民众和公共空间的关系变化中。在这一社会转变过程中，街头文化不仅是民众自我认同的基础，而且也是他们抵抗精英文化入侵，适应新的社会、经济和政治体制的一种武器。虽然此时城市民众的活动受到更多的限制，但是并没有证据显他们放弃了城市的公共空间或者试图从中退出。相反，这个过程中，他们在挑战日益增多的规章制度

---

① Di Wang, *Street Culture in Chengdu: Public Space, Urban Commoners, and Local Politics, 1870 - 1930*, chap. 2.

② Di Wang, "Street Culture: Public Space and Urban Commoners in Late-Qing Chengdu," *Modern China*, Vol. 24, No, 1, 1998, pp. 34 - 72; *Street Culture in Chengdu: Public Space, Urban Commoners, and Local Politics, 1870 - 1930*, chaps. 4 and 5.

③ Di Wang, "The Struggle for Drink and Entertainment: Men, Women, and the Police in Early Twentieth - Century Chengdu," Paper presented at the 114th Annual Meeting of the American Historical Association, Chicago, January 9, 2000; *Street Culture in Chengdu: Public Space, Urban Commoners, and Local Potitios, 1870 - 1930*, chap. 7.

的同时，还为继续使用公共空间而斗争。① 而这也与桑内特所观察的西方公共空间的使用变化相反。在西方，人们逐渐寻求"逃离"公共空间的方式，竭力回到"生活中的私人领域，特别是对家庭的追求"中，而这个过程则导致了"资本主义与世俗信仰的巨大分离"。② 与此比较，成都的公共生活则刚好经历了相反的过程。在成都，即使人们的公共空间受到政治权力越来越多的控制，他们仍然力图摆脱家庭生活的束缚而加入更多的公共活动中，并由此表现出对公共生活日益强烈的兴趣。

第三阶段是在辛亥革命时期，这一时期虽然相对短暂，却是民众和精英公共角色的一个重要转折时期。如果说在晚清新政时期，地方精英同国家联合以抑制民众在地方社会生活中发挥作用，那么随后当国家权力危及地方精英和民众的共同利益时，地方精英又与民众结盟以对抗国家权力。在城市改良运动中，精英力图创造新的城市形象并引导公众舆论，较之以前，其更多地卷入大众文化中，并将下层民众拉入地方政治的轨道。当他们试图以"爱国""爱乡""文明"等意识来"启蒙"大众时，又将街头文化转化为街头政治，引导民众前所未有地参与到地方政治和地方政治运动中。在这个过程中，民众与精英的公共角色和两者之间的关系都得以重新建构。过去，虽然民众是城市居民的绝大多数，但是他们在地方政治上毫无影响力。而对精英来说，社会进步的主要动力是"绅、商、学界"，不是这些普通大众。虽然在过去民众也经常运用其公共行为来表达自己的不满和诉求，但他们并不能形成有组织的集体行动。而在此阶段，城市的民众不再总是消极地被精英和国家改造与控制，为了生计和生存，其亦会

---

① Di Wang, *Street Culture in Chengdu: Public Space, Urban Commoners, and Local Politics, 1870 – 1930*, chap. 7.

② Richard Sennett, *The Fall of Public Man: On the Psychology of Capitalism*, p. 259.

对地方精英和权势集团奋起反抗，其中，诸如女性和穷人对公共空间使用的挑战就是很好的例子。不得不承认，此阶段的革命运动造成了街头使用空间的重大变化，下层民众第一次超越街头传统谋生和娱乐的功能，而进行有组织的政治示威。这个时期的政治变化也说明，下层民众一旦被"启蒙"和调动起来走上政治舞台，他们的行为便不再那么容易被掌控了。①

第四阶段是在民国初期，此时社会和政治形势均发生了巨大的改变。在这个时期，地方精英对民众的影响力逐渐下降，军事力量和国家政权开始直接深入基层社会，民众日益处于国家权力的控制之下。然而，在此时期，虽然地方精英不再是当地社区强有力的领导者，但当社会危机出现时，当国家不能保护普通民众时，他们仍发挥了领导作用，特别是在经济和政治不稳定时期，普通民众更是不得不依赖地方精英的经济支持和组织领导来保障他们的生计。此外，在这个时期，地方精英还为维护社会稳定和确保正常的都市生活，采取了一些自我保护的措施。由此可以看出，社会改良者在怎样改造大众文化的问题上，其与国家政权的关系从晚清时期的基本吻合转变到民国时期的明显矛盾，这体现了地方精英和国家权力之间裂痕日渐扩大的趋势。特别是在国家采取激进的措施时，城市改良精英由于对地方大众文化了解甚深，加之与其的密切关系，而与国家持不同的态度。在民初，他们反对国家企图摧毁而非"改良"大众文化的政策，强调保留城市文化的特点。如果说政府采取日益严厉和激进的打击大众文化的政策，那么对地方精英来说，尽管他们也批评大众文化的各种弊病，但更多的是主张对其进行改造而非完全取代。国家权力和地方精

---

① Di Wang, *Street Culture in Chengdu: Public Space, Urban Commoners, and Local Politics, 1870 - 1930*, chap. 8.

英两者的态度不同，其实并不难理解，这是因为城市的公共生活也是精英日常生活的一部分，他们在了解公共空间存在的弊病的同时，也意识到其所发挥的重要而不可取代的社会功能。在此阶段，缺乏地方改良精英的热情支持，恐怕也是激进的政府想要控制地方社会却总是失败的主要原因，这也反映了地方社会大众文化所具有的旺盛生命力。因此，可以说，在民国时期地方精英不再总是国家各项改良措施——特别是那些激进政策——的热情支持者，这与他们在清末时的态度形成鲜明对比，而这个现象清楚地表明了在这一时期地方精英与国家政权之间的紧张关系。

关于城市街头、邻里和茶馆的研究除了考察政治运动如何影响普通民众的日常生活外，还探讨了一些隐性原因给普通民众生活所带来的巨大而细微的变化。在过去，成都居民一直居住在相对封闭但安定的城市中，普通民众也相对拥有更宽松的谋生与休闲的公共空间。但随后出现的社会转型，尽管很大程度上扩展了城市政治空间，但使下层民众日常生活的公共空间缩小了。不可否认，"现代化"给城市带来了宽阔平整的街道、新的城市设施、相对"文明"的城市面貌以及伴随新时代所产生的娱乐形式，但这一切都是以城市的普通民众逐渐失去其代代相传的稳定的传统以及生活方式为代价的。而且，现代城市公共空间和公共生活的重建，并非是以民众利益为首要考虑目标的，当然也不会容许他们在其中享有平等的权利。可以说，大多数成都普通市民并没有从这场政治和社会改革中受益，但是他们依旧能在城市中继续着他们的公共生活和街头文化，虽然这两者早已变得面目全非。

六 "无意义"的小题目怎么变成有意义

我在关于成都街头文化和茶馆的研究中，着眼于探寻中国城市发展、变化的新视角，其中包括对内陆城市、社会底层、街头和邻里、社会生活的基层单位以及公共政治的研究，这将有助于加深我们对近代中国城市、社会变迁、文化持续性等问题的理解。关于街头文化和茶馆的研究显现出，城市公共空间和公共生活是成都地方文化最有力的代表。20世纪初，中国社会发生了剧烈变迁，并导致城市公共空间的重构、人们公共角色的重塑，以及对民众、精英、国家三者关系的重新定义。我关于成都茶馆与地方文化的研究揭示了城市普通民众的日常生活是与街头和茶馆紧密相关的，在对公共空间的使用上，成都人创造了丰富的街头和茶馆文化。在过去，成都的城市居民特别是底层民众利用街道作为其从事商业、娱乐、庆祝等活动的场所，其后，随着社会的变化，受到西方影响的城市改良者开始规范对公共空间的使用，对此，底层民众不得不为维持其对街头的使用权而不断与改良者抗争。在辛亥革命时期，民众以街头作为其参与政治斗争的舞台，在民初和军阀混战时期，当武装兵痞占据城市公共空间之时，他们又组织自卫团体进行反抗。尽管在整个过程中，成都的街头在面貌与文化上经历了巨大的变化，但其仍然在成都的城市社会生活中扮演着重要角色。

由于精英阶层在改良和革命运动中的显著地位和影响，我们所能看到的学界关于近代中国政治的研究几乎都与精英活动相关，尤其是在20世纪初，当中国城市发生政治剧变之时，其与国家政治之间的紧密联系也达到了史无前例的程度。与以往研究不同，我所考察的是在此时期，社会改良和革命怎样把成都的街头、茶馆、民众纳入其政治轨道，街头和茶馆文化怎样被发展为街头和茶馆政治，以及通过考察国家与民众、国家与精英间的冲突，去探寻精英和民众怎样在城市公共空间塑造其新的公共角色。我们可以看到，在这个时期，虽然成都的街头文化和茶馆文化以及公共生活都还在继续进行，但街头和茶馆已不再仅仅是一个谋生、日常生活与休闲的空间，还成为城市政治冲突的舞台，民众在街头和茶馆中的活动也不得不被卷入地方政治的斗争中。

上面已经提及，在中国史研究领域，前人的研究成果基本将焦点放在精英思想怎样影响政治上，[①] 但忽略了大众文化和地方政治的关系，而它们的关系实际上为我们观察城市社会的演变提供了一个新的视角。通常，政治变化的无常会导致公共秩序的混乱，进而影响城市邻里和社区的稳定，以及整个城市性别、阶级、族群间的冲突。不过，我们也应该意识到，政治演变会使一个相对封闭的区域开放，并为之带来新的社会、经济、文化因素。辛亥革命后的成都便为此提供了一个极好的实例，同时也彰显了在大众文化研究中政治问题的重要性。

尽管我们能认识到研究城市大众文化的重要性，但是当我们试图进入社会的底层时，却面临着许多困难。其中一个主要问题就是收集和解读资料的困难。我们知道，中国的历史从来都是由精英阶层书写的，而普通民众的日常生活通常会在地方和国家的正统历史中缺席，要克服这个缺陷就意味着我们要修正对过去史料的认识，并进一步开拓新的资料。但与之相比，更为困难的是对资料的使用。由于精英阶层通常是记录者，因此我们所能看到的大众和其日常生活是被精英过滤过的，这不免会为我们认识民众带来困难。同时，怎样处理相关的文字资料也成为研究大众文化的一个关键的问题。正如金森堡所指出的那样，"当我们想要去了解过去农民和工匠们的想法、信仰和愿望时，总是会不由自主地通过扭曲的观点和中介来进行认识"，而这也

---

① Joseph W. Esherick, *Reform and Revolution in China: The 1911 Revolution in Hunan and Hubei*; R. Keith Schoppa, *Chinese Elites and Political Change: Zhejiang Province in the Early Twentieth Century*; Many B. Rankin, *Elite Activism and Political Transformation in China: Zhejiang Province, 1865 - 1911*.

使得一些学者提出"下层民众可以发声吗"的问题。① 对此，我认为下层民众是可以为自己发声的，不过这需要依靠我们去解读和利用现有的资料，同时，我们也必须意识到所使用资料的性质与使用它们所带来的研究大众文化和下层阶级的局限。②

由此，也产生了第二个问题：在对街头文化和茶馆的研究中，怎样区分大众文化和精英文化？虽然历史学家们承认两者不同，但对其的定义却一直存在着争论。③ 研究中国的西方学者所提出的关于大众文化的定义比较宽泛，"从民居到大众崇拜，从灌溉技术到皮影戏"，都在其中。④ 而在我关于街头文化和茶馆的研究中，所讨论的大众文化是民众所创造的文化。在传统社会，由于文化交流的缺乏，文化的区域性和地方性都十分明显。因此，地方的大众文化通常与"民间文化"联系在一起。按照葛兰西的说法，对于通俗歌曲的分类可以有三种：一是"由民众为民众而谱写"；二是"为民众谱写但不是由

---

① Carlo Ginzburg, The Cheese and the Worms : *The Cosmos of a Sixteenth-Century Miller*, p. xv; Gayatri Chakravorty Spivak, "Can the Subaltern Speak?" in Gary Nelson and Lawrence Grossberg, eds., *Marxism and the Interpretation of Culture*, Urbana and Chicago: University of Illinois Press, 1988; Gail Hershatter, "The Subaltern Talks Back: Reflections on Subaltern Theory and Chinese History," *Positions*, Vol. 1, No. 1, 1993, pp. 117 – 118.

② 关于资料的性质和局限性的探讨，见 Di Wang, *Street Culture in Chengdu: Public Space, Urban Commoners, and Local Politics, 1870 – 1930*, chap. 1。

③ 一般来讲，大众文化由民众创造并欣赏；而精英文化，又称"高级文化"（high culture）则由占主导地位的精英阶级创造并欣赏。不过大众文化创造者的身份也是变化着的，有时仅是下层阶级，也包括受过很好教育的精英阶层。一些研究美国大众文化的学者认为，大众文化史也可以是"知识分子的历史"（Andrew Ross, *No Respect: Intellectuals & Popular Culture*, New York: Routledge, 1989, p. 5）。

④ David Johnson, A. J. Nathan, and E. S. Rawski, eds., *Popular Culture in Late Imperial China*, p. x. 此外，姜士彬也提及，虽然我们有必要区分大众文化和精英文化的概念，但在使用时若不考虑它们之间的复杂含义，就有可能造成混淆。他提出，在帝制晚期，社会阶层的划分基于三个因素，即教育、特权和经济地位，因此中国社会可以被划分为九个不同的文化集团（"Communication, Class, and Consciousness in Late Imperial China," in David Johnson, A. J. Nathan, and E. S. Rawski, eds., *Popular Culture in Late Imperial China*, p. 56）。

民众谱写"；三是"既不由民众也不为民众谱写但表达了民众的思想和感情"。而我的研究焦点正是属于其中的第一类。但也正如甘斯（Herbert Gans）所指出的，"许多大众文化的创造者比他们的观众受的教育更好"，因此在研究中有时也必须考虑葛兰西所划分的第二类和第三类。[①]

第三个应该强调的问题是，某一地区或地方的研究是否可以提供一个理解中国城市和城市生活的普遍模式？微观研究的意义在于，能够为宏观的城市研究上升到一个更深的层次提供个案研究，因此，我相信对于成都的研究，不仅能丰富我们对成都的认识，而且有助于我们理解其他的中国城市。[②] 同时，鉴于中国地理、经济、政治、文化、社会特征的复杂性，任何的同一或例外都应该在我们的考虑之内。

最后一个问题是，在对社会最基层单位进行研究以及进入城市深层时，我们是否也应该重视那些普遍和重要的历史事件？对此，我认为：一方面，对下层社会的研究为我们观察那些在社会底层发生的，我们对其知之不多的社会现象提供了机会；另一方面，对具有历史意义的重大事件的考察可以加深我们对政治和日常生活的理解。因此，

---

① Antonio Gramsci, *Selections from Cultural Writings*, p. 195; Herbert J. Gans, *Popular Culture and High Culture: An Analysis and Evaluation of Taste*, New York: Basic Books, 1974, p. 24.

② 例如，我在关于街头文化的研究中所指出的，正是因为一些精英阶层没有官方的头衔和权威，他们在管理城市公共空间方面的作用相当有限，因此街头生活并未受到太多的局限，这与过去我们对中国城市的"常识性理解"相去甚远。过去，中外历史学家普遍认为，传统的中国城市被国家权力紧密控制，在其中，人们没有任何"自由"。因此，当布罗代尔力图回答"什么是欧洲的不同之处和独具的特点"时，答案是欧洲城市"标志着无与伦比的自由以及其发展了一个'自治的世界'"（Fernand Braudel, *Capitalism and Material Life*, *1400 - 1800*, Vol. I, p. 396）。对此，我认为如果我们进入一个中国城市的内部，深入城市的街头和邻里，实际上会看到市民有着相当程度的"自由"，而并非西方学界通常所理解的完全被控制。然而，这个对中国城市历史的传统观念的修正是否可以普遍地适用于其他城市，还有赖于进一步的研究。

虽然在茶馆的研究中我将焦点放在城市民众、街头、茶馆,但同时,精英、国家、政治运动等也不可避免地被纳入我的讨论之中,而这种取向可以帮助我在研究微观问题时,也充分注意到宏观历史问题的影响。同时,我也希望通过这个对成都街头文化和茶馆以及城市空间的研究,使人们对中国城市中民众与公共空间、公共生活的关系有更深层的理解。

本章翻译自"Entering the Bottom of the City: Revisiting Chinese Urban History through Chengdu",原文发表于《中国历史评论》(*Chinese Historical Review*, Vol. 12, No. 1, 2005, pp. 35 – 69)。中译文发表在《清华大学学报》(哲学社会科学版)(2018 年第 6 期,第 102 ~ 121 页)。

第三编

近期研究：以文本解读为中心
（2000 ～ 2010 年代）

第八章

图像的解读：图像与想象

——都市历史的视觉重构

撰写城市的历史，其实就是今天建构过去的城市。在从事这项任务的时候，我们都面临这样的问题：怎样去建构一个最接近真实的城市？历史学家力图去撰写完全客观的历史，这是可以追求的目标，但却是一项不可能完成的任务，因为完全客观的历史是不存在的。过去的历史就永远过去了，史家力图利用各种途径去重新建构逝去的历史，但无论他多么努力、多么公正，方法多么正确，资料多么丰富，他建构的历史，都是带有主观性的。冯·兰克（Leopold von Ranke）所憧憬的所谓客观的历史是根本不可能存在的，因为任何历史写作都不可能脱离主观或自我意识，过去所发生的事件是不可能真实和完整再现的。[①]

过去我们在讨论新文化史兴起的时候，经常会提到"语言学的转向"（Linguistic turn）和"叙述转向"（Narrative turn），但很少意

[①] Leopold von Ranke, *History of the Latin and Teutonic Nations from 1494 to 1514*, Toronto：University of Toronto Libraries, 2011. 历史学历来重视对档案的利用，认为这是最可信的资料，但即使有完整的档案，也不可能完整再现历史，更不用说档案本身也存在许多问题。新文化史代表人物之一戴维斯（Natalie Zemon Davis）著有《档案中的虚构》，对档案的使用和真实性进行了系统阐发，见 *Fiction in the Archives：Pardon Tales and Their Tellers in Sixteenth-Century France*, Stanford：Stanford University Press, 1987。

识到，同时也出现了"图像转向"（Pictorial turn）。"图像转向"在建构"自下而上"的历史学，把重点放到日常生活和普通民众身上时，起了重要作用。伯克（Peter Burke）曾经引用过有影响的学术杂志《过去与现在》（*Past and Present*）发表文章使用图像的统计，从 1952 年到 1975 年的 20 多年间，该杂志没有发表任何有图像的论文；1970 年代后期，只有两篇论文附有图像。但 1980 年代，这个数字增加到 14 篇。因此，在西方历史学研究中，1980 年代可以说是一个转折点。[①] 图像的使用，使我们重新定义"史料"的含义，扩展了我们对历史的认识，丰富了研究的方法，也充实了我们对历史的想象。

历史的图像给我们提供了视觉资料，但并不是说就一定是历史的真实反映。绘画是作者的再创造，主观意识融入其中自不待言；照片看起来是如实的记录，其实里面仍然有诸多问题，例如角度、取舍、解读等。因此，根据历史资料（包括文字和图像）建构的历史，都是主观的历史，也就是说，我们所写的历史都不过是我们所理解的历史，是我们眼中或头脑中所反映的历史。历史观、方法论、阶级立场、政治观点、教育背景、种族文化、语言表达、思维习惯，等等，无数的因素制约了我们写出完全客观的历史。我们所撰写的历史，不过是我们对历史的一种想象，我们可以努力去尽可能地接近真实，但永远无法宣称这就是完全真实的历史。[②]

---

① Peter Burke, *Eyewitnessing: The Uses of Images as Historical Evidence*, London: Reaktion Books, 2001, p. 12.

② 关于这个问题的讨论，见王笛《不必担忧"碎片化"》，《近代史研究》2012 年第 4 期。

一　什么是历史的想象

　　所谓都市的历史想象，就是我们通过现存的文本和对今天城市的体验，通过我们的头脑建构一个过去的城市。可以设想，我们对一个生在当代的政治家或公众人物，看法和评价经常是截然不同，更不用说一个城市比一个人要复杂得多。我们每个人都有自己心目中的都市，即使居住在同一城市中，每个人的感受也不一样。这是由于人们的都市经验不同，有的是平平淡淡，有的是轰轰烈烈；有的是乏善可陈，有的是如数家珍；有的是转瞬即逝，有的是刻骨铭心；有的是枯燥乏味，有的是丰富多彩；等等。因此，不同的人记录的都市生活是非常不一样的，从相当的意义上说，他们都有自己独特的都市经历、都市生活、都市感受，互相之间差别甚大。所以我们所写的都市史，哪怕我们以极大的努力想写出最客观的历史，但往往这个目标是难以企及的，因为不仅研究者所使用的资料是带有偏见的，而且我们的主观世界决定了我们所了解的客观世界。

　　这就涉及这样的问题：历史可以想象吗？想象是历史吗？对这样的问题并没有一个简单的答案，因为这涉及"历史的城市"和"想象的城市"两种不同的"城市"。所谓"历史的城市"就是历史上真真实实存在过的城市，但是它们要不就早已消失，要不在我们的眼前一天天消失，而且再也不可能恢复和重构原来的面貌。其实，我们今天所知道的过去的城市，都是我们重构的城市，即使我们所有的细节都是有根据的，但仍然是在我们头脑里重构的。可以这样认为，目前我们所知道的城市的过去，都是想象中的，与实际的历史的城市本身有着相当大的距离。当然不可否认的是，任何有依据的重构，都使我们的认识向着"历史的城市"更近一步，虽然我们永远都不可能完完全全地重构这个城市。

二 想象和情感与历史观和方法论

我们不禁要问，今天的都市想象来自哪里？其实这是一个复杂的过程，个人亲身经历、文字的阅读、图像、听闻等都是我们想象的依据。一个人的经历和体验既扩展了也制约了他的想象，因为任何想象都是要有一定依据的。他所阅读的资料，或他所采访的对象，或他所考察的地区，等等，固然为他提供了想象和重构历史的根据，但是也可能造成他被这些经历所左右，而忽视他没有接触到的东西。而且可以完全肯定地说，这个城市的绝大部分东西他都不可能接触到，因为留下来的记录，毕竟是这个城市本身非常微小的一部分。他离所研究的时代越远，所能接触到的真实性东西就越少。

作为研究者，要避免凭空想象，想象都要有所依据。例如我《茶馆》一书的"引子"与"尾声"，这两个部分实际上是对半个世纪成都社会和茶馆变迁的概括，有的细节是根据历史记载的一种逻辑重构，如果读者读完该书，再对照我在《街头文化》中对成都的描述，就会发现这种逻辑重构完全是有历史依据的。[①] 但是，我也必须承认，这个重构仅仅是这个城市茶馆的一个非常有限的部分，从一个独特的视角，我们无法判断究竟这个重构离真实有多么遥远，或有多么接近。

在考虑都市想象的时候，我们不可避免地要问，谁在想象？谁可

---

① 王笛:《茶馆:成都的公共生活和微观世界（1900~1950)》，社会科学文献出版社，2010，第1~10、453~458页。

以想象？毫无疑问的是，任何一个人都可以想象，但问题在于，大多数一般人的想象并没有流传下来，我们目前所能够看到的当然是那些有话语霸权的人，其实也可以说是"想象的霸权"。不仅真实的城市消失了，而且99%以上的城市想象也消失了，保存下来的是极其有限的部分，但这个极小部分成为我们重构都市历史的依据，这就造成了一些人的想象比另一些人对我们影响更大，我们今天的想象也受到他们想象的左右。因为他们留下来的关于城市的文献和图像，实际上反映的只是他们所观察到的城市。

　　想象经常是与情感联系在一起的，一个人的情感会影响他的评价和判断力，当然也会影响他的城市想象。由于个人经历，对城市的爱与恨，或又爱又恨的复杂感情，都会左右他的城市想象。我们或许要问，想象需要情感吗？作为一个历史学者，当然应当避免自己的感情左右自己的研究，但既然人是有感情的动物，不可能他的感情对其研究毫无影响。虽然这种影响可能会导致研究者爱屋及乌，导致评价的感情色彩，但从一定程度上来说，如果一个研究者对他所研究的对象有着一定的情感，其所写的都市可能更能让读者身临其境，有更直观、丰富、感性的阅读体验，而不是提供一本缺乏感情、干巴巴的历史记录。

　　都市想象也要受到历史观和方法论的制约，历史观和方法论会影响我们怎么想象、为谁想象、想象的结果。例如，对一个高度评价国家权力扩张的研究者来说，警察的出现可以使都市面貌一新；但是对一个关怀下层民众生存的研究者来说，国家权力扩张使城市管理严密，人们谋生空间缩小，因此在他的笔下，这个过程就是痛苦的想象。由于想象的历史观和方法论不同，想象的结果受到影响，尽管我们面对的是同一个都市，但我们所能看到的都市形象却可能非常不同。这里甚至不存在哪一个想象更接近真实的问题，而在于它们都不是完全客观的，也都不是完全歪曲的，不过是以不同的方式、不同的角度、不同的关怀，展示了城市的某一个方面。

三　想象的时间和空间

每个时代有每个时代的想象，因为我们的思维都是受时间和时代的制约的，时代决定了我们对都市的认识，每个时代（时期）的人，所看到的城市是不一样的，不仅是他们对他们所处城市现状的看法，而且对历史的城市的看法也是不同的。这是由于每个时期的人们所关注的问题相异，以及各时期人们所了解到的信息也不一样。我们还可以看到，想象是随着时间、空间的转移不断变化着的，这就使我们的都市想象变得扑朔迷离，更难以琢磨。

每个时代不同人群有自己的想象，人群的不同之处可以是族群，可以是阶级，可以是教育背景，可以是政治态度，可以是经济地位，可以是出生地，等等。例如，生长在成都的五四青年巴金所想象的上海，就与成都非常不同。1920 年代，巴金在其著名的自传体小说《家》中，把成都描写成保守和专制的代表，而把上海作为现代和自由的象征。[①] 当然，这样一种认识反映了一些新的、西化的知识分子的激进思想，当他们热切拥抱西方文化时，对传统抱猛烈的批评态度。不过当时人们对成都的这种印象，也的确反映了成都的社会变化相对缓慢这样一个事实。另外，我们还可以看到国人的想象、外国人的想象、内地人的想象、沿海人的想象等分野。

都市想象的不同角度，也造成了不同的想象和认识，可以从上到

---

① 在巴金的《家》中，主人翁觉慧便离家出走，到上海去追求自由的"新生活"，而觉新却留在成都，被"落后"的传统所"埋葬"。

下，或是从下到上，可以是国家的想象、精英的想象，或者民众的想象。一个城市，从上到下、从下到上的观察，角度不同，结果可能大不一样，因为视角变了。道理很简单，我们在飞机上看一个城市，和我们站在一条街上看一个城市，感受是非常不同的。对于一个城市，官方（国家）、精英和民众所要展示的形象也大不相同。国家关心的是如何控制和管理，精英关心的是如何使城市更显进步文明，而民众则更注重他们在这个城市中是否享有应有的权利。

时间的流逝和空间的消失，似乎为我们的都市想象和使用图像重构都市文化造成了相当大的障碍，然而时间和空间也可能为我们使用图像造成有利条件。例如，我在《街头文化》书中使用的一幅门神插图，是大卫·格拉汉姆（David Crockett Graham）1910年代在四川做田野调查时得到的，后来收入他《四川的宗教》博士学位论文中，他以该文于1927年取得芝加哥大学博士学位。[①] 这幅图中的门神身着盔甲，手提节棒，威风凛凛，是表现大众文化非常生动的视觉资料。过去沿街的两边铺面的门上都贴有门神，是展示这种大众文化的最好场所。当把其与我1997年在成都购得的一张门神图相较，我简直不敢相信自己的眼睛：一幅在芝加哥大学图书馆沉睡了几十年，而另一幅却是由成都民间艺人新近制作的，它们在截然不同的时代出世，而且处在太平洋两边的不同世界，可以说彼此间没有什么直接的联系，但是它们真像一对孪生兄弟，除了细节有点差别外，姿态外表几乎是一样的！这幅门神图到大卫·格拉汉姆的手中后，中国经历了新文化运动、国内革命战争、抗日战争、解放战争、社会主义改造、"大跃进"、"文化大革命"、改革开放等历史阶段，中间还出现若干

---

① David C. Graham, Religion in Szechuan Province, Ph. D. dissertation, University of Chicago, 1927.

次反大众文化的运动。中国社会已经发生了如此翻天覆地的变化，改良、革命和现代化运动是如此强烈地冲击大众文化，但大众文化却有着如此惊人的生命力。不但人们今天继续绘制、张贴门神图，而且在形式上和内容上竟然也如此相似！我历来强调大众文化的持续性，虽然它看起来是弱者，总是被国家权力和精英所征服，被正统文化和精英文化所打击和排挤，但它顽强生存下来了。过去对近代中国的研究，基本上是强调变化，考察的是在西方和现代化冲击下，中国政治、经济、社会和文化是怎样发生变化的，但人们忽略了文化是最根深蒂固的因素。其实，有时大众文化从表面看是改变了，但骨子里仍然是传统的。这两幅图像资料则证明了这一点。

四　图像的解读

历史研究越来越广泛地使用图像资料，这可以大大弥补文字资料的不足，特别是西方新文化史的发展，使图像资料成为重构历史必不可少的部分。例如美国新文化史的代表人物之一林·亨特（Lynn Hunt），她观察了法国大革命中的服装、帽徽和旗帜，等等，这是文化的"标志"，从标志来分析政治和文化的关系。[①] 她的《法国大革命时期的家庭罗曼史》，从家庭秩序的视角来解读法国革命政治文化，其中使用了不少绘画资料。例如书中以大卫（Jacques-Louis David）1784 年创作的《荷拉斯兄弟之誓》（The Oath of the Horatii）为例（见图 8 - 1），[②] 这幅画中父亲和儿子的姿态展现了身体的政治

---

① Lynn A. Hunt, *Revolution and Urban Politics in Provincial France：Troyes and Reims, 1786 - 1790*, Stanford：Stanford University Press, 1978；*Politics, Culture, and Class in the French Revolution*, Berkeley and Los Angles：University of California Press, 1984.

② 2012 年春天我在卢浮宫看到了这幅油画，画幅巨大，令人震撼。

学，三个儿子与父亲站在同一平面上，对着宝剑发誓，隐喻着可以和父亲平起平坐。画面中妇女则蜷缩在角落里，差别十分明显，显示了两性在公共和私人空间的隔阂，这与父子关系的变化相呼应，公权力的争夺造成私权利的重新分配。更有意思的是，亨特提到1793年一位不知名画家同样题材的油画，画面上是三兄弟向一个垂死的男人发誓，表示父亲将不在世，兄弟应该团结，而女性已经从画面中消失。亨特指出，国王被杀，隐喻着家庭权力结构动摇，父权地位动摇，而兄弟的地位变得更为重要。革命兄弟在"父亲"留下的权力真空中对内争权夺力。因此，亨特通过讨论家庭成员间的关系，以家国互喻的手段，来解释法国革命中复杂的政治思想和政治文化。①

图 8-1　大卫《荷拉斯兄弟之誓》

---

① Lynn A. Hunt, *The Family Romance of the French Revolution*, Berkeley and Los Angles: University of California Press, 1992, chap. 2.

这里我想指出的是，对图像的这种解读，只是反映了亨特个人通过这些绘画对法国革命和政治文化的一种阐释，不同的人可能有不同的解读。这种不同的解读，并不能说明使用图像资料重构历史的危险性，而是恰恰证明了历史认识的多元性，其实正是不同的解读，使我们的认识越来越接近历史，或者越来越意识到历史的复杂性，意识到历史并不是只有一种解释，或者历史只有一种结论。其实，我们经常会发现，不同时代的人，甚至同一时代的人，即使是对一个事实非常清楚的历史事件，看法、评价或者结论，也可以有非常大的差别。

图像资料的解读，是新文化史研究的一个关键问题，为此伯克在2001 年出版了专著《眼见为实——作为历史资料的图像使用》。[①] 他指出将图像当作历史资料来使用时，应该意识到，无论是绘画的图像还是拍摄的照片，所记录的并不是社会现实，而是对社会的理解，因为摄影者和绘画者把注意力集中在他们认为具有典型性的特点上。因此，作为叙事的图像，画家、摄影者和后来的读者可能关心的是不同的问题，后来的人可能误读，也可能加入了图像本身并不存在的东西。所以，如何克服时间（或时代）所造成的空间错位，是我们今天把图像作为历史资料使用时所必须注意的问题。也就是说，画面上或照片中所出现的被认为发生过的事情，很可能不是实际上发生的事情，或很可能不是按我们所理解的那样发生的。因此，解读图像必须将叙事放在具体的背景下，使用图像的历史研究者必须时刻问自己：是谁用这种方式给谁讲故事？这样做的意图是什么？

---

① Peter Burke, *Eyewitnessing：The Uses of Images as Historical Evidence.* 中文版由北京大学出版社 2008 年以《图像证史》为书名出版。

五　图像与想象

　　研究城市所依据的资料，无论是档案，还是时人的记录、后人的回忆，哪怕是图像——例如照片和绘画等，都是经过别人筛选后留下来的内容，而且资料本身，往往也是想象的结果。[①] 因为资料的记录者描写对象时，都是从一个特定的角度，这个角度当然会影响观察的真实性和全面性。研究都市，经常使用游记，因为无论是外国人还是外地人，对新到的地方都有一种敏感，他们记下自己的所见所闻，这些记录无疑是珍贵的。但问题在于，旅行者走马观花式的体验，难免浮光掠影，这种体验的不深入性，使得他们的描述有着相当大的想象空间，但当他们的体验不足的时候，他们的想象帮助填补了知识的空白。因此我们重构的城市，就是想象的城市，就是他们或我们心中的城市，即使他们或我们所描述的一切，都是有所根据的，那仍然只是想象的城市。

　　我自己的研究非常重视对图像资料的使用。视觉资料是对都市日常生活和大众文化最直接的展示，揭示了人们对公共空间的使用以及公共空间的人间百态。从 19 世纪下半叶以来，传教士、中外旅行者、记者等便用照相机记录了中国都市的日常生活，这些照片出现在各种出版物上，但大多数则珍藏在私人手中。一些艺术家也用他们的画笔

---

　　① 关于图像资料与解读，见 W. J. T. Mitchell, *Iconology：Image，Text，Ideology*，Chicago：University of Chicago Press，1986；David Freedberg，*The Power of Images：Studies in the History and Theory of Response*，Chicago：University of Chicago Press，1989；Heinz Kukertz，*Creating Order：The Image of the Homestead in Mpondo Social Life*，Johannesburg：Witwatersrand University Press，1990；Fernande Saint-Martin，*Semiotics of Visual Language*，Bloomington：Indiana University Press，1990；Chris Jenks ed.，*Visual Culture*，New York：Routledge，1995。

留下了中国都市的过去。那些照片和绘画作品为都市文化的研究提供了非常生动而且有力的视觉材料，与文字的记载或相映成趣，或互补不足。这些资料使我们如身临其境，不用文字说明，便可体会到那熙熙攘攘的街头和芸芸众生的相貌：行人、小贩、手工工匠、茶馆茶客、街角的剃头师、摆地摊的算命先生……三教九流，无所不有，它们从另一个角度帮助我们重构那逝去的文化和历史。①

视觉资料为我们研究城市提供了强有力的证据。视觉资料可以与文字分析相印证，从而加强我们对都市和都市文化的理解。绘画更是艺术创作，离真实有更远的距离。我们还不得不问这样的问题：图像只是补充资料，还是能使我们重新认识文字资料不能解答的历史？其实两种可能性都存在，阅读文字与图像是不同的，图像给了我们文字资料所不具备的视觉感受。从这个意义上说，图像资料补充了文字资料的不足，并非城市的各个方面都有文字描述，这个缺陷有时候可以用视觉资料来填补，帮助我们重新认识了城市的过去。②

---

① 例如，在《成都通览》中，傅崇矩收集了上百幅关于 20 世纪初成都各业的素描［傅崇矩编《成都通览》（上），第 283 ~ 298、402 ~ 458 页］。清代钱廉成绘有 19 世纪初成都街头各种人物（《廛间之艺》，四川人民出版社，1985）。发行于清末民初的《通俗画报》开辟专栏"时事画""讽世画""醒世画"等，鼓吹社会改革。成都本地艺术家俞子丹在 1920 年代为他的外国朋友徐维理（William Sewell）画了不少成都街头众生相，后徐维理把他的收藏汇集成册并加了文字说明，以《龙背骨：1920 年代成都人的画像》为题在西方出版，其书名是根据川西平原当时常见的形似龙背骨的水车而来。见 William Sewell, *The Dragon's Backbone*: *Portraits of Chengdu People in the 1920s*。

② 关于绘画的历史解读，见 Norman Bryson, *Vision and Painting*: *The Logic of the Gaze*, New Haven: Yale University Press, 1983; Bogumil Jewsiewicki, "Collective Memory and Its Images: Popular Urban Painting in Zaire: A Source of 'Present Past'," *History and Anthropology*, Vol. 2, No. 2, 1986, pp. 389 – 396; Johannes Fabian, *Remembering the Present*: *Painting and Popular History in Zaire*, Narrative and Paintings by Tshibumba Kanda Matulu, Berkeley and Los Angeles: University of California Press, 1996。

六　图像的局限

图像资料固然使我们的研究有了更直观的感觉，使我们似乎直接触摸到历史。但是我们在使用图像资料时，还应该注意以下问题。第一，照片并不是客观的。虽然摄影镜头本身是非常客观的，没有偏见，可以如实记录拍摄的对象，但问题在于，摄影者的眼睛却是主观的，为什么选这个镜头，镜头包括什么，不包括什么，从什么角度，在什么时间，选取哪一个瞬间，等等，都是主观选择的结果。我们今天看到的这些图像貌似客观，其实都已经注入了相当的主观意识。我们甚至可以这么认为，这是摄影者的都市想象。当城市原有景观已经消失，这些图像（照片、绘画、影片等）成为我们了解和重构城市景观的依据。但怎样重构城市景观会成为问题，即图像文本与城市本身之间存在着差距。

第二，使用图像，哪怕是照片，我们也必须持怀疑的眼光。[1] 图像的作伪、移花接木是很常见的，误读也是很普遍的。例如几年前，美国国家历史博物馆通过电子邮件给我发来一张清代衙门审案的照片，通过仔细观察，发现人和衙门桌椅不成比例，服装也像戏台上一样，我当时断定这肯定不是真正审案，而是戏台上的表演。最近有研

---

[1] 关于将照片作为历史资料使用，见 Roland Barthes, *Camera Lucida: Reflections on Photography*, trans. by Richard Howard, New York: Hill & Wang, 1981; Melissa Banta and Curtis Hinsley, *From Site to Sight: Anthropology, Photography and the Power of Imagery*, Cambridge: Peabody Museum of Archaeology and Ethnology, 1986; Alan Trachtenberg, *Reading American Photographs: Images as History, Mathew Brady to Walker Evans*, New York: Hill & Wang, 1990; Joanna Cohen Sherered, *Picturing Cultures: Historical Photographs in Anthropological Inquiry*, Special issue of *Visual Anthropology*, Vol. 3, No. 3 - 4, 1990; Suren Lalvani, *Photography, Vision, and the Production of Modern Bodies*, Albany: SUNY Press, 1995。

究指出，清代的外国人所摄反映中国法律、判案、惩罚等的照片，不少是摆拍的，其实是外国人对中国法律形象的一种想象。[①] 无独有偶，最近读到一篇论文，所配的也是一幅类似的照片（见图8-2）。从这张照片看，这么多人挤在一个狭小的空间里，家具都是袖珍的，显然是为了适应舞台的有限空间，很可能是摆拍出来的。为了节约成本，道具也很简陋。读者如果看到那正中桌布上拙劣的"大之光月"四个字，也可以判断出不可能真是清代县衙森严的大堂。[②] 其实可以理解，一个外国人要真正进入清代知县大人的大堂去拍审判的照片，基本是不可能的。甚至今天的中国法庭，也不是一个开放的空间，遑论一百多年前的清代了。

第三，读图必须了解图像记录者。图像解读，首先是对图像记录者的解读，即了解这些图像是谁的想象。如果我们对记录者思想、经历等有所了解的话，就可以进一步认识图像。例如，图像的记录，就有中国人和外国人之分。为什么大量的图像是外人记录的？因为他们对一种不同的文化比较敏感，而本地人对城市日常生活和文化经常熟视无睹。但外人记录也由此会产生问题：走马观花，只看表象，不能

---

① 张世明：《拆穿西洋镜：外国人对于清代法律形象的建构》，杨念群主编《新史学》第5卷《清史研究的新境》，中华书局，2011。关于西方中心、殖民主义与图像的关系，见 Jan Nederven-Pieterse, *White on Black：Images of Africa and Blacks in Western Popular Culture*, New Haven：Yale University Press, 1992；Linda Nochlin, "The Imaginary Orient," *Art in America*, May 1993, pp. 127 – 139；Gustav Jahoda, *Images of the Savage：Ancient Roots of Modern Prejudice in Western Culture*, New York：Routledge, 1999；Paul S. Landau and Deborah D. Kaspin, eds., *Images and Empires：Visuality in Colonial and Postcolonial Africa*, Berkeley and Los Angles：University of California Press, 2002。关于图像与民族主义的研究，见 Benedict Anderson, *Imagined Communities：Reflections on the Origin and Spread of Nationalism*, London：Verso, 1983；J. G. Carrier ed., *Occidentalism：Images of the West*, New York：Oxford University Press, 1995。

② 王志强：《传统中国的非讼与好讼——清代与近代英格兰社会比较》，《中国社会科学报》2012年5月23日，http：//www. csstoday. net/Item/14619. aspx。

图 8 - 2 很可能是摆拍的清代审案照片，但被误认为摄于
光绪十五年（1889）的实际审案现场

深入内部，而且也只是拍摄他们觉得新奇的东西。当使用照片时，我们应该意识到，被拍摄者和拍摄者的身份经常无法识别，而且我们所看到的照片，很可能是最初拍下的一大堆照片中的一张，因此根本无法反映事物的全貌。如果照片出现在报纸上或者书籍中，选用这些照片的人已经把他们的审美和价值观加入其中了。

第四，我们今天能够正确读图吗？今天看过去的图像，是从今天的观念来理解和解读，因此存在三个可能性：一是再现或重构了过去的城市；二是读出了原本不存在的东西，加入了今天的意识；三是从对过去图像的解读，反过来帮助我们认识今天的城市。对图像的研究，可以分别往上述三个可能性的某一方面发展，也可能在上述三个方面都同时出现。关于这个问题，我想多说几句，由于我在《街头文化》和《茶馆》两部著作中，使用了不少视觉资料，不少书评在提到这个特点时，都说我力图"让资料自己说话"，这是对我著作的误读。其实我历来主张，资料自己是不能说话的，罗列大量资料，让读者自己去解读资料，哪怕是视觉资料，都是懒汉的做法。因为资料本身并不是客观的，使用资料的历史学者必须对其进行解读才有意义。

第五，我们要注意为什么有些图像会反复出现，还有些却没有记录保存下来。无论是记录还是没有记录，都可能存在耐人寻味的原因。当一件事物不断在图像中出现，我们就应该力图发现其背后的动因。但当我们发现过去一些东西在记录中并没有出现，我们就应该考虑，为什么这样一些东西在记录的图像中缺失，为什么一些东西在某一时间出现，又在某一时间消失？我们应该探索这种出现或者消失是由于客观对象的变化，还是由于当时人们主观的关注或者缺乏关注，等等。这些隐藏在背后的契机，也可以成为我们了解都市文化和日常生活的又一把钥匙。

第六，对图像的解读，不同学科所追求的东西不一样。历史学的解读注重空间、时间、变化，文学的解读着眼于语言、情感、想象力，政治学解读关心权力、控制、博弈，人类学的解读钟情于生活、风俗、模式，社会学的解读集中在结构、功能、关系，等等。因此，可以说对任何图像都能做多维度的解读，也可以只做某一方面的解读。但任何一种解读，都使我们在重构城市的过去上前进了一步，虽然这个认识是永无止境的。

本章原题为《图像与想象——都市历史的视觉重构》，发表于《学术月刊》（2013年第4期，第133~139页）。

第九章

文本解读：乡村秘密社会的多种叙事

——1940 年代四川袍哥的文本解读

袍哥即四川的哥老会，是从清朝到民国四川社会影响最为深入广泛的秘密社会组织。① 这个组织的成员到底分布有多广，在地方人口

---

① 关于中国哥老会的研究，虽然西方和中国都出版了若干著作，但是研究中国
秘密社会的王大为（David Ownby）在一篇述评中指出，关于中国秘密社会的
研究，主要集中在天地会起源、民间宗教史等问题上。见 David Ownby,
"Recent Chinese Scholarship on the History of Chinese Secret Societies," *Late Imperial
China*, Vol. 22, No. 1, 2001, pp. 139 – 158。关于中国秘密社会的代表性研
究，有蔡少卿《中国近代会党史研究》，中华书局，1987；《中国秘密社会》，
浙江人民出版社，1990；戴玄之《中国秘密宗教与秘密会社》，台湾商务印
书馆，1990；秦宝琦《中国地下社会》，学苑出版社，1993；周育民、邵雍
《中国帮会史》，上海人民出版社，1993；喻松青《民间秘密宗教经卷研究》，
联经出版事业公司，1994；李富华、冯佐哲《中国民间宗教史》，台湾文津
出版社，1994；庄吉发《清代秘密会党史研究》，文史哲出版社，1994；王
见川、蒋竹山主编《明清以来民间宗教的探索——纪念戴玄之教授论文集》，
商鼎文化出版社，1996；酒井忠夫『中国民衆と秘密結社』吉川弘文館、
1992；Jean Chesneaux, *Secret Societies in the Nineteenth and Twentieth Centuries*, Ann
Arbor: University of Michigan Press, 1971；Jean Chesneaux ed., *Popular Movements and
Secret Societies in China 1840 – 1950*, Stanford: Stanford University Press, 1972；Fei-
Ling Davis, *Primitive Revolutionaries of China: A Study of Secret Societies in the Late
Nineteenth Century*, Honolulu: The University Press of Hawaii, 1977；David Ownby and
Mary Somers Heidhues, eds., *"Secret Societies" Reconsidered: Perspectives on the Social
History of Early Modern South China and Southeast Asia*, Armonk, N. Y.: M. E. Sharpe,
1993；David Ownby, *Brotherhoods and Secret Societies in Early and Mid-Qing China: The
Formation of a Tradition*；Barend J. TerHaar, *Ritual and Mythology of the Chinese Triads:
Creating an Identity*, Leiden: E. J. Brill, 1998；Martin Booth, *The Dragon Syndicates*:

中占多大的比例，虽然众说纷纭，但学者基本上倾向于认为其分布广泛，数量巨大，在成年男性人口中占非常高的比例。正如1946年的一篇文章所称："袍哥在川省的势力，真正庞大得惊人。听说，单以重庆一地而论，至少也有半数以上的人参加这个组织，三教九流，简直无所不有，尤以工商界及军人为最多。"[①] 1947年的一篇文章也称：在四川，几乎2/3的人"加入这一组织"。[②] 据1948年的观察，"凡是在社会上稍有一点活动的人差不多都是'袍哥'，乡村亦不能例外"。[③] 重庆的袍哥大爷范绍增则估计，袍哥成员要占全四川成年男性的90%左右。[④] 如果说上面的数据都是记者或者文人根据观察和感觉做出的估计，那么燕京大学社会学家廖泰初在1947年发表的一篇英文论文中估计，四川成年男性70%以上是这个组织的成员，则有

The Global Phenomenon of the Triads, New York：Carroll & Graf Publishers, Inc. , 1999。关于四川哥老会或袍哥，中国研究以一般的概述为主。英文研究也只有几篇专题文章，没有出版对袍哥进行深入研究的专著。见胡汉生《四川近代史事三考》，重庆出版社，1988；王纯五《袍哥探秘》，巴蜀书社，1993；秦和平《对清季四川社会变迁与袍哥滋生的认识》，《社会科学研究》2001年第2期；王笛《跨出封闭的世界——长江上游区域社会研究 (1644~1911)》第8章；王笛《吃讲茶：成都茶馆、袍哥与地方政治空间》，《史学月刊》2010年第2期；Kristin Stapleton, "Urban Politics in an Age of 'Secret Societies'：The Cases of Shanghai and Chengdu," *Republican China*, Vol. 22, No. 1, 1996, pp. 23 - 64；Lee McIsaac, " 'Righteous Fraternities' and Honorable Men：Sworn Brotherhoods in Wartime Chongqing," *American Historical Review*, Vol. 105, No. 5, 2000, pp. 1641 - 1655；Di Wang, "Mysterious Communication：The Secret Language of the Gowned Brotherhood in Nineteenth-Century Sichuan," *Late Imperial China*, Vol. 29, No. 1, 2008, a special issue in Honor of William T. Rowe, pp. 77 - 103。袍哥与三点会、天地会、洪门有着复杂的历史渊源，因此他们具有共同的历史和语言。见胡珠生《天地会起源初探——兼评蔡少卿同志"关于天地会的起源问题"》，《历史学》1979年第4期；蔡少卿《中国近代会党史研究》；秦宝琦、孟超《哥老会起源考》，《学术月刊》2000年第4期。

① 拾得：《袍哥在重庆》，《吉普》1946年第13期，第10页。
② 李沐风：《略谈四川的"袍哥"》，《茶话》1947年第12期，第81~84页。
③ 冠群：《成都的"袍哥"》，《周末观察》第3卷第7期，1948年，第14页。
④ 范绍增：《回忆我在四川袍哥中的组织活动》，文史资料编纂委员会编《文史资料选辑》第84辑，文史资料出版社，1982，第236页。

相当的学术依据。① 据 1949 年《四川帮会调查》和 1950 年《重庆帮会调查》，重庆袍哥有"五百余社"，袍哥人数"占全市人口百分之七八十，真正职业袍哥估计将近十万人"。袍哥分布在重庆各个阶层，在保甲人员中占 90%，在同业公会会员中占 70%，在职业公会会员中占 80%，在军警人员中占 50%，在特务人员中占 90%，在各行庄商号学徒和店员中占 20%，在土匪、小偷、流氓、妓院、舞厅、茶馆、旅馆、澡堂老板中是 100%。1949 年据有关部门的统计，"全川人口有袍哥身份者在百分之七十以上"，职业和半职业袍哥"有一千七百万人"。②

除了人数众多，四川袍哥势力和影响到底大到什么程度？以 1946 年的重庆第一届参议员的选举为例，参加竞选者，"差不多有四五十人，均为袍界人物领袖"。不是袍哥的候选人，看到被选上的机会渺茫，为了竞选成功，"大肆活动，临时要求参加袍界组织"。曾有某人平时"自命清高，看不起袍哥"，但是此时"以千万元之代价，要想入门拜某堂社，请求支持其竞选"，但是数次被拒绝，理由是"袍界不为利诱"和"袍哥不为人所利用"。后来经过各方面的"恳请"，才答应协助，而且不要金钱，说是"袍哥们都是够朋友有骨气的，以利诱之，反而要遭拒绝"。③ 因此，虽然袍哥本来是"下层民众的一种无形的组织"，但是袍哥在四川的势力之大，已经发展到这样的程度，"甚至中等阶层的各色人等，为了适应环境也乐于参

---

① Liao T'ai-ch'u, "The Ko Lao Hui in Szechuan," *Pacific Affairs*, **XX**, 1947, p. 162.

② 赵清：《袍哥与土匪》，天津人民出版社，1990，第 220、224 页。所谓"全川人口"，应指男性而言。现存的档案资料似乎支持这些估计，以民间艺人为例，某川剧组共 12 人（11 男 1 女），在"参加过何伪组织"一栏，除三人空白，一人填"私塾四年"，其余都填"无党派，有袍哥"。因此，这个比例也是在 70% 之上。参见《随园茶社蓉声川剧组花名表》（1955 年），成都市档案馆藏，成都市文化局档案，124 - 2 - 133。

③ 张三：《重庆的参议员》，《星光》1946 年第 3 期，第 3 页。

加，中上等人为增高自己在社会上的声望，也有人不惜与'袍哥'相周旋"。[1] 所以有人指出，袍哥"是民间的中坚份子，有领袖的威信与领导作用，只要好好利用，不让他沦入普通帮会之路，是非常有力量的群众组织"。据说连立法院长孙科都称"袍哥是一个有力的民众集团"。[2]

袍哥从反清复明开始，到辛亥革命风光一时；从清朝被严厉查禁，到民国时期成为半公开的组织；从早期秘密的活动，到后期渗透到党、政、军各级机构，这些都表现了这个组织具有强大的生存和发展能力。在其近 300 年的历史中，各个时期的政府为摧毁这个组织做出了巨大的努力，但是都没有成功，直至 1949 年共产党取得政权后，才达到这个目的。

昔日的袍哥成员，现今基本已作古，只有极个别的留下了自己的回忆，而且他们的回忆还是在 1949 年以后相对限定的政治话语中形成的。目前我们对袍哥的认识基本依靠历史上保存下来的资料，这些资料以官方的档案为主，外加其他有关的公私记录。这些现存的资料，其实也就是从清初到现在 300 多年时间内，政府和精英对袍哥形象塑造的一部分。这种塑造使我们对这个集团的观察经常只能从资料记录者的角度出发，必然妨碍我们对袍哥的整体认识。资料是多元的，对袍哥的认识也是多元的。由于现在从资料所知的袍哥的历史只是他们真实存在过、发生过的历史和故事中非常微小的一部分，因此对他们的认识也是非常有限的，无非是对现存资料的一种解读。不过，这种解读，可以使我们对他们的认识逐步深入下去。

本章试图在方法上进行新的探索，力图超出国家和精英的话语，

---

① 冠群：《成都的"袍哥"》，《周末观察》第 3 卷第 7 期，1948 年，第 14 页。

② 张三：《重庆的参议员》，《星光》1946 年第 3 期，第 3 页。

从多角度考察基层袍哥的背景、活动和日常生活。本章所依赖者，是五种不同的文本，即档案、社会学调查、小说、回忆录和文史资料。这些资料都以其特定的角度，分别描述了1940年代四川乡村袍哥的不同故事。我们将从这些故事中看到什么？发掘出什么样的秘密？这个研究试图从微观的角度，了解四川乡村袍哥与地方权力操作的细节，使我们进一步了解这个组织在社会基层的角色和作用，特别是通过一些袍哥成员的个人经历，从最基层来建构袍哥的历史和文化。

一　档案中的叙事

过去研究秘密社会，档案是最基本的资料，也是历史研究最可靠的记录。但是，历史学家越来越认识到档案资料的局限性，因为档案形成过程中必然有曲解历史事实的情况，戴维斯在其《档案中的虚构》中对这个问题有深入的阐述。① 孔飞力在其《叫魂》中也指出清代刑部档案中的许多供状是屈打成招的结果，不足为信。因此，在使用档案的时候，应既把其作为历史的记录，也作为一种分析的文本。当我们把一份档案作为历史资料使用的时候，一定要清楚这个档案背后的故事，它是怎样被制作和保存下来的。而当我们把其作为一种文本时，就要问这个档案为什么会出现，要去挖掘其制作和保存背后隐藏的含义。

关于袍哥的档案资料并不十分丰富，四川省档案馆保存的资料多是情报性质，一些由政府收集，另一些是地方上所谓"绅民"的密

---

① 　Natalie Davis, *Fiction in the Archives: Pardon Tales and Their Tellers in Sixteenth-Century France.*

报，往往是只有动态，缺乏细节。正如我们所知，从清朝到民国，政府对秘密社会的态度始终是敌对的，这些情报的收集，也是为了进一步控制他们。而地方"绅民"的密报则有着多种可能性：一是按照政府的法令，知情者必须报告，否则将受到惩罚；二是可能受到袍哥的侵扰；三是地方权力的竞争者试图以密报的形式，利用国家的力量，在权力的争夺中将对手置于死地。不过，从这些档案中，我们可以知道政府对袍哥活动的信息掌握，了解他们对袍哥信息掌控的程度。

1942 年 10 月 15 日，国民党四川省执委发公函，"函请查办威远新场哥老会"。[①] 这里政府公函并没有使用"袍哥"这个称呼。在档案中，"哥老会"在清代使用更多，但是民国时期越来越频繁地使用"袍哥"这个词。可以说是两个词通用。公函称，根据报告，新场"本场哥老，原分仁、义、礼、智各堂口，除部分不肖分子外，大体尚能安分"。[②] 这里可以看出，虽然袍哥是被禁止活动的组织，但如果能够"安分"，政府也是睁一只眼闭一只眼，并不干涉其活动。

1942 年农历六月，当地退伍军人黄初年"为增加势力，扩大组织"，乃致函各方，召集资中、内江、荣县、仁寿各县帮会，合组"四和兴"，并于 21 日召开成立大会。该公函指出其合并的动机是："一为敌人将攻入四川，我们要团结全川哥老，必要时揭竿而起作游击战，抗日救国；一为四川人非团结不足以驱逐外省人。"合并后两位最高负责人称"正、副主席"，参加会议者"推选"黄初年、黄承年两人分任。下设总务、评理、交际、庶务、文书五部门，各部门的正、副主任也选定了。值得注意的是，庶务正主任蒋志诚竟

---

① 《国民党省执委发公函"函请查办威远新场哥老会"》（1942 年 10 月 15 日），四川省档案馆藏，186 - 1385 - 158 - 160。本节所引用资料，皆出自这篇公函。

② 袍哥分仁、义、礼、智、信五堂，"仁"字为最高，"信"字为最低。各字下设若干不同名称的公社或分社，如本章提到的"四和兴""仁恕公"等。

然是新义乡乡长，文书正主任杨君禄是新义乡副乡长。国民党执委对地方政府处理袍哥活动的措施非常不满，指出新场即新义乡是威远县第三区署及新义乡公所所在地，但是区长杨某"置之不理"，正、副乡长"均分任该社重要职务"，这样该社势力非常大，"得以为所欲为"。

据"内幕分析"，该社以黄初年"活动最为激烈"。黄本人曾任廿四军营长，"与各地哥老甚为密切"，其余重要角色也系烟贩、土匪等"自新"人员，"主要企图在联络感情扩张力量以作贩运鸦片之勾当"。该公函认为这个组织虽然"无政治作用"，但是也担心"若为奸人所利用，则为害非浅"。该社经费来源除黄初年"私人捐洋数千元"外，凡参加社员每人捐洋 10 元，共社员 2000 余人，凑款约 3 万元。农历八月十五日，"四和兴"举行联欢大会，并雇戏班演唱川剧 10 天。这种活动与过去民间组织的唱大戏类似，而袍哥逐渐取代了它们的角色。

这则资料有几点值得我们注意。第一，一个退伍军人成为袍哥的首领。当时袍哥大量渗透进入军队，秘密社会和军队的结合是政府所警惕和担心的。第二，这个组织规模极大，联络了四个县的袍哥，达到 2000 余人。第三，地方官的参与，乡一级的最高官员乡长、副乡长都在其中。第四，动机耐人寻味，表面上打着爱国抗日的旗号，宣称为了在敌人入侵的时候，团结一致打游击战。这可以说为其结社活动提供了一个充足的理由。但是，另一个动机却是驱逐外省人。全面抗战爆发后，大量难民从沿海迁入四川，似乎不只是日本人，外省人也是他们要驱逐的对象，说明这些袍哥成员有非常强烈的排外心理。第五，首领黄初年有着非常强的经济实力，其他人捐 10 元，他却捐几百倍，这也说明一个人的经济实力与其在袍哥内部的威望是成正比的。下面我们将看到的雷明远权力的衰落就是从经济开始的。第六，袍哥的"土匪"背景。虽然不排除个别袍哥与土匪有联系，但是官方反复强调这一点，其实也是国家和精英话语中袍哥形象塑造的一部分。另外，我们也必须意识到"土匪"这个词是官方对一切反抗地方政府集团的通称。第七，值得注意的是，这个文件并不是下达的命令，也与整治袍哥无关，似乎仅仅是一种情况通报，而且也没有建议采取任何措施，无非是了解动向。这反映了地方政府与袍哥这个地方豪强组织的微妙关系。第八，这样的资料大量依靠地方密报，其产生的背景非常复杂，经常是源自地方的权力之争。和欧洲的宗教裁判所档案不同，中国关于秘密社会的档案往往大而化之，缺乏细节。这样，就需要用当时的社会学调查和小说来弥补其不足。

二 社会学调查的叙事

1945 年夏天，燕京大学社会学系学生沈宝媛利用暑假时间，为了使"理论与实际之配合"，到成都西北郊的"望镇"进行调查，并于次年完成毕业论文《一个农村社团家庭》。[①] 抗战爆发，不少大学内迁，1942 年燕京大学在成都华西坝复学。在那个艰苦岁月中形成的紧密联系社会、关心民众生活的踏实学风，在该篇毕业论文中充分体现了出来。在那年的夏天，沈有机会往返于华西坝和望镇，对那里的一个袍哥家庭进行仔细的考察。其论文的中心，是"分析一个曾经经历兴衰阶段的袍哥领袖人物的生活史，以说明秘密社会在一个社区里的控制作用及其消长兴替"，以及"从雷氏家庭透视袍哥社会的真象"。

---

① 该篇论文的导师是徐雍舜，另外两位评阅者是社会学系主任林耀华和法学院院长郑林庄。该论文系北京大学图书馆藏，感谢李德英教授提供这个资料。本节所引用资料，除非另外注明者，皆出自这个调查。

望镇具体位置是出成都西门北巷子，通过平乡，再往前约 5 里路，是一个典型的成都郊区乡场。她在调查中发现，"本乡乡长、本地保安队长及保甲长的绝大多数，多属于入社会的人物，他们是本地袍哥内地首长分子"。在调查过程中，她有机会接触了保安队长雷明远，其妻子和几个儿女都参加了她和同学开办的农村补习学校，她经常到雷家做客。当时燕京大学部分迁到成都，雷家还多次访问成都华西坝的燕京校园。沈与雷家建立了密切关系。文中沈称雷明远为"雷大爷"，称其妻为"雷大娘"。据沈所述，他们筹办补习学校，"仰赖雷家夫妻的许多助力"，向当地小学借桌椅也是由他们操办，他们还成为学校的"义务宣传员"，课余还帮助管理学生。从这一点看出，这个袍哥似乎热衷于地方公益。

　　沈对雷明远做了这样的外形描述：在夏天，哪怕是阴天，他也戴着墨镜，手上拿一把折扇，穿着黑绸缎短衫和黑裤，背着一顶草帽。这是我们所知道的典型的袍哥打扮。雷属于"清水袍哥"，他不像"浑水袍哥"那样随心所欲，而行事有"周密的规划"，而且有"较正当的作风"。乡长是成都附近 13 县的"舵把子"（即袍哥的首领，掌舵的人——笔者注）。① 而雷明远过去当过副乡长，是本镇的袍哥的副舵把子。沈在这个调查中很少用他的名字"雷明远"，而更多地使用"雷大爷"，估计是随着他家里人和当地人的叫法。这里大概有两层含义：一般在四川农村，上了年纪的人都可以叫"大爷"，算是一种尊称；另外，袍哥的首领，一般也称为"大爷"。我想，人们叫他大爷，可能这两种意思都包含进去了。

　　沈在和"雷大爷"聊天中发现，他喜欢谈过去"带兵"和"捉

---

① 对这一说法，笔者持怀疑态度，因为这个区域非常大，袍哥各分支林立，一个乡长怎么能有如此大的能力统辖这么多袍哥？

匪"的事情，以"一位纯英雄的姿态"描述他过去的"英勇"事迹。在 1925 年，这个地区盗匪横行，"而为地方上英勇人物所平息"，那些领导者，成为望镇"秘密会社的首领人物"，其中一位便是雷明远。他的传奇故事是他成为袍哥首领和在地方享受声望的基础。他自己在外面"横行直闯，招惹是非"，曾因吵闹而杀死了一个浑水袍哥（当地人称为"棒客"），结果引起了"附近的棒客群起复仇"。1937 年 3 月，当他一个人独自在茶馆喝茶的时候，一二十个"棒客"围攻过来，向他射击，他匆忙跳到一个小坡上，向天开了三枪，向弟兄们发出暗号，接着是"一场血战，反而打死了好几个凶猛的对手"，以后，浑水袍哥不敢再来挑战。这个九死一生的经历，当时仍在村内外传颂。他不好饮酒，只爱抽烟，在茶馆（作者称为"店上"）除了吃茶以外，常推牌九、打麻将，对手就是袍哥大爷或兄弟们，大家交谈着"隐秘的暗语，互做生意，互通音息，互相讲解自己得意的经过"。堂倌（沈文中称"茶伙"）和其他茶客"不敢怠慢他们"。

关于他还有更不可思议的故事——他亲手杀死了自己的女儿。关于"这一幕惨剧"，当地人长期都在议论，认为"那做父亲的心，也未免过于狠毒了"。事情是这样的：他的大女儿在念完私塾以后，就一直闲在家做女红，家里请来一个年轻的裁缝，他们有机会接近，日久生情，便"非常的要好起来"。很快"一阵流言"传遍了望镇，甚至有人说他们还"干过不名誉的事"。消息传到雷的耳中，他极为震怒，认为女儿有败家风，发誓要严惩这对恋人。继母知道问题的严重性，悄悄将女儿从后门放走，暂时躲在城内小裁缝的父母家，但雷亲自带兵将两人捉回，并在河滩上公开行刑。几声枪响，河水"冲走了这一对人世间的怨男怨女"。沈评论他们是"一对旧礼教所淹埋的可怜虫"。现在我们用"可怜虫"这个词是带有蔑视的意思，但我理解，沈认为在旧礼教的束缚下，这对情侣就像蝼蚁一样被摧毁了。

该调查还写了雷大爷的衰落。雷过去因着"家中的田产个人的财富而挥霍的炫耀过一时，也曾因着自己的英雄武行的表现，而到达黄金时代中一流大爷的地位"。我们很难想象的是，这样一位有实权的地方人物竟然不过是一个佃农而已。雷家租尤姓地主（作者称之为"主人"）40 亩田，因为"未能按时缴租而另佃了旁人"，这成为"他遭受打击的主要原因"。由于没有佃到田，连属于地主所有的雷家住屋也随之转给新佃客。1945 年腊月，新佃户到达，要接手田和房屋，但是按照当地"迷信"，腊月里切忌搬家。作为妥协，他们暂时只退出了正屋，由大厨房搬到小厨房里，"这好像一个大家庭要趋向于没落的预兆"。看来这个新佃户也是讲道理的人，并不是马上把他们扫地出门，当然也可能是碍于雷的地位和影响，不敢莽撞做出得罪人的事情。[①]

在这些日子里，雷清晨出，夜半归，"借口在烟铺子里料理店务"（说明他还有一个烟铺子）。而且他又"恢复了抽大烟的嗜好"，开支逐月增加，成为"家庭中的一大负担"。雷大娘和家人只好"吃着几样泡菜"。似乎新来的佃户是一户殷实人家，所以他们可以听见"隔壁蔡家的机杼声不停的响着"，这与冷清的雷家庭院，"显然有一个强烈的对

---

① 关于成都平原的租佃制度，参见李德英《国家法令与民间习惯——民国时期成都平原租佃制度新探》，中国社会科学出版社，2006。袍哥势力为地方所认可，袍哥成员也以地方头面人物自居，但并不是说他们不会受到挑战，甚至挑战的对象也是他们始料不及的。下面便是地方报载的一个例子：一个卖东西的小孩拉着一个自称袍哥"大爷"的汉子不放，说他讲好了价钱又反悔不买，感到有失颜面的汉子发怒威胁道，要把小孩送警察局，引起许多人围观。争执当中，那汉子不小心碰翻临近货摊上的两瓶油，那摊主扭住汉子要求赔偿。旁观者讥笑这正是应了"袍哥倒油"这句黑话，其意思是做错事而被迫道歉。参见《通俗画报》1907 年9 月8 日。

比"。夜深时候，雷的妻女都上床睡下以后，雷"才蹒跚的由外边归来"。由于经济上的打击，他的外貌与过去有了很大的改变，鸦片烟使他的脸变得"瘦弱枯槁"，身体也被弄得"皮包骨"，丧失了过去"魁伟的体格与英雄的气概"，对袍哥的活动也无能为力。过去有一群弟兄经常住在他的家做"食客"，经济的衰落使他无力继续进行这些活动，使他脱离与社团人士的密切往来。就这样，在家庭经济趋于破产之时，他在袍哥内部也不能维持原有的地位，不能领导弟兄们，他的"声名逐渐动摇了"，由首领的地位"几乎一变而为贤大爷了"。

三　小说的叙事

四川著名乡土作家沙汀于 1940 年发表小说《在其香居茶馆里》，描写了抗战时期四川一个小乡场权力的较量。① 在这部中篇小说里，联保主任方治国和地方豪绅幺吵吵是主角。方治国听说新任县长要整顿兵役，想巴结新上司，投书告密，让幺吵吵的二儿子去充当壮丁。幺吵吵在乡里算是一个人物，他的儿子本在服兵役的范围之内，可他依仗权势，使儿子四次缓役。幺的儿子被兵役科抓进了城，这不仅使他利益受损，而且大丢面子，于是纠集同伙，和方治国在茶馆里"吃讲茶"。

所谓"吃讲茶"，是一种民间流行的解决纠纷的方法。人们之间有了冲突，一般不是先上法庭，而是到茶馆评理和调解，这样茶馆成为一个解决纠纷之地。一般程序是：冲突双方邀请一个在地方有声望的中人进行调解，双方先陈述自己的理由，中人再进行裁判。虽然"吃讲茶"是被广泛接受的一个习俗，但它也不可能公平处理所有纠纷，

---

① 钟庆成编著《沙汀集·在其香居茶馆里》，花城出版社，2011。本节所引用资料，除非另外注明者，皆出自这部小说。

除了会造成暴力事件，也有些不公正的判决，这经常是由于调解人的偏见和偏袒，反映了"吃讲茶"的局限。其实，袍哥并没有一个权力中心，各自为战，分会之间经常发生纠纷。这现象是见怪不怪的。他们之间争夺地方权力，扩展势力范围，追求经济利益等，都可能酿成暴力纠纷。所以"吃讲茶"的活动，经常是他们解决内部矛盾的手段。

在小说里，新老爷被幺吵吵邀请来茶馆主持公道。在各种文学研究对这篇小说的分析中，新老爷这个角色往往被忽略。在这篇小说里，他是一个比较隐晦的人物，外貌并不鲜明，也不是事件的主角，但是他扮演着一个平衡各方权力的角色。从某种程度上看，这也是某些退休袍哥在地方上的作用和地位的一种反映。新老爷是一个在地方有身份的人，当他出场的时候，作者有这样的介绍："新老爷是前清科举时代最末一科的秀才，当过十年团总，十年哥老会的头目，八年前才退休的。他已经很少过问镇上的事情了，但是他的意见还同团总时代一样有效。"就是说他有着多重身份，清代的低级功名还是有一定作用的，使他能作为地方精英，在保甲制度，特别是地方治安中，扮演团总的角色。其实这里最引起我注意的身份是"十年哥老会的头目"，这是他退休前最后一个身份，这个身份耐人寻味，应该是他退休后仍然能在地方事务中发挥举足轻重作用的一个重要原因。有些袍哥人物在地方靠武装和权势横行乡里，但有的则因为德高望重而被人尊敬，从小说中的描述看，新老爷应该属于后者。虽然退休 8 年了，但是他对地方事务主持公道的作用，还是很明显的。

他一旦在茶馆露面，立刻成为中心，大家以"喊茶钱"来赢得他的注意："茶堂里响起一片零乱的呼唤声。有照旧坐在坐位上向堂倌叫喊的，有站起来叫喊的，有的一面挥着钞票一面叫喊，但是都把声音提得很高很高，深恐新老爷听不见。其间一个茶客，甚至于怒气冲冲地吼道：'不准乱收钱啦！嗨！这个龟儿子听到没有？……'于是立刻跑去塞一张钞票在堂倌手里。"喊茶钱充分表现了人与人之间的复杂关系。在成都，一个人进入茶馆，在那里的朋友和熟人会站起来向堂倌喊："某先生的茶钱我付了！"这便是"喊茶钱"。叫喊声可能来自茶馆的各个角落，当然也可以相反，刚到者为已经在那里喝茶的朋友熟人付茶钱。这种场景每天在每个茶馆都可能发生很多次。①

沙汀的这篇小说透露，这个镇上流行着"这样一种风气"："凡是照规矩行事的，那就是平常人，重要人物都是站在一切规矩之外的。"这个新老爷便是可以不按规矩办事的人物，他并不缺钱，但是地方的一些需要凑份子的活动，如"打醮这类事情，他也没有份的"。这里所称的"打醮"就是"打清醮"，是地方社区的一种敬神活动。② 这里所谓没有份，不是他不参加这样的活动，而是不必凑

---

① 在这种情况下，他的朋友一般都会笑着回答"换过"，意思是"另换一碗新茶"，不过这经常是做做姿态，很少真的会另换一碗。有时真的换了茶，但客人必须马上离开，他会揭开盖子，喝一口以表示感谢，这称为"揭盖子"。参见陈茂昭《成都的茶馆》，《成都文史资料选辑》第4辑，第181～182页。李劼人曾经描述了一个"喊茶钱"的场景。一个人进入"第一楼"茶馆，在他付了茶钱后，看见两个熟人上楼来，他装着没有看见，一会儿他才像刚看见他们一样，笑着打招呼："才来吗？"他拿着票子向堂倌挥了挥，叫道："这里拿钱去！"而新到者也向堂倌吩咐："那桌的茶钱这里拿去！"堂倌知道双方都不过是装样子，便叫道："两边都道谢了！"不必劳烦去收任何人的钱。参见李劼人《暴风雨前》，《李劼人选集》第1卷，第602页。堂倌非常得体地处理了这个情况。

② 清明节的活动可能最能反映出社区的认同。社会人类学者研究过清明节日庆祝的意义。根据孔迈隆（Myron Cohen）对华北的考察，地方宗族组织"清明会"举行各种仪式，这种庆祝活动强调的是宗族控制，清明会使宗族行为成为一个整体。但在成都平原，类似的组织是"清醮会"（又称"土地会"），然而它们不是由宗族而是由社区组织的，负责筹办清明节拜土地神的活动。这些会几乎都是道教性质，传教士称之为"感恩会"（thanksgiving society），认为它们的庆祝活动是"感恩于邻里的安宁"。会首由本街居民选举。这种由土地会组织的庆祝活动，用杨庆堃（C. K. Yang）的话讲，提供了一种地方共同体的"集体象征"（collective symbol）。见 Myron L. Cohen, "Lineage Organization in North China," *The Journal of Asian Studies*, Vol. 49, No. 3, 1990, pp. 509–534; A. Grainger, "Popular Customs in West China," *West China Missionary News*, No. 6, 1918, p. 5; C. K. Yang, *Religion in Chinese Society*, Berkeley and Los Angles: University of California Press, 1961, p. 81.

钱，因为他的参加和出现，已经使活动生辉，人们不在乎他是否参与凑份子，"否则便会惹起人们大惊小怪，以为新老爷失了面子，和一个平常人没多少区别了"。沙汀指出，"面子"在这镇上的作用是至关重要的。

像幺吵吵这样在地方有势力的人，对新老爷也必须是客气的，当新老爷看到他无精打采，问起他是否欠安，"人倒是好的，"他抱怨说，"就是眉毛快给人剪光了！"但是新老爷对他的口气表明了双方地位的不同："'你瞎说！'新老爷严正地切断他，'简直瞎说！'"幺吵吵的回答也是耐人寻味的："当真哩！不然，也不敢劳驾你哥子动步了。"说明新老爷出面，对这个有势力的乡绅也是非常重要的。在小说中，幺吵吵可以算是一个豪绅，但是在新老爷面前，还是必须毕恭毕敬的，这也凸显出新老爷的地位。

而方治国那边也是把希望放在新老爷身上，一个同伙也向方建议："去找找新老爷是对的！"虽然他知道，新老爷同幺吵吵的关系"一向深厚得多，他不一定捡得到便宜"。但是他知道，过去并没有得罪过新老爷，而且在"派款和收粮"问题上，他并没有"对不住新老爷的地方"。逢年过节，他也"从未忘记送礼"。不过，他心里面还是没有底，因为过去在"几件小事情上，他是开罪过新老爷的"。其中之一是，有一次有人"抬出新老爷来"为其壮威，他竟然说道："新老爷吓不倒我！"结果这个失言被传到新老爷耳朵里。所以他对这次"吃讲茶"的结果是没有多大信心的。

谈判进行得并不顺利，显然，新老爷要方主任像过去一样，找一个人来做顶替，但是方不愿意，怕新县长查出来，那麻烦就大了。这使得新老爷很恼火。虽然新老爷有威望，但不能使方主任就范，方反复强调他"负不了这个责"。忍耐不住的幺吵吵开始和方撕打起来。局面闹得不可收拾，当双方被新老爷拉开的时候，两个人的脸都打出血了。

新老爷的这个建议倒是耐人寻味的，因为这透露了地方权力操作的许多内幕。作为一个在地方有影响的人物，居然建议基层官员违规操作，而且对此他并不忌讳，并没有人对他的这个违法建议感到吃惊，这说明地方上在应付上边的各种政策时，是有相当的默契的。也就是说，为了社区某些人的具体利益，他们可以联合起来，糊弄上峰。甚至我们也可以猜测，上峰也不是那么容易被糊弄的，只要下面能办事情，不管采取什么手段，他们宁可睁只眼闭只眼。因为从方主任和幺吵吵矛盾的起因可以看到，过去四次找人顶替，都是轻易蒙混过关的。这次方主任摸不清新上司的底细，所以不敢轻举妄动。但是沙汀故事的结尾，再次告诉我们新上司其实认可了这个默契：这边方和幺吵吵的架刚打完，幺吵吵的儿子就已经被放出来了。

四 袍哥的个人叙事

1949 年新中国成立后对袍哥立刻进行了严厉的打击，许多袍哥头目被处决，大量袍哥成员受到各种形式的惩罚，当然也有一些幸存下来。这些幸存下来的袍哥大概有几种情况。一是那些底层袍哥，他们参加这个组织本来就是为了寻求保护，且没有任何权力，属于新政权所称的"人民"和"被压迫者"。二是那些与共产党有一定关系的袍哥，他们与国民党地方政府有矛盾，暗中同情和支持共产党的活动。[1] 三是虽然有一定的地位，但处事比较温和，在地方上没有什么敌人，也没有干过什么"坏事"的袍哥。

---

[1] 关于共产革命与秘密社会的关系，可参见孙江『近代中国の革命と祕密結社——中国革命の社会史的研究（1895 - 1955）』汲古書院、2007。

下面所要提到的蔡兴华属于第二类，所以他有机会在晚年（1987）讲述自己的历史，说出自己袍哥的经历。① 蔡兴华是开县临江寺人，他说自己"从小"就当袍哥，但是没有说究竟是多少岁。这种"从小"当袍哥者，我估计多与家传有关，就是说父辈也是袍哥成员或者头领。他最后当上了临江寺的"礼号袍哥大爷"。在这个口述中，他花了不少篇幅讲述袍哥的由来、组织形式、袍规、处罚形式、袍哥的活动内容及方式。这些东西在有关袍哥的资料中倒是不难找到，这里不再赘述，我最关心的还是他自己的经历和故事。

根据他的回忆，临江寺袍哥有仁、义、礼、智四堂，各堂表面称兄道弟，实以各自的实力选择堂口，确立势力范围。仁、义两堂被当地人称为"官场袍哥"，加入者皆有钱有势，从字面上讲，可能是与官场有一定联系甚至联系紧密。而参加礼、智两堂者被称为"腔子袍哥"，大多是无钱无势的下层人，但从蔡的表述中，他们也并非就处于十分弱势的地位，因为"当地有钱有势的老爷"对这些袍哥也是"无可奈何"。有趣的是，他把参加袍哥组织和袍哥活动叫"玩袍哥"。这倒是透露了那个时候参加袍哥并不是那么严重或者严肃的事情，这与清朝时期不同。清季袍哥以推翻清朝统治为宗旨，政治目的非常明确，参加袍哥活动有着生命危险。但是民国时期他们并不与政府和统治阶级为敌，该组织更多的是一个为自己利益服务的社会控制集团。

根据蔡的回忆，1927～1928年由于各堂倾轧，有的袍哥趁乱当了土匪，"打着扶危济贫招牌，到处打家劫舍，奸淫乱盗，无恶不作，实则更加导致了江东浦部分百姓的不幸和灾难"。蔡提到的这个

---

① 蔡兴华口述，董乾坤整理《我的袍哥经历》，政协开县委员会编《开县文史资料》第4辑，辽宁教育出版社，2008，第234～240页。本节所引用资料，除非另外注明者，皆出自该篇口述材料。

时代是四川最混乱的时期。四川从护国战争之后就一直处于动乱状态，由于川军、滇军、黔军你方唱罢我登场，国民政府统一中国后，四川仍然是军阀割据，这种状况一直维持到全面抗战爆发前夕。[1] 当局势不稳定时，袍哥在地方治安中扮演了重要的角色。按照口述的说法，蔡就是在这种局势下出山的。

1932 年，蔡兴华被推为礼号大爷，但他自称是"无可奈何的充当了大爷"。这个回忆录中并没有讲述他早期活动，究竟何德何能而被推举并不清楚。他回忆了上任后振兴礼号的活动。当时临江寺袍哥各堂与各势力间争斗激烈，礼号处于衰落的境况。上任伊始，他把精力放在整顿组织上，特别是一些主要位置的人员，如"红旗大管束"是统管一切的人，不但能力强，而且还要"能说会道，口齿清楚"，如在迎宾司仪时都要做得"干净利落，丝丝扣扣，才显出管事功底"，这在袍哥行话中叫"行市"或"宰口"，"否则降低威信而影响社会活动"。其次他抓紧发展组织，无论三教九流、下层贫民（被称为"巾巾片片"者，是因为他们穿着褴褛），都拉拢、争取、吸收进来，包括船帮，挑凉粉的，卖针头麻线的小货郎，耍蛇的，打莲花闹的街头卖唱者，铁、木、石、剃、扇匠，轿夫，长短工，皮大汉，叫花子，吹鼓手，和尚以及不得志的中下层军政人员等，人数发展到近千名，一度成为临江寺"最活跃的袍哥之一"。他竭力争取当地实力人物和各堂大爷为其所用。

---

① Robert A. Kapp, *Szechwan and the Chinese Republic: Provincial Militarism and Central Power, 1911 - 1938.* 在 1911 年 12 月 8 日，骚乱的清兵洗劫成都，是夜城门亦未关闭，乱兵们源源不断地把赃物运出城，市民们便坚守四个城门，堵截士兵运赃物出城。为蒙混过关，许多士兵化装成女人坐轿，有的雇妓女扮成夫妻，有的把赃物装进棺材冒充出殡。水路走南门，北门则用轿子和马载。这时，哥老会各公口在自卫活动中起了重要作用，它组建民团、募捐筹款、守望相助。参见隗瀛涛、赵清主编《四川辛亥革命史料》上册，四川人民出版社，1981，第 516 ~ 517、551 页。

按照他的说法，仁号大爷洪锡麟"是国民党右派的忠实走狗，以为有后台撑腰就可为非作歹"。但是只要察觉他们"有意识地对我个别兄弟进行人身侵犯时，就一声令出，迅速聚集数十甚至数百兄弟向对方复仇"。特别是那些"船帮兄弟，个个拿着桨和脚棒，凶神恶煞地冲到肇事处"，把对方"吓得三魂不知二魂"，即使"仁号大爷在场也无可奈何"。但是他宣称，若是本堂兄弟"无故抢了附近百姓东西"，打伤了人，他亲自登门赔礼，如数送还和赔偿财物。他说"至今临江群众中仍流传着'腔子袍哥'复仇的轶闻"，但没有说明是怎样的轶闻。这里，作者暗示礼号袍哥是仁号的对头，而仁号则是国民党的"忠实走狗"，和这样的袍哥做斗争，就有了正当性。在这个口述回忆中，蔡特别强调了他"对进步人士的支持和帮助"。这里所谓的"进步人士"，他并没有说明身份，应该指的就是共产党，因为后来他提到自己由于私通"共匪"，被软禁一个月。他列举了支持和帮助共产党人的三个方面。首先，是"支持进步人士加入袍哥"，也就是说让共产党人加入袍哥。南山游击队领导人等都加入了袍哥，与蔡成为好朋友。蔡的弟弟蔡兴福、儿子蔡成月相继加入了共产党。礼字袍哥在游击队领导的"教育和帮助"下，在1945年的乡镇长竞选中，有袍哥身份的蔡兴福当选临江书院小学校长兼副镇长，"既提高了本堂的社会地位，又为进步人士活动提供了条件"。其次，为"进步人士"提供联络。袍哥历来以"投片"、拜码头为联络方式。投片有两种：一种直接投片，上面写明办什么事；另一种间接投片，用白矾写字，用清水泡就显出，看后毁掉。礼号堂使用的是第一种，把"投片"提供给"进步人士"使用，使他们能够利用袍哥的力量得到保护，因为持投片者就被视为自己人了。最后，利用江湖朋友"保护进步人士"。蔡列举了若干结交的"进步人士"，还讲述了一个他始终"记忆犹新"的故事。1948年4月13日（奇怪的是，这个回忆用的都是民国纪年，时间是"民国三十七年农历三月初五早晨"），国民党特务、县中队便衣、镇长等"气势汹汹地"来他家抓人，蔡见情况不妙，便一边款待"这帮不速之客"，一边派人往书院小学通知"进步人士"迅速转移。另外一次，几百"国民党反动军"在南山游击队驻地搜捕后，又包围了整个临江寺，先后抓捕了他的"进步朋友"。而蔡也因为"私放共匪"被软禁一月有余，这些被抓的"朋友"大多被关进重庆渣滓洞，"英勇殉难"，这成为他的"终身遗憾"。

这个回忆还提到经费问题，这是作为大爷的蔡所苦恼的事情。组织的收入包括每年每人交三元至五元会费，有困难者可以免交，外加"办提升"交纳（他并没有解释什么是"办提升"，我猜想是袍哥成员的升级）的"码头钱"，以及个别人对本堂的资助三项；主要的应酬费来自"各铺子的倡捐和摊派，如年拜会、清明会、单刀会等"。由于当大爷，所以还必须多捐款，如果少了，会被讥讽为"狗（意为吝啬）大爷"。蔡为了解决"当大爷后支多进少的矛盾"，动用了原来开织布机房积攒的钱，除"做临时应酬"外，还开店铺，先后开了桐油铺、盐铺、烟茶馆、"饭客铺"（饭馆兼客栈）等，"人力不够就请兄弟帮忙"。但是蔡称，"每天虽有微利进来，仍满足不了各种开支"。"饭客铺"不对外，"专供来往过客食宿"。所谓"来往过客"就是指各公口袍哥兄弟。但是有一点值得注意，大多数铺子都是他当大爷以后开办的，这也说明大爷的这个地位促进了他生意的发展。

还有其他开支，如资助访客和本堂兄弟，"特别是逢着达官显贵既要留驾宴请，又要给钱送行"。逢年过节，还有"应酬各种倡捐和摊派"，还要"筹备许多钱粮，强装大方地赐给在场兄弟"。具体给多少，则根据人数和交情厚薄而定，当时叫作"压岁钱"或"酒钱"。总之，当大爷要"吃得开、宰得动，不仅有钱，还要洒脱，否则便是狗大爷"，因此没有相当的经济实力，这个位置是很难做的。蔡称他采用"高来高打发，低来低打发"的"应酬原则"，但是仍然难以平衡，只好"拆东补西"，很是焦心烦恼。蔡所面临的这个问题和上面所提到的雷明远的情况类似，袍哥大爷要有经济能力款待小兄弟们。下层袍哥经济状况一般都比较差，还指望在大爷那里混吃混喝，不过在大爷需要的时候，则要为之冲锋陷阵，这点也和幕府时期的日本武士类似。平时要给予他们好处，在关键的时候他们才能显示忠心。

也正是蔡与共产党的这种关系，才使得他在镇压反革命的运动中幸存，在这个运动中袍哥上层几乎被一网打尽，很多被处死。礼号袍哥都是下层人，所以共产党政权应该不会十分为难他们。蔡最后表示，当袍哥大爷给他带来经济压力和无穷烦恼，"真正要解除这种烦恼，只有终结袍哥这种组织。直到新中国成立，我才算脱离苦恼"。我们不清楚这是不是他的肺腑之言，他对失去大爷的地位是否没有一丝一毫的遗憾，但我们知道的是，他在当时的政治环境下，并不存在其他的选择。而且他与"进步人士"的长期来往，使我们有理由相信他对新制度持欢迎的态度。

五　文史资料的叙事

袍哥，除了像蔡兴华那样的共产党的朋友外，1949 年以后绝大部分难逃劫难，由地方政府主持的文史资料的编撰和写作，对他们也多是讨伐的口吻。在过去的若干年里，我翻阅了四川省、市、县、区各级编撰的几乎全部文史资料中关于袍哥的文章，特别是对地方著名袍哥人物的描写，这些资料为我们深刻理解袍哥的历史提供了非常珍贵的记录。这里所选取的是上述文史资料中对袍哥的一个典型的叙事，即对金堂县袍哥首领贺松的描写，其标题是《霸踞竹篙集党、政、军、匪、袍于一身的反动人物贺松》，不用看内容就知道是一个地方恶人的传记。① 也就是说，这篇文史资料的写作目的就是记录这样的"坏人"及其所干的坏事。

贺松生于 1910 年，父亲是当地袍哥"仁恕公"的舵把子，贺松共有弟兄 9 人，他是老大，深受其父宠爱。这个传记描写他从小养成了"专横独断、残忍狡诈的个性"。"混入"政界后，又学会了"耍阴谋、藏诡计、见风使舵、权变乡里的政客手法"。他从青年时代开始在地方"混迹"，历任联保主任、乡长、县参议员、区队附、金堂县青年党主席、竹篙地区袍哥九山联合总社社长，其间"干了大量的危害桑梓、欺压百姓的罪恶勾当"。1949 年 12 月，人民解放军进入金堂县，贺松为了"挽救自己的灭亡，疯狂地垂死挣扎"，多次"组织暴乱"。1950 年 7 月贺松被判处死刑，"在金堂县城厢镇原县立中学校园内执行枪决"。"贺家王朝覆灭了，竹篙又回到了人民的怀抱"。

根据这个传记，贺松曾在小学和中学任教，也算地方的一个小知识分子。初入社会，"羽毛尚未丰满"之时，他遇事总是"小心翼翼"，对上司、同事都"较有礼数"，对教学工作"也颇认真"，曾受到社会好评。1938 年冬通过父亲打点关系，他被委任为竹篙乡联保主任。这个所谓联保主任，就是沙汀小说里的那位方主任的位置，虽然不是什么高位，但也算地方的一个人物。贺大权在手之后，"专横独断的作风"便显露出来，"处处刚愎自用，事事非己莫属"。对前

---

① 王世良、刁纯金：《霸踞竹篙集党、政、军、匪、袍于一身的反动人物贺松》，政协四川省金堂县委员会编《金堂文史》，巴蜀书社，1990。本节所引资料，皆出自这篇文章。

任人员概不留用，又"因袭贪污之风，浮派各种款项"，上任未到一年，"劣迹便昭然若揭"，"动辄骂人打人，辱及乡里"，而且下属工薪"到时不发，一拖再拖，有的竟一文不给"。这样"引起了公愤"，各保保长和有关人员暗中活动，联名倒贺，将"贺之劣迹"具文呈控县府。1939年冬，县长撤去贺松联保主任职务。

1940年初，中心小学校长杨秀实任乡长（改联保主任为乡长，兼中心小学校长）。贺松对杨极为不满，认为自己倒台与杨想当乡长暗中活动有关，因而计划对杨报复，杨在回家路上，被贺"纠集土匪"十余人截住去路，但杨得以脱逃，幸免于死。后杨自知再干下去绝无好结果，辞去乡长、校长本兼各职。杨辞职后，贺松认为竹篙地区已是自己天下，乡长一职非己莫属，但到1941年初，县长委雷烈为竹篙乡长，贺"盛怒之下"，常会同亲信"谋求逼雷下台之策"。当时土匪猖獗，甚至白天也拦路抢人，夜晚洗劫乡里，街上店铺时开时关，民众苦于匪患，常到乡公所告状，乡长没办法除匪。贺松认为这种形势正是逼雷下台的机会，"便唆使亲信在竹篙附近大肆进行抢劫，搞得人人心惊、户户自危"，雷烈无法稳定局势，年底只好辞去乡长职务。1942年初，贺松如愿以偿，当上了竹篙乡长。

贺松上台后，大摆酒席，宴请当地士绅名流、袍哥大爷以及下属亲信，"借以笼络人心，壮大声威"。贺松"网罗亲信，利用袍哥、青年党等封建反动势力，培植个人力量，以盘踞竹篙，称霸一方"。传记称贺松为了巩固和扩大地盘，以"自新"之名"广招土匪，结纳亡命"，并"笼络游手好闲之徒，以壮大实力"。当时各路匪徒"均来投靠"。贺任乡长前，竹篙有九个袍哥码头，"各踞一方，互不相属"，其中以"同兴公""聚义公""仁和公"势力最大。各码头的舵把子"多为土匪头子，在当地很有势力"。贺为了控制这些码头，进一步扩大地盘，"便主动和各'码头'袍哥交往"，对他们的活动不过问不干涉，有的还"暗中支持"。最后贺和各码头的舵把子商量，将九个码头合并成立一个总码头。1943年春，九码头合并成立"同仁公"总码头，由贺松任总舵把子，总揽内外一切事务。总社成立后，有的人"除在本地抢劫外，还外出打起发"。贺松"明是乡长，暗地里却是坐地分赃的土匪头子"。贺以各种手段搜刮到很大一笔钱，供其"挥霍糜烂"。另外，他还"唆使兄弟伙到处抢劫"，他则"坐地分赃"。贺松家只有4口人，"但常吃饭的却有两三桌"，他们都是"贺的爪牙、保镖"，这些人"依仗贺的势力，狐假虎威，横行乡里，大干伤天害理之事"。而贺松也利用这些人"残暴欺压百姓，攫取非分无义之财"。

1944年，政府在广汉县三水镇近郊修建军用机场，限3个月内完工。贺松被任命为民工大队长，派往机场督工。贺去机场住了一段时间，"不愿在工地吃苦"，便以催民工为由自行回乡，把职务交给雷烈代理。贺回乡后，对机场事务概不过问，整天和姘妇"吃酒聊天，打牌消遣"，各保送来的机场建修款，"不少纳入了腰包"。由于上下克扣，机场上的民工吃住条件不好，不少人开了小差，工程进度大受影响。1944年6月，县长决定惩治贺松，派人到竹篙捉拿他。在押解途中，贺手下两三百人将其解救。贺随后逃往雅安投靠军队里的朋友，"逍遥法外，贩运鸦片，过花天酒地生活去了"。

后来贺松托人说情，此案也就不了了之，贺也回到竹篙，贺的走卒"掌握了全区武装力量"。1946年县参议会选举，贺松又"把持选举，当选为县参议员，东山再起，继续操纵地方实力，为所欲为"。1948年4月，青年党金堂县党部召开代表大会，贺被选为青年党金堂县党部主席，"常以党魁身份出席县的各种会议，追随国民党反动派，死心塌地的进行反共反人民的罪恶活动"，并"欺骗一些商人、农民、手工业者和部分公教人员入会"。青年会发展成员达300余人，"其中有不少土匪、滚龙、流氓"。贺松凭借"这个反动组织，进一步骑在人民头上作威作福。贺松就是这样发迹起来的反动人物。他在竹篙、在金堂干下的残害人民、危害革命的滔天罪行，真可以说是罄竹难书"。

归纳传记所举出的实例，贺松的罪行主要是非法获取经济利益和欺负乡民，如贩卖毒品、枪支弹药等。他从驻军手中弄到枪支弹药卖给外地，从外地弄回毒品"强迫"卖给当地烟馆，结果使竹篙地区"烟馆林立"，染上烟毒者甚多，"给社会造成很大危害"。他低额承包屠宰、市场各税，高价招标包出，从中渔利。当时，当地每天屠宰生猪甚多，市场上米粮、棉花成交额也颇可观，每年可收一定数量的屠宰税和秤斗捐，贺低额承包了这些捐税，然后用招标方式高价包出，获得巨额收入，除"给码头、学校部分外，余全部落入贺的私囊"。贺还"私设关卡，勒索过往客商"。竹篙是地区交通要道，经营布匹、棉花、白糖、油米、烟酒生意的商旅均假道于此，当时政府在竹篙设有收税机关，如食糖专卖分局等，派员专门征收糖税。

这个传记所透露的袍哥介入地方税收的事例具有重要意义。我们看到，作为一个被政府禁止（至少在理论上）的组织，他们居然可以通过包税的办法帮助地方完税，并从中渔利。他们代地方纳税给政府，然后直接向人民收税，所以说一定程度上，他们成为地方政府和人民之间的中介，而他们所得到的利益，要分给"码头和学校部分"。这里作者没有给出具体信息，但是至少也在不经意间透露，有部分收益用于地方公益。这个资料也证明，对于像贺松这样的袍哥首领，地方官经常是睁一只眼闭一只眼，例如县田赋管理处徐科长被抢的事件，连县长都无可奈何（见下）。

贺松从1945年起，也以地方名义在竹篙场头私设关卡，要过往客商缴纳"保商费"。凡在竹篙地段交了"保商费"的行商，可不交国家税收，这样过往商人都愿去他手下交"保商费"，致使"专卖局"收入大减。专卖局"对贺松也没办法，只要求他少收些费，少放些人走就算对了"。他还"管仓吃仓，侵吞公粮"。抗战后期到国民党垮台前，地方上的田税改征实物，贺以"地方名流"和乡长身份插手田赋管理，将每年征收的稻谷加工成大米后上交军粮。收粮时，贺"在升斗上盘剥农民，加工中又有意降低米的标准，一律打成糙米，还杂以泥沙"。这样每年多出谷"何止数百石"，统归贺所得。就是说这个袍哥首领甚至敢于和有能力从地方政府那里截留税收，可见其能量之大。甚至对于上面来的官员，他也敢于雁过拔毛。1945年初，县田赋管理处徐科长来竹篙搞土地陈报，在勘察土地过程中敲得很大一笔钱，徐想独吞，未给贺送礼。贺对徐很不满意，命其手下在徐回县路上将其身上钱财尽数抢走。徐知道此事是贺松所为，回县向县长状告贺松。但"那时的县长对于贺松这样的地头蛇，又有多少办法"？

按照这个传记的说法，一般民众经常受到贺松的欺辱。在贺任乡长期间，正值抗日战争紧张阶段，国民政府急需大量新兵，征兵不够，只好实行一些变通办法。据这个传记称，贺"估卖壮丁，吮吸人民血汗"。政府给各地分配了"壮丁"任务，并拨给一定数量的"壮丁款"。贺借此机会大发"国难财"，将上面拨的壮丁款"能贪污的尽力贪污"，乱拉其他壮丁抵数，还另外"估拉估卖"壮丁，老百姓骂之为"吃人骨头钱"。该篇资料称，从1943年起，贺所拉所卖壮丁"不止一二百人"。被贺所拉所卖者多系"老实农民、单身客商"，"弄得许多户数家破人亡，笔笔命债，令人心寒"。1945年春，贺松以"同仁公"总社名义，在竹篙禹王宫庙内正殿上开设"竹园"茶旅社，以接待来往客商和袍哥弟兄。为了方便吃喝，还决定在庙内耳楼下开设红锅饭店。但耳楼下早已被开酒店的唐立保租用，为了要房子，贺下令将唐的酒店迁走。唐因一时未找到新址，没能及时搬出，贺命人砸烂唐的酒店，并估拉唐立保长子作为壮丁，后者自伤中指，成了残疾才幸免被拉走。唐立保因得罪了贺乡长，"事后还专门卖了两头大肥猪，出钱请客赔礼，说了许多好话，从庙内耳楼下搬出，才算了事"。

资料称，贺松公开身份是乡长，但是暗里却"已是坐地分赃的土匪头子"，掌管了竹篙附近"黑白两道"。每逢过年过节和红白喜事，兄弟们均要以各种名目给其送礼。贺能长期"称霸一方"，主要有"大批爪牙为其效力"。他对"爪牙"也极会"笼络利诱"，给以"小恩小惠"，使一些人愿为他"奔走卖命"。但对不听招呼的，其惩罚手段也极"毒狠"，轻则打骂，重则处死。下面几件事就充分说明贺松的"心狠手毒"。1944年腊月，"同仁公"分社"仁和公"全体哥老团年，邀请贺松参加，仁和公因前社长病故，哥老们准备趁团年之际议出新的社长，该社大爷刘府金一贯追随贺松，贺想趁此机会立刘为社长，但仁和公另一个"土匪出身"的大爷郑国山子弹上膛，拍桌子反对，引起了贺松除郑之意。后又因元宵节与人争执时，郑朝天鸣枪，造成混乱，贺于是命杀手在烟馆内将郑国山击毙在烟榻上。后来大家知道这事是贺松派人干的，但"谁也不敢再说什么"，死者家属只好自己领尸回去。袍哥内部的权力争夺导致他们自相残杀，郑国山之死便证明了这一点。

六　怎样解读不同的叙事

如果这五种叙事是讲述同一人或者同一件事情，那是最理想的，我们可以比较不同叙事中对同一人和同一件事情的不同或相同描述，但是这种资料是可遇不可求的。不过，至少本章所使用的资料涉及的是同一个群体——袍哥，这使我们能够用五种资料的不同叙事来构建这个已经消失的秘密社会。这五种不同的叙事有不同的时间、不同的目的、不同的叙事方法、不同的政治背景，因此它们对袍哥的叙事存在较大差异是毫不奇怪的。

在这五种袍哥叙事中，前三种是当时人们留下来的记录，是同时期（1940 年代）人们对袍哥的三种不同角度的观察。第一种是官方的，第二种是社会学的，第三种是左翼知识分子的。第四种和第五种是 1949 年以后的记述，而且是 1980 年代完成的，离故事发生的年代已经有相当距离。第四种是袍哥个人亲身经历回忆，第五种是别人为袍哥撰写的历史。我想指出的是，上述五种资料，虽然都不能简单地看作信史，但是它们对于我们了解袍哥提供了不同的视角，都是珍贵的记录。认识历史是一个复杂的过程，每一种资料都提供了一个文本，它们从不同的角度、不同的背景、不同的意识形态、不同的时代、不同的描写方法，给我们提供了对袍哥的一种认识。它们都在不同的程度上存在真实和虚构两方面的因素，即使虚构在大多数情况下是无意识产生的。因此它们在帮助我们认识历史真实的同时，也可能误导我们对历史真实的探索。

这五种资料从哪些方面让我们看到了袍哥的不同面相？其一，从官方的角度，我们看到虽然政府也的确采取一些措施限制袍哥活动，但收效甚微，直到中共 1949 年末接管成都，地方政府都未能阻止袍哥势力的扩张。虽然民国政府公布了那么多禁止哥老会的禁令，但在档案中看不到真正意义上的对这个组织进行打击的运动，这和 1949 年以后的情况是截然不同的。应该认为，民国时期袍哥之所以能够有如此巨大的发展，与地方政府的纵容态度是分不开的。当然，袍哥有如此巨大的发展，和民国时期四川的历史有着密切的关系。我们知道，四川直到 1935 年才真正纳入国民政府的管辖之下，正是在军阀混战时期，袍哥奠定了自己权力的坚实基础。① 由于缺乏一个统一的强有力的政府，20 世纪二三十年代，袍哥弥补了地方权力的真空，包括参与税收和地方治安。如果没有袍哥，社区的日常生活将会更加混乱。当国民政府在全面抗战爆发前夕终于把四川置于中央统辖范围之内时，袍哥已经发展到如此的规模，政府不但无法对他们进行有效的控制和打击，而且必须更多地依靠这股社会力量。

其二，社会学的调查再次证明，在抗战时期的四川，地方领袖几乎都是袍哥成员，望镇乡保甲、治安的头面人物便是最好的证明。这也印证了本章开始时所引用的廖泰初在《太平洋事务》上关于袍哥在四川成年男性中比例非常高的说法。从雷明远捉匪的事迹中，我们看到袍哥是土匪的克星，袍哥在地方安全事务中扮演了一个活跃的角色。但在官方——从清朝到民国，再到共产党——的历史记述中（包括本章关于贺松的记述），他们却与土匪联系在一起。② 这个现象可以有若干种解释：一是袍哥背景的复杂性，不可否认某些袍哥的土匪背景；二是官方话语的影响，使袍哥消极的方面被扩大；三是1949 年以后红色政权对袍哥形象的再创造。在现在的国家话语中，袍哥都是无恶不作的恶棍，但是从本章关于望镇袍哥的故事中，我们却看到一个年轻的女大学生和这个家庭建立的友谊，这是否暗示当时袍哥的形象并非那么可怕，或者说相当一部分的袍哥，看起来和一般

---

① 关于四川军阀的研究，见匡珊吉、杨光彦主编《四川军阀史》，四川人民出版社，1991；涂鸣皋《关于四川军阀割据混战的几个问题》，《西南师范大学学报》1980年第 1 期；傅曾阳《试析四川军阀长期混战之因》，《四川师范大学学报》1989 年第 6 期；唐学锋《四川军阀混战频繁之原因》，《西南师范大学学报》1990 年第 2期；张建基《川系军阀的形成》，《军事历史研究》2003 年第 3 期；刘正美《抗战前后国民党中央对四川的控制》，《民国春秋》1997 年第 3 期；黄天华《国家统一与地方政争：以四川"二刘大战"为考察中心》，《四川师范大学学报》2008 年第 4 期；王友平《四川军阀割据中防区制的特点》，《天府新论》1999 年第 2 期。

② 因此才有了《袍哥与土匪》这样的题目出现。

人民也差不多？关于雷明远失去佃田的事情是耐人寻味的。在我们的概念中，作为一个袍哥首领，他似乎可以轻易迫使地主继续出租这些田地，但事实上并非如此。尽管他可以杀人，但是在佃田的问题上却是无能为力的，最后导致了其权力的衰落。

其三，在这五种叙事中，可能对历史研究者来说，小说是最上不了台面的资料，其实，文学对于我们研究历史，有着独特的用处。正如德塞都所指出的，如果说"标准的历史写的是权威势力的谋略"，那么那些"编造的故事"则提供了了解文化的基础。① 沙汀所描述的故事离真实的历史到底有多远？如果我们了解沙汀的写作方式和故事源泉，就会发现其创作的小说具有强烈的纪实性。沙汀的写作类似另一位四川乡土作家李劼人，李在1920年代写了《市民的自卫》，30年代写了《死水微澜》《暴风雨前》《大波》等历史小说，被文学批评者称为历史的"纪事本末"，缺乏革命的浪漫主义。② 同李劼人类似，沙汀的小说都是根据他对四川乡场的个人观察和亲身经历写出来的。《在其香居茶馆里》所涉及的茶馆的茶客、讨论的问题、文化、习俗等都是有所根据的，诸如联保主任、壮丁、兵役科、吃讲茶、喊茶钱、团总、哥老会、打醮、派款、收粮等。沙汀后来回忆《在其香居茶馆里》的创作时，也承认这个故事基本上是写实的，"听来的故事就那么一点点，被摆在小说的最后，用来点题。虚构的是几个人物争吵的过程，一次不可开交的吃讲茶场面。这一定是在一个乡镇的茶馆里进行！想象中那是安县的西南乡，桑枣、秀水一带的样子，叫它回龙镇。茶馆定名'其香居'，却是综合所见各种乡镇茶馆的情形的。每人有每人的与身份相称的茶座。尊贵的客人一进来，人人抢着

---

① Michel de Certeau, *The Practice of Everyday Life*, p. 23.
② 李劼人：《市民的自卫》，《好人家》，中华书局，1947，第124~135页；《死水微澜》《暴风雨前》《大波》，《李劼人选集》第1、2卷。

喊'看茶'。闭起眼睛也想得起来那种氛围"。①

其四，个人经历的回忆是珍贵的口述历史记录。袍哥大爷蔡兴华的回忆有相当的资料价值，但是我们也必须意识到其中存在的问题。首先是有些事情回忆者并不愿意讲出来，所以我们所知道的这个袍哥的面貌，很可能是不完全的，而只是他愿意让我们看到的面貌。另外，由于共产党在取得政权后，一直以国家话语来解释历史，所以这些老人在回忆历史的时候，难免落入这种话语的俗套，他们对自己历史的回忆，难免用敌我分明的思维方式，尽管这种方式经常是无意识出现的。同时我们还应该意识到，由于年代久远，其回忆的准确性一定会受到影响，因而不能仅仅依靠他们的回忆来看待历史，还需要其他材料的补正。

其五，尽管本章引用文史资料所提供的事例具体生动，但这种政治化的表达影响了资料的价值。这类资料很显然有着先入之见和政治倾向，这样会影响其作为史料的价值，因为撰写人难以持公允的态度。本章所引述的关于贺松的叙事便大量使用有倾向性的形容词，诸如"专横独断""残忍狡诈""危害革命""滔天罪行""罄竹难书""疯狂地垂死挣扎"等，代表了1949年以后官方对所谓"反面"人物的评价。其实我们应该理解，一个地方文史资料的撰写人很难置身于政治之外，因为地方政府、政策、人事、历史、文化、习惯等因素，都会影响他们的写作，地方文史资料的编写体例留给他们自由发挥的空间并不多，因此不能对他们过于苛求。而且应该意识到，正是他们长期

---

① 关于沙汀作品的现实主义研究，见孙伟科、计文君《沙汀，在其香居茶馆里》，《文艺报》2012年12月14日，第5版；马学永《沙汀对现实主义小说的多元探索》，南京师范大学博士学位论文，2013；黄曼君《论沙汀的文化意识与现实主义创作》，《中国现代文学研究丛刊》1993年第3期；黄曼君《沙汀"左联"时期对现实主义的探索》，《中国现代文学研究丛刊》1980年第3期；黄曼君《论沙汀创作的现实主义特色》，《华中师院学报》1981年第3期。

的努力，才抢救了大量的地方历史，如果没有他们，一些资料和故事就永远消失了。他们的记述给我们提供了十分有用的信息。

五种文本所讲述的故事有什么共同点呢？综合这五种袍哥叙事，可以发现，这五种叙事至少在四个方面显示了袍哥的共性。第一，很多地方精英都加入了袍哥，如本章所提到的贺松是学校教师。但他们不是正统精英，而是以下层为主，所以袍哥难免被正统精英所歧视。袍哥的公开活动和影响引起一些正统精英的不安，虽然他们表示"对于任何帮会的正规活动"都不干涉，因为"我们是拥护结社结会自由的"，但担心现在"帮会的活动已经达到极点了"。以成都为例，"哪一街莫有码头？哪一个茶铺里莫有袍哥？现在的地方自治人员，不通袍的究有几人？甚至在机关里，在议会里，也有不少人以什么公社社员的姿态出现"。他们指出帮会之所以这样活跃，是由于"政治低能、法律失效、社会秩序紊乱所引起的"。他们支持政府"重申前令"，加强控制，不准学生加入帮会，凡参加者予以开除，校长亦须受管教不严的处分。[1]

第二，袍哥在 20 世纪上半叶的剧烈扩张其实是和中国现代国家形成及现代化过程紧密联系的。过去四川地方社会有着各种民间组织，在地方治安、经济、日常生活中扮演着重要角色，如清醮会、土地会等。但是晚清民国时期的现代化摧毁了这些组织，政府又无力填补留下的权力真空，从而给袍哥的发展创造了条件。

第三，袍哥渗透进入了地方政权，特别是低级政权，上面提到的雷明远和贺松都是极好的例子。他们甚至通过地方选举，进入地方议政机构。我们还看到，虽然袍哥是政府所宣布的非法组织，但是他们在相当的程度上为政府服务，地方上许多事务都要依靠他们来实行，如抗战中贺松成为修机场的民工大队长。甚至有些袍哥从秘密社会组

---

[1] 小铁椎：《谈帮会》，《新新新闻》1946 年 8 月 16 日，第 11 版。

织的首领，摇身变为合法政党组织的负责人，贺松成为青年党县党部主席就是一个典型例子。就是说，袍哥在四川乡村权力结构中扮演了一个重要的角色。

第四，不同文本都参与了袍哥形象的塑造。可以看到，虽然各种叙事各有不同，但是1949年前后的叙述也是界限分明。"袍哥"这个词在1949年以前，虽然存在不少的消极因素，但并不总是一个消极的概念，他们也经常被视为和政府对抗的好汉。但是政府和精英却有完全不同的评价，并建立了其具有决定意义的话语权。我们现在对袍哥的认识，在相当程度上是传统社会精英和现代革命话语长期影响的结果。从清初到民国，袍哥为非法的、政府明令查禁的组织。晚清地方改良精英把袍哥与江湖盗贼等列在一起，有其政治动机，与官方关于袍哥的话语一致。[①] 不过他们始料未及的是，不过几年之后，袍哥成为倾覆清朝的主要力量之一，并在辛亥革命后一度得以公开活动。民国时期，虽然政府压制袍哥的活动，但是这个组织却不断壮大。在1949年后共产党的革命政治话语中，袍哥变成了和土匪一样的集团。

袍哥的覆灭固然是共产党国家机器打击的结果，但也是这个组织传统与国家机器对抗的必然结果。虽然在民国时期，这个组织试图与地方权力结合，并由此扩张了组织的规模和影响，不过共产党政权绝对不允许与国家机器相对抗的这样一个组织的继续存在。这个组织被摧毁了，但是它所留下的许多问题，今天仍然值得我们去认真回答。

本章原题为《乡村秘密社会的多种叙事——1940年代四川袍哥的文本解读》，发表于《四川大学学报》（2015年第3期，第12～26页）。

---

① 傅崇矩编《成都通览》（下），第47～50页。

第十章

从语言看历史：神秘的语言和沟通

——19 世纪四川袍哥的隐语、身份认同与政治文化

当研究下层和边缘化的人群时，我们都会面临怎样发现他们自己"声音"的问题，因为在传统的历史资料中鲜有关于他们的真实记录。即使我们发现一些有关信息，也几乎都是由精英们记录的。过去关于中国秘密社会的研究，大量利用了档案资料，特别是那些地方官（包括从总督到知县各级官员）的报告，还有那些屈打成招的供词。在这些资料中，下层人民的声音消失了。正如金森堡所指出的："我们所能知道的（如果可能的话）过去农夫和手工工匠的思想、信仰以及期望，几乎都经过了扭曲。"这也导致斯皮瓦克（Gayatri Chakravorty Spivak）发出"庶民能否讲话"的疑问。① 在这个问题提出之前，早在 1950 年代当霍布斯鲍姆研究"原始叛乱"（primitive rebels）时，便把叛乱者的信件、谈话、秘密誓词等作为

---

① Carlo Ginzburg, *The Cheese and the Worms: The Cosmos of a Sixteenth-Century Miller*, p. xv; Gayatri Chakravorty Spivak, "Can the Subaltern Speak?" in Gary Nelson and Lawrence Grossberg, eds., *Marxism and the Interpretation of Culture*, pp. 271 – 313; Gail Hershatter, "The Subaltern Talks Back: Reflections on Subaltern Theory and Chinese History," *Positions*, Vol. 1, No. 1, 1993, pp. 117 – 118. 通过对印度教寡妇的研究，斯皮瓦克的结论是我们"不能再现她们的'声音'"。

"他们自己的声音"，力图用他们自己的语言去建构边缘人群的历史。[①]

在本章中，我试图利用秘密社会的文书，特别是袍哥的"圣经"——《海底》，考察他们的秘密语言（包括隐语和暗号），以揭示他们的政治思想、身份以及行为，观察一个特定的社会集团怎样创造了一个特殊的语言，在清政府的镇压下，这个语言成为帮助其组织及成员生存的工具。《海底》其实也是袍哥的历史，是他们自己声音的表达，从一定程度上讲，可以认为是斯科特所说的"隐藏的文书"（hidden transcripts），即那些显示"下层集团政治"（subordinate group politics）的文字。或者如古哈（Ranajit Guha）在研究庶民史时所界定的"历史的微声"（small voice of history）。在分析"隐藏的文书"或"历史的微声"时，我们可以发现"下层社会集团的公共话语"（public discourse）。[②] 袍哥的秘密语言与教规是当时社会和政治的反映，是清代次文化发展的一个结果。[③] 在研究他们的语言及其文本时，我们不必像斯皮瓦克所认为的"庶民不能发声"

---

① E. J. Hobsbawm, *Primitive Rebels: Studies in Archaic Forms of Social Movement in the 19th and 20th Centuries*, New York: Frederick A. Praeger Publisher, 1959, p. 175.

② James Scott, *Domination and the Arts of Resistance: Hidden Transcripts*, New Haven: Yale University Press, 1990, pp. 18 – 19; Ranajit Guha, "The Small Voice of History," in Shahid Amin and Dipesh Chakrabarty, eds., *Subaltern Studies IX: Writing on South Asian History and Society*, Oxford and New York: Oxford University Press, 1996, p. 12. 斯科特用"隐藏的文书"这个词来代表"远离权贵者直接控制的、不上'台面'的话语"。因此隐藏的文书是"所理解的包含着那些不上台面的谈话、手势，以及各种确定的、矛盾的，或在公共文书中被扭曲的活动"（pp. 4–5）。

③ 马尔（David W. Maurer）是研究黑社会语言的开拓者，他认为"次文化是一种个体——诸如社会的、职业的或种族的人群——所形成的集团，他们拥有共同的态度、组织、行为模式以及讲话模式"。见 David W. Maurer, *Language of the Underworld*, Collected and edited by Allan W. Futrelland and Charles B. Wordell, Lexington: University Press of Kentucky, 1981, p. 1.

（the subaltern cannot speak）那样悲观。① 就袍哥而言，我们可以从他们自己的语言和文书规则中找到他们的声音，揭示他们的活动，为我们理解他们的思想、行为、组织、成员、内外关系以及政治文化打开了一扇窗口。

秘密语言具有各种功能，最主要的是保护组织内部的秘密，提供"一种表达手段，以达到特殊的目的"，并"在限定的集团内稳定成员、控制信息流动以及交换"。② 袍哥隐语的发展基于两个重要因素：一是其组织的反应机制；二是社会环境所造成的政治卷入。我将在本章中指出，秘语与暗号为袍哥创造了一个身份认同，为其成员与他人之间建构了一个分界线，从而把自己与其他人分离开来。袍哥隐语成为四川大众文化之组成部分。在19世纪，随着袍哥势力的扩展，其秘密语言也逐渐影响到地方社会。从他们的隐语及暗号，我们可以进一步理解19世纪四川的社会环境，追溯这个社会集团在民众中建构

① Gayatri Chakravorty Spivak, "Can the Subaltern Speak?" in Gary Nelson and Lawrence Grossberg, eds., *Marxism and the Interpretation of Culture*, p. 308.

② Charles D. Kaplan, Helmut Kämpe, and José Antonio Flores Farfán, "Argots as a Code-Switching Process: A Case Study of the Sociolinguistic Aspects of Drug Subcultures," in Rodolfo Jacobson ed., *Codeswitching as a Worldwide Phenomenon*, New York: Peter Lang, 1990, pp. 144 – 145. 无论在西方还是在中国，几乎所有关于隐语的研究都是由语言学者完成的，他们强调的是一种独特的语言现象。见 David W. Maurer, *Language of the Underworld*; Charles D. Kaplan, Helmut Kämpe, and José Antonio Flores Farfán, "Argots as a Code-Switching Process: A Case Study of the Sociolinguistic Aspects of Drug Subcultures," in Rodolfo Jacobson ed., *Codeswitching as a Worldwide Phenomenon*; James D. Davie, "Missing Presumed Dead? The Baikovyi Iazyk of the St. Petersburg Mazuriki and Other Pre-Soviet Argots," *Slavonica*, Vol. 4, No. 1, 1997/ 1998, pp. 28 – 45; 冷学人《江湖隐语行话的神秘世界》，河北人民出版社，1991; 王慧《中国近代民间秘密组织的隐语传播》，《浙江社会科学》2003 年第 2 期。不过，也有历史学者注意到中国秘密社会隐语的重要性，不过强调的是一种宣传而非联络手段。例如，诺维柯夫（Boris Novikov）对三点会诗的政治意义进行过系统研究，见 Boris Novikov, "The Anti-Manchu Propaganda of the Triad, ca. 1800 – 1860," in Jean Chesneauxed, *Popular Movements and Secret Societies in China*, 1840 – 1950, pp. 49 – 63。

一个坚实的社会基础和创造一个次文化之时，与国家权力成功斗争的经历。

袍哥又称"汉留"，[①] 在 19 世纪，袍哥得到极大扩张，成为这个地区最有影响的社会势力之一。辛亥革命中袍哥扮演了重要角色，成为革命党重要的同盟军，其活动也从秘密变成了公开。虽然尔后他们又被禁止，但是他们更为社会所瞩目，禁令也逐渐松弛。袍哥具有吸收社会各阶层之能力，其势力遍布从上层的政府官员、军人到像苦力这样的社会的最底层。无论他们的社会地位如何，都使用共同的语言。这个组织的结构与形式推动了袍哥的发展，非凡的沟通能力也扮演了重要角色。[②]

袍哥的隐语有各种叫法，其名称与他们使用的文本和秘密活动的方式有关。由于他们的经典为《海底》，因此他们的隐语又称"盘《海底》"，或叫"亮底""切口""春点""与天同姓"等。[③] 秘密语言对袍哥来说至关重要，因此他们说："宁给十吊钱，不把艺来传；宁给一锭金，不传一句春。"[④] 成员之间的沟通经常是用黑话与暗号同时进行，最常用的暗号被称为"摆茶碗阵"。当然，如果他们的联

---

① 据说"袍哥"一词来自《诗经》"岂曰无衣，与子同袍"。其意思是"同一袍色之哥弟也"。因此民谚称："你穿红来我穿红，大家服色一般同。你穿黑来我穿黑，咱们都是一个色。"（刘师亮：《汉留全史》，古亭书屋，1939，第 36 页）。但另一种说法是"袍哥"取自《三国演义》的故事：曹操把关羽留在帐下，虽然他给了关不少华贵的衣物，却发现关总是穿着一件旧袍。问何故，关答曰，旧袍系结拜兄弟刘备所赠，故十分珍惜。后来人们称结拜兄弟为"袍哥"。袍哥认为自己是大汉后裔，故称自己为"汉留"。见王大煜《四川袍哥》，四川省政协文史资料委员会编《四川文史资料集粹》第 61 辑，四川人民出版社，1996。

② 到 1940 年代末袍哥已经发展成为四川最有势力组织，有人估计大约 70% 的成年男性是袍哥成员。见 Liao T'ai-ch'u, "The Ko Lao Hui in Szechuan," *Pacific Affairs*, XX, 1947, p. 162。

③ 一种对《海底》的解释是："如海洋之底，渊奥浩瀚，能载育万物，潜藏万象，而为百川之总汇。"但是另一种解释把其与组织的缘起联系在一起，我将在本章后面进行讨论。见李子峰编《海底》，上海书店，1989，第 1 页。

④ 王纯五：《袍哥探秘》，第 61 页。一吊钱即一千个铜钱。

络地点是在一个酒馆，那么则用酒杯；如果在饭馆，则以饭碗代之。

袍哥秘密语言的最后形成是在 19 世纪。秘密社会使用的语言在中国称"黑话"。在中文词典中，"黑话"被定义为"帮会、流氓、盗匪等所使用的暗语"。① 隐语在中国有很长的历史，早在唐代便有各种行业秘语。在宋元时期，像妓女、赌博者、土匪、盗贼等下流社会群体都创造和使用自己的秘语。在清初，隐语日益与当时政治联系在一起，更多地被反清秘密社会所使用，包括三点会、天地会、哥老会、洪门等。随着地下反清运动的发展，有人编印了《江湖切要》，其中包括 34 类，约 1600 字。1880 年代，卓亭子对其进行重编、扩展，称《新刻江湖切要》。② "江湖"或"跑江湖"是对那些以流荡四方谋生的人的统称，例如算命先生、江湖郎中、阴阳先生、游方和尚道士等，他们都分别有自己的行话。显然，这些行话对袍哥的隐语有影响。

因此虽然袍哥有自己的隐语，但与江湖话有相通之处。傅崇矩在 20 世纪初编撰《成都通览》时，在"成都之袍哥话"一栏加了一个注，称"即江湖话也"。③ 这个注也说明了袍哥隐语与江湖话的关系。根据语言学家的定义，暗语（隐语）"不仅借用标准的主流语言，而

---

① 《现代汉语词典》，商务印书馆，1997，第 515 页。

② 卓亭子：《新刻江湖切要》，收入冷学人《江湖隐语行话的神秘世界》，第 243 ~ 274 页。民国时期这类书更多地印行，如吴汉痴编《全国各界切口大词典》，上海东陆图书公司，1924。

③ 傅崇矩列出了袍哥所使用的 126 个词，可以大致分为五类，包括组织（14）、非法活动（30）、情况（12）、行为（36）、器物（34）。见傅崇矩编《成都通览》（下），第 48 ~ 50 页。由于其活动的性质，他们语言中有许多忌讳，以避免霉运。不过傅也单列了"成都之江湖言辞"，共 22 类，包括天文、地理、时令、人物、店铺、工匠、经纪、医药、星相、娼优、乞丐、盗贼、僧道、身体、器用、舟具、衣饰、饮馔、数目、疾病、生死、人事（下册第 47、50 ~ 66 页）。这里我不打算讨论各行业使用的"行话"，而只集中讨论秘密社会的秘密语言。一般来讲，行话主要是便于该业从业者的生计，而隐语则在于保守秘密。但隐语与行话有诸多联系。

且具有不同社会环境、不同社会团体的行话的因素"。① 不过应该指出的是，当傅崇矩编撰《成都通览》时，袍哥为非法的、清政府明令查禁的组织。傅崇矩作为一个改良精英，把袍哥黑话列入江湖话一类，有其政治动机。把袍哥与江湖盗贼等列在一起，与官方关于袍哥的话语一致。不过他始料未及的是，不过几年之后，袍哥成为倾覆清朝的主要力量之一，并在辛亥革命后一度得以公开活动。

一　联络的秘密政治

袍哥的历史可以追溯到 17 世纪中期，其"反清复明"的宗旨清楚地体现在其经典文献《海底》之中，这个文献还记录了该组织的起源、规则、成员及其信仰等。据 1930 年代刘师亮出版的《汉留全史》，郑成功抗清失败撤往台湾后，他及其追随者在金台山立誓为盟，结为兄弟。1683 年，清军攻陷台湾，据说其组织最重要的文件都被封在一个铁盒子里，扔进海中。1848 年，川人郭永泰宣称，他从一个渔夫那里得到《金台山实录》原件，并加以编辑修改，定名为《海底》（取意来自海底）。该书又称《金不换》。②

我们无法确定这个说法的可信度，不过，毫无疑问的是，这个文献的印行对袍哥的扩展是一个极大的推动。虽然该组织是在 17 世纪末到 19 世纪初这个漫长历史过程中逐渐发展而来，但显然在 19 世纪

---

① Charles D. Kaplan, Helmut Kämpe, and José Antonio Flores Farfán, "Argots as a Code-Switching Process: A Case Study of the Sociolinguistic Aspects of Drug Subcultures," in Rodolfo Jacobson ed., *Codeswitching as a Worldwide Phenomenon*, pp. 142 – 143.

② 刘师亮：《汉留全史》，第 4 页。关于哥老会起源存在争议，但本章不打算就此问题进行讨论，只是借用其故事去揭示那种文化现象。哥老会起源问题的讨论见蔡少卿《中国近代会党史研究》，第 210～216 页；秦宝琦、孟超《哥老会起源考》，《学术月刊》2000 年第 4 期。

下半叶其成员数和影响力都极大扩张，这很可能与其经典文献的"发现"（或"创造"），并成为其思想意识和沟通工具有关。① 在19世纪末，对一个真正的袍哥成员来说，精通《海底》成为证明其身份的前提。虽然这个文件的来源和可信度难以判定，但其作为这个组织的经典和媒介，对19世纪的反清运动做出了很大贡献。

《海底》也为袍哥的各种仪式提供了依据。袍哥举行会议或新成立一个公口，称为"开山堂"，或"开山立堂"，或简称"开山"。这种表达与袍哥的早期历史有关。据《汉留全史》，1661年郑成功及其追随者在金台山明远堂立誓结盟。1670年，陈近南被郑成功派到川西的雅安开"精忠山"，从而开始了哥老会在中国大陆的发展，这也是学者们一般把四川作为哥老会起源地的原因。袍哥的总部经常被称为"码头"，但"公口"则更为常用。按照他们自己的说法，"全体同意谓之公，出入必由谓之口，口即全体出入的总部"。② 诸如此类的术语都反映了成员间的紧密关系。

袍哥的这些词语经常表达了他们的政治倾向。这个组织及其成员都以"汉留"自居，这其实是反满意识的一个强烈表达。"汉"指汉族，以别于满人。"留"可以是"遗留"，即明代的"汉遗族"，肩负着反清使命；也可以是"流"，即"以明我是汉人之流，非满人之流也"，指袍哥们自己。另外，也可以是"刘"，即汉朝的皇姓，不过主要是指三国时期的蜀主刘备。刘、关、张"桃园三结义"的故事在中国家喻户晓，对袍哥有极大影响。刘备故事的影响力在于其在四川的文化根基，桃园结义的传奇故事成为袍哥们的榜样，加强了兄弟情谊。正如一首诗所表达的："三仙原来明望家，英雄到处好道

---

① 秦宝琦、孟超：《哥老会起源考》，《学术月刊》2000年第4期。
② 刘师亮：《汉留全史》，第3~4页；王纯五：《袍哥探秘》，第62页。

遥。昔日桃园三结义，乌牛白马祭天地。"① 因此，"汉留"这个词把袍哥与古代的英雄、反满政治以及四川的地域文化联系在一起。不过，《汉留全史》宣称"汉留之崛起，始于郑成功之金台山"，但我们并不清楚"汉留"一词何时开始出现。②

袍哥与汉代、汉族、明朝扑朔迷离的关系，成为其秘密语言的重要部分。袍哥"盘《海底》"时，通过十分隐蔽的会话方式，揭示其政治意识的起源。下面是许多诸如此类的问答："（问）创兴汉留为何人？实行者为何人？（答）创兴者为王船山，实行者为郑成功。（问）郑成功于何时起手？于何地实行？（答）郑成功于顺治十八年起手，于台湾实行。（问）汉留既由王船山创兴，何以不尊王船山而尊郑成功？（答）王船山为理想家，郑成功为实行家，汉留不重理想而重实行。"③ 此类盘问可以无穷无尽，涉及袍哥历史、传说、信仰、文化、行为等各个方面。因此，一个成员必须熟悉这个组织的各种秘密，否则难以为对方所信任。

二 隐语与自我身份认同

隐语是一种非常有效的把本组织成员与他人区别开来的工具。与此同时，它也促进了袍哥成员的身份认同。当一个袍哥进入另一公口之势力范围时，必须拜码头。在 19 世纪，斯坦通（William Stanton）调查并记录了拜见和盘问的具体方式："有时盘问使用律诗，但经常并不把诗吟全，仅一两个字，便会其意。"斯坦通还描绘了各式各样

---

① 平山周「支那革命党及秘密结社」『日本及日本人』69 号、1911 年、64～65 頁；刘师亮：《汉留全史》，第 2 页。

② 刘师亮：《汉留全史》，第 3 页。

③ 刘师亮：《汉留全史》，第 38 页。

的盘查方法，例如"放置、递交茶杯、烟杆、鸦片烟枪等，互相观察其动作"。① 如果一个袍哥成员同当地袍哥首领在一个茶馆会面，他进入茶馆后，找一张空桌坐下。茶端上来后，也不急着喝，而是把茶盖斜放在茶托上，不吭一声坐着，表示等着什么人。从其姿势，堂倌便知道他可能是同道中人，便装着不经意地问道："从远方来？"于是造访者报出姓名、公口，而"熟悉袍哥这种程序"的茶馆老板则报告给管事，管事则出来，"向那位避难者盘问各种问题，回答必须恰当，用词准确。如果他证明他冒犯了政府法令（即哥老会同道），管事便将他收留，或给他提供盘缠、衣物等，使他能够到达另一目的地"。② 在 19 世纪，反清运动注入了新的活力，也为袍哥扩展实力提供了新机会。在此过程中，各公口间的交往也日益增多。特殊联系方式对袍哥的活动，特别是反清活动，便变得十分重要。

袍哥成员对《海底》的熟悉程度，显示了他们在组织中的地位、经验以及能力，运用《海底》成为一种特殊的沟通方式，以验证来人的身份。一个来访者可以按这个方式自我介绍："龙归龙位，虎归虎台。启眼一看，在坐有会过的，有没有会过的。会过的重见一礼，没有会过，彼此问候……"然后他通报姓名、公口、头衔等。桌边的其他袍哥也同样办理。按照他们自己的说法："人不亲，行道亲；行道不亲，社会（汉留）亲。"③ 公口接待的来客可能有各种需要，一些不过是游历四方，一些为差事奔波，一些因冲突而求援，一些因犯事而逃遁，等等。对那些犯有命案的袍哥，一般是给够盘缠，让他

---

① William Stanton, *The Triad Society, or Heaven, and Earth Association*, Shanghai: Kelly & Walsh, Ltd., 1900, pp. 97 – 98.

② Liao T'ai-ch'u, "The Ko Lao Hui in Szechuan," *Pacific Affairs*, XX, 1947, p. 164.

③ 王大煜：《四川袍哥》，148 页。

们尽快离开。因此，袍哥来到某个地方，总是能得到当地同人的帮助，或获财物，或得保护。这个传统成为使袍哥们精诚团结的黏合剂，也使这个组织更具吸引力。

19 世纪末 20 世纪初的一些文献记录了袍哥"盘《海底》"的问答。例如："（问）阁下由哪里来？（答）由昆仑而来。（问）向哪里而去？（答）木阳城而去。（问）木阳城有多少街巷？（答）有三十六条大街，七十二条小巷。（问）有什么景致？（答）东门三灶十八锅，西门三锅十八灶……"这些问答经常提到"木阳城"，其实这不过是袍哥山堂的另一个说法。斯坦通对此类盘查也有记录，仅以头发这个话题，便可变化多端，"为何你头发蓬乱/因为我在桃子树下生"；"为何你头发有边缘/因为我刚去灭了火"；"为何你头发是湿的/因为我刚出生"；"为何你头发上有许多蜘蛛网/这些不是蜘蛛网，而是五彩绸"。诸如此类，不一而足。有时一个袍哥故意在街上与某人相撞，如果那人也是同伙，便会叫道："你瞎了眼吗？"这袍哥便会回答："我才不瞎，我眼睛比你的还大。"①

几乎每个加入袍哥的人都必须参加模仿"桃园三结义"的仪式，这也成为袍哥的一种象征。袍哥称他们自己为"光棍"，"一尘不染谓之光，直而不曲谓之棍。光者明也，棍者直也，即光明正直之谓也"。显然，他们认为自己是光明磊落、正直无邪的人，这与上面提到的傅崇矩的定义形成了鲜明对比。其实，"光棍"一词在汉语中从

---

① Gustaaf Schlegel, *Thian Ti Hwui: The Hung-League or Heaven-Earth-League: A Secret Society with the Chinese in China and India*, Batavia: Lange & Co., 1866, Reprinted by AMS Press [New York] in 1974, p. 193; William Stanton, *The Triad Society, or Heaven, and Earth Association*, pp. 96 - 98; Fei-Ling Davis, *Primitive Revolutionaries of China: A Study of Secret Societies in the Late Nineteenth Century*, Honolulu: The University Press of Hawaii, 1977, pp. 129 - 130; Martin Booth, *The Dragon Syndicates: The Global Phenomenon of the Triads*, pp. 122 - 128; 刘师亮：《汉留全史》，第 38 页。"木阳城"也可以是"木杨城"。

第十章　从语言看历史：神秘的语言和沟通　*319*

来都有贬义，显然袍哥给这个词赋予了新的意义，这也是"反文化"（counterculture）或"次文化"（subculture）经常出现的现象。一般来讲，"光棍"是指那些无家无业的亡命之徒，经常还与地痞流氓联系在一起。但在袍哥的语言中，"光棍"成了义无反顾的豪杰。[①] 对袍哥来说，身份认同十分重要，什么背景、从哪里来、到哪里去、干什么活、为谁卖命，等等，都是马虎不得的。敌友仇朋，界限分明，生死攸关。如果某人试图混入袍哥之中，但缺乏对《海底》的钻研，往往难以得逞。袍哥称这些人为"空子"。一个"空子"可能被怀疑是政府或仇家派来的奸细，往往会遭严厉惩罚，甚至被处死。

正如我们所知，家族、会馆、行会等在传统的社会共同体中扮演了重要角色，但许多边缘化的人群则没有相应的组织保护他们自己的利益，而秘密社会的出现则弥补了这种需要。袍哥为这些边缘化的人们建立了广泛的、有成效的社会网络。卑微的农夫或小贩一旦加入袍哥，便入了"园"（即"桃园"），也有了"皮"，成为"光棍"，他便进入了受保护的网络。正如谚称："一个光棍，十家帮忙。"没有"皮"，便会被认为是"空子"，处境当然不妙，正如另一谚云："行家抬三分，空子压三分。"加入了袍哥，又称为"海了"，或进入了"圈子"。其姓名会通报给公口的各成员，广而告之，这个过程，又称为"走红单"。在城市中，袍哥经常控制了街头邻里，俗称"皮管街"。这个现象如晚清做过知县的周询所称："省城治安在未设警察之先，悉由成、华两知县负责。两县各就所管街面，划分区段，设立街班，即差役中之一种也。"另外，成都还有"城守营"维持治安，

---

① 刘师亮：《汉留全史》，第5、36页；《现代汉语词典》，第469页；傅崇矩编《成都通览》（下），第48页。

全城分区段，每区段设海察一人，而"街班、海察无一非哥老会中人"。①

据语言学专家勒斯洛（Wolf Leslau）的研究，黑话一般有三种形式：一是"以标准语言为基础"，但"对其发音和字形进行各种改变"；二是在发音和字形上保持标准语言原状，但"赋予新的意思"；三是语言的借代。② 从袍哥的秘密语言中可以看到全部这三种形式。从第一种形式看，袍哥为保密发明了许多特殊的汉字，其方法也有多样。他们有时去掉一个字的偏旁，有时生造字，有时借用同音字，有时把若干字组合为一个字，有时又把一字拆为若干字，等等。因此，即使袍哥的信件落入他人手中，也不会暴露秘密。那些新造字或改字称为"隐字"，如"满"写成"涌"，"清"为"三月"，"明"为"汩"，"洪"为"三八二十一"，"天"为"三十六"，"会"（會）为"一百八"。又如"顺天转明"，仅用各字的一部分，写成"川大车日"；"顺天行道"写为"川大丁首"。这样，一句反满的口号，对外人来说变得毫无意义。甚至还可以以诗代字，如"金兰结义"（金蘭結義）被写成"人王脚下两堆沙，东门头上草生花。丝线穿针十一口，羊羔美酒是我家"。据《海底》称，"凡属会中隐字之制作，大抵皆为最重要之事项，如颠覆满清以及会中特别重视之行为等"。这些隐字经常出现在袍哥的"传帖"中，传帖有两种形式，一为召集同伙的竹片，上书或刻写集合的时间地点；另一种则形式多样，目的也各有不同，如召集行凶或请求安顿

---

① 韵陶：《四川哥老会的内容大纲》，《时事周报》第 4 卷第 15 号第 4 期，1933 年，第 16 页；傅崇矩编《成都通览》（下），第 48～50 页；秦和平：《对清季四川社会变迁与袍哥滋生的认识》，《社会科学研究》2001 年第 2 期，第 121 页；周询：《芙蓉话旧录》，四川人民出版社，1987，第 17～18 页。

② Wolf Leslau, *Ethiopian Argots*, London：Mouton & Co. , 1964, p. 7.

住宿等。①

袍哥的语言也有许多属于勒斯洛的第二种形式，即把人们日常所用词语赋予新的内容。其方法也各式各样，比喻是经常采用的，如袍哥的管事或军师被称为"提烘笼"，大抵他们经常手提一只烘笼。袍哥的大爷控制着公口，称为"舵把子"，因为他决定着组织的未来和方向。或许袍哥与江湖有着千丝万缕的联系，所以它的用词经常与水有关，其总部称"码头"，拜见当地袍哥头目称"拜码头"，在袍哥谋事称"跑滩"，被政府追捕称"水涨了"，情况紧急称"水紧得很"，消息走漏称"走水了"。② 不过，袍哥的许多词和短语意思变化并无规律可循，乃临时起用以守秘密。

第三种形式是借用，也很普遍。袍哥时常把地方方言、行话等为己所用。袍哥有各种背景，这为他们的语言提供了用之不竭的丰富资源。他们掩盖违法行为的语言多来自这个途径。他们竭力避免说"杀"字，而以其他较隐蔽的字代替。如把某人扔进河里，称"把他毛了"；活埋或暗杀，"传了"；杀某人，"做了"或"裁了"。这些说法都借自工匠、理发匠、屠夫等的行话，还有很多则直接采用盗贼的语言。如果他们计划行窃，他们称之为"摸庄"或"写台口"、"看财喜"等。带领行窃的人，称"抬梁子"。绑架小孩以索取赎金，称"抱童子"，但绑架一个妇女则称"接观音"，绑架一个富人，称"拉肥猪"。抢窃后坐地分赃，称"摆地坝"。如果得到几个银圆，便说得到了几只"肥母鸡"。由于他们有这些行为，所以傅崇矩指出袍哥的隐语也包括"贼话在内，吾人不可不知。如出门，遇有人说此

---

① 李子峰编《海底》，第 266~267 页。除了隐语，一个袍哥到了新地方，还必须出示"红飞黑片"，这便是他的身份证或证明书。如果是紧急事务，则将一根鸡毛粘在信上。此类信多用隐字书写。

② 傅崇矩编《成都通览》（下），第 48~50 页。

等话，即宜远避，以免中害。彼等话语甚多，书不胜书"。① 根据他们的这些语言，像傅崇矩这样的批评者判定这个组织有暴力和犯罪倾向，也给政府极好的借口对其进行镇压。不过，清政府最为关注的问题是他们的反清思想和活动。

三　饮茶吟诗中的力量角逐

在 19 世纪，"摆茶碗阵"是袍哥另一种主要联络方式，也是其秘密语言的一个重要部分。这个仪式中的"阵"显然来自古代战场上军队的阵势，借用这个字显示了当袍哥在茶桌上用茶碗进行对话时，犹如战场上的厮杀，是生死的力量角逐。有关"茶碗阵"的许多诗都表达了反清复明的意识，从清初其组织的成立到辛亥革命这个长期的历史阶段，这种意识和目标始终存在于这个组织之中。② "茶碗阵"千变万化，许多是用于联络和判断来者的身份和资历的。主人可以把茶碗摆成各种阵势，而来访者则必须有能力进行回应，并以暗语或吟诗作答。

"摆茶碗阵"有一定的形式。当某人进入茶馆，堂倌从其动作便猜出他可能是道中人。③ 管事出来相见，会把茶碗摆成一定阵势，这预示着交谈的开始。如果主人想测试来人的身份，他先来个"木杨

---

① 傅崇矩编《成都通览》（下），第 48～50 页；张光海、梁鸿鸥：《浅谈袍哥及其在南岸的概况》，重庆市南岸区政协文史资料委员会编《重庆南岸文史资料选辑》第 2 辑，编者印行，1987，第 111 页。

② 《海底》记录了许多茶碗阵（第 210～236 页）。斯坦通在 19 世纪考察中国秘密社会时，对此也有较详细的记录。

③ 颁布于清末的《清查窝赌、窝盗、烧香结盟、传习邪教规则》规定警察可以盘查"烟茶酒馆及戏场会场人众处所，如有三五成群，气象凶恶，行止张皇，衣服奇怪者，巡兵即须秘密尾随其后，听其言论，迹其所至。如有烧香结盟端倪，即禀知本管官先事防范，待时掩捕"。这个描述也反映了地方政府是怎样辨

阵"：茶杯两只，一在盘内，一在盘外。饮者必须将盘外之茶移入盘内，再捧杯相请，并吟诗曰："木杨城里是乾坤，结义全凭一点洪。今日义兄来考问，莫把洪英当外人。"[1] 他也可能摆一个"双龙阵"，即两杯相对，来者则诵道："双龙戏水喜洋洋，好比韩信访张良。今日兄弟来相会，暂把此茶作商量。"如果一个袍哥到异地寻求援助，他会摆一个"单鞭阵"，即一茶杯对一茶壶，能助一臂之力者，主人则饮其茶，反之则把茶倒掉，再倾茶饮之。其诗云："单刀独马走天涯，受尽尘埃到此来。变化金龙逢太吉，保主登基坐禅台。"[2]

"摆茶碗阵"、吟诵相对应的诗，表达了袍哥的思想、价值观、信仰、道德准则、历史、文化。他们许多思想来自流行小说、地方戏、传奇故事等。例如"双龙阵"所提到的帮助高祖刘邦打天下的韩信和张良的故事，便家喻户晓。还有不少诗涉及龙，袍哥用龙来表达其力量和政治抱负，这也反映了他们与传统文化的纽带，把自己视为龙的传人。[3] 袍哥也认为他们自己是汉人的遗族，自然便同龙联系在一起。在中国，龙代表一种征服的力量和精神，能彰扬正义、铲除邪恶，这与袍哥的信仰相符，或许有助于他们反清大业的"正统化"。袍哥中地位最高的决策者，也被称为"龙头"或"龙头大爷"。[4]

由于其特殊的生存环境和社会地位，以及与国家力量的搏斗，袍

　　　别秘密社会成员的。见《四川通省警察章程》（1903 年），中国第一历史档案馆藏
　　　巡警部档案，1501－179；崔显昌《旧蓉城茶馆素描》，《龙门阵》第 6 辑，1982
　　　年，第 96 页。

[1]　研究者认为袍哥（哥老会）与洪门同源。详情见秦宝琦、孟超《哥老会起源考》，
　　　《学术月刊》2000 年第 4 期。

[2]　William Stanton, *The Triad Society, or Heaven, and Earth Association*, p. 99；李子峰编
　　　《海底》，第 210 页。

[3]　关于中国龙文化见庞进编著《八千年中国龙文化》，人民日报出版社，1993。

[4]　仅次于"龙头"的是"香长"，掌管公口日常事务（刘师亮：《汉留全史》，第 31～
　　　32 页）。

哥崇拜暴力，迷信通过暴力可以解决问题。因此他们的语言和诗中有许多与暴力有关。例如"宝剑阵"称："七星宝剑摆当中，铁面无情逞英雄。传斩英雄千千万，不妨洪家半毫分。"他们还相信超自然力，因此大众宗教在他们的沟通仪式中也扮演了重要角色。他们的信仰往往无一定之规，经常是佛道杂陈，如"生克阵"宣称："金木水火土五行，法力如来五行真。位台能知天文事，可算湖海一高明。"五行概念来自道家，而如来却是佛祖。从根本上来讲，袍哥力图吸收各种对他们有用的东西，包括各种宗教。他们也经常借用历史来为自己的事业服务。"六国阵"便是依据战国时代苏秦游说六国联合抗秦的历史："说合六国是苏秦，六国封相天下闻。位台江湖都游到，你我洪家会诗文。"① 袍哥把苏秦视为英雄，因为他合纵各国的能力，是他们求之不得的。

这些诗更多的是表达"反清复明"的思想。在"忠心义气茶"中，有三个茶杯，一满一半一干，来访者应将那半杯饮之，并曰："我亦不就干，我亦不就满。我本心中汉，持起饮杯盏。"虽然这里的"满"表面上是说茶水，但暗指"满清"。在"五魁茶"的诗中，阐明了类似的思想："反斗穷原盖旧时，清人强占我京畿。复回天下尊师顺，明月中兴起义人。"每句诗的第一个字连在一起，便是袍哥长期的"反清复明"宗旨。还有"转清明茶"，茶摆好后，若要饮，则须说"复明灭清"，诗曰："江山开基本是洪，五湖四海共一宗。杀绝满洲西鞑子，洪家兄弟保真龙。"在"一龙阵"的诗中，表达了同样的宗旨："一朵莲花在盆中，端记莲花洗牙唇。一口吞下大清国，吐出青烟万丈虹。"②

---

① 平山周「支那革命党及秘密结社」『日本及日本人』69 号、1911 年、64～65 页；李子峰编《海底》，第 220、227 页。
② 李子峰编《海底》，第 210、213、218 页。

同时，袍哥也在酒店、饭馆中举行类似的仪式，也伴随吟诗的过程，酒杯和饭碗也取代了茶碗。如果一个袍哥在酒席上，见一根筷子放在碗面上，他可用三根手指拿起筷子，然后吟道："单手使金枪，手执是双铜。打破你城池，救出我真主。"如果见五碗菜摆成梅花形，中间一碗被盖住，他便诗曰："四方疆土尽归明，惟有中央未灭清。未必忠良分疆土，兄弟齐心尽反清。"如果一个袍哥请来者抽烟，他把烟筒扔给客人，客人用双手接住，然后诵诗："双手抱住一条龙，如今到来扶明公。莫说此枪无用处，反清复明第一功。"[①] 虽然推翻清朝是袍哥组织从清初成立以来的宗旨，但直到辛亥革命他们才有机会施展抱负，他们在这场革命中扮演了重要角色。

除了摆茶阵和吟诗外，袍哥也用手势交流，即使"对面不相识、不相交一言之人，赖一举手之微，即知其为自己弟兄，而发生'生死与共'之义气"。据称手势是"百千万变"，不像隐语可以写出，而"必须亲为传受，亲为指点"。例如关于"五行"是如此表示的：两脚并拢，双手在头顶相交，代表"金"字；站立，双手在腹部交叉，代表"木"字；蹲下，双手放在膝盖上，代表"土"字；马步，双手举起至耳，手心向上，代表"火"字；马步，双手叉在腰部，代表"水"字。[②] 如果说隐语受标准语言和行业语言的影响的话，那么肢体语言则是由秘密社会自行发明的，充分反映了其采用各种手段进行沟通联络、生存以及开展各种活动的能力。

四　从语言揭示隐秘的历史

我们缺乏了解秘密社会隐语形成的详细资料，不过，从《海底》和

---

① 李子峰编《海底》，第 278 页。
② 李子峰编《海底》，第 269 页。

《江湖切要》等资料，我们有充分理由相信，19世纪末是袍哥密语的一个演变时期。在这一时期，社会的挑战，加之这个组织更进一步卷入政治，其语言也更加政治化，手势和茶碗阵也显示着反清意识。这样，黑话成为与政府对立的反文化的表达，袍哥组织也日益扩大其影响。

本研究大量使用的《海底》包含着丰富的关于袍哥早期历史的资料，揭示了这个组织是17～19世纪反清政治的一部分。通过研究其文本，我们了解袍哥一部分真实历史，另一部分却与想象的历史相纠缠。我们所看到的袍哥，既是反清的政治团体，亦是打家劫舍的帮伙。通过使用他们加密的语言和动作，一个陌生人可以与其同党建立联系。摆弄茶碗、吟诗，以及谨慎的对话，来自三教九流的袍哥都能够会集到反清的大旗下。按他们自己的话来说，袍哥是正义的勇士，肩负推翻清朝的使命；从政府的观点看，他们是叛乱者和犯罪团伙，因此必须毫不留情地予以镇压；对一般民众而言，对袍哥的态度取决于他们自身的经历，得其保护和关怀者，当然对其心怀感激之情，反之则难免有愤恨之心。

语言学家把隐语定义为"由某些特定的行业或秘密社会"所使用的方言，这种语言"不为外人所理解"，但它又"区别于其他'私语'、行话以及'俚语'"。因此，隐语"产生于一种特别的次文化，这种次文化在社会中是被边缘化了的"，而且它"成为交流和生存的主要工具"。在语言学家看来，一般而言，隐语的使用是为了保护本集团的利益，逃避公众眼光，稳定组织和成员。秘密语言没有标准语言稳定，一旦其为外界所知，那么新的词便取而代之。①

---

① Wolf Leslau, *Ethiopian Argots*, p. 7; Charles D. Kaplan, Helmut Kämpe, and José Antonio Flores Farfán, "Argots as a Code-Switching Process: A Case Study of the Sociolinguistic Aspects of Drug Subcultures," in Rodolfo Jacobson ed., *Codeswitching as a Worldwide Phenomenon*, pp. 143 – 144, 146.

但是，袍哥的情况与这个一般的模式似乎并不相同。袍哥在四川广为散布，却没有一个众望所归的中心，各分支自立山头，各自为政。因此，即使某些黑话已为人所知，新语也已出现，但旧词继续为成员使用。随着袍哥势力的扩张，特别是辛亥革命后其以半公开的形式活动着，外部所知道的"袍哥话"越来越多，与此相应新词语和说法也不断出现。虽然1949年后袍哥被共产党彻底摧毁，但从一个特定的语言角度看，其遗产仍然存在于人们的日常生活和大众文化之中。在今天的四川，虽然我们已无法再见"摆茶碗阵"的奇妙场景，但袍哥的许多词仍存留在人们的日常用语中。①

通过研究袍哥的秘密语言，我们发现可以把其大概归纳为三种类型。第一类反映了强烈的政治倾向，在使用中总是潜藏着诸如"明""清"这样的字和词。第二类则多与这个集团的仪式有关，如"龙""木杨城""桃园"等。第三类最多，即袍哥日常在合法和非法活动时所使用的词，许多涉及抢、杀、绑架等。这些词的运用，既反映这个组织有着政治的雄心，也暴露种种非法行为。这种违法行为的存在并不奇怪，在世界各地的类似组织中，都存在政治上的宏大目标与实际生存中"痞子"、"流氓"或"黑社会"行为间的矛盾。当然，我们还应该估计到，由于袍哥是边缘化的人群或社会集团，他们的

① 如"落马"原指一个袍哥遇难，现指一个官员因贪污或其他原因下台；"拉稀"原指一个人不负责，现指在发生冲突时的胆小行为；"抽底火"原指一个秘密暴露，现指暗中损害他人利益；"落教"原指做事按规则办，现指实现对朋友的承诺。有些表达则完全沿袭旧意，如"打滚龙"指一个人落难，"扎起"指冲突时相助，"下㞗（音pa）蛋"指关键或危险时刻临阵脱逃，"关火"指一个人有决定权，"乘火"指一个人勇于承担责任。[傅崇矩编《成都通览》（下），第48~50页；平山周「支那革命党及秘密结社」『日本及日本人』69号、1911年、63页；王纯五：《袍哥探秘》，第61~65页] 这个现象并非中国所独有，在关于美国和加拿大的有关研究中，马尔指出"今天黑话的许多词被主流文化所熟悉，这是由于非法的次文化以及小说和电影逐渐地渗入，其不知不觉地进入日常语言的使用"（David W. Maurer, *Language of the Underworld*, p. 37）。

"不法"行为经常可能被掌握着话语霸权的精英和国家政权所夸大，以为其压制这些"危险的"社会集团提供依据。这个组织希望他们的反清思想得到散布，从这个角度看，袍哥的秘密语言的广泛流传，未尝不具有积极意义。这样，他们的黑话和暗号从秘密到公开，在街头或茶馆等公共场所为人们所听所见。通过与像孙中山、同盟会这样的革命者结成联盟，袍哥也极大地改善了他们的形象。不过，许多参加这个组织的下层民众对于其政治理想并不清楚或理解，他们加入的目的是寻求保护或维持生计。

应该指出的是，在这个研究中，我并非宣称袍哥的秘密语言是四川所特有的。相反，我们可以在其他地区找到类似的现象。我们知道，袍哥与其他秘密社会有着共同历史渊源，其起源也与三点会、天地会、洪门等有着千丝万缕的联系。袍哥的经典《海底》也为其他秘密社会团体所使用。因此，这些秘密社会集团有着类似乃至共同的沟通联络方式也并不奇怪。事实上，隐语也不像一般人们所想象的那样隐蔽。当袍哥讲黑话、摆茶碗阵、吟诗时，从他们神秘的联络方式，外人大体能猜出他们的身份。当一个袍哥遇见同讲隐语的人，即使他们今生从未谋过面，也会视那人为同伙，自然会信任他，并有责任帮助该人。所以这些秘密的惯习和协定都反映了一定社会环境中特殊政治文化的发展。当一个与这个群体毫无瓜葛的普通人，在公共场所中看见两个袍哥正在接头，对他来说无非是在观看一个有趣的表演而已，但对这两个性情中人，则可能是生死攸关，因而仪式是非常严肃而认真的。神秘的行为把他们自己与他人区别开来，自然也会引起不相干的人们的好奇。而且，他们令人疑惑的行为本身既是谋生的手段，亦为向地方权威的挑战。不过，因为袍哥对他们的身份和对《海底》之类的秘密知识是如此骄傲，有时看起来仪式的形式比联络本身更为重要，他们仿佛沉浸于自己的表演，在真实的社会戏剧中扮演着栩栩如生的角色。虽然政府在其反复颁发的政令中，要求人们报告这类所谓"形迹可疑"的行为，但是在实际操作中则难以奏效，因为无论是地方官还是一般民众，只要袍哥成员不捅大娄子，或危及他们自身的利益，他们还是乐意睁一只眼闭一只眼，尽量与这个地方强大的势力和平相处。只有在上面严令督察时，才会有具体的行动。这种各方力量的默契关系，可能也是这个组织长期兴旺发展的公开的"秘密"之一吧。

本章翻译自"Mysterious Communication: The Secret Language of the Gowned Brotherhood in Nineteenth-Century Sichuan"，原文发表于《晚期帝制中国》（Vol. 29，No. 1，2008，a special issue in Honor of William T. Rowe，pp. 77 - 103）。中译文发表在《史林》（2010 年第 1 期，第 89 ~ 97 页）。

第十一章

社会学的启发：社会学
与 1940 年代的秘密社会调查
——以沈宝媛《一个农村社团家庭》为中心

1945 年夏天，燕京大学社会学系 21 岁的女学生沈宝媛，来到成都西北郊区"望镇"，和当地袍哥首领雷明远的家庭建立了相互信任的关系，并记录了这个家庭日常生活的点点滴滴，其于次年 4 月完成一篇 2 万多字的社会调查报告《一个农村社团家庭》，作为她在燕京大学社会学系的毕业论文。① 从论文的封面可以得知，沈宝媛的导师是徐雍舜，论文的评阅者是燕京大学社会学系主任林耀华和法学院院长郑林庄。另外，在前言中，沈还特别提及廖泰初为她的调查所提供

① 沈宝媛：《一个农村社团家庭》，燕京大学学士学位论文，1946，北京大学图书馆藏。感谢四川大学李德英教授大约 10 年前给我提供了这篇论文的复印件。这篇调查共 46 页，外加 2 页的摘要。论文使用燕京大学专用稿纸，每页 576 字，中缝标有"燕京大学毕业论文"字样，每页从中缝处进行折叠，类似于古书装订的 A、B 面。调查的正文共 43 页，约 2.4 万字。最后 3 页是附录，有 1000 多字，含 6 个方面的内容：(1)"袍哥"与《海底》之缘起；(2)"袍哥"之定义与别名；(3) 袍哥令集举例；(4)"袍哥"对内禁条"十条三要"，须为"袍哥"所遵守者；(5)"袍哥"隐语举例；(6)"袍哥"书籍举例。关于附录中所收集的资料，目前不难找到。不过，我们不能否认，附录部分仍然有相当的价值，因为四川的袍哥并不是一个统一的组织，而是分散在各地的、各自为政的秘密社团，虽然他们都把《海底》作为组织的"圣经"，但内部的规章、仪式和语言却是千差万别的，因此，从这个附录中我们可以看到与望镇袍哥直接相关的内部文献。这篇论文最珍贵之处，在于她对这个袍哥家庭的描述和日常生活的细节、经济状况、所面临矛盾，以及这个袍哥及其家庭富有传奇的故事的记录。

的他自己关于哥老会研究的英文论文。① 由此可见，和沈宝媛这篇调查有关的老师，都是当时中国人类学和社会学界大名鼎鼎的先驱者，而沈宝媛的这篇论文也反映出彼时中国社会学调查的学术状况。

作为沈宝媛社会调查的主角，袍哥这个在四川地区历史悠久、极具有影响力的秘密社会组织，在乡村社会中扮演了一个主宰的角色，虽然其在一段相当长的时期内，被视为与国家机器进行对抗的非法组织，但依靠着深厚的历史文化土壤、严密的组织结构、广泛的社会网络和兄弟般的成员关系，这个组织迅速发展成为四川地区最具影响力的民间势力。在1940年代，它的力量已经渗透、扩张到地方政府日常事务的处理中，甚至到了地方政府不得不和它进行合作的地步。因此，我们可以说，这个组织的地方首领，实际上已经成为当时地方社会基层组织的领袖。对于这样具有广泛影响力的地方社会组织，其一方面维持着地方社会和居民日常生活的稳定，另一方面也成为地方抵抗国家控制最顽强的力量。

1940年代川省的袍哥组织，在意识形态（反满）、政治目的（复明）、行动方式（秘密）等方面都已与过去不可同日而语。在经历了一个复杂而漫长的历史发展过程后，其已从旧时一个反清的秘密组织，逐渐演变为一个在四川地区广泛分布、并公开活动的社会团体。1911年发生的辛亥革命是其发展过程中的一个转折点，在随后的民国时期虽然袍哥仍然是一个政府明令禁止的社会组织，但实际上地方政府并没有真正采取严厉的镇压措施。在之后的二三十年中，川西平原的袍哥组织在军阀统治、动乱纷繁环境下继续蓬勃发展，到1940年代时，

---

① 即 Liao T'ai-ch'u, "The Ko Lao Hui in Szechuan," *Pacific Affairs*, XX, 1947, pp. 161 – 173。虽然沈宝媛在报告中没有提到廖所提供的具体论文题目，但是经查阅，廖泰初关于哥老会的英文论文仅此一篇。此外，沈完成毕业论文是1946年，而廖的文章发表是1947年。因此，我们可以推测沈所读到的文章应该是廖文发表前的手稿。

地方政府已经完全没有力量控制这个组织的扩张了。

其实，20 世纪二三十年代社会学和人类学在中国的发展，也使沈宝媛对袍哥组织的调查成为可能。是时，一些受西方影响和教育的中国早期社会学家和人类学家，自称"农村工作者"，开始对中国农村社会进行调查，认为想要了解中国，就必须先了解中国的农村和中国的农民。而他们关于中国农村社会的调查，也成为当时中国乡村建设和乡村教育运动的一个重要组成部分。正是当时这些农村工作者深入农村、深入农民所进行的社会调查活动，为我们今天的研究留下了丰富的调查记录，成为我们今天了解川西平原上袍哥组织的珍贵文本和历史记忆。①

对于袍哥组织领袖雷明远与青年女学生沈宝媛来说，他们原本是生活在两个完全不同世界的人，有着迥异的地域、教育、社会和经济背景，但是由于某种机缘，命运使他们在 1945 年的夏天聚在一起。他们一个是被调查者和被描述者，一个是调查者和讲述者，两者的生活在那个看似平常的夏季中产生了互动，同时又留下一段不平凡的历史。本章研究的着眼点并不在于讨论沈宝媛这个调查的具体内容，而是希望根据这个调查报告，去探索这样一个社会学调查的政治、社会和学术方面的来龙去脉，以及其所涉及的学术研究方法。同时，本章还将讨论这样的社会调查，怎样作为我们今天研究的历史资料来使用，并能在何种程度上还原那段已经逝去的历史和那些已经被摧毁的关于秘密社会组织的记忆。②

---

① 应该指出的是，当时在中国学界，对于社会学和人类学并没有严格的区分。今天我们在回顾燕京大学社会学系的研究成果时，发现其中许多成果在研究方法上和研究对象上，和人类学的区别很小。这个传统甚至一直影响到今天。目前中国许多大学中的人类学，都是社会学的一部分（包括北京大学）。因此，本章所提到的燕京大学社会学系的老师们，其身份也经常是人类学家。

② 关于这个调查的细节以及对其资料的具体运用，请参考我的新著 *Violence and Order on the Chengdu Plain：The Story of a Secret Brotherhood in Rural China，1939 – 1949*，Stanford：Stanford University Press，2018。中译本《袍哥：1940 年代川西乡村的暴力与秩序》由北京大学出版社 2018 年出版。

一 沈宝媛与"农村工作者"

　　1920 年代开始的中国乡村建设运动，不仅使当时的人们对中国乡村、中国农民和中国农村问题有了更加深入的认识，同时，还为学者们研究中国乡村社会提供了丰富的资料，并提供方法论。1926 年，中华平民教育促进会（平教会）在留美博士晏阳初的带领下，到河北中部的定县进行乡村教育实验。到 30 年代初，晏阳初利用在美国募集到的资金，把平教会的总部从北平搬到了定县县城，并招募到不少大学生和留学生志愿者参加平教会的实验。① 与此同时，1929 年，梁漱溟在河南省北部的辉县创建了以乡村重建为目的的村治研究院，此后，1931 年其又在邹平创办了山东乡村建设研究院，希望由此来全面认识中国的乡村社会。除了创立村治研究院外，梁漱溟还参与出版了《村治》月刊，并写有《乡村建设大意》《乡村建设理论》《答乡村建设批判》等一系列著作，阐明其关于中国乡村建设

---

① 关于中国乡村建设运动，见郑大华《民国乡村建设运动》，社会科学文献出版社，2000；李伟中《知识分子"下乡"与近代中国乡村变革的困境——对 20 世纪 30 年代县政建设实验的解析》，《南开学报》2009 年第 1 期；刘重来《民国时期乡村建设运动述略》，《重庆社会科学》2006 年第 5 期；鲁振祥《三十年代乡村建设运动的初步考察》，《政治学研究》1987 年第 4 期；赵旭东《乡村成为问题与成为问题的中国乡村研究——围绕"晏阳初模式"的知识社会学反思》，《中国社会科学》2008 年第 6 期；何建华《晏阳初的平教运动及县政改革实验》，《东南学术》2008 年第 1 期；Charles Wishart Hayford, *To the People*: *James Yen and Village China*, New York: Columbia University Press, 1990; Martha McKee Keehn ed. , *Y. C. James Yen's Thought on Mass Education and Rural Reconstruction*: *China and Beyond*: *Selected Papers from an International Conference Held in Shijiazhuang*, *China*, *May 27 – June 1*, *1990*, New York: International Institute of Rural Reconstruction, 1993。

的主张。① 除晏阳初、梁漱溟外，卢作孚在重庆北碚也进行了如火如荼的乡村建设实验，并写有《四川嘉陵江三峡的乡村建设运动》。② 在其 1930 年所写的《乡村建设》一文中，卢作孚强调了教育是乡村第一要务这一原则，为此后教育运动在四川乡村地区的开展打下了良好的基础。

在全面抗战爆发后，远在西部大后方的四川地区便成为中国乡村建设的重要基地。晏阳初所组织的平教会把实验的重点放在四川的乡村教育方面，并在 1936 年春和四川省政府合作，筹办组织设计委员会领导四川乡村教育运动。次年 4 月，四川省政府将新都定为四川乡村教育运动的实验县，并直属省政府，计划在三年内完成关于此地区乡村教育运动的实验。1939 年 9 月，国民政府公布了《县各级组织纲要》，其中，采纳了许多平教会多年来在定县、新都等地实验积累起来的经验，并计划在全国范围内推行。基于彼时四川地区的特殊情况和在抗战中重要的地位，国民政府决定在四川率先实施该纲要，并由平教会进行协助。1940 年 3 月 1 日，在国民政府指定之下，四川全省各县开始正式实行新的县制。③

---

① 关于梁漱溟乡村建设的研究，见 Lu Xinyu and Zhu Ping, "Rural Reconstruction, the Nation-State and China's Modernity Problem: Reflections on Liang Shuming's Rural Reconstruction Theory and Its Practice," in Cao Tian Yu, Zhong Xueping, and Liao Kebin, eds., *Culture and Social Transformations in Reform Era China*, Leiden: Brill, 2010, pp. 235 – 256; Stig Thøgersen, "Revisiting a Dramatic Triangle: The State, Villagers, and Social Activists in Chinese Rural Reconstruction Projects," *Journal of Current Chinese Affairs*, Vol. 38, No. 4, 2009, pp. 9 – 33; Wu Shugang and Tong Binchang, "Liang Shuming's Rural Reconstruction Experiment and Its Relevance for Building the New Socialist Countryside," *Contemporary Chinese Thought*, Vol. 40, No. 3, 2009, pp. 39 – 51。
② 关于卢作孚乡村建设的研究，见刘重来《中国西部乡村建设的先驱者：卢作孚与民国乡村建设研究》，人民出版社，2007。
③ 李在全：《国难中的乡村事业：抗战时期四川的乡村建设运动——以平教会为中心的考察》，《天府新论》2006 年第 2 期。

在 20 世纪二三十年代，全国范围内从事乡村建设工作的团体和机构有 600 多个，先后在全国各地设立各种实验区上千处，如以晏阳初为代表的河北定县，以梁漱溟为代表的山东邹平，以燕京大学为代表的北平清河等地的乡村建设实验区，大多是以平民教育为中心。①这些乡村建设计划主要关注农村教育、农村地方自治、农业改良、优良品种推广、病虫害防治等方面工作，同时，还力图解决乡村中农民的借贷问题，如成立借贷合作社和信用合作社，发放贷款，以解决农民们在农业生产中所面临的资金上的困难。此外，在实验区内，乡村建设计划还提倡乡民间互助合作，组织农民成立各种合作社以促进农业生产，并设立乡村医院，建立起乡村公共卫生保健制度，以预防各种传染病的传播。面对乡村社会中的一些传统习俗，他们提倡教育农民移风易俗，对缠足、吸毒、赌博、早婚、买卖婚姻、溺女等方面的陋习予以改良，达到开通民智的目的。在这种社会背景与氛围的影响下，1945 年夏天，燕京大学组织老师与学生们在四川成都近郊的"望镇"设立乡村补习班，以促进"望镇"地区教育事业的发展，而沈宝媛便是其中的参与者之一。也正是由于补习班的工作，沈宝媛才有机会接触并深入了解作为当地袍哥组织首领的雷氏家庭。

从一定程度上来讲，沈宝媛所做的这个社会调查，也受到了当时中国民族危机的影响。全面抗战爆发后，各地高校因战事停办的非常多。为此，国民政府颁布了战区内学校处置办法，并组织战区学校的内迁等事项。全面抗战爆发初期，华北和东南沿海各高校，除燕京、辅仁等教会学校外，大多迁至西南和西北地区。根据国民政府教育部

---

① 刘重来：《民国时期乡村建设运动述略》，《重庆社会科学》2006 年第 5 期；成必成：《民国"乡村教育运动"及其对农村教育改革的启示》，《教学与管理》2014 年第 2 期。

的统计，战事起后，迁入中国大后方复课之学校有 77 所之多，停课者有 17 校。在 1941 年 12 月太平洋战争爆发后，原上海租界内的高校陆续内迁至西部内陆地区，同时期，滞留北平的燕京大学亦迁往成都。① 次年，燕大于成都复校（定英文名为 Yen Ching University in Chen Tu），在战争的环境中继续进行其教育事业。燕京大学此次成都复校，在选址上面颇费了些周折，最后终于选定在陕西街一个中学和小学的旧址基础上进行。②

燕京大学成都时期社会学系的主任先后由李安宅、林耀华担任，并根据当时的战时形势，组织学生进行对边疆地区的社会调查、城市社会服务以及农村社会服务等工作。在这种学术大氛围的影响下，沈宝媛选择袍哥这样一个调查题目，也就顺理成章了。此外，当时燕京大学的学生，也受到了共产党思想很深的影响，在学生中所产生的共产党组织已经有了相当的发展。1944 年 10 月 15 日，来自各个大学的思想进步分子在成都成立了"成都民主青年协会"（简称"民协"），其中便包括许多燕大的地下党学生。由于中国共产革命的基础在农村，故而了解中国农民和中国农村一直是共产党人所强调的。所以，在当时，燕大学生进行深入农村的活动，除了受那些社会学和人类学老师们的影响外，也是响应共产党到农村去的号召。1945 年春，"民协"号召在校的青年大学生到周边的农村与农民进行接触，并鼓励他们利用暑假参加"农村工作队"，到成都附近的农村从事送医送药、举办夜校、宣传抗日、农村调查以及

---

① 周勇主编《西南抗战史》，重庆出版社，2006，第 373～374 页。
② 燕京大学成都校友会：《抗战时期迁蓉的燕京大学》，成都市政协文史学习委员会编《成都文史资料选编·抗日战争卷》下册《天府抗战》，四川人民出版社，2007，第 344 页；张玮瑛等主编《燕京大学史稿》，人民中国出版社，1999，第 1314 页。

了解租佃关系等活动。① 燕大的地下党员学生为了响应"民协"此次的号召，认真组织了下乡的活动，使参加活动的同学们初步体会到知识分子与工农相结合的必要性。在活动结束后，有的同学说："一个月的农村生活，决定了我一生的道路，农村的实际教育了我，使我下决心一生走革命的道路。"② 虽然我没有发现直接的资料可以表明沈宝媛这次到"望镇"的考察是由共产党所组织的，但在彼时的时代背景下，也许他们之间存在着某种联系。

燕京大学社会学系的教育一向注重理论联系实际，鼓励学生深入民众，进行实地调查，对于当时的沈宝媛来说，这样的教育理念简直是求之不得的。在其自述中，沈称自己从孩提时代起，就非常向往农村的生活，喜欢田园间的自然景色，对于熙熙攘攘的城市生活兴趣不大。同时，她还觉得乡下人普遍淳朴，对"城市狡猾人们"有所提防。所以当其通过学校组织的活动来到成都近郊的乡村时，乡间的青山绿水，以及秀丽天成的景色，都使她找到一种宾至如归的感觉。因此在调查中沈宝媛也承认，这次的调查，也是"由于自私的原因"，因为她觉得"在烦嚣的城市里永得不着宁静，使我更思恋于寂静的乡村生活"。与此同时，作为一个年轻的大学生，沈宝媛还深受当时在燕京大学中所盛行的左翼思想的影响，因此，其在调查过程中还怀有同情下层民众的情怀。当她在欣赏田园之美的同时，还会想到农

---

① 王效挺、黄文一主编《战斗的历程：1925～1949.2 燕京大学地下党概况》，北京大学出版社，1993，第100～101页。关于燕京大学及其学生运动，见 Elizabeth J. Perry, "Managing Student Protest in Republican China: Yenching and St. John's Compared," *Frontiers of History in China*, Vol. 8, No. 1, 2013, pp. 3 – 31; Dwight W. Edwards, *Yenching University*, New York: United Board for Christian Higher Education in Asia, 1959; J. Leighton Stuart, *Fifty Years in China*, New York: Random House, 1946; Philip West, *Yenching University and Sino-Western Relations, 1916 – 1952*, Cambridge, MA: Harvard University Press, 1976。

② 王效挺、黄文一主编《战斗的历程：1925～1949.2 燕京大学地下党概况》，第100～101页。

民耕耘时的辛苦与劳累，心里由此产生一种"深深抱歉的感觉"。因为沈宝媛把自己看成一位"农村工作者"，故而对农民有着"同情与爱戴"，渴望拥有"与农民一块生活，一块玩耍，一块工作的机会"。从这些自述中，可以看出，当时的沈宝媛是一个理想主义者，她对自己家庭和教育的优越条件，是有一种内疚感的，并试图以"学习纯朴与勤苦来改变一下浮夸的积习，回复到人类自然的天性"，所以在她的调查中，我们可以看到其有着要为"农村服务的志向"。①

的确，在当时国内环境的影响下，中国的知识分子们都渴望到农村去了解农民的生活，并用自己的所学去改造农村社会，而这在当时已经成为一种学术风气。对此，沈宝媛在其报告中写道："一九四五年的夏天，'知识分子下乡去'的口号到处在散播着，利用这个休闲的假期播下一点农村工作的果实，表示对农民大众致崇高的敬礼，向他们学习书本以外的知识。"例如为沈宝媛提供袍哥资料的教育系的廖泰初教授，1943年春便率系里师生在成都北郊的崇义桥夏家寺（其实就是沈宝媛所调查的"望镇"）建立起农村研究服务站。② 此外，当时社会学系的主任林耀华在燕京大学成都复校的四年教学中，有三个假期都是到凉山、西康等少数民族地区进行乡村考察。③ 在这种氛围之中，沈宝媛关于川西平原上袍哥组织的调查便显得顺理成章了，同时，其所做的这份社会调查也为我们今天研究袍哥组织保留了珍贵的历史资料。

---

① 沈宝媛:《一个农村社团家庭》，第1页。
② 张玮瑛等主编《燕京大学史稿》，第1320页。
③ 林耀华著，张海洋、王晔整理《社会人类学讲义》，鹭江出版社，2003，第457~460页。

二 沈宝媛社会调查的学术渊源

这股当时中国所盛行的社会学和人类学农村调查潮流，有着其深刻的学术渊源，是 20 世纪二三十年代以来许许多多学术先驱者们共同努力的结果。中国社会的调查研究活动，开始于 20 世纪初一些教会学校和一些学校中的外籍教授。1917 年，清华学堂的美籍教授狄德莫（C. G. Dittmer）指导其学生在北京西郊展开关于 195 家北京居民的生活费用的调查研究活动，并撰写成调查报告。随后，1918～1919 年，美籍教士甘博（Sidney D. Gamble）与燕京大学教授步济时（John Stewart Burgess）也开始着手调查北京居民的社会生活状况，并于 1921 年在美国出版《北京：一个社会调查》的报告。同年，上海沪江大学教授葛学溥（Daniel H. Kulp）带领社会学系的学生在广东潮州凤凰村，对 650 户人家进行调查，后集结成《华南农村生活》一书，于 1925 年在美国哥伦比亚大学出版。[①] 1922 年，华洋义赈会救灾总会请马伦（C. B. Malone）和戴乐尔（J. B. Tagler）教授指导 9 所大学的 60 多个学生，在河北、山东、江苏、浙江等省的 240 个村落进行社会调查，并于 1924 年出版了英文的调查报告《中国农村经济研究》。[②] 1921～1925 年，就职于金陵大学的卜凯（John Lossing Buck）教授组织学生调查了 7 个省 17 个县的 2866 个农场，

[①] C. G. Dittmer, "An Estimate of the Standard of Living in China," *Quarterly Journal of Economic*, No. 33, 1918, pp. 107 – 128; Sidney D. Gamble and John Stewart Burgess, *Peking*, *A Social Survey*, reprinted by Leiden: Global Oriental, 2011; Daniel H. Kulp, *Country Life in South China*, New York: Columbia University, 1925; 韩明谟:《中国社会学调查研究方法和方法论发展的三个里程碑》,《北京大学学报》1997 年第 4 期。

[②] C. B. Malone and J. B. Tagler, *The Study of Chinese Rural Economy*, Peking: China International Famine Relief Commission, 1924.

并出版了英文著作《中国农家经济》；随后在其组织下，这些学生们还对 22 个省 16700 多个农场进行了调查，并结集出版了英文著作《中国的土地利用》。① 在这些西方教授的带动下，中国国内的知识分子也开始将关注点转移至中国的乡村社会。

1920 年代，中华教育文化基金董事会在北平设立了社会调查部（1929 年改为北平社会调查所），开始对中国乡村社会进行调查。1926 年，北平社会调查所接受美国纽约社会宗教研究院的捐助，由陶孟和、李景汉主持，对北平及京郊开始进行大量的社会调查研究工作，并先后出版了二十多种相关调查成果。此外，30 年代，南京中央研究院成立了社会科学研究所，由陈翰笙担任所长。该所于1929～1930 年先后在江苏无锡、河北保定进行了农村社会调查。与此同时，前文所提及的晏阳初领导下的中华平民教育促进会，1926年在河北中部的定县设立实验区，1928 年由李景汉担任促进会定县实验区调查部主任，开始对定县的乡村社会进行全面的社会调查，并主编出版了《定县社会概况调查》一书。该书是中国历史上首次以县为单位的大型社会调查报告，并成为后来社会学者们调查研究的典范。②

因此，我们可以说，中国社会学的建立，一开始便是和中国的农村社会密不可分。那些早期在大学从事社会学教学和研究工作的学

---

① John Lossing Buck, *Chinese Farm Economy*, Chicago：University of Chicago Press, 1930；*Land Utilization in China*, Shanghai：University of Nanking, 1937. 前者的中文本由张履鸾译作《中国农家经济——中国七省十七县二八六六田场之研究》（商务印书馆，1936）。

② 《定县社会概况调查》总共 83 万字，分为 17 章，包括地理、历史、县政府以及其他地方团体、人口、教育、健康、卫生、农民生活、乡村娱乐、风俗与习惯、信仰、财税、县财政、农业、工商业、农村借贷、灾荒、兵灾等方面。详见李景汉编《定县社会概况调查》，中国人民大学出版社，1986；韩明谟《中国社会学调查研究方法和方法论发展的三个里程碑》，《北京大学学报》1997 年第 4 期。

者，如燕京大学社会学系的杨开道、李景汉、吴文藻以及他的学生费孝通等，最初的研究重心均是放在中国的农村社会之中。[①] 在他们的共同努力之下，不少与农村社会学相关的教材在当时得以出版。1924年，上海商务印书馆出版了顾复的《农村社会学》，这是关于中国农村社会学的第一本教材。此后，杨开道的《农村社会学》、冯和法的《农村社会学大纲》、言心哲的《农村社会学概论》相继出版。[②] 这些教材联系中国农村的实际，对中国农村的社会性质、人口、土地、经济、金融、教育、组织、自治等问题进行了研究，为当时的中国农村社会学研究提供了良好的范本。

而沈宝媛就读的燕京大学社会学系，便聚集了早期中国农村社会调查最优秀的学者。燕京大学社会学系创办于1922年，由美国普林斯顿大学驻华同学会步济时、艾德敷（D. W. Edwards）倡导发起，

---

① 杨开道（1899～1981），曾留学美国爱荷华农工学院和密歇根农业大学，并获社会学博士学位。回国后先后在大夏大学、复旦大学讲授农村社会学。1928年执教于燕京大学社会学系，在北平郊区清河镇主持实验区，多次组织学生对清河镇的历史、环境、经济、人口、家庭、卫生、教育、民俗民仪、村镇组织等方面进行实地考察，并撰写了一系列的研究报告，后在1930年代出版了《清河：一个社会学的分析》（Yen-ching ta hsüeh, Shê hui hsüehhsi, *Ching Ho: A Sociological Analysis: The Report of a Preliminary Survey of the Town of Ching Ho, Hopei, North China 1930*, Peiping: Department of Sociology & Social Work, Yenching University, 1930）。李景汉（1895～1986），早年留学美国，后任教于燕京大学社会学系，专门讲授如何进行社会调查。1926年前后，其指导学生对北京市郊四个村庄的人口与家庭、家庭收入、家庭生活状况进行问卷调查，并出版《北平郊外之乡村家庭调查》一书（商务印书馆，1929）。吴文藻（1901～1985），1929年获得美国哥伦比亚大学博士学位，回国后，将芝加哥学派社会学的社区研究方法和英国功能学派文化人类学的田野调查方法融合起来，倡导并发起了对中国农村社区的研究。1929年任教于燕京大学社会学系，曾担任系主任一职，著有《功能派社会人类学的由来与现状》（《民族学研究集刊》第1期，1936年）、《现代社区实地研究的意义和功用》（北平《晨报·社会研究》第66期，1934年）、《中国社区研究的西洋影响与国内近况》（北平《晨报·社会研究》第101、102期，1935年）等文章。

② 顾复：《农村社会学》，商务印书馆，1924；杨开道：《农村社会学》，世界书局，1929；冯和法：《农村社会学大纲》，黎明书局，1932；言心哲：《农村社会学概论》，中华书局，1934。

其目的是为美国在中国设立的社会团体及社会福利设施培养社会服务工作的专业人才。① 1929 年，吴文藻在美国哥伦比亚大学获得博士学位后，于同年回燕大任教，在其任教期间，吴竭力探索一种可以用来指导研究中国国情的理论构架，并希望以此培养出研究中国国情的人才。1933 年，芝加哥大学教授派克（Robert Ezra Park）受邀来燕大讲授社区调查方法，吴文藻听从其建议，于 1935 年邀请英国功能学派人类学创始人之一拉德克利夫 - 布朗（Alfred Reginald Radcliffe-Brown）到燕大社会学系讲学三个月。② 随后，吴文藻又派遣中国优秀学者到国外进行人类学的学习，安排李安宅先后到加州大学伯克利校区人类学系、耶鲁大学人类学系进行学习；安排林耀华到美国哈佛大学人类学系攻读博士学位；安排费孝通到英国伦敦政治经济学院人类学系，随功能学派大师马林诺斯基（Bronisław Malinowski）攻读博士学位，希望他们能在不同的学术环境中博采众家之长。尔后，待这些学生学成归来，大部分成了早期中国社会学、人类学界最有影响力的学者。③

---

① 雷洁琼、水世琤：《燕京大学社会服务工作三十年》，燕大文史资料编委会编《燕大文史资料》第 4 辑，北京大学出版社，1989，第 49～58 页。

② 派克（1864～1944）为早期美国社会学界最有影响力的社会学家之一，特别是对城市社会学的研究贡献甚大，其 1914～1933 年在芝加哥大学任教，并成为芝加哥学派的领袖之一。相关著述包括 *Introduction to the Science of Sociology* (with Ernest Burgess)，Chicago：University of Chicago Press，1921；*The City：Suggestions for the Study of Human Nature in the Urban Environment* (with R. D. McKenzie and Ernest Burgess)，Chicago：University of Chicago Press，1925。拉德克利夫 - 布朗（1881～1955），英国社会人类学家，结构功能学派的领袖，1931～1937 年在芝加哥大学任教。其著作包括 *Social Organization of Australian Tribes*，Melbourne：Macmillan & Co.，Limited，1931；*The Andaman Islanders*，Cambridge：Cambridge University Press，1933 等。

③ 李安宅（1900～1985），民族学、社会学家。1934～1936 年先后在加州大学伯克利校区、耶鲁大学学习，1936 年回国，在燕京大学任教。主要著作有《仪礼与礼记之社会学的研究》（商务印书馆，1931）、《美学》（世界书局，1934）、《意义学》（商务印书馆，1934）、《巫术与语言》（编译，商务印书馆，1936）等。关于

1930 年代，燕京大学社会学系的师生在系主任吴文藻的带领下，以社区研究法和社会人类学的方法及理论为指导，纷纷去各地农村进行社会调查。其中，最负盛名的便是 1936 年费孝通在开弦弓村进行的调查，并在其基础上完成了社会学调查的扛鼎之作《江村经济》一书。在书中，费运用社会学调查研究的方法，深入中国农村社会进行考察，以文化功能主义的理论和方法作为中心贯穿全书，对开弦弓村的社会结构和经济状况进行了分析。[①] 与此同时，沈宝媛的指导老师徐雍舜也发表有《东三省之移民与犯罪》等著作，成为彼时中国社会学研究的重要成果之一。[②] 此外，到了 40 年代，燕大社会学系主任林耀华、法学院院长郑林庄、教育学系教授廖泰初等人，均将其研究的重点放在中国农村问题上，对中国乡村和中国农民问题进行了深入的研究。这些学者在学术方面所做的研究和努力均对沈宝媛关于四川乡村袍哥组织的社会调查，产生了直接且重要的影响。

20 世纪三四十年代，结构功能学派理论和方法在学界十分盛行，

费孝通国内已经有不少研究和评述，例如赵旭东《费孝通对于中国农民生活的认识与文化自觉》，《社会科学》2008 年第 4 期；王建民《田野民族志与中国人类学的发展——纪念费孝通、林耀华先生 100 周年诞辰》，《中南民族大学学报》2010 年第 6 期。此外，英文关于费孝通的研究，可见 R. David Arkush, *Fei Xiaotong and Sociology in Revolutionary China*, Cambridge, Mass.: Council on East Asian Studies, 1981; Shiaw-Chian Fong, "Fei Xiaotong's Theory of Rural Development and Its Application: A Critical Appraisal," *Issues and Studies*, Vol. 33, No. 10, 1997, pp. 20 – 43; Naigu Pan, "Vitality of Community Study in China: Professor Fei Xiaotong and Community Study," in Chie Nakane and Chien Chiao, eds., *Home Bound: Studies in East Asian Society: Papers Presented at the Symposium in Honor of the Eightieth Birthday of Professor Fei Xiaotong*, Tokyo: Centre for East Asian Cultural Studies, 1992, pp. 33 – 43。

① 原文为英文，即 Fei Hsiao-tung, *Peasant Life in China: A Field Study of Country Life in the Yangzi Valley*, New York: Oxford University Press, 1939; 参见韩明谟《中国社会学调查研究方法和方法论发展的三个里程碑》，《北京大学学报》1997 年第 4 期。

② 徐雍舜：《东三省之移民与犯罪》，《社会学界》1931 年第 5 期。

并长期在中国社会学界居于主导地位。1935 年，拉德克利夫 – 布朗在访华期间曾担任林耀华硕士论文的指导教师，因此，林的硕士论文受其影响十分之大。林主张以结构功能主义的理论与方法研究中国家族的形态，并注重将社会学和人类学相结合，用社区方法研究中国乡村和城市社会的各种组织。① 此外，芝加哥大学的派克在燕京大学进行访问时，也对田野调查的方法和社区研究做过指导，启发了吴文藻、林耀华、费孝通等人将社会学和人类学结合起来对中国社会进行研究。在关于袍哥组织调查的论文中，沈宝媛简单提到了林耀华教授所教的这种"功能观点"，其以田野调查为基础，有着明显的结构功能主义倾向，这显然与上述燕京大学社会学系的学术渊源有关。从林耀华关于中国家族的研究成果来看，其对沈宝媛选择袍哥家庭这个研究对象是有一定的影响的。

1945 年的夏天，在这种学术环境和氛围的影响下，沈宝媛来到了成都近郊的望镇进行社会调查，她在燕京大学社会学系所受的学术

---

① 林耀华关于家族研究的主要成果有：《拜祖》，三联书店，2000，第 244 ~ 248 页；《宗法与家族》，北平《晨报·社会研究》第 79 期，1935 年；《媒妁婚姻杂记》，北平《晨报·社会研究》第 95 期，1935 年；《义序的宗族研究》，燕京大学硕士学位论文，1935（三联书店，2000）；《从人类学的观点考察中国宗族乡村》，《社会学界》第 9 卷，1936 年；Yao-hua Lin, *The Golden Wing*: *A Sociological Study of Chinese Familism*, London: K. Paul, Trench, Trubner, 1947。该书的中译本有两种，一种为《金翅》（宋和译，桂冠图书公司，1977），另一种为《金翼：中国家族制度的社会学研究》（庄孔韶、林宗成译，三联书店，1989）。此外还有《凉山彝家》，商务印书馆，1947；《民族学研究》，中国社会科学出版社，1985；《民族学通论》，中央民族大学出版社，1997；Yaohua Lin, "A Tentative Discussion of the Survival of the Concept of Rank in Contemporary Liangshan Yi Areas," *Chinese Sociology and Anthropology*, Vol. 36, No. 1, 2003, pp. 46 – 62; Yaohua Lin, "New China's Ethnology: Research and Prospects," in Gregory Eliyu Guldin ed., *Anthropology in China*: *Defining the Discipline*, Armonk and London: M. E. Sharpe, 1990, pp. 141 – 161. 对林耀华的研究，参见张海洋《林耀华教授与中国的少数民族和民族研究》，《西南民族学院学报》2001 年第 1 期。在燕京大学成都复校期间（1942 ~ 1945），林耀华曾到四川凉山彝族地区进行过三次考察（具体见林耀华著，张海洋、王晔整理《社会人类学讲义》，第 456 ~ 460 页）。

训练、政治思想倾向，都将毫无保留地展现在她的这个调查中。她怀着关注中国农村问题并同情中国农民处境的初衷，来观察彼时的中国农村现实，并提出问题、发现问题、思考问题。从沈宝媛的身上，我们可以发现她老师们的影子，而她所做的关于在川西平原上生活的袍哥家庭的调查报告《一个农村社团家庭》，无疑是那个时代中国社会学和人类学发展过程中一个有价值的成果，虽然长期以来我们忽视了这类成果的存在。

三 调查者沈宝媛

在关于袍哥家庭的调查论文中，沈宝媛表示这篇论文的中心是"分析一个曾经经历兴衰阶段的袍哥领袖人物的生活史，以说明秘密社会在一个社区里的控制作用及其消长兴替"，以及"从雷氏家庭透视袍哥社会的真象"。[①] 在其论文中，我们可以看到主人公雷明远是如何从一个地方有权势的袍哥首领逐步走向衰落的（以及其中所发生的他个人和家庭的故事），而这也在一定程度上反映了整个袍哥组织从盛到衰的历史发展过程。如果要把沈宝媛的这个调查作为历史资料来使用，对调查者的深入了解便是十分有必要的。因此，我对她的家庭影响、思想倾向、知识结构、学术背景等方面都进行了深入的挖掘。沈宝媛生于 1924 年 2 月，也就是说 1945 年夏天，当她到望镇考察的时候是 21 岁，作为燕京大学社会学系三年级的学生，那么她 22 岁（1946）从燕大毕业，正是符合彼时大多数大学生毕业的正常年龄。

正如前面已经讨论过的，沈宝媛所从事的这个调查，是与 1920

---

① 沈宝媛:《一个农村社团家庭》，第 16 页。

年代以来中外学者对中国农村问题的关注以及彼时社会学与人类学的发展趋势密不可分的。除此之外，从后来对沈宝媛的研究来看，大学时代的沈宝媛还明显地受到以下两方面的影响：一是燕京大学和社会学系开放的治学风气；二是左翼思想和共产党的政治主张。这些外部环境因素的影响对于彼时沈宝媛深入成都近郊乡村进行调查，都起到了一定程度上的推动和指导作用。

对第一个因素，我在上文已经进行了分析。对第二个因素，我后来发现的其他一些资料还可以对此有进一步的证明。虽然关于沈宝媛的资料很少，但我还是找到了与她相关的一些人的活动轨迹。在1949 年以前，沈宝媛便是一位左倾思想活跃的大学生，同时，其还是燕大海燕剧团的活跃分子。海燕剧团成立于 1942 年秋天，即燕大在成都刚刚复课不久，学校的文学研究社在当时被分为若干组，其中爱好戏剧的有十多位同学：卓顽麟、陶慧华、沈宝媛、唐振常、王世祯等。① 王世祯为燕京大学经济系的学生，经常带着一本厚厚的精装尤金·奥尼尔（Eugene O'Neill）原文剧本，有空就读，立志于要为戏剧事业奋斗终生。② 由于他对戏剧的热爱，被选为戏剧小组的召集人。后来，这十几位戏剧爱好者决定成立海燕剧社以继续他们的戏剧活动，而其剧社名称则得名于高尔基的著名诗篇《海燕》，表达了他们希望做与暴风雨英勇搏斗的海燕。后来随着剧社规模日益扩大，海燕剧社被改组为海燕剧团。1943 年春节，海燕剧社推出成立后的第一台大戏，即由阳翰笙所编的《塞上风云》。这出戏的主题是蒙汉团

---

① 卓顽麟，燕京大学新闻系毕业后，曾在共青团中央青工部、《中国青年报》工作。唐振常，燕京大学新闻系毕业后，曾在上海、香港、天津三地《大公报》任编辑、记者等，后任上海社会科学院历史研究所研究员。陶慧华，唐振常妻子，长期在教育部门工作。

② 尤金·奥尼尔（1888～1953），美国著名戏剧家，代表作为《琼斯王》（*The Emperor Jones*）。

结抗日，反对分裂投降。其后，海燕剧社又公演了作家夏衍编剧的反映现代知识女性内心世界和爱情的话剧《芳草天涯》，陶慧华、沈宝媛等参加了演出。①

除了上述海燕剧社的活动外，我还发现，沈宝媛的名字曾经出现在1945年9月29日有248名左翼文化人士签名的《成都文化界对时局的呼吁》中，这份对于时局的呼吁囊括了当时和后来中国文艺界的诸多名人，如叶圣陶、刘开渠、吴作人、黎澍、张友渔、唐振常、张天翼、马思聪、李劼人等，在呼吁中他们要求国民党政府"立即结束一党专政"，"无条件保障人身、言论、出版、集会、结社、信仰"等基本人权。②值得注意的是，这个呼吁的发表时间，正是1945年毛泽东赴重庆谈判之时，想来这份文艺界的呼吁是为了配合共产党关于重庆谈判的主张而发出的。

1946年，沈宝媛从燕京大学社会学系毕业以后，曾一度在香港基督教女青年会劳工部工作，担任干事。她于1946～1948年陆续在《香港女声》杂志上发表若干篇文章，主题都是与女青年会的活动有关，如《女青年会劳工部工作介绍》《中英友情的交响曲——记香港女青年会欢迎克里浦斯夫人大会》《友光团圣诞大会与复团典礼》《假如我是一个女工》《一个新生的嫩芽——劳工小童班》《参加劳工及民教事工研究会归来》等。1947年，沈宝媛还在上海《消息》杂志上发表了《圣阿连夫日游行记》一文，记叙了她出席奥斯陆世界基督教青年大会的见闻。其后，1949年3月，沈宝媛在香港《女青》杂志上发表了《"把根据安在磐石上"——记港、穗区劳工部教师进修班》一文，讲

---

① 张玮瑛等主编《燕京大学史稿》，第558页。
② 《新华日报》1945年9月29日。

述了其在教师进修班的经历感受。①

　　1950 年初，因为香港当局停办了 7 所妇女夜校，使千余女工面临失学的困境，沈宝媛与女青年会中其他教师和干事等 33 人，发布了《告社会人士书》，呼吁各地"基督教的同工们，热心支持青年会工作的社会人士们"，"一致起来，共同挽救"。② 不过在这个呼吁书后面还有一些更为复杂的背景，从中，我们亦可看到沈宝媛的左翼倾向以及与共产党之间的联系。劳工妇女部于 1946～1949 年在香港的旺角、中环、铜锣湾等地开办了 7 所劳工妇女夜校，至 1949 年共有学生总数 1300 余人，学生中大多以女工为主，包括小贩，失学、失业的女青年。妇女夜校的学制为期三年，毕业后相当于小学水平。1949 年 11 月，深受左翼影响的香港《文汇报》刊登了一封由"女青年会劳工夜校校友"撰写的给解放军的慰问信，并同时刊登了"回国观光团"的名单，其中便有香港基督教女青年会劳工部干事的参加，这份慰问信以及名单引起了港英当局的注意，其怀疑青年会的夜校已被中共渗透，于是便派大批便衣警察去搜查劳工妇女宿舍。港英当局的这些举动造成青年会董事部宣布停办 7 间劳工妇女夜校，并要求劳工部干事即包括沈宝媛在内的全体教职员工等三十多人离职。后来迫于学生组织抗议活动的压力，董事部才于一个多月后陆续复办其中的 5 所夜校。对于这个事件，我们可以将其视为当时港英当局压制

---

① 沈宝媛：《女青年会劳工部工作介绍》，《香港女声》第 2 期，1946 年 11 月；《中英友情的交响曲——记香港女青年会欢迎克里浦斯夫人大会》，《香港女声》第 3 期，1946 年 12 月；《友光团圣诞大会与复团典礼》，《香港女声》第 4 期，1947 年 1 月；《假如我是一个女工》，《香港女声》第 5 期，1947 年 2 月；《一个新生的嫩芽——劳工小童班》，《香港女声》第 6 期，1947 年 3 月；《参加劳工及民教事工研究会归来》，《香港女声》第 2 卷第 3、4 期，1948 年 3、4 月；《圣阿连夫日游行记》，《消息》第 14 期，1947 年；《"把根据安在磐石上"——记港、穗区劳工部教师进修班》，《女青》第 2 卷第 3 期，1949 年 3 月。

② 《星岛日报》1950 年 1 月 30 日。

亲中共人士和团体措施的一部分，由此我们也可以看出彼时盛行的左翼思想对于沈宝媛的影响。①

但在 1950 年以后很长一段时间内，我们都无法再找到有关沈宝媛活动的任何记载。而沈宝媛的名字重新出现在媒体上，则已经到了 2005 年以后，且多是与其父亲沈祖荣有关。这些与沈祖荣相关的报道，倒使我进一步了解了沈宝媛的出身和家世。沈宝媛的父亲沈祖荣（1883～1977）是中国图书馆学的开创者与奠基人。2005 年，沈宝媛及其亲属在中山大学设立了"沈祖荣沈宝环纪念奖学金"，以鼓励那些在当代为中国图书馆事业做出努力的年轻人。② 由于 1950 年代之后，我们无法找到与沈宝媛相关的任何信息，这显然表明其在 1950 年以后并没有进入学术界，而从现存很有限的资料来看，我们仅仅能知道的是沈宝媛和她的丈夫都是燕京大学的毕业生。与其著名的父亲相比，沈宝媛可以说是默默无闻的。但即使是默默无闻，沈宝媛在

---

① 周奕：《香港左派斗争史》，香港利文出版社，2002。

② 程焕文：《沈祖荣故居巡礼》，《图书情报知识》2007 年第 6 期；陈维尊：《无尽的哀思深深的怀念——回忆外祖父沈祖荣先生》，http://zwf251.blog.sohu.com/，发布日期：2010 年 9 月 12 日，使用该网页日期：2014 年 7 月 2 日。关于沈祖荣与"文华公书林"的情况，可见 Cheryl Boettcher, "Samuel T. Y. Seng and the Boone Library School," *Libraries & Culture*, Vol. 24, No. 3, 1989, pp. 269–294. 沈祖荣出身贫寒，祖辈是长江的纤夫，其父后来在宜昌的江边开了一个小饭馆，沈祖荣从小便在餐馆里帮忙干活。15 岁时，沈祖荣进入宜昌圣公会教堂做工，后到文华大学学习，毕业后在美国图书馆专家韦棣华（Mary Elizabeth Wood）创办的"文华公书林"任职。1914 年，沈祖荣得到韦棣华的资助赴美国学习图书馆学，并于 1916 年获得哥伦比亚大学学士学位，是中国获得图书馆学专业学位的第一人。次年，沈祖荣回国后，继续在"文华公书林"工作。1920 年，韦棣华与文华大学合作创办文华图书科，沈祖荣与韦棣华都在那里任教。1920 年代，沈祖荣参与发起了中华图书馆协会，并作为中国的唯一代表参加在意大利召开的国际图书馆协会联合会第一次大会。后沈祖荣担任武昌文华图书馆专科学校校长。在 20 世纪三四十年代，为中国培养出一批图书馆专业人才。1952 年，沈祖荣随文华图书馆专科并入武汉大学，其后一直任教于武汉大学，于 1977 年在武汉逝世。沈宝环是沈祖荣的长子，1946 年赴美留学，由于政治方面的原因，此后父子二人竟然永世隔绝，直到晚年沈祖荣都没有得到关于儿子的任何消息，更无从知晓其长子已经从美国到了中国台湾，在台湾继续从事其父的图书馆事业，并于 2004 年在美国去世。

70多年前所做的这个关于袍哥家庭的调查，对我们今天了解四川的秘密社会，也有着十分重大的资料价值。我们甚至可以说，如果没有她当时的这份调查，我们将永远没有可能这样深入地进入1940年代一个袍哥家庭的普通生活之中。

四　沈宝媛的调查方法

正如上文所提到的，沈宝媛当时在燕大社会学系所接受的训练，决定了她1945年在"望镇"进行调查的目的、理论和方法。关于沈宝媛在调查中所采用的方法，她自己说是运用了"运算方法（Operational Method）"（英文是她的原注——笔者注），就是"人与人之间互动关系的测量，研究不易捉摸的微妙生活关系以内的材料，以达到了解现象的目的"。其后，她还解释说这种运算方法是继批评学派（Critical Theory）与功能学派（Functionalism）以后，美国社会人类学发展中的一个新方法，这种方法是"二者观点综合以后的结晶"，即主张用功能主义的观点和数学的方法，来研究社会文化现象，"并预测未来事态之发生"。她觉得这是"一个极有趣味，具有真实意义的预测"。因此，她试图用自己的毕业论文，来对这个新的研究方法进行一个"小小应证的实验"。在论文前言中，她感谢林耀华老师教她"运算方法及功能观点"。[①] 同时她也表示，对于如何运

---

① 林耀华在其晚年的《社会人类学讲义》中，对批评学派和功能学派都有所评论。根据林的介绍，批评学派的领袖是美国人类学家法兰兹·鲍亚士（Franz Boas，1858－1942），鲍氏反对用单一原则概括普遍的民族文化，人类社会不是直线的进化。他用精密的历史方法分析民族间的文化关系，他的学派也被称为历史学派。林认为批评学派太过重视历史的分析，引起了功能学派的反感。拉德克利夫－布朗和马林诺斯基是人类学功能学派的先驱，他们研究的着重点，不像历史学派重视历史的复原，而是注意区域内民族文化平面的分析。必先选定一个民族社区，

用所收集的资料，还要根据"个案方法或生活史方法"进行再分析，这样才能从雷氏家庭来"透视袍哥社会的真象"，而这种研究方法被她称为"关系叙述"。① 简单来说，就是沈宝媛认为这个论文所采取的是数学运算和关系叙述相结合的方法，而且她还认为，对于学术研究来说，关系叙述也是"科学上的任务"，是"运算方法中所必不可少的要件"。所以在她看来，两种方法是相辅相成的。②

不过，通读全文，我并没有发现沈宝媛对这个新方法有具体的运用。其实，按照洛曼克斯（Alan Lomax）所编的关于民歌体例和文化一书中对 operational method 的解释来说，这种方法是民族志和文化人类学相结合的方法，利用调查者所采集的数据去确定调查的模式、形式、行为、标志、风格和文化等，再用分类、比较、个案等手段来达到认识对象的目的。③ 不过，也可能是沈宝媛有采用这样的方法进行下一步研究的打算，一旦其完成了毕业论文，似乎再没有机会去考虑如何进行这个课题的下一步研究了。对我来说，沈宝媛在调查中使

社区人民共同生活，以洞识文化的详情。见林耀华著，张海洋、王晔整理《社会人类学讲义》，第 22 ~ 24 页。中文学界对这两个学派的最新评论，见乔健《美国历史学派》和王铭铭《功能主义与英国现代人类学》，均载周星、王铭铭主编《社会文化人类学讲演集》第 2 卷，天津人民出版社，1997。关于批评学派鲍亚士的代表性著作，见 Franz Boas, *Anthropology and Modern Life*, George Allen & Unwin Ltd, 1929；Franz Boas and George W. Stocking Jr., *A Franz Boas Reader：The Shaping of American Anthropology, 1883 - 1911*, Chicago：University of Chicago Press, 1974 等。关于功能学派中拉德克利夫 - 布朗的主要著作前面已经提到，其他重要著作还有 Adam Kuper ed., *The Social Anthropology of Radcliffe-Brown*, London：Routledge, 2004；Bronislaw Malinowski, *Crime and Custom in Savage Society*, New York：Harcourt, Brace & Company, Inc., 1926；Raymond Firth ed., *Man and Culture：An Evaluation of the Work of Bronislaw Malinowski*, London：Routledge & Kegan Paul Ltd., 1957。

① 沈宝媛：《一个农村社团家庭》，第 6 页。
② 沈宝媛：《一个农村社团家庭》，第 7 页。
③ Alan Lomax ed., *Folk Song Style and Culture*, New Brunswick, NJ：Transaction Publisher, 1968.

用了什么方法和理论并不十分重要，我关注的是她怎样真实地记录下她在田野调查中的所见所闻。从她在论文中的描述来看，尽管她会不时用现代化精英的眼光对她所记述的人和事进行一番评论，但总的来说她在调查中的描述是公允而不带偏见的。她尽量去了解被调查对象的日常生活和他们的内心世界，对他们进行客观的观察。因此，在我看来，在这篇调查中，她更多采取的是田野调查中的微观方法，即进行个别访问和观察的调查方法。在这种方法的运用中，观察调查对象及其生活是十分重要的，从其中所记录的各种细节，我们可以发现被调查者的经济情况、社会地位、性格爱好、宗教信仰等。

虽然沈宝媛在论文中提到林耀华教授了她用数学运算的方法去进行田野调查，但是林在全面总结自己研究的《社会人类学讲义》一书中，对这个方法的描述着墨不多，只是在评论人类学批评学派的时候说"惟在研究技术方面，应用统计数字去分析文化，因而复原民族文化的历史，似嫌机械化，且与事实毫无补益"。[①] 不过，在燕京大学成都复校时期林耀华所教的学生的论文中，倒是反复提到在林教授的指导下运用这个理论来完成社会调查报告，如杨树因在其论文《一个农村手工业的家庭——石羊场杜家实地研究报告》中提及，在1942～1943年"社会制度"课中，林耀华教授将这个观点"介绍给同学"，并称这一理论是"在注重文化功能研究、实地描写之外，同时考察历史过程"的方法，同时其也运用了比较的数学方法，"用划一的单位来考察人与人之间的互动关系，并预测未来"。[②] 此外，林耀华的学生用这个方法来撰写的论文还有《厂工研究——成都市一

---

① 林耀华著，张海洋、王晔整理《社会人类学讲义》，第25页。
② 杨树因：《一个农村手工业的家庭——石羊场杜家实地研究报告》，燕京大学学士学位论文，1944，北京大学图书馆藏，第2页。

个制版印刷工厂》《杂谷脑的喇嘛寺院》等。①

除了上述提及的研究理论和方法外，沈宝媛在论文中也清楚地表明，她写这篇论文的目的是"研究一个秘密社团，及其旧有领袖之一的家庭概况"，其动机是"纯为学术上之探求，与兴趣之趋使"，而并非有任何"发掘个人、家庭或社团之隐秘、是非和明暗，用以作为政治报告，或供给侦探材料，或任何不利个人或团体的举动"。②虽然沈的调查报告是抱着学术的目的，但是袍哥们"对于泄露帮内秘密常有戒心，对于询问者发生疑惧心理"。所以初识雷明远时，沈宝媛"未敢公然露出详细调查的意思，唯恐生疑"。随着此后交往渐深，沈"始敢逐渐探问，故此材料之取得需时极多"。但即便如此，她对于调查的进度仍然颇不满意，因为"规定的期望往往不能达到"，有时花费了许多时间，"与其周旋"，却"未能获得丝毫材料"，经常是"煞费苦心才得到一点零星消息"。③由此可见沈宝媛关于袍哥家庭之考察的不易。

平心而论，沈宝媛选择的这个题目具有相当的挑战性。从当时社会学和人类学调查的题目看，这个题目可以说是最难的之一。彼时，大多数社会学与人类学的调查都集中在行业、经济、生活方式、风俗等方面，一般在这些领域中被调查的对象是不会对调查本身特别敏感和排斥的，因此，在提供信息方面的顾虑要少得多。但是沈宝媛对袍哥的调查却不一样，虽然在民国时期袍哥已经是近半公开的一个地方组织，但毕竟是政府明令取缔的秘密社会，而且这个组织内部有着自身一套严密的帮规，在这种情况下，任何的违规行为都可能受到来自

---

① 朱浒、赵丽：《燕大社会调查与中国早期社会学本土化实践》，李长莉、左玉河主编《近代中国社会与民间文化》，社会科学文献出版社，2007，第95～96页。
② 沈宝媛：《一个农村社团家庭》，第6页。
③ 沈宝媛：《一个农村社团家庭》，第6页。

组织的惩罚，由此，我们可想而知获得其内部信息之难。当然，沈宝媛的这个调查也有其有利之处，特别是她的调查地点离成都很近，这为其提供了很大的便利，不像她的老师林耀华，曾经于1943～1945年三次到四川凉山、西康等地进行考察，而这些地方大多是路途遥远，交通极不方便，在调查的过程中其不只要忍受路途中的千辛万苦，还若干次面临生命危险。除了林耀华之外，费孝通在1935年和新婚妻子王同惠到广西大瑶山进行考察，其妻子遇险而亡，更是业内所知的悲惨故事。① 这样的调查环境对于刚刚踏入社会学领域的沈宝媛来说，无疑是更大的挑战，因此她选择成都近郊的"望镇"进行田野考察，不失为一个明智的选择。② 也正是由于沈所选择的调查地点距离成都不远，使得其即使是在考察结束后，还可以与主人公的家庭保持频繁的交往。我们甚至可以说，如果没有后期与雷明远家庭的继续交往，很可能沈宝媛所做的这个调查的质量，特别是对于1945年夏天调查之后所发生事情的记录，就要大打折扣了。

在调查报告中，从沈宝媛自己的描述来看，她在下乡之前要调查什么内容、毕业论文要写什么并不是很清楚，但当她真的来到乡村之中，却发现袍哥及其组织无处不在，而且当人们需要了解地方权力关系的时候，袍哥正是处于这个关系网的中心。彼时四川乡村地方社会的这个现象，引起了沈宝媛"对此种会社研究的兴趣，愿意借着这个机会搜集有关的材料"，而这也是她"作此文的正式动机"。③ 从沈所记录的选题过程，也可以看出当时袍哥在地方社会中强大的势力。由此，我们也许可以这么认为，如果想要了解1940年代川西平原的乡村社会，就不得不对袍哥及其组织进行深入的考察和研究。

① 费孝通：《六上瑶山》，中央民族大学出版社，2006，第268～271页。
② 林耀华著，张海洋、王晖整理《社会人类学讲义》，第457～460页。
③ 沈宝媛：《一个农村社团家庭》，第2页。

为了顺利进行乡村社会调查，沈宝媛和同伴们决定当地的工作的展开首先要从打好基础开始，为此，他们必须先和乡民们建立起"友谊的交往"，并尽量了解"农村生活的概括，农民家庭的情形，地方势力的梗概等"方面的情况。此外，他们还意识到，要真正了解这个地区"地方势力"的情况，必须从上面着手，打通"地方关系"。因此他们先拜访了"地方首长们"，做了简单的自我介绍，以"作为对工作的引见"。而在"望镇"，她们首先需要去拜访哪些人呢？乡亲们告诉他们必须先去拜访本乡的乡长、保安队长以及保甲长等人物，而这些人"多属于'入社会'的人物"。这里所谓的"入社会"，便是加入了秘密社会，或者秘密会社，即那些"本地袍哥内的首长份子"。[①]

就是在这样的机缘下，沈宝媛认识了当地袍哥的领袖雷明远。雷的家就住在燕京大学暑期活动办事处不远的地方，"是当地社会上的人物"。这里需要指出的是，在沈的报告中（甚至是这个报告的题目），经常会使用"社团"和"社会"这两个词，后者除了表述"社会、经济、文化"中的含义外，在沈的这篇论文中，大多数情况下"社会"就是袍哥组织的另一种说法。因此，这里所谓的"社会上的人物"，就是加入了袍哥组织的意思。其实，这里也含有第二层意思，即作为一个袍哥组织的成员（特别是那些首领人物），自加入组织时起，他们在地方社会中（这里是指一般意义的社会）便成为一个"人物"，也就是说他们是当地社会中有影响、有地位的社会成员。

在沈宝媛的调查中，其更多的是接触雷明远的妻子和女儿，并通过雷明远妻子——她称其为"雷大娘"——来认识这个家庭。在报

---

① 沈宝媛：《一个农村社团家庭》，第 2 页。

告中，她说雷大娘为人"精明厉害"，同时热心参与当地的事务。由于雷家的女儿和儿子都报名参加了她们的农村补习学校，有了这一层师生关系，沈宝媛就有更多机会去接近和了解雷明远及他的家庭。因此，她将雷明远的家庭"作为对袍哥社会研究的开端"。关于燕京大学在"望镇"的暑期补习学校，其每天上午是补习班上课时间，学生大多是初中及小学程度的农民学生。虽然当时城市近郊农民的孩子已经有机会上学，但是由于种种原因，特别是农村的孩子在放学后都要帮助家里劳动，比如在田里拾稻麦穗、打猪草、打柴、带弟妹等，加之缺乏家庭的辅导，因此他们的学习都在不同程度上存在着困难。当下乡的大学生为他们提供这样的暑假补习学校时，当地的农民真是求之不得。为此，雷家夫妇还对补习学校的开办提供了热情的帮助，所以沈宝媛在调查中说，"我们补习学校的筹办仰赖于雷家夫妇的许多助力"，例如向当地小学借桌椅、搬抬桌椅等的事都由雷家夫妇经手，同时雷家夫妇还成为"学校的义务宣传员"，并且在学校人手不够的时候，帮助管理学生。虽然，沈宝媛觉得他们的管理方法并"不很得当"，但是无法否认雷家夫妇的协助的确给他们的工作带来"极大的助力"。①

虽然雷明远是一个大老粗，但他还是"相当尊崇读书人"，尤其是对沈宝媛等几个在乡下服务的学生更是表示出"极端的友善"。他曾和这些年轻人津津乐道于枪炮和军事方面的知识。他有一支勃朗宁手枪，每天用油布仔细擦拭，他自称枪法极佳，并时常教这些学生们射击。但在报告中沈宝媛也提到，这支枪跟随雷明远将近20年，他曾经用它"杀死无数条生命"。②

---

① 沈宝媛：《一个农村社团家庭》，第2页。
② 沈宝媛：《一个农村社团家庭》，第17页。

不可否认，雷家夫妇的参与对沈宝媛的调查和论文的最后完成起了"决定性的作用"。她每天上午在补习班进行教学，下午便在村子里进行调查，拜访各方面人物，到了晚上，沈宝媛便会整理这一天的调查日志。在不断调查的过程中，沈宝媛发现，她应该把论文的范围限定在雷明远"这个家庭"上，并把这个家庭"作为中心"，来了解当地袍哥的世界，因此，她将注意的焦点集中在"收集及整理雷家的材料方面"。[1] 在这里需要指出的是，沈宝媛把调查范围限定在雷家这一点，对我看重这个资料的价值并用此做进一步的学术研究是至关重要的。虽然我们经常说与袍哥组织相关的资料不系统，寻找起来也有一定的困难，但是如果是一般性地谈袍哥和一些地方的著名袍哥首领，以及他们所干的惊天动地的事情，这些资料还是能够找到的。而沈宝媛这个调查的独特之处，在于其能够进入他们家庭的内部，了解袍哥们轰轰烈烈活动的背后，了解他们的日常行为和生活，以及他们所面临的困境。

即便有了补习老师的身份，在访谈的最开始，沈宝媛还是遇到了一定的困难，毕竟袍哥组织在当地是一种带有秘密色彩的社团，其成员并不能开诚布公地讲出他们自己的故事，故而沈宝媛的调查工作的成败取决于"地方势力的支助或阻挠"，所以如何运用调查的策略就显得格外重要。为了解决这个可能出现的难题，沈宝媛尽量把调查变成日常的聊天，通过对袍哥"有意无意的询问"，来得到他们"全盘真诚的回答"。例如她有时会故意询问雷大娘一些老的药方，或者在厨房中向她学习如何做菜，竭力创造可以与之亲近的机会，由此逐渐了解这个袍哥家庭的生活情形，以及"袍哥社会的一般内幕"。在问问题的时候，沈宝媛尽量用"含蓄的询问方法，异常随和的态度"，

---

[1] 沈宝媛：《一个农村社团家庭》，第 2 页。

以期得到他们"真实的回答"。此外，沈宝媛并没有向他们说明她是为了收集论文资料而进行谈话，只是向他们说了解这些情况是"为了好奇心的趋使"。①

因此，沈宝媛对自己的调查能够得到真实的信息还是充满信心的，她觉得她所做的调查对了解"袍哥会社有了一个清晰与整体的认识"。在调查的一个多月的时间里，"从早到晚，雷氏夫妇几乎成了我们经常的客人"。同时，沈也经常到他们家里去拜访他们，"在许多个漫漫的黄昏，当夕阳的光辉斜照在金黄色的稻田中的时候，我在他们家里作着客人"。雷明远的女儿雷淑英要到沈宝媛那里去补习英文，这使得沈宝媛与雷家的交往非常密切，同时由于淑英经常到燕京大学暑期办事处，故而她与沈宝媛在一个月的时间内，"友谊建立有更深的基础"。②

沈宝媛在望镇只待了一个月零十天，由于暑期的时间有限，她不能像真正的人类学家那样长时期待在村子里。不过，由于成都和望镇距离并不远，而且在调查过程中她还和这个袍哥家庭建立了密切的关系，所以在暑期学校结束以后，沈宝媛还继续和这个家庭保持着往来，而其调查报告中所讲到的许多事情，也并不都是在当时发生的，而是在调查结束以后的持续交往中，雷的妻子和女儿给她讲述的。虽然这是一个没有结尾的故事，但根据后来的政治环境我们大体可以预测这个调查中主人公的结局。

在暑期考察结束以后，沈宝媛曾在 1945 年 8 月和 9 月的几个星期天，特意下乡去看过雷家几次。此外，1945 年 11 月 15 日，雷大娘还与她的女儿淑英亲自到燕京大学成都校园探访沈宝媛，12 月 8

---

① 沈宝媛：《一个农村社团家庭》，第 3~5 页。
② 沈宝媛：《一个农村社团家庭》，第 3~4 页。

日雷淑英又自己到沈的学校玩了一整天，当晚她还观看了学校学生演出的话剧《芳草天涯》，并住在学校内，第二天才回家。① 对于社会调查来说，这些后来的交往，也是沈了解对方的一部分，毕竟她在乡下只待了一个多月，而后期的这种持续的交往，使她材料的收集"有了大体的轮廓"。由于摆脱了"望镇"的环境，沈宝媛与雷家母女之间的谈话并没有局限于日常的闲聊，而是"可以更深入的说到许多具体的东西"。次年即1946年的1月19日，沈宝媛又带着一个叫克来礼的英国女士及一位叫锦娟的学友一同到望镇探望，并受到了"乡下友人们热诚招待"。② 在当天下午回学校时，沈宝媛又带着雷淑英一同回校，并让淑英在校内住了一晚，于次日午后才回家。1月26日，淑英又进城看望宝媛，给她讲述了"许多新鲜的材料"。以后的几乎每一个星期日，雷淑英都会到学校来，有时候是同她的母亲一起来，有时是她独自前来。而在"××中学开学以后，她（雷淑英）更搬到了陕西街"，这样淑英与沈宝媛就可以每天都见到，这使得沈宝媛在后期资料收集方面更为方便，最终顺利完成在燕大社会学系的毕业论文。③

---

① 沈宝媛：《一个农村社团家庭》，第4页。《芳草天涯》系四幕话剧，编剧为夏衍。故事讲的是1944年春天香港沦陷之后，桂林成为难民和文化人云集之所。年轻时留美、当时已年逾半百的孟先生携太太避难于桂林，侄女小云随孟氏夫妇一起生活。小云性格开朗，不为世俗人情所拘。孟先生的老朋友、心理学尚教授由于与妻子发生争执，负气出走，来桂林找孟先生。在孟家探访期间，小云对尚教授产生了好感，并邀请他去参加青年团体的集会。其后，尚教授的太太来桂林寻夫，孟氏夫妇从中调解，尚氏夫妇和好如初。但彼时尚教授已十分热衷于参加救亡活动，而在这个过程中小云与他的接触日益频繁。到了夏天的时候，国内的战局不利，桂林也遭到敌机的轰炸，小云等青年准备组织战地服务队，但尚教授却不愿做这种具体工作。在分歧中，小云逐渐认识到，以前她对尚的感情是危险的（夏衍：《芳草天涯》，开明书局，1949）。
② 关于"克来礼女士"我没有查到进一步的资料。但是这里的"锦娟"应该是白锦娟，她和沈宝媛在燕大社会学系同时毕业，毕业论文是《九里桥的农家教育》，指导教师是廖泰初。白锦娟毕业论文中的九里桥距离望镇不远。
③ 沈宝媛：《一个农村社团家庭》，第5页。

在报告中，虽然沈宝媛没有透露淑英到成都上中学的名字，而以"××"来代替，但我可以确定淑英上的学校是陕西街 27 号的教会学校"华美女中"。抗战期间因为空袭，华美女中和隔壁的启化小学都被迫停课疏散，后燕京成都复课使用的就是这两个学校的原址。[①]而华美女中的疏散地，应该就是"望镇"（崇义桥），因此淑英进入华美女中学习，便顺理成章了。根据 1940 年 11 月 18 日叶圣陶的日记记载，他"与颉刚至崇义桥华美女中，颉刚应其校长范希纯之招宴，余则从子杰之嘱，顺便往视其校之国文教学"。[②]而现今崇义桥下辖的 13 村中，其中之一就被称为"华美"，很可能就是因为华美中学抗战期间曾经设在这里。[③]战后，华美女中在成都的陕西街复校。而淑英此时也"搬到了陕西街"，开始其住校生活。在这段时间里，沈宝媛其实和雷淑英就住在同一个地方，而此时沈宝媛论文资料的收集也快完成了。

五　沈宝媛对袍哥命运的认识

在英国马克思主义历史学家霍布斯鲍姆看来，绿林好汉和盗匪都是反抗政府的力量，他们经常在不公平的社会中寻求正义。这些侠盗们往往是农民出身，被政府与地主乡绅视为罪犯，但"民众却把他

---

① 抗战胜利后，燕京大学在成都办学的师生，因当时交通拥挤，未能立刻回北平，决定再于成都延续一年，至 1946 年暑假方回到北平。同时，北平的燕京大学也在胜利后恢复开学。因此 1946 年这一学年，北平、成都两处的燕京大学同时进行授课。成都燕京大学师生，在最后的这个学年中，一面维持学业，一面准备长途旅行（燕京大学成都校友会：《抗战时期迁蓉的燕京大学》，成都市政协文史学习委员会编《成都文史资料选编·抗日战争卷》下册《天府抗战》，第 353 页）。
② 《叶圣陶集》第 19 卷《日记一》，江苏教育出版社，2004，第 311 页。
③ 成都市地方志编纂委员会编《成都市志·总志》，成都时代出版社，2009，第425 页。

们作为英雄来崇拜"。因为在民众的眼中，他们成了"勇士和复仇者，献身正义的勇敢斗士"，甚至是"为了自由而战的领路人"，所以他们能够"得到崇拜和帮助"。此外，这些侠盗们还经常得到当地士绅豪族的援助。因此，对于这个群体来说，他们的侠、盗活动并不是那么泾渭分明，"普通农民与匪徒、暴民之间的关系"也由此变得十分复杂。同时，霍布斯鲍姆还认为在传统农业社会已不复存在的情况下，侠盗活动也会随其一起消失。例如在欧洲，17世纪以后人们完全看不到之前像罗宾汉这样的侠客了。[1]

当代一些学者在四川地区所做的关于袍哥的调查和口述资料，在相当程度上为我们展示出霍氏所指出的那种侠盗的面相。[2] 而1940年代地方报刊在关于袍哥的报道中，也曾出现过类似的例子。如李沐风在1947年所写的《略谈四川的"袍哥"》一文中，便称"袍哥之所以具有坚强的团结力量，数百年而不绝，其原因乃是一个'义'字"。袍哥最重要的信条是不奸淫，特别是对自己弟兄的妻女，"如犯有此种罪行，往往格杀不论"。另外，袍哥也不允许掳掠，更要"有福同享，有难同当"。但这还不是四川地区袍哥势力壮大的最基本原因，其"最基本的原因是由于四川连年内战，强梁载道，民生不宁。如果不是用团体的力量来保护自己，实在使大家都没有法子活下去"。例如一个普通人被欺侮，要到法院里去打官司，对他来说种

---

[1] E. J. Hobsbawm, *Bandits*, Revised edition, New York: The New Press, 2000, pp. 20 – 22.

[2] 例如崇州元通镇百姓讲到大袍哥黄氏几兄弟的时候，直到现在仍然显示出崇敬之情，他们还记得"几乎每年过年的时候都会做一些慈善救济的活动，例如施米等"，而且也"少见到其欺压百姓的事情"。不过他们手下人，也有"仗势欺人"的事情发生。黄氏兄弟在镇上开有一药铺，经常"会有施药给穷人的善行"。在年关时候，他们还会免除"这一年赊欠的药费"。此外，这些袍哥大爷在年关时也会召集保长，要求他们每甲捐出几斗米，分与困难的百姓。详见日本筑波大学人类学系山本真教授的调查，崇州元通镇，2008年12月21日，由四川大学历史学院徐跃教授提供，使用已得到山本真教授同意。

种的法律程序非但会使他迷糊不清，而且还会费时费钱。可是如果采取社会上"吃讲茶"的办法，请出"大哥"来评理，"无论天大的事情，'大哥'都有一言立决的力量，从没看到过'不服上诉'"的情况，这样，地方上很多类似的事情处理起来会方便很多。①

同样，在《原始的叛乱》一书中，霍布斯鲍姆发现，绿林好汉绝大部分产生于乡村而不是城市，他们对于社会上所出现的贫富、强弱、治者与被治者的情况，都很了解。民众们几乎不会帮助当权者去逮捕杀富济贫的盗匪，反而是保护他们。只有那些扰民的盗匪才会被人出卖。② 在《盗匪》一书中，霍氏继续阐述类似的观点。在其笔下，侠盗并不是"因为犯罪而走向匪徒的道路"，恰恰相反，他们往往是"违法行为的牺牲品"，这些盗匪大部分是因为触犯了"权贵的利益"而"深受迫害"，而非是"侵犯了老百姓"的利益。因此，当他们被迫成为盗匪之后，能够"锄恶扬善""劫富济贫"。此外，他们除了自卫和复仇，"从来不滥杀无辜"。而当他们金盆洗手以后，还会回到曾经生活过的社区，成为一个"被人尊敬的普通居民"。霍氏所描写的这些特质，和我们所熟知的被"逼上梁山"的"好汉"们，如出一辙。由此可以看出，无论是霍氏笔下的盗匪，还是过去被逼上梁山的"好汉"，这个意义上的"匪徒"，和我们今天所理解的犯罪分子是不同的。因为对这些人来说，他们更渴望的是建立一种"正义"的世界。此外，霍氏在其书中还指出，侠盗属于农民，如果不了解农民社会，就不能深入了解这些匪徒。③

---

① 李沐风：《略谈四川的"袍哥"》，《茶话》第 12 期，1947 年。关于"吃讲茶"活动，见王笛《吃讲茶：成都茶馆、袍哥与地方政治空间》，《史学月刊》2010 年第 2 期。

② E. J. Hobsbawm, *Primitive Rebels: Studies in Archaic Forms of Social Movement in the 19th and 20th Centuries*, chap. 2.

③ E. J. Hobsbawm, *Bandits*, pp. 47, 106, 141 – 142.

对于这些侠盗的活动，霍布斯鲍姆发现，一般其有固定的模式。他们想"维护传统"，试图把被打破的社会秩序恢复到"其原来应该的那个样子"，所以他们"锄恶扬善，匡扶正义"。而在进行这些活动的时候，他们是试图在穷人与富人之间、强者与弱者之间，建立"一种公平和公正的原则"。这样的原则在他们看来一点都不激进，例如社会允许富人剥削穷人，只是在被传统认识所接受的"公平"范围之中；其也允许强者去压迫弱者，但不能超过一定的限度；同时，富人与强者还会被要求加强社会良知以及道德责任感。因此在这种意义上，"侠盗们只是改革者，并不是革命家"。① 但无论是作为改革者，还是作为革命家，匪徒们活动的本身"并不会造成一种社会运动"，也许其"不过是社会运动的一种替代者"。此外，霍布斯鲍姆还指出，最容易产生匪徒的地方，是那些对劳动力的需求较少，或是穷得雇不起当地劳动力的农村，即那些农村剩余劳动力过多的地方，同时，他还注意到游牧经济、山区、贫瘠的地区最容易产生这种剩余劳动力。另外还有一些无法融入主流农业社会，处于"社会的边缘状态"的人，也容易成为匪徒。②

而我们在川西平原上所看到的袍哥，与霍布斯鲍姆笔下的盗匪，既有着十分相似的地方，亦有很多不同之处。如果我们把清代的袍哥和霍氏的侠徒进行比较的话，会发现他们都是反体制的团体，同时也都是和国家机器、权贵抗争的勇士。如果说霍氏笔下的侠客多来自农村，那么四川的袍哥在城乡都广泛分布。但是，到了1940年代，四川地区的袍哥，与霍氏所论述的盗匪已经有了很明显的区别。袍哥在乡村社会中，已经成为地方权威的一部分。对于这些地方上的袍哥组

---

① E. J. Hobsbawm, *Bandits*, pp. 29 – 30.
② E. J. Hobsbawm, *Bandits*, pp. 30, 35, 37.

织，一方面他们并不是政府承认的合法社团，另一方面他们又在地方行政上，特别是在乡一级及以下的管理中，扮演着重要角色。

在1949年以前，报纸上关于袍哥的文章一般是誉多毁少，或者至少是毁誉参半，这和1949年以后媒体上的记载形成了鲜明对比。昔日的袍哥成员，现今基本已经作古，只有极个别的留下了自己的回忆，而这些过去的回忆大部分还是在1949年以后特定的政治话语中形成的。目前我们对袍哥的认识，基本是依靠历史上所保存下来的资料，这些资料多以官方的档案为主，加之其他与之有关的公私记录。这些现存的资料，跨越从清初到现在的三百多年，成为政府和精英阶层对袍哥形象塑造的一部分。毫无疑问，这种他者的塑造，使我们对这个团体的观察经常只是从资料记录者的角度去了解、认知，这必然会妨碍我们对于袍哥组织的整体认识。既然现存的资料是多元的，那么，我们对袍哥的认识也应该是多元的。由于我们现在从所保存的资料中所了解到的袍哥的历史，只是他们真实存在并发生过的历史和故事中的非常微小的一部分，因此也就使我们对他们的认识十分有限，而这种认识无非是对现存资料解读中的一种。不过，我们依然可以通过这种解读，对他们的认识逐步深入下去。

在沈宝媛的调查中，袍哥首领雷明远留给我们一个真实具体的形象，成为袍哥历史记忆中不可缺少的一部分。沈宝媛在调查中告诉我们，在共产党到来之前，雷明远以及他的家庭已经走向了衰落。对于雷明远的衰落，沈宝媛认为是袍哥内部"新陈代谢力量"的结果。[1]尽管她并没有具体介绍这个新陈代谢的过程是怎样发生的，但是依据现存的资料，我们可以知道，一个袍哥首领是依靠道德（忠义）、力量（暴力）、财力来支撑他在组织中的领导权，这三个方面对于一个

---

① 沈宝媛：《一个农村社团家庭》，第42页。

袍哥首领而言是相辅相成的，每一个环节都不能缺失。当雷明远在财力上出现问题的时候，袍哥内部便会有人利用这个机会填补其留下的权力真空。沈宝媛在报告中提到，作为袍哥首领，雷明远每年春节都要宴请他的袍哥小兄弟们，但随着其经济上的衰落，雷不得不取消过去一贯举行的春节期间的宴会，面对雷所留下的空缺，当地的袍哥中自然有人会去填补，而雷明远往昔的小兄弟们也因此可以觉察到雷家所发生的变化。当这些弟兄们在财力上得到另一个人更多的关照时，那么他们的忠心也自然会发生转移。所以沈宝媛预测到，"也许在最近一二年中，雷大爷在这新环境中更会销声匿迹，雷大爷的前途无疑是可悲哀的，而类似雷大爷这种人物的其他社团领袖的前途也是可悲哀的"。①

当然，袍哥走向衰落，并不是雷明远一个人的问题，沈宝媛认为其根本原因在于现在的袍哥，已经抛弃了其"反清反贪官的宗旨"，忘掉了他们"本身的历史意义与价值"。以前，这个组织是一个"从人民中生长起来"的，"富有革命性"的，以及具有"维新意义"的团体，但是现在他们"背叛了人民的利益"，而与"腐朽的官僚集团"同流合污。如果他们再这样继续"腐化、恶化、死化下去"，不积极进行自我改造的话，那么，他们就会成为一群没有"前进的目标，不事生产，而只聚会了一堆无业游民、小偷、强盗，到处耍枪逞凶，贩烟土，开赌局，强刮民脂民膏"的团体，由此，这个组织在未来也将不可避免地会走向死亡。特别是当时还出现了"乡长以袍哥及地方首长双重资格刮地皮，不合理征赋税入腰包"的现象，此外，还有一些袍哥"欺压妇女"，干"无耻的勾当"，这些不法的现象都使"望镇社团命运遭受打击"，并成为他们的首领们"声誉趋向

---

① 沈宝媛：《一个农村社团家庭》，第 42 页。

于没落"的主要原因。在调查的最后，沈宝媛认为自己的调查，其实就是揭露了"一个乡村中很可悲哀的在衰颓中的袍哥内幕"，而"这个乡村腐朽的社团将要淹没在新时代的浪潮里"，这是她根据"功能观点而观察出的一个未来事态的预测"。① 在调查报告中，这些对袍哥组织的描述非常清楚地显示出，沈宝媛对望镇袍哥社会存在的价值，基本上是持否定态度的。而沈宝媛对袍哥的这些评价，无疑与1949 年以后共产党对于袍哥的定义非常接近。虽然，作为一个学社会学的大学生，沈宝媛在记录考察对象的时候，并没有表现出明显的政治判断，但是在其进行具体分析的时候，所表现出来的政治倾向性还是非常明显的。

沈宝媛写下这些话的时候是 1946 年，也许她当时并没有想到再过三年，整个中国就会"改朝换代"，当然，她也没有想到那将为袍哥带来灭顶之灾，但是在当时这样的政治氛围下，沈宝媛至少感觉到"望镇"这样的袍哥不可避免地会面临危机，这个前现代社会中的秘密组织，很难在急剧发展的现代化浪潮中，继续生存和发展。当然，沈宝媛也并非认为袍哥的前程看不到一丝光明，她认为在其他地方，还有"那些富有进取及革命意识的袍哥社团"，那些"开明进步的袍哥集社让人兴奋"，而他们的成员也"正走向光明的途中"。为此，她举例说成都发行的《大义周刊》，就是一个"言论正确""态度严肃"的袍哥机关刊物。这个杂志上所发表的文章，皆以"发扬袍哥固有美德及精神为前提"，并阐述袍哥"结社之理论基础"，尤其是这个周刊对中国"和平民主团结运动呼吁不遗余力"，其思想也"颇多精辟独到之处，是值得一般民众所学习的"。因此，在沈宝媛看

---

① 沈宝媛：《一个农村社团家庭》，第 43 页。

来，这样的袍哥团体"是值得赞扬的"，因为他们"没有脱离中国人民"。① 而像《大义周刊》所表达的这种袍哥发展方向，才是袍哥未来的走向。

沈宝媛从《大义周刊》中，看到了袍哥组织"光明"的一面。其实，这家周刊是由中国共产党人以中国民主同盟的名义，并由其主席张澜领衔创办的。关于这个刊物创办的内幕，直到很多年以后才被披露出来。1944年9月，原"民主政团同盟"改组，正式成立"中国民主同盟"。当时，中国共产党上级党组织认为，国共合作虽然已经成为过去，但是在民盟中的共产党党员身份是"绝对不宜暴露"的。为了便于以后在知识分子中"进行民主活动"和"统战工作"，共产党上级组织认为需要"民主人士"出面进行宣传工作，特别是以出版公开发行的刊物来达到其活动的目的。故而，其让拥有袍哥身份的共产党人杜重石加入了民盟，并开始筹办一个与之宣传相配合的刊物。杜重石为此专门面见了当时民盟的主席张澜，并向他详细叙述了自己受共产党委派，到成都组织袍哥"蜀德社"，以在川康军政人员中做"统一战线工作"的任务。其对张澜阐述，"国共合作，共赴国难"的统战口号已经"不再适用"，要转到"反内战、要和平、反独裁、争民主"的新目标上去。因此，其打算以袍哥社团为背景，创办《大义周刊》，希望由张澜领衔当周刊的发起人，来达到团结进步人士以及思想宣传的目的。除了张澜以外，周刊的其他发起人都是川康将领中的袍哥大爷。同时，为了得到国民党当局的批准，他们声称办此刊物的宗旨是"宣扬袍哥的民族意识、爱国思想，激励袍哥抗日救亡"。②

---

① 沈宝媛：《一个农村社团家庭》，第42～43页。
② 吴越：《特殊将军的读白：中共密使杜重石》，东方出版社，2010，第150～155页。书名的"读白"疑为"独白"之误。

这个杂志的确在国共斗争中，起了宣传的作用。1946 年 7 月，特务在昆明先后杀害李公朴和闻一多，两大血案，震动全国。在成都举行的对李和闻的追悼会上，杜重石送了一副悼念挽联："怪！拥护三民主义，竟遭毒手，应留者未留，何弗思国中人群，要誓死争回民主。妙！维持法西政权，定下阴谋，该杀的不杀，试环顾海外局势，应狠心抛却独裁。"这副挽联当天就被军警派人搜去，继而查封了《大义周刊》，并以"袍哥流氓，包庇烟赌"的罪名，逮捕了杜重石。直到同年冬天，杜重石才被营救出狱。[1]

据当时出版的《快活林》上的一篇文章记载，张澜也参加了这次追悼会，同时，这篇文章还介绍了张澜的生平。张澜，四川南充人，早年留学日本，在四川历任省长、成都大学校长、国民参政员，众所周知，"川省的哥老会，全国知名，简称袍哥"，张则是川省袍哥的"大哥"。由于他年高位重，外加可以"领导袍哥"，所以民主同盟推举他做主席。但随后这篇文章也讥讽道："想不到在袍哥当中知名的大哥，最近会在成都追悼闻一多李公朴大会上，挨了打，这一打'不打紧'，岂不坍了袍哥的台！"究竟是谁打了张澜，这篇文章并没有说。[2] 对于张参与川省政治的做法，作者似乎非常不满，称"袍哥的组织，是很严密的，轻易不预闻政治，专心注重社会内层，这张大哥，凭着袍哥领导者身份，要往政治圈里钻，放着社会事业不干，要上政治舞台，同一救国，应该从底层做起，这回挨打，岂不辜负了袍哥"。[3] 根据另一个记载，在追悼会上，当由张澜代表民盟及李公朴、闻一多家属致谢时，台下口哨声以及"打倒共产党的走狗

---

[1] 冉崇铨：《蔡梦慰在潼南》，潼南县政协文史资料研究委员会编《潼南文史资料》第 2 辑，编者印行，1988，第 107～113 页。

[2] 国内出版过若干张澜的传记，包括冯维纲《张澜》，四川人民出版社，1991；谢增寿编著《张澜》，群言出版社，2011；安然《张澜》，台海出版社，2005。

[3] 偶拾：《张澜辜负袍哥》，《快活林》第 27 期，1946 年，第 2 页。

民主同盟"的口号声响成一片，"特务们纷纷敲打桌椅，制造噪音，登时秩序大乱"。混乱中，有特务向张澜投掷秽物，并撕毁悬挂在会场上的挽联。在这样混乱的环境中，杜重石为闻、李所写的挽联，也被特务分子抢走了。①

虽然不同的记载对这个事件的描述略有出入，但是证实了张澜和杜重石的确参与了闻一多和李公朴的追悼会，而会上也的确发生了冲突。以张澜当时的背景和声望，参加反对国民党一党专制的民主运动，自然是有相当的号召力，而这当然会引起有些人的不满。《快活林》上的这篇文章就是对他持批评态度的，认为他不应该以袍哥大哥身份介入政治。但是，袍哥介入政治并不是一两天了，而令这篇文章作者真正不满的地方是，张澜不像大多数袍哥一样站在政府和地方权威一边，却成了一个左翼分子，站在共产党那边。当然，1949年，在共产党取得政权以后，给予张澜所做的工作充分的肯定，而其后，张澜亦在新政权中任中央人民政府副主席一职。②

然而，在沈宝媛看来，雷明远和"望镇"的袍哥永远也不会走上《大义周刊》所指出的"光明"道路。在调查报告的结尾，沈宝媛总结了雷明远的一生，并表明可以把这篇报告看作"他一部简略

---

① 吴越：《特殊将军的读白：中共密使杜重石》，第311页。

② 杜重石的个人经历比较坎坷。其曾是川军少将参议，当过袍哥大爷，支援过红军，参加过淞沪会战，到过延安，并在抗大进行学习，两次受毛泽东接见，是中共的"特别党员"。1948年，杜重石在香港加入了中国国民党革命委员会，接着被选为民革中央执行委员会委员。1949年12月，杜重石随贺龙的第一野战军到成都，任贺龙的政治代表，并利用其在川康的社会关系，协助接收起义部队，为"解放大西南"做出了贡献。但是，也正是由于杜曾经的袍哥身份，到1950年，其由民革中央执委下降为一般的委员。经此遭遇，性格倔强的杜重石决心走出政治圈子，到上海谋生，与好友和同乡开办木材行。1956年公私合营后，杜被安排到木材公司工作，月薪仅43元，难以维持六口之家的生活。后来杜又到上海一学校任语文老师。1957年在反右运动中，杜被打成右派，次年以"历史反革命"罪被判劳改，一直到1976年才回到上海，1980年终获平反（见吴越《特殊将军的读白：中共密使杜重石》）。

的传记式的兴衰史"。而与此同时，雷明远个人的兴衰却与袍哥紧密联系在一起，雷明远的"成长与没落和社团势力的增减起互相刺激的功能关系"。在"望镇"，雷明远之所以在地方上是一个人物，是因为他在袍哥中的角色和地位，是他的一众兄弟们把他"捧上了社团舞台"，而当他没有了可以挥霍的金钱，没有了同伴们武力的支持，没有了社团才能的显示，没有了心腹的帮助，也正是他的这些弟兄们将他"遗弃在大众的鄙视里"。[1]

对于雷明远在新政权下的结局，我们无法得知，我们甚至都无从知道他是否活到了 1949 年共产党政权的到来。鉴于雷明远有吸食鸦片的恶习，加之鸦片是如此摧残他的身体，我们可以想象，年老之后的雷明远是不可能颐养天年的。如果他真的活到了共产党政权来临的那一天，他可能会庆幸之前他的衰落。从沈宝媛的调查报告中，我们只能看到他 1946 年 2 月以前的经历，但仅是这一部分内容也已经充分显示了他当时的困境，我们甚至可以估计出他在"望镇"袍哥中副舵把子的地位，很难再保持下去。而这个结果或许能使他在随后的日子中因祸得福，正是因为他在袍哥中地位的降低，他或许能够逃脱新政权成立后的大整肃，得以保住自己的性命。但他毕竟还是当过袍哥的副舵把子，而这个袍哥首领的身份，是其后共产党政权在地方社会中所打击的主要目标。此外，再加上雷明远本人还背负着几条命案，这也许会使他在新政权中的命运更为糟糕。如果雷明远能活到1950 年，我想他的结局会有以下几种可能：其一，作为曾经的袍哥首领和有"民愤"者被镇压，毕竟他杀死自己女儿的事在当地广为人知，外加其他命案，他的处境可能会雪上加霜；其二，他可能会受到惩罚，但是得以活命，不过在历次政治运动中饱受冲击；其三，由

---

① 沈宝媛：《一个农村社团家庭》，第 41 页。

于到1949年时，他已经穷困潦倒，因此并没有受到新政权的打击，还可能在共产党依靠贫农的政策下，作为一个佃户，得以活下去，而在其后的土改运动中，已经不是袍哥首领的雷明远，或许还能以佃户的身份分到一份田地来谋生。

在沈宝媛的调查中所记载的雷明远，远不及许多文史资料中所描写的袍哥首领那样劣迹斑斑。在雷明远的身上，我们看到的是一个复杂的人物。他曾经为地方的安全，和土匪进行过搏斗；也曾经作为一个袍哥首领，在地方享受威望和受人尊重；他杀死自己的女儿，被人看成一个冷血狠心的父亲；但他也热心帮助燕京大学下乡的学生，俨然是一个朴实的农民；他保守固执，哪怕是亲戚违反了他心目中的道德准则，也不惜置人于死地；他是一个鸦片烟鬼，由于长期吸食鸦片，他从一个英雄式的角色，变成一个羸弱的病人；他还是一个说一不二的人物，但是在泼辣的老婆那里，也经常妥协；他也是一个佃农，娶有两个老婆，还打算娶第三个，但最后由于二老婆的强烈反对而作罢；他曾经豪请各方来客，但是有时家里竟然没有钱买菜，如此等等，不一而足。因此，我们很难用简单的好坏来判定像雷明远这样一个复杂的个体。如同雷明远一样，袍哥这样的秘密社会组织，也是一个十分复杂的复合体，如何判定它在历史上的角色和作用，经常需要我们根据不同时代、不同地区、不同事件、不同个人、不同前因后果等，才能做出接近这个组织和人物真面目的判断。

六 社会学调查怎样成为历史资料

在关于袍哥的调查中，沈宝媛把自己看作一个"农村工作者"，这正是当时许多关心中国农村问题的学者，特别是中国社会学和人类学先驱者们的自我定位。他们从一开始，就有着认识和改造中国农村的目标。从燕京大学社会学系的学术渊源上来看，沈宝媛关于自我的定位，以及其所进行的这项关于四川袍哥的调查，应该说不是偶然的，而是 20 世纪 20 ~ 40 年代中国乡村教育运动和中国早期社会学与人类学重视中国乡村社会调查的一个延续。

本章通过沈宝媛关于袍哥的记录，试图揭示中国早期社会学和人类学学者对中国农村社会及其问题的认识。通过对沈宝媛报告的研究，我们可以看到，民国时期中国的知识分子怎样努力认识中国乡村，怎样试图解决中国的乡村问题，同时西方人类学是怎样影响他们对中国乡村的认识，以及中国早期乡村调查与沈宝媛调查之间的关系，等等。从表面上来看，本章似乎只是聚焦于一个孤立的、同国家命运和发展关系不大的秘密社会中的普通家庭，但实际上这个家庭的命运是与民国时期许多知识精英联系在一起的；而"望镇"这个小地方，也是同整个中国这个大社会联系在一起的。

本章通过对四川地区最有影响力的社会组织——袍哥中一个普通首领和他的家庭的观察，展示出政治、经济、社会、文化的各种交错和内在关系，对我们认识过去特别是民国时期的中国社会、文化、社区控制，以及今天中国社会的许多问题，都有极大的启发。作为一个反清的政治组织，袍哥在其长期的生存和斗争发展过程中，形成了自身一整套特有的仪式、语言和行为模式，并将其渗透到各种社会、经济活动之中。虽然这个组织垄断了许多地方政治和经济资源，但也为当地许多平民提供了保护伞，所以大量的乡村与城市民众加入这个组织中，并创造了其独特的次文化，这种次文化至今仍然"潜伏"在中国的社会之中，而这也是我研究的重点。通过这个课题的研究，我们可以深入理解中国的地方社会，理解秘密社会在其中的长远影响，揭露一个秘密社会内部的秘密，展示一个地区在一个长时段里的社会控制机制，并考察一个占中国人口相当大比例的乡村社会中人们的思想、文化和生活。

应该指出的是，沈宝媛的这篇关于袍哥组织的调查报告，在论述上还是很表面的，毕竟其当时只是一个尚未毕业的大学生，所使用的理论和方法还都比较粗糙，故而没有真正地进行深入的分析和细致的论述。但她这篇论文仍有可取之处，这种可取之处在于其所学到的理论和方法，促使她去思考与提出问题，尽管她对这些问题的综合分析能力是有限的，但她所记录下来的资料却是非常珍贵的。从一定程度上说，我的研究就是接着完成沈宝媛所未能完成的任务，尽管这已经是70多年以后的事情了。但尽管跨越了70余年，我们依然吃惊地发现今天我们对于袍哥及其组织的了解，竟然仍是如此之少。虽然今天的文史资料为我们了解这个团体提供了许许多多的个案，但是如果想要深入袍哥内部，去观察他们日常生活的细节、他们的家庭背景、他们的喜怒哀乐、他们的家庭经济，则需要进一步的资料。尽管沈宝媛在论文中希望"以社会制约的研究作为中心引索"，[①] 但是综观其论文，她的这条主线并不清晰，而其也只是尽量把收集的资料如实地叙述出来。作为一篇社会学的毕业论文，沈宝媛关于袍哥家庭这个调查或许不能算非常成功，但也正是因为她彼时缺乏整合以及处理资料的能力，才最大限度地保持这个调查报告的真实性。当然，在调查中，她对所调查主人公雷明远的评论，也使我们可以进一步了解她对袍哥及其组织的态度和看法，同时，也有助于我们对袍哥及其组织所发挥的社会功能和作用进行基本的理解。总的来说，作为了解中国秘密社会的一份历史性资料，沈宝媛关于袍哥家庭的调查报告的价值是难以估量的。

1949 年后袍哥组织的覆没，固然是国家机器打击的结果，但也

---

① 沈宝媛：《一个农村社团家庭》，第 10 页。

可以说是这个组织传统与国家机器对抗所导致的必然归途。虽然在民国时期，这个组织曾经试图与地方权力相结合，并希望借此扩张其组织的规模和影响，但随着民国政府的溃败与新政权的崛起，他们在地方社会上的影响力也随之减弱并逐渐消失。1949 年后，也曾有袍哥试图与共产党进行合作，但对于共产党政权来说，其绝对不允许这种陈旧的、顽固的且有着与国家机器对抗实力的地方势力继续存在，因此，在新政权初始，这个组织便被摧毁了。但其所遗留下的许多社会问题，在今天仍然值得我们去认真思考与解答。

本章翻译自 "A College Student's Rural Journey: Early Sociology and Anthropology in China Seen through Fieldwork on Sichuan's Secret Society"，原文发表于《中国历史学前沿》（*Frontiers of History in China*, Vol. 12, No. 1, 2017, pp. 1 – 31）。中译文修改后发表在《史学月刊》（2018 年第 9 期，第 79 ~ 100 页）。

后　记

　　本书所收入的论文写作时间跨度达三十年，这次编辑成一本集子，尽量保留了作品发表时的原貌。其中有些文章发表于多年之前，有些表述是当时的语境，不一定符合今天的状况。如第五章中说"迄今为止没有任何关于中国茶馆的深度研究"，因为那篇文章发表于 2004 年，有当时的语境。那之后，我自己也出版了两本有关茶馆的专著。但是对于这种表述，一般没有进行修改，因为反映了当时的学术状况。

　　本书的各章，由于发表在不同的时期和不同的杂志，注释风格可能有所不同，尽量做了调整，并没有完全统一。特别是早期的文章，即第一和第二章完成于 1980 年代，注释比较简约，本来应该有所调整，但是由于三十多年间我在太平洋两岸辗转多个地方，当时收集的原始资料，有些早已散失，有些捐献。1991 年赴美前我的全部藏书，包括写《跨出封闭的世界》购买和收集的资料，都捐给了四川大学历史系。所以对注释的补充，未能如愿。其他九篇文章，都是我赴美以后写的，注释都比较完备。本书中的各章大多从英文翻译过来，感谢我在澳门大学的研究助手黄蓉、焦洋协助我整理了部分翻译稿。

　　我和社会科学文献出版社有着长期愉快的合作关系。2010 年出版的《茶馆：成都的公共生活和微观世界（1900～1950）》是我在社科文献出版社出版的第一本书，无论从学术界的反响，还是在读者中的流行程度，都取得了令人满意的结果。该书获选《南方都市报》

2010 年"年鉴之书",到目前为止,已经重印 12 次,而且还发行了"社科文献精品译库"版。我与社科文献合作的第二本书,是 2019 年出版的《消失的古城:清末民初成都的日常生活记忆》(甲骨文系列),这是该年社科文献出版社最畅销的图书之一,除了上了各种好书榜单,还是"2019 名人堂·年度十大非虚构"作品,我也获得"2019 名人堂·年度十大作家"的荣誉,这让我的作品进一步走进了大众阅读的视野。

本书是我和社科文献出版社合作的第三本书,对这本书的出版过程,也值得在此做一个交代。上面提到的《茶馆》一书,由于希望与我《茶馆》的第二卷(即《茶馆:成都公共生活的衰落与复兴(1950~2000)》)放在一起,所以我决定在合同到期后,便转到北京大学出版社。说实话,做出这个决定对我来说是非常困难的。记得上一年在社科文献出版社签书的时候,谢寿光社长说没有留住《茶馆》,是出版社工作的失误。这让我非常感动,便有心要找机会继续双方的愉快合作。

2019 年 11 月,我告诉老朋友徐思彦这本正在编辑的方法论的集子,很快就收到历史学分社总编辑宋荣欣的微信,询问这本书。让我特别印象深刻的是她的效率,她立即告诉我出版这本书的一些具体设想,更没有想到的是,她当天就发来了合同草案。也就是说,她们从知道这本书到发来合同,也就在几个小时之内。我想,难怪这些年来,社科文献出版社成为人文社科著作出版的翘楚,这种效率无疑是出版社成功的要素之一。当然,我也相信她们的行动如此之快,是给予我这个老作者的一种礼遇,让我很珍惜她们的这种信任。

本书责任编辑宋荣欣和陈肖寒对书稿进行了认真的编辑,特别是对第一章的数据进行了仔细核对和计算,这是一个非常花时间和精力的工作。他们发现了原始资料中有些数字的误差(如各数相加与总数不符），由于无法得知误差的原因，所以我一般加注说明；他们还发现了文中有计算的错误，也及时进行了更正，保证了本书的质量。本书的封面，前后经过五个设计方案，尽量达到理想的效果。十分感谢他们的认真负责和耐心的工作态度。封面设计所依据的光绪时期的彩绘《渝城图》，是世纪文景的章颖莹编辑帮我找到的，在此表示对她的感谢。

2020 年 6 月 20 日于澳门大学

图书在版编目（CIP）数据

从计量、叙事到文本解读：社会史实证研究的方法
转向／（美）王笛著 . ‐‐ 北京：社会科学文献出版社，
2020.7（2024.7 重印）
　ISBN 978 ‐ 7 ‐ 5201 ‐ 6696 ‐ 6

　Ⅰ.①从…　Ⅱ.①王…　Ⅲ.①社会史‐研究方法‐四
川‐清代　Ⅳ.①K297.1

　中国版本图书馆 CIP 数据核字（2020）第 088536 号

从计量、叙事到文本解读
　　——社会史实证研究的方法转向

著　　者／〔美〕王　笛

出 版 人／冀祥德
责任编辑／宋荣欣　陈肖寒
责任印制／王京美

出　　版／社会科学文献出版社·历史学分社（010）59367256
　　　　　地址：北京市北三环中路甲 29 号院华龙大厦　邮编：100029
　　　　　网址：www.ssap.com.cn
发　　行／社会科学文献出版社（010）59367028
印　　装／北京盛通印刷股份有限公司

规　　格／开　本：787mm×1092mm　1/16
　　　　　印　张：24.25　字　数：312 千字
版　　次／2020 年 7 月第 1 版　2024 年 7 月第 4 次印刷
书　　号／ISBN 978 ‐ 7 ‐ 5201 ‐ 6696 ‐ 6
定　　价／79.00 元

读者服务电话：4008918866